W0108567

Christel von der Decken, Christa Hecht

# Die Erwerbsminderungsrente

Ein Leitfaden

© 2018  **Fachhochschulverlag**
DER VERLAG FÜR ANGEWANDTE WISSENSCHAFTEN

**Christel von der Decken, Christa Hecht**
**Die Erwerbsminderungsrente**
Ein Leitfaden
3. Auflage
© 2018 Fachhochschulverlag
ISBN: 978-3-943787-83-2

Schaubilder:
Nicola Pridik
www.npridik.de

DTP:
Sarah Kalck

Druck und Bindung:
TZ – Verlag & Print GmbH
64380 Roßdorf

Preis:
Das Buch kostet je Exemplar 22,– €
(zuzüglich Portokosten)

Bestellungen:
Fachhochschulverlag.
DER VERLAG FÜR ANGEWANDTE WISSENSCHAFTEN E.K.
Kleiststraße 10, Gebäude 1
60318 Frankfurt am Main

Telefon  (0 69) 15 33–28 20
Telefax  (0 69) 15 33–28 40
bestellung@fhverlag.de
http://www.fhverlag.de

**Die Verfasserinnen garantieren nicht**
**für die Richtigkeit aller Aussagen**

Bibliografische Information der Deutschen Nationalbibliothek:
Die Deutsche Nationalbibliothek verzeichnet diese
Publikation in der Deutschen Nationalbibliografie;
detaillierte bibliografische Daten sind im Internet
über http://dnb.d-nb.de abrufbar.

# INHALT

# ABKÜRZUNGEN

| | |
|---|---|
| AA | Agentur für Arbeit |
| ALG | Gesetz über die Alterssicherung der Landwirte |
| Alg I | Arbeitslosengeld I |
| Alg II | Arbeitslosengeld II |
| ArbStättV | Arbeitsstättenverordnung |
| | |
| BA | Bundesagentur für Arbeit |
| BAV | Betriebliche Altersversorgung |
| BGB | Bürgerliches Gesetzbuch |
| BetrAVG | Gesetz zur Verbesserung der betrieblichen Altersversorgung |
| BSG | Bundessozialgericht |
| BU | Berufsunfähigkeit |
| BUV | Berufsunfähigkeitsversicherung |
| BUZ | Berufsunfähigkeitszusatzversicherung |
| BVG | Bundesversorgungsgesetz |
| BVerwG | Bundesverwaltungsgericht |
| | |
| CT | Computertomographie |
| | |
| DIMDI | Deutsches Institut für Medizinische Dokumentation und Information |
| | |
| EEG | Elektroenzephalographie |
| EFZG | Entgeltfortzahlungsgesetz |
| EKG (ECG) | Elektrokardiogramm |
| EP | Entgeltpunkte |
| EM | Erwerbsminderung |
| EU | Europäische Union |
| | |
| FRG | Fremdrentengesetz |
| | |
| GAL | Gesetz über eine Altershilfe für Landwirte |
| GBV | Gesamtverband der Deutschen Versicherungswirtschaft e.V. |
| GKG | Gerichtskostengesetz |
| GKV | Gesetzliche Krankenversicherung |
| GSiG | Grundsicherungsgesetz |
| | |
| ICD | International Statistical Classification of Diseases (Internationale Statistische Klassifikation von Krankheiten) |

| | |
|---|---|
| ICF | International Classification of Functioning, Disability and Health (Internationale Klassifikation der Funktionsfähigkeit, Behinderung und Gesundheit) |
| KG | Krankengeld |
| KT | Krankentagegeld |
| KVdR | Krankenversicherung der Rentner |
| LG | Landgericht |
| LSG | Landessozialgericht |
| MB/BUV | Musterbedingungen Berufsunfähigkeitsversicherung |
| MdE | Minderung der Erwerbsfähigkeit |
| MDK | Medizinischer Dienst der Krankenversicherung |
| MRT | Magnetresonanztomographie |
| n.F. | neue Fassung |
| NZB | Nichtzulassungsbeschwerde |
| OLG | Oberlandesgericht |
| PKH | Prozesskostenhilfe |
| PKV | Private Krankenversicherung |
| PPV | Private Pflegepflichtversicherung |
| REFA | ursprünglich: Reichsausschuss für Arbeitszeitermittlung. Heute: Verband für Arbeitsgestaltung, Betriebsorganisation und Unternehmensentwicklung |
| RVG | Rechtsanwaltsvergütungsgesetz |
| SGB | Sozialgesetzbuch |
| SG | Sozialgericht |
| SGG | Sozialgerichtsgesetz |
| SoVD | Sozialverband Deutschland e.V. |
| TV-L | Tarifvertrag für den öffentlichen Dienst der Länder |
| TVÖD | Tarifvertrag für den öffentlichen Dienst (Bund und Gemeinden) |
| UV | Unfallversicherung |
| VBL | Versorgungsanstalt des Bundes und der Länder |

| | |
|---|---|
| VdK | Sozialverband VdK Deutschland |
| VersR | Versicherungsrecht |
| VuVO | Versicherungsunterlagen-Verordnung |
| VVG | Versicherungsvertragsgesetz |
| WHO | Weltgesundheitsorganisation |
| ZfA | Zentrale Zulagenstelle für Altersvermögen |
| ZVK | Zusatzversorgungskasse |

# A    VORWORT

Im Jahr 2016 gab es 1.813.534 Millionen Erwerbsminderungsrentner.

2016 stellten 358.291 Menschen einen Antrag auf Erwerbsminderungsrente. Rund die Hälfte der Anträge hatte Erfolg: Es wurden 173.996 Renten wegen Erwerbsminderung neu bewilligt; 86.126 an Männer, 87.870 an Frauen.

Ursache für den Rentenantrag ist oft eine längere Krankheit, ein schwerer Unfall, ein Nachlassen der Leistungsfähigkeit oder eine Behinderung.

Wer wegen dieser Einschränkungen nur noch vermindert oder gar nicht mehr arbeiten kann, gerät schnell in wirtschaftliche Schwierigkeiten.

Die Leistungen aus der Sozialversicherung sollen dazu beitragen, Menschen in einer solchen Notlage finanziell abzusichern. Bei Krankheit gibt es zunächst die Absicherung durch die Krankenversicherung mit den Leistungen Heilbehandlung und Krankengeld. Bei einem Arbeitsunfall helfen die Leistungen der Unfallversicherung. Hinzu kommen Leistungen zur Teilhabe am Arbeitsleben nach dem Sozialgesetzbuch IX, die u.a. eine behinderungsgerechte Ausstattung der Arbeitsstätte und des Arbeitsumfeldes ermöglichen. Auch medizinische und berufliche Leistungen zur Rehabilitation können gewährt werden.

Oft ist die Leistungsfähigkeit jedoch schon so weit eingeschränkt, dass diese Hilfen nicht mehr ausreichen. Dann kommen Renten wegen verminderter Erwerbsfähigkeit in Frage.

Auch wenn der Bezug von Renten wegen verminderter Erwerbsfähigkeit seit 1.1.2001 erschwert worden ist, bieten sie zusammen mit Betriebsrenten, Rentenansprüchen aus privaten Versicherungen oder auch ergänzenden Grundsicherungsleistungen einen gewissen Schutz vor finanzieller Not, wenn eine Erwerbstätigkeit wegen Krankheit, Unfall oder Behinderung nicht mehr ausgeübt werden kann.

Das ursprüngliche sozialpolitische Ziel, bei Minderung der Erwerbsfähigkeit den Lebensstandard weitgehend zu erhalten, wird allerdings nicht mehr erreicht. Im Jahr 2016 betrug eine durchschnittliche Rente wegen voller EM in Deutschland 788 € monatlich (nach Abzug von Kranken- und Pflegeversicherungsbeitrag). Das durchschnittliche Entgelt der rentenversicherungspflichtig beschäftigten Versicherten betrug 2016 jährlich 36.267 € brutto. Selbst nach Abzug von Steuern und Sozialversicherungsbeiträgen bei diesen Entgelten kann von einer Erhaltung des Lebensstandards bei voller Erwerbsminderung keinesfalls die Rede sein. Diese Situation wird seit Jahren von Gewerkschaften und Sozialverbänden kritisiert.

Bereits seit 1.7.2014 war die Zurechnungszeit für alle Neuzugänge von EM-Renten vom 60. auf das 62. Lebensjahr verlängert worden und die letzten vier Jahre vor Eintritt der Erwerbsminderung aus der Bewertung der Zurechnungszeit herausgenommen, wenn das für die Höhe der EM-Rente günstiger ist. Das hat zu höheren EM-Renten (im Durchschnitt 45 € monatlich) geführt.

In einem Dialog der Bundesministerin für Arbeit und Soziales im Jahr 2016 zur Weiterentwicklung der Alterssicherung in Deutschland wurde das Problem nochmals als dringlich herausgearbeitet. Nun wurde durch gesetzliche Neuregelungen seit 1.7.2017 die Zurechnungszeit schrittweise auf das 65. Lebensjahr verlängert. Einige weitere kleine Verbesserungen kamen hinzu.

Zu einer Erhaltung des Lebensstandards bei Erwerbsminderung wird aber auch das bei der Mehrheit der neuen EM-Rentner nicht führen und schon gar nicht bei den Bestandsrentnern, die weiter von den Verbesserungen ausgenommen sind. Selbst wenn ein Teil der Rentner neben der gesetzlichen Rente Betriebsrenten bezieht, ist Erwerbsminderung nach wie vor ein Risiko für eine soziale und wirtschaftliche Talfahrt.

Unser Leitfaden will Versicherten und ihren Beraterinnen und Beratern Informationen und Tipps an die Hand geben, wie sie Ansprüche auf Erwerbsminderungsrenten realisieren können. Dabei versuchen wir die gesetzlichen Grundlagen verständlich darzustellen und anhand von Beispielen häufig gestellte Fragen zu beantworten. Wir geben zudem einen Einblick in die Renten aus der Gesetzlichen Unfallversicherung, aus der Betrieblichen Altersversorgung, der privaten Berufsunfähigkeitsversicherung und in die Grundsicherung im Alter und bei dauernder Erwerbsminderung sowie in die das Arbeitsverhältnis betreffenden Fragen bei Erwerbsminderung.

Die bei einer Behinderung möglichen Ansprüche auf Leistungen zur Teilhabe am Arbeitsleben behandeln wir in diesem Leitfaden nur, soweit sie mit den Voraussetzungen der Erwerbsminderungsrente und dem Rentenantrag zusammenhängen.

Die Kapitel des Leitfadens sind inhaltlich so gestaltet, dass sie jeweils in sich geschlossen ein Thema behandeln. Das kann zwar zu Wiederholungen im Text führen, hat jedoch den Vorteil, dass nicht ständig mit Querverweisen zwischen den Kapiteln hin und her gesprungen werden muss.

Die dritte Auflage unseres Leitfadens gibt die Rechtslage und die Rechtsprechung bis September 2017 wieder. Die ab 1.1.2017 geltenden Hinzuverdienstgrenzen sowie die Neuregelung ab 1.7.2017 sind eingearbeitet.

Christel von der Decken, Christa Hecht
Frankfurt am Main, Berlin
Januar 2018

# B RENTEN WEGEN ERWERBSMINDERUNG (EM)

## 1    Die gesetzlichen EM-Renten

Die Renten wegen EM sind im Sozialgesetzbuch Sechstes Buch (SGB VI) geregelt.

Nach § 43 SGB VI haben Versicherte bis zum Erreichen der Regelaltersgrenze
- bei Vorliegen der besonderen versicherungsrechtlichen Voraussetzungen und
- bei Erfüllung der allgemeinen Wartezeit und
- bei EM

Anspruch auf Rente wegen teilweiser oder voller EM.

**Rente wegen teilweiser EM**    Teilweise erwerbsgemindert ist, wer wegen Krankheit oder Behinderung weniger als sechs bis drei Stunden täglich unter den üblichen Bedingungen des allgemeinen Arbeitsmarktes, also nicht bezogen auf den letzten Beruf, erwerbstätig sein kann.

**Rente wegen voller EM**    Ist jemand auf dem allgemeinen Arbeitsmarkt nur unter drei Stunden täglich leistungsfähig, ist er voll erwerbsgemindert.

**Rente wegen teilweiser EM bei Berufsunfähigkeit**    Für vor dem 2.1.1961 Geborene gilt die Übergangsregelung, dass eine Rente wegen teilweiser EM bei Berufsunfähigkeit gewährt werden kann, wenn der erlernte Beruf oder ein gleichwertiger Beruf nur noch weniger als sechs Stunden ausgeübt werden kann.

Weitere spezielle EM-Renten wie die für Bergleute, die Hinterbliebenenrente für erwerbsgeminderte Witwen und Witwer sowie die EM-Rente für Landwirte sind hier nur der Vollständigkeit halber erwähnt. Da sie jeweils nur einen kleinen Personenkreis betreffen, der spezielle Informationen zu diesen Renten an anderer Stelle erhalten kann, wird darauf nicht weiter eingegangen.

# 2 Kein EM-Rentenanspruch

## 2.1 Bei Leistungsvermögen von sechs Stunden

Bei einem Leistungsvermögen von sechs Stunden oder mehr täglich besteht kein EM-Rentenanspruch; es sei denn, eine Tätigkeit kann unter den üblichen Bedingungen des allgemeinen Arbeitsmarktes wegen besonderer Umstände nicht mehr ausgeübt werden (→ S. 55 ff.).

## 2.2 Bei Anspruch auf Altersrente

EM-Rente kann nur erhalten, wer keinen Anspruch auf die Regelaltersrente hat. Auch nach bindender Bewilligung einer vorgezogenen Altersrente kann nicht in eine EM-Rente gewechselt werden (§ 34 Abs. 4 SGB VI).

Für die Regelaltersrente wird die Altersgrenze seit 2012 schrittweise von 65 auf 67 Jahre angehoben. Das heißt, dass diejenigen, die ab dem 1.1.1964 geboren sind, die Regelaltersrente erst mit 67 Jahren erreichen und bis zu diesem Alter nur EM-Rente oder allenfalls unter Erfüllung bestimmter Voraussetzungen eine vorgezogene Altersrente beziehen können.

Für die bis 31.12.1963 Geborenen wird die Altersgrenze stufenweise wie folgt angehoben:

Regelalters-
rente ab
wann?

| Versicherte Geburtsjahr | Anhebung um Monate | auf Alter | |
| --- | --- | --- | --- |
| | | Jahr | Monat |
| 1947 | 1 | 65 | 1 |
| 1948 | 2 | 65 | 2 |
| 1949 | 3 | 65 | 3 |
| 1950 | 4 | 65 | 4 |
| 1951 | 5 | 65 | 5 |
| 1952 | 6 | 65 | 6 |
| 1953 | 7 | 65 | 7 |
| 1954 | 8 | 65 | 8 |
| 1955 | 9 | 65 | 9 |
| 1956 | 10 | 65 | 10 |
| 1957 | 11 | 65 | 11 |
| 1958 | 12 | 66 | 0 |
| 1959 | 14 | 66 | 2 |
| 1960 | 16 | 66 | 4 |
| 1961 | 18 | 66 | 6 |
| 1962 | 20 | 66 | 8 |
| 1963 | 22 | 66 | 10 |
| 1964 | 24 | 67 | 0 |

Beispiel

Herr A ist 1953 geboren.
Er kann somit die Regelaltersrente mit 65 Jahren
und 7 Monaten erhalten. Zu diesem Zeitpunkt wird
eine vorher gewährte EM-Rente in die Altersrente
umgewandelt.

Ausnahme

Die Anhebung der Regelaltersgrenze erfolgt nicht für
Personen, die vor dem 1.1.1955 geboren sind und vor
dem 1.1.2007 Altersteilzeit im Sinne der §§ 2 und 3
Abs. 1 Nr. 1 des Altersteilzeitgesetzes vereinbart haben oder Anpassungsgeld für entlassene Arbeitnehmer des Bergbaus bezogen haben (§ 235 SGB VI).

Seit 1.7.2014 können übergangsweise besonders langjährig Versicherte nach 45 Versicherungsjahren ab. 63. Lebensjahr ohne Abschläge eine vorgezogene Altersrente beziehen. Das wurde mit dem neu geschaffenen § 236b SGB VI eingeführt.

Die bei den Versicherungszeiten zu berücksichtigenden Zeiten sind gesondert geregelt. Dies hier ausführlich zu behandeln, sprengt diesen Leitfaden. Deshalb sollte dazu bei der Rentenversicherung eine Auskunft und Beratung in Anspruch genommen werden.

Für Versicherte, die ab 1953 geboren sind, wird die Altersgrenze von 63 Jahren jedoch stufenweise bereits wieder angehoben:

| Versicherte Geburtsjahrgang | Anhebung um ... Monate | auf Alter | |
|---|---|---|---|
| | | Jahr | Monat |
| 1953 | 2 | 63 | 2 |
| 1954 | 4 | 63 | 4 |
| 1955 | 6 | 63 | 6 |
| 1956 | 8 | 63 | 8 |
| 1957 | 10 | 63 | 10 |
| 1958 | 12 | 64 | 0 |
| 1959 | 14 | 64 | 2 |
| 1960 | 16 | 64 | 4 |
| 1961 | 18 | 64 | 6 |
| 1962 | 20 | 64 | 8 |
| 1963 | 22 | 64 | 10 |

Für die Jahrgänge ab 1964 beträgt die Altersgrenze für diese Rentenart dann 65 Jahre.

# 3  Versicherungsrechtliche Voraussetzungen

## 3.1  Allgemeine Wartezeit vor Eintritt der EM

Eine EM-Rente kann nur erhalten, wer die allgemeine Wartezeit erfüllt hat (§ 43 Abs. 1 Nr. 3 und Abs. 2 Nr. 3 SGB VI).

5 Jahre

Die allgemeine Wartezeit beträgt nach § 50 Abs. 1 Nr. 2 SGB VI fünf Jahre bzw. 60 Kalendermonate Versicherungszeiten.

Dazu zählen gemäß §§ 51 Abs. 1, 54 Abs. 1 Nr. 1, 55 Abs. 1 SGB VI:

Versiche-
rungszeiten

- Beitragszeiten. Das sind Pflichtbeitragszeiten für eine versicherte Beschäftigung oder Tätigkeit und freiwillige Beiträge.
  Unter bestimmten Voraussetzungen auch Zeiten des Bezugs von Krankengeld, Arbeitslosengeld I, Arbeitslosengeld II bis 31.12.2010 oder Übergangsgeld, Zeiten der Pflege, des Wehrdienstes, der geringfügigen Beschäftigung, wenn eine Aufstockung durch Beitragszahlungen erfolgte und Kindererziehungszeiten;

- Ersatzzeiten wie Kriegsdienst und Flucht. Dies können z. B. auch Zeiten einer politischen Verfolgung in der ehemaligen DDR sein (§ 250 SGB VI);

- Zeiten, die aus einem Versorgungsausgleich gutgeschrieben wurden (§ 52 Abs. 1 SGB VI) oder

- Zeiten aus einem Rentensplitting unter Ehegatten (§ 52 Abs. 1a SGB VI);

- Zuschläge an Entgeltpunkten (EP) für Arbeitsentgelt aus geringfügiger versicherungsfreier Beschäftigung (§ 52 Abs. 2 SGB VI);

- Versicherungszeiten bei einem ausländischen Versicherungsträger in Staaten der Europäischen Union (Art. 51 EG-VO Nr. 883/04 in Kraft seit 1.5.2010) oder in der Schweiz seit 1.4.2012 aufgrund des Freizügigkeitsabkommens und in Staaten des Europäischen Wirtschaftsraums (EWR) seit 1.6.2012: Island, Liechtenstein und Norwegen. Ebenso in Staaten, mit denen ein Sozialversicherungsabkommen besteht und diese Zeiten als gleichgestellte Zeiten gelten (z. B. deutsch-türkisches Sozialversicherungsabkommen vom 30.4.1964 i. d. F. des Zusatzabkommens vom 2.11.1984, in Kraft seit 1.4.1987).

Die Wartezeit muss vor Eintritt des Versicherungsfalls der EM erfüllt sein.
Ist in einem Monat nur ein Tag Versicherungszeit zurückgelegt, zählt er bereits als voller Monat.
Aus der jährlich von der Deutschen Rentenversicherung versandten Renteninformation geht hervor, wie viele Monate auf die Wartezeit angerechnet werden und ob die allgemeine Wartezeit von fünf Jahren erfüllt ist. Ist sie einmal erfüllt, reicht dies für die Zukunft aus; denn die einmal nachgewiesenen Zeiten verfallen nicht.

## 3.2 Vorzeitige Erfüllung der Wartezeit

Jüngere Versicherte, die die allgemeine Wartezeit von fünf Jahren noch nicht erfüllt haben, können jedoch die Wartezeit vorzeitig erfüllen, wenn die EM

- wegen eines Arbeitsunfalls oder einer Berufskrankheit (§ 53 Abs. 1 Nr. 1 SGB VI) oder
- einer Wehrdienst- oder Zivildienstbeschädigung (§ 53 Abs. 1 Nr. 2, 3 SGB VI) oder
- wegen politischen Gewahrsams (§ 53 Abs. 1 Nr. 4 SGB VI)

eingetreten ist (§§ 53, 245 SGB VI). In Fällen der Nr. 2 und Nr. 3 genügt schon ein einziger Beitrag.

**Arbeits-unfall/ Berufs-krankheit**

Ist die EM jedoch durch einen Arbeitsunfall oder durch eine Berufskrankheit eingetreten, muss zum Zeitpunkt des Unfalls oder der Erkrankung eine versicherungspflichtige Beschäftigung bestanden haben (§ 53 Abs. 1 Satz 2 1. Halbsatz SGB VI).

Selbst wenn dies nicht der Fall ist, kann die Wartezeit trotzdem vorzeitig erfüllt sein (§ 53 Abs. 1 Satz 2 2. Halbsatz SGB VI), wenn der/die Versicherte

- in den letzten zwei Jahren vor dem Arbeitsunfall/ dem Eintritt der Berufskrankheit
- mindestens ein Jahr Pflichtbeiträge für eine versicherte Beschäftigung oder Tätigkeit entrichtet hat.

Die Wartezeit kann auch vorzeitig erfüllt sein (§ 53 Abs. 2 SGB VI), wenn die

- volle EM (teilweise EM genügt nicht)

**nach Ausbildung**

- vor Ablauf von sechs Jahren nach Beendigung einer Ausbildung eingetreten ist. Nach BSG, Urteil vom 21.6.2000 – B 4 RA 14/99 R gilt dies aber nur für Versicherte, die wegen einer versicherungsfreien Ausbildung gehindert waren, Pflichtbeiträge zu entrichten. Dieser engen Auslegung des BSG folgt die Deutsche Rentenversicherung laut Rechtlicher Arbeitsanweisung – R5.1 Ausbildung – nicht. Danach kann auch eine versicherungspflichtige Ausbildung berücksichtigt werden. Wird neben einer versicherungspflichtigen Tätigkeit eine versicherungsfreie Ausbildung, z.B. ein Studium absolviert, kann diese Zeit als Ausbildung berücksichtigt werden, wenn sie überwiegt und dafür mehr als 20 Stunden wöchentlich aufgewendet werden; und
- in den letzten zwei Jahren vor Eintritt der EM mindestens ein Jahr Pflichtbeiträge für eine versicherte Beschäftigung oder Tätigkeit gezahlt wurden.

| | | |
|---|---|---|
| Ende des Studiums: | 30.6.2011 | Beispiel |
| Volle EM: | 9.11.2015 | |
| Berechnung des Sechsjahreszeitraums nach Ausbildungsende: | 1.7.2011 bis 30.6.2017 | |

Die volle EM ist innerhalb von sechs Jahren nach Ende der Ausbildung eingetreten. Im Zweijahreszeitraum: 8.11.2015 bis 9.11.2013 müssen ein Jahr Pflichtbeiträge gezahlt worden sein.

Der Zweijahreszeitraum vor Eintritt der vollen EM kann sich um Zeiten einer schulischen Ausbildung, also versicherungsfreien Ausbildung nach Vollendung des 17. Lebensjahres, längstens bis zu sieben Jahren verlängern.

| | | |
|---|---|---|
| 17. Geburtstag: | 18.9.2008 | Beispiel |
| Ende der Schulausbildung: | 30.6.2010 | |
| Volle EM: | 9.11.2015 | |
| Pflichtbeiträge vom 1.7.2010 bis 30.9.2011 = | 15 Monate | |
| Fachhochschule vom 1.10.2011 bis zur vollen EM (9.11.2015) = | 50 Monate | |
| Verlängerter Zweijahreszeitraum um 50 Monate: | 9.9.2009 bis 8.11.2015 | |

Somit sind in diesem Zeitraum mindestens zwölf Monate Pflichtbeiträge entrichtet und die vorzeitige Wartezeit ist erfüllt.

Ausnahmsweise kann die vorzeitige Wartezeit erfüllt sein, wenn eine nur teilweise Erwerbsminderung vorliegt und kein Teilzeitarbeitsplatz zur Verfügung steht, so dass wegen des verschlossenen Arbeitsmarkts ein Anspruch auf eine Rente wegen voller Erwerbsminderung besteht. Dies hat das Bayerische Landessozialgericht in einem Urteil vom 24.9.2014 – L 19 R 218/10 entschieden (→ S. 63).

*Wartezeitfiktion bei teilweiser EM?*

Ist die allgemeine Wartezeit von 60 Monaten erfüllt kann und ist eine teilweise Erwerbsminderung während einer späteren Ausbildung eingetreten, kann auch dann, wenn die 12 Monate Pflichtbeiträge nicht erfüllt sind, die Voraussetzungen für eine teilweise Erwerbsminderung vorliegen.

Beispiel

| | |
|---|---|
| Ausbildung und Beschäftigung: | 1.9.1994 bis 30.6.2012 |
| Studium ohne Abschluss: | 1.10.2012 bis 30.4.2014 |
| Studium | 1.10.2016 |
| Privater Sportunfall und Teilweise EM | 15.02.2017 |

 Es ist davon auszugehen, dass diese Frage erst durch eine Entscheidung des Bundessozialgerichts geklärt werden wird. Deshalb sollte in solchen Fällen Widerspruch und ggf. Klage eingelegt werden.

## 4    Besondere versicherungsrechtliche Voraussetzungen

### 4.1    Grundsatz

Zusätzlich zu der Erfüllung der allgemeinen Wartezeit müssen für den Anspruch auf EM-Rente nach § 43 Abs. 1 Nr. 2, Abs. 2 Nr. 2 SGB VI noch besondere versicherungsrechtliche Voraussetzungen erfüllt werden. Diese Regelung soll verhindern, dass die EM-Rente, die eine Lohnersatzleistung ist, von Versicherten in Anspruch genommen wird, die keinen zeitlich nahen Bezug zur pflichtversicherten Erwerbstätigkeit mehr haben. Deshalb kann, wer keiner rentenversicherungspflichtigen Tätigkeit nachgegangen ist, keinen Anspruch auf eine EM-Rente erwerben. Das kann auch der Fall sein, wenn eine versicherungspflichtige Beschäftigung lange Zeit zurückliegt. Dann muss man trotz EM so lange warten, bis eine Altersrente beansprucht werden kann (Ausnahmen → S. 40). Eventuell kann ein Anspruch auf Arbeitslosengeld II oder Grundsicherung bestehen (→ S. 219).

Die besonderen versicherungsrechtlichen Voraussetzungen für eine Rente wegen teilweiser oder voller EM sind erfüllt, wenn

- in den letzten fünf Jahren **vor** Eintritt der EM

- mindestens **drei Jahre** = 36 Monate Beiträge für eine **versicherungspflichtige** Beschäftigung oder Tätigkeit entrichtet wurden.
Es genügt, wenn im Monat für einen Tag ein Pflichtbeitrag gezahlt wurde.

innerhalb von 5 Jahren 3 Jahre pflicht- versichert

**Pflichtbeitragszeiten** sind:

- Pflichtbeiträge von Beschäftigten,

  – seit 1.1.2012 gehören dazu auch Teilnehmer an dualen Studiengängen,

  – seit 1.1.2013 geringfügig Beschäftigte, die keine Befreiung von der Versicherungspflicht in der Rentenversicherung beantragt haben.
  Um die besonderen versicherungsrechtlichen Voraussetzungen zu erfüllen, sollte die Befreiung nicht beantragt werden;

Pflichtbei- tragszeiten

- Pflichtbeiträge von kraft Gesetzes versicherungspflichtigen Selbständigen (§ 2 SGB VI);

- sonstige Pflichtbeiträge für Versicherte, die gezahlt worden sind oder als gezahlt gelten (§ 3 SGB VI):

– Kindererziehungszeiten,

– Wehr- oder Zivildienstpflichtzeiten,

– Sozialleistungsbezug, wie Krankengeld, Verletztengeld, Versorgungskrankengeld, Übergangsgeld, Unterhaltsgeld, Arbeitslosengeld und Arbeitslosenhilfe (seit 1.1.1992) und Arbeitslosengeld II (seit 1.1.2011 → S. 32; vorher nur vom 1.1.2005 bis 31.12.2010).
Zusätzlich muss im letzten Jahr vor Beginn des Leistungsbezugs für mindestens einen Monat Rentenversicherungspflicht bestanden haben.

 Keine Versicherungspflicht besteht bei Bezug von Alg II in der Zeit vom 1.1.2005 bis 31.12.2010 in Form von Darlehen (§ 23 SGB II), Leistungen für Erstausstattung der Wohung, Bekleidung, bei Schwangerschaft und Geburt, für Klassenfahrten, für BAföG-Berechtigte und für berufsvorbereitende Bildungsmaßnahmen nach § 51 SGB III,

– Bezug von Vorruhestandsgeld, wenn unmittelbar vor Beginn des Vorruhestandsgeldes Versicherungspflicht bestanden hat und das Vorruhestandsgeld aufgrund von Tarifvertrag oder Einzelvertragvereinbarung gezahlt wird,

– Zeiten der nicht erwerbsmäßigen häuslichen Pflege seit 1.4.1995.
 Voraussetzung für diese Versicherungspflicht bis zum 31.12.2016 ist, dass die pflegebedürftige Person mindestens 14 Stunden wöchentlich gepflegt wird,

– Zeiten der nicht erwerbsmäßigen häuslichen Pflege

Neu   Zum 1. Januar 2017 ist der Pflegebedürftigkeitsbegriff geändert worden. Die Pflegebedürftigkeit wird nicht mehr in Pflegestufen, sondern in Pflegegrade unterteilt. Mit dieser Neuregelung wurden auch die Voraussetzungen der Versicherungspflicht der Pflegepersonen geändert.

Voraussetzung für die Versicherungspflicht ist seit dem 1.1.2017, dass die nicht erwerbsmäßig tätige Pflegeperson (z.B. nahe Angehörige, Nachbarn und Bekannte) einen oder mehrere pflegebedürftige Personen wenigstens 10 Stunden verteilt auf mindestens 2 Tage in der Woche pflegt und die Pflege auf Dauer angelegt ist. Erforderlich ist, dass die pflegebedürftige Person Anspruch auf Leistungen der sozialen Pflegeversicherung oder der Privaten Pflegepflichtversicherung mindestens nach Pflegegrad 2 hat und die Pflege in häuslicher Umgebung erfolgt. Versicherungspflicht besteht nicht, wenn die Pflegeperson einer Beschäftigung von mehr als 30 Stunden in der Woche nachgeht und deshalb vorrangig wegen dieser Beschäftigung versicherungspflichtig ist.

Die Versicherungspflicht besteht auch für Pflegepersonen, die nach dem bis zum 31.12.2016 geltenden Recht eine pflegebedürftige Person der ehemaligen Pflegestufe »0« mit erheblich eingeschränkter Alltagskompctcnz mindcstens 10 Stunden wöchentlich, verteilt auf mindestens 2 Tage gepflegt haben und die pflegebedürftige Person zum 1.1.2017 in den Pflegegrad 2 übergeleitet wurde oder wenn nach den alten Pflegestufen I bis III keine 14 Stunden wöchentliche Pflegzeit erreicht waren, nun aber die 10 Stunden Pflegezeit in der Woche verteilt auf mindestens 2 Tage erreicht sind.

Wenn sich zwei oder mehrere Personen die Pflege einer pflegebedürftigen Person wöchentlich teilen (Mehrfachpflege), kann für jede Pflegeperson Versicherungspflicht bestehen. Auch bei einer Wochenendpflege, zum Beispiel bei internatsmäßiger Unterbringung des behinderten Kindes während der Woche oder bei Pflegeintervallen, wenn zwei Pflegepersonen wöchentlich wechseln kann Versicherungspflicht bestehen.

Pflegepersonen, die nach dem bis zum 31.12.2016 geltenden Recht versicherungspflichtig waren, weil sie einen Pflegebedürftigen mindestens 14 Stunden in der Woche gepflegt haben, bleiben weiter nach den alten Vorschriften versicherungspflichtig, solange die Pflegetätigkeit fortdauert.

Berücksichtigt werden die pflegerischen Maßnahmen in den Bereichen, die auch für die Feststellung des Pflegegrades nach § 14 Abs. 2 SGB XI beurteilt werden und zusätzlich die Hilfen bei der Haushaltsführung (§ 14 Abs. 3 SGB XI).

Die Ermittlung des Pflegeumfangs erfolgt durch den Pflegegutachter und die letztendliche Feststellung des zeitlichen Umfangs erfolgt durch die Pflegekasse bzw. die Private Pflegepflichtversicherung.

 Auf Wunsch der Pflegeperson hat die Pflegekasse die Feststellungen des Pflegeumfangs mitzuteilen. Die Pflegeperson sollte davon Gebrauch machen, um prüfen zu können, ob der zeitliche Umfang der Pflegezeit richtig erfolgt ist.
Bei einer Erhöhung oder Minderung des zeitlichen Umfangs auf weniger als 10 Stunden an zwei Tagen in der Woche muss die Pflegeperson dies der Pflegekasse und der Rentenversicherung mitteilen.

Treffen Zeiten der Versicherungspflicht nach § 3 SGB VI mit Zeiten der Versicherungspflicht für eine Leistung zur Teilhabe am Arbeitsleben und unterstützter Beschäftigung nach § 1 Satz 1 Nr. 2 und 3 SGB VI wegen des gleichen Sachverhalts zusammen, ist die Versicherungspflicht vorrangig, die den besten Schutz gewährt;

■ Pflichtbeiträge auf Grund einer Antragspflichtversicherung als
  – Entwicklungshelfer i.S. § 1 EntwicklungshelferG, die Entwicklungsdienst oder Vorbereitungsdienst leisten, vorübergehend im Ausland tätige deutsche Staatsangehörige sowie Staatsangehörige von Staaten, in denen die EWG-VO 1408/71, ab 1.5.2010 EG-VO 883/04 gilt, also auch Schweizer Staatsangehörige und Angehörige eines Vertragsstaats aufgrund des Abkommens mit dem Europäischen Wirtschaftsraum (EWR) und sekundierte Personen nach dem Sekundierungsgesetz, wenn die Versicherungspflicht von einer Stelle im Inland beantragt wird,
  – Selbständige,
  – Bezieher von Krankentagegeld (auch → S. 38),
  – Bezieher von Entgeltersatzleistungen, die im letzten Jahr vor Beginn dieser Leistung nicht versicherungspflichtig waren,
  – Arbeitsunfähige, die kein Krankengeld beziehen, weil sie in der gesetzlichen Krankenversicherung ohne Anspruch auf Krankengeld versichert sind;

■ Pflichtbeiträge für geringfügig Beschäftigte, die in der bis zum 31.12.2012 gültigen Regelung auf die Versicherungsfreiheit in der Deutschen Rentenversicherung verzichtet haben und die die pauschalen Beiträge des Arbeitgebers durch eigene Beiträge bis zum vollen Rentenversicherungsbeitrag aufgestockt haben (seit 1.1.2013 → S. 27).

- Beiträge von Pflegepersonen für die Zeit vom 1.1.1992 bis 31.3.1995, die als Pflichtbeiträge gelten;

- Anrechnungszeiten, für die in der Zeit vom 1.1.1984 bis 31.12.1991 Beiträge gezahlt worden sind, an denen sich auch der Leistungsträger beteiligt hat;

- Gleichgestellte Pflichtbeitragszeiten für eine versicherte Beschäftigung oder Tätigkeit (z.B. aufgrund über-/zwischenstaatlichen Rechts oder Fremdrentengesetzes);

- Zeiten im Beitrittsgebiet und im Saarland bis zum 31.12.1956, soweit sie als Pflichtbeiträge gelten;

- Zeiten der Nachzahlung von freiwilligen Beiträgen für eine unschuldig erlittene Strafverfolgung, wenn dadurch eine versicherungspflichtige Beschäftigung oder Tätigkeit unterbrochen worden ist;

- Beiträge, die von einem Drittschädiger im Wege des Schadenersatzes gezahlt werden.

keine Pflicht-
beitrags-
zeiten

**Keine** Pflichtbeitragszeiten sind:

- Übertragene Anwartschaften oder begründete Anwartschaften im Wege des Versorgungsausgleichs;

- Ausschließlich vom Arbeitgeber entrichtete pauschale Beiträge für eine geringfügige versicherungsfreie Beschäftigung.

Diese beiden Zeiten werden nur bei der Erfüllung der allgemeinen Wartezeit berücksichtigt (→ S. 22);

- Pflichtbeiträge zur Alterssicherung der Landwirte nach dem Gesetz über die Alterssicherung der Landwirte (ALG) (vor dem 1.1.1995 nach dem GAL);

- Zeiten der Strafhaft;

- Zeiten der berufsständischen Versorgung (Versorgungswerke).

Diese Aufzählung ist nicht abschließend.

Freiwillige Beiträge können grundsätzlich nicht dazu beitragen, die besonderen versicherungsrechtlichen Voraussetzungen für den Anspruch auf EM-Rente zu erfüllen. Vgl. aber eine Ausnahme → S. 40.

Die versicherungsrechtlichen Voraussetzungen müssen **vor** Eintritt der EM erfüllt sein. Auf den Zeitpunkt des Rentenantrags kommt es nicht an.

vor EM

A. ist seit 15.9.2015 dauerhaft arbeitsunfähig.
Im Januar 2016 stellt er einen Antrag auf eine EM-Rente.
Im medizinischen Sachverständigengutachten wird als Eintritt der EM, des so genannten Versicherungsfalls, der Beginn der dauerhaften Arbeitsunfähigkeit, der 15.9.2015 festgestellt.
Die versicherungsrechtlichen Voraussetzungen müssen somit zum 14.9.2015 erfüllt sein.

Beispiel 1

| | |
|---|---|
| Eintritt der EM: | am 9.11.2015 |
| Fünfjahreszeitraum: | 9.11.2010 – 8.11.2015 |
| Pflichtbeitragszeiten: | Oktober 2008 – Juni 2014 |

Beispiel 2

Somit sind in dem Fünfjahreszeitraum mindestens 36 Monate, hier 44 Monate mit Pflichtbeiträgen belegt und damit die besonderen versicherungsrechtlichen Voraussetzungen erfüllt.

Die Pflichtbeitragszeiten sind nicht erforderlich, wenn die EM wegen eines Tatbestandes eingetreten ist, bei welchem die allgemeine Wartezeit vorzeitig erfüllt ist, → S. 23.

**Verlänge-rung des Fünfjahres-zeitraumes durch Auf-schubzeiten**

Sind in dem Fünfjahreszeitraum keine drei Jahre Pflichtbeiträge entrichtet, kann der Fünfjahreszeit-raum um Zeiten, die nicht mit Pflichtbeiträgen be-legt sind, in die Vergangenheit verlängert werden (§ 43 Abs. 4 SGB VI). Solche so genannten Auf-schubzeiten sind insbesondere:

■ Anrechnungszeiten (z. B. Arbeitsunfähigkeitszei-ten i. S. der §§ 58, 252, 252a SGB VI, Bezieher von Alg II ab 1.1.2011 (nicht z. B. bei darlehens-weisem Bezug oder z. B. statt BAföG)). Eine An-rechnungszeit wegen Alg II-Bezugs vom 1.1.2011 bis 31.12.2012 liegt nicht vor, wenn gleichzeitig eine versicherungspflichtige Beschäftigung oder versicherungspflichtige selbständige Tätigkeit ausgeübt wurde oder z.B. wegen Krankengeld-, Übergangsgeld-, Arbeitslosengeld I-Bezugs nach § 3 Abs. 1 Nr. 3 SGB VI Versicherungspflicht be-standen hat und Rentenbezugszeiten wegen ver-minderter Erwerbsfähigkeit vorliegen;

■ Berücksichtigungszeiten (Kindererziehungszeiten bis zum 10. Geburtstag, § 57 SGB VI; Zeiten der nicht erwerbsmäßigen Pflege vom 1.1.1992 bis 31.3.1995, § 249b SGB VI);

**Berück-sichtigungs-zeiten Selb-ständiger**

■ Berücksichtigungszeiten wegen Kindererziehung, wenn daneben keine mehr als geringfügige selb-ständige Tätigkeit ausgeübt wurde; dies gilt bei Rentenbeginn vor dem 1.1.2002.

Seit 1.1.2002 sind Berücksichtigungszeiten wäh-rend einer mehr als geringfügig selbständigen Tätigkeit nur noch anzuerkennen, wenn die Zei-

ten der selbständigen Tätigkeit auch mit Pflichtbeitragszeiten belegt sind (§ 57 Satz 2 SGB VI).

| | | |
|---|---|---|
| Eintritt der EM: | am 9.11.2015 | Beispiel |
| Fünfjahres-zeitraum: | 9.11.2010 – 8.11.2015 | |
| Pflichtbeitrags-zeiten: | Oktober 2008 – April 2013 | |

Im Fünfjahreszeitraum 9.11.2010 – 8.11.2015 sind
30 Monate mit Pflichtbeitragszeiten belegt.

Berücksichtigungszeit
wegen Kindererziehung:     Juli 2012 – Juni 2013

Damit verlängert sich der Fünfjahreszeitraum um
zwölf Monate vom 9.11.2009 bis 8.11.2015, sodass
nun mit 42 Monaten die besonderen versicherungsrechtlichen Voraussetzungen erfüllt sind;

■ Zeiten, die keine Anrechnungszeiten sind, weil
durch sie eine versicherte Beschäftigung oder
selbständige Tätigkeit nicht unterbrochen ist,
wenn in den letzten sechs Kalendermonaten vor
Beginn der Zeiten wenigstens ein Pflichtbeitrag
für eine versicherte Beschäftigung oder Tätigkeit
oder eine Anrechnungszeit oder Berücksichtigungszeit liegt, z.B. Zeiten der Arbeitsunfähigkeit, Rehabilitation, Mutterschutz, Schwangerschaft, Arbeitslosigkeit.

| | | |
|---|---|---|
| Eintritt EM: | 5.3.2016 | Beispiel |
| Pflichtbeiträge mit Unterbrechungen: | 1993 – 24.8.2014 | |

Im Fünfjahreszeitraum 5.3.2011 bis 4.3.2016 sind
30 Monate belegt mit Pflichtbeiträgen

| Arbeitslosigkeit ohne Leistungsbezug: | 15.10.2014 – 7.3.2015 |
|---|---|
| Arbeitslosigkeit ohne Leistungsbezug: | 14.4.2015 – 6.6.2015 |

Die Monate Oktober 2014 bis Juni 2015 sind bei der Ermittlung des Fünfjahreszeitraums nicht mitzuzählen, denn die erste Arbeitslosigkeit folgt innerhalb von sechs Kalendermonaten nach dem letzten Pflichtbeitrag im August 2014. Die zweite Arbeitslosigkeit folgt innerhalb eines Kalendermonats ab der ersten Arbeitslosigkeit.

Damit ergibt sich eine Verlängerung des Fünfjahreszeitraums um neun Monate vom 5.6.2010 bis 5.3.2016. In diese Zeit fallen insgesamt 39 Monate Pflichtbeiträge; damit sind die besonderen versicherungsrechtlichen Voraussetzungen erfüllt;

- Ersatzzeiten vor 1992 (§§ 250, 251 SGB VI);

- Zeiten einer knappschaftlichen Ausgleichsleistung vor 1992 (§ 239 SGB VI);

- Zeiten einer schulischen Ausbildung nach dem 17. Geburtstag bis maximal sieben Jahre.

**Beispiel**

| Eintritt der EM | | 26.5.2016 |
|---|---|---|
| Anrechnungszeit wegen Schulausbildung und Fachschulausbildung | 1.7.1979 – 30.6.1987 | |
| Hochschulausbildung | 1.4.2010 – 30.5.2013 | |

Die Hochschulausbildung zählt bei der Ermittlung des Fünfjahreszeitraumes nicht mit.

- Umgewandelte DDR-Renten unter bestimmten Voraussetzungen.

Weitere Aufschubzeiten können sein:

- Gleichgestellte ausländische Rentenzeiten nach überstaatlichem bzw. zwischenstaatlichem Recht (Art. 9a EWG-VO 1408/71, seit 1.5.2010 Art. 5 EG-VO 883/04);

- Rentenbezugszeiten wegen einer verminderten Erwerbsfähigkeit (dies gilt aber nicht bei Bezug einer Hinterbliebenenrente wegen EM).

Scheitert der Rentenanspruch wegen des Nichterfüllens der besonderen versicherungsrechtlichen Voraussetzungen, muss immer geprüft werden, ob nicht Anhaltspunkte dafür vorliegen, dass der Versicherungsfall entweder zu einem früheren oder zu einem späteren Zeitpunkt eingetreten ist und dann diese Voraussetzungen erfüllt sind.

Ob die besonderen versicherungsrechtlichen Voraussetzungen erfüllt sind, ist aus der jährlichen von dem Rentenversicherungsträger verschickten Renteninformation zu ersehen.

Wer als jüngere/r Versicherte/r nicht durchgängig pflichtversichert (pflichtversicherte Tätigkeiten, Arbeitslosigkeit, Krankengeld bei gesetzlich Krankenversicherten) ist, sollte darauf achten, sich durch eine Antragspflichtversicherung, z. B.
- als Selbständiger (→ S. 31, → S. 27);
- als privat versicherter Krankentagegeldbezieher, (→ S. 31, → S. 133 ff.);
die besonderen versicherungsrechtlichen Voraussetzungen für eine EM-Rente zu schaffen. Ebenso sollte bei einer geringfügigen Beschäftigung nicht die Befreiung von der Versicherungspflicht beantragt werden!

Versicherungspflicht auf Antrag

Antragsfristen

Dabei müssen Antragsfristen, z. B. bei der Antragspflichtversicherung von Selbständigen und bei Krankentageldbeziehern (→ S. 134) beachtet werden. Auf keinen Fall sollte man einen Zeitraum von über 24 Monaten innerhalb von fünf Jahren ohne einen Pflichtbeitrag verstreichen lassen; denn dann müssen wieder 36 Monate Pflichtversicherung erbracht werden, um die besonderen versicherungsrechtlichen Voraussetzungen zu erfüllen. Wer weiß schon im Voraus, was in den nächsten Jahren oder Monaten geschieht? Auch wer sich kerngesund fühlt, kann plötzlich erwerbsgemindert werden. Der Eintritt eines Versicherungsfalls lässt sich eben nicht steuern oder planen. Deshalb sollte nicht riskiert werden, diese Anspruchsvoraussetzung zu verlieren, insbesondere, wenn schon jahrelang Rentenversicherungsbeiträge gezahlt wurden. Zu beachten ist allerdings, dass die Versicherungspflicht als Selbständiger erst dann endet, wenn die selbständige Tätigkeit, für die die Versicherungspflicht beantragt wurde, nicht mehr ausgeübt wird.

Rat einholen

Auf jeden Fall empfiehlt es sich in diesen Fällen dringend, fachlichen Rat bei den Auskunfts- und Beratungsstellen der Deutschen Rentenversicherung kostenlos oder gegen Gebühr bei einer/m registrierten Rentenberater/in oder einer/em Rechtsanwalt/-anwältin einzuholen.

sozialrechtlicher Herstellungsanspruch

Nur ausnahmsweise kann ein Anspruch auf Nachentrichtung von Pflichtbeiträgen auf dem Weg des so genannten sozialrechtlichen Herstellungsanspruchs erreicht werden, wenn der Antrag auf Pflichtversicherung wegen einer fehlerhaften Beratung durch den Rentenversicherungsträger oder auch einen anderen Sozialversicherungsträger, z. B. durch die Agentur für Arbeit, unterblieben ist. Der konkrete Beratungsfehler muss vom Versicherten nachgewiesen werden. Dies ist meist sehr schwierig, wenn keine Dokumente vorliegen oder keine Zeugen zur Verfügung stehen, die bei der Beratung anwesend waren und das Gespräch aufmerksam verfolgt haben.

## 4.2 Versicherungsrechtliche Voraussetzungen für behinderte Menschen

Eine Ausnahme gibt es für behinderte Menschen, die lange Zeit erwerbsgemindert sind. Nach § 43 Abs. 6 SGB VI erfüllen Versicherte, die bereits vor der Erfüllung der allgemeinen Wartezeit von fünf Jahren voll erwerbsgemindert waren und das seitdem ununterbrochen sind, die versicherungsrechtlichen Voraussetzungen auch, wenn sie die Wartezeit von 20 Jahren erfüllt haben. Das kann auch eine seit Geburt bestehende Behinderung sein, die bei Eintritt in die gesetzliche Rentenversicherung bestanden hat. In diesen Fällen kann die Wartezeit sogar ausschließlich mit freiwilligen Beiträgen ab 16 Jahren erfüllt werden.

§ 43 Abs. 6 SGB VI eröffnet in Verbindung mit § 43 Abs. 2 Satz 3 Nr. 1 und 2 SGB VI insbesondere schwer körperlich oder geistig behinderten Menschen den Zugang zur EM-Rente. Diese beiden Regelungen kommen auch zum Tragen bei Versicherten, die in Werkstätten für behinderte Menschen arbeiten. Ohne diese Ausnahmen könnte dieser Personenkreis niemals die Voraussetzungen für die EM-Rente erfüllen.

### 4.3 Übergangsregelung für Versicherte, die die besonderen versicherungsrechtlichen Voraussetzungen nicht erfüllen

Bei älteren Versicherten, die bereits vor dem 1.1.1984 die allgemeine Wartezeit von fünf Jahren bzw. 60 Monate Beitragszeiten erfüllt haben, können aufgrund der Übergangsregelung des § 241 Abs. 2 SGB VI die versicherungsrechtlichen Voraussetzungen auch dann erfüllt sein, wenn ab dem 1.1.1984 bis zum Eintritt des Versicherungsfalls lückenlos Anwartschaftserhaltungszeiten vorhanden sind. Dies können z. B. Pflichtbeiträge, freiwillige Beiträge, Arbeitslosigkeitszeiten oder Arbeitsunfähigkeitszeiten sein. Wichtig ist, dass jeder Monat belegt ist. Dabei reicht es aus, wenn nur ein Tag im Monat mit einem Betrag belegt ist.

lückenloser Versicherungsverlauf

Ob diese Voraussetzungen erfüllt sind, wird auch in der jährlichen Renteninformation ausgewiesen. Sofern in der Renteninformation die Erfüllung dieser Voraussetzung bestätigt wird, sollte peinlichst genau darauf geachtet werden, dass danach jeder Monat mit Anwartschafterhaltungszeiten belegt wird. Dies können auch Mindestbeiträge zur freiwilligen Versicherung sein. Freiwillige Beiträge können z. B. bis 31.3. eines Jahres auch noch rückwirkend für das vorangegangene Kalenderjahr nachgezahlt werden.

Für Kalendermonate, für die eine freiwillige Beitragszahlung noch zulässig ist, ist eine Belegung mit Anwartschaftszeiten nicht erforderlich.

Beispiel 1

| | |
|---|---|
| Antrag auf EM-Rente: | 8.6.2017 |
| Zahlung des letzten freiwilligen Beitrages: | im Mai 2017 |
| Eintritt der EM: | am 12.12.2017 |

Vor dem 1.1.1984 sind 60 Monate mit rentenrechtlichen Zeiten belegt.
Vom 1.1.1984 bis zum Mai 2017 besteht keine Lücke im Versicherungsverlauf.

Da die Entrichtung der Beiträge für 2017 noch bis zum 31.3.2018 zulässig ist, muss für die Zeit von Juni 2017 bis November 2017 kein freiwilliger Beitrag mehr nachgezahlt werden.

| | | |
|---|---|---|
| Antrag auf EM-Rente: | 8.6.2017 | Beispiel 2 |
| Zahlung des letzten | | |
| freiwilligen Beitrages: | im Mai 2017 | |
| Eintritt der EM: | am 12.5.2018 | |

Vor dem 1.1.1984 sind 60 Monate mit rentenrechtlichen Zeiten belegt.
Vom 1.1.1984 bis zum Mai 2017 besteht keine Lücke im Versicherungsverlauf.

Auch hier muss der Versicherte keine Beiträge mehr nachzahlen. Denn während des Rentenverfahrens wird die Frist zur Zahlung freiwilliger Beiträge unterbrochen. Die Nachzahlung wäre aufgrund der Unterbrechung noch zulässig (§§ 241 Abs. 2 Satz 2 197 Abs. 2, 198 SGB VI).

Bei einer bestandskräftigen Ablehnung des Rentenantrages muss sich der Versicherte unverzüglich wegen der nachträglichen Beitragsentrichtung, die dann innerhalb von drei Monaten (§§ 197 Abs. 2, 198 SGB VI) erfolgen muss, mit dem Rentenversicherungsträger in Verbindung setzen, damit für einen späteren Rentenversicherungsfall die Lücke geschlossen wird und die Anwartschaftsvoraussetzungen erhalten werden können.

unverzüglich Anwartschaftserhaltung bei Rentenablehnung

In diesen sehr schwierigen Fragen der Aufrechterhaltung des Versicherungsschutzes empfehlen wir, sich beraten zu lassen, z.B. bei den Auskunfts- und

Beratungsstellen der Deutschen Rentenversicherung kostenlos oder gegen Gebühr bei Rechtsanwälten oder registrierten Rentenberatern. Zeit und Kosten sind sinnvoll aufgewendet; denn ist das »Kind erst mal in den Brunnen gefallen« und eine Lücke entstanden und tritt dann EM ein, kann der Schaden weit größer sein als rechtzeitig eingesetzter Aufwand. Auch noch im Falle der Ablehnung einer EM-Rente wegen der Nichterfüllung der besonderen versicherungsrechtlichen Voraussetzungen eingeholter Rechtsrat kann helfen; denn nicht alle Ausnahmeregelungen sind wegen der Kompliziertheit und Seltenheit in diesem Leitfaden aufgeführt (→ S. 125 ff.).

**Beratung durch Deutsche Rentenversicherung**

Auskunfts- und Beratungsstellen der Deutschen Rentenversicherung gibt es in allen größeren Städten bzw. Landkreisen. Sie beraten kostenlos in allen Fragen der Rentenversicherung und nehmen sämtliche Anträge auf. Auch in anderen Fragen des Sozialrechts kann Beratung erfolgen (www.deutsche-rentenversicherung.de → Beratung → Beratungsstellensuche).

**Rentenberater/ Rentenberaterinnen**

Rentenberater sind freiberuflich tätige unabhängige Berater in Fragen der gesetzlichen Rentenversicherung und des übrigen Sozialrechts, einige bis hin zur betrieblichen Altersversorgung, Beamtenversorgung und privaten Renten. Sie sind von den Landessozialgerichten bei Nachweis der entsprechenden Fachkenntnisse zugelassen und registriert. Auch wird von ihnen die Vertretung vor den Sozialgerichten übernommen.

Die Mandate werden wie bei Rechtsanwälten nach festen Sätzen abgerechnet oder nach entsprechender Vergütungsvereinbarung.

**Versicherungsrechtliche Voraussetzungen der EM-Rente**

| Allgemeine Wartezeit | Besondere versicherungsrechtliche Voraussetzungen |
|---|---|
| 5 Jahre (60 Monate) Versicherungszeiten **vor** Eintritt der EM | 3 Jahre (36 Monate) Pflichtbeiträge in den letzten 5 Jahren **vor** Eintritt der EM |
| Ausnahmen:<br>• Wartezeit vorzeitig erfüllt<br>• Bei Behinderten: EM vor Erfüllung der Wartezeit eingetreten und 20 Jahre (240 Monate) Versicherungszeiten | Ausnahmen:<br>• Verlängerung des 5-Jahres-Zeitraums<br>• Allgemeine Wartezeit (60 Monate) vor dem 1.1.1984 erfüllt **und** vom 1.1.1984 bis zum Monat vor Eintritt der EM durchgehend belegte Versicherungszeiten (Anwartschaftserhaltungszeiten) |

# 5      Versicherungsfall der EM

## 5.1    EM

Das SGB VI unterscheidet zwischen einer Rente wegen teilweiser EM und einer Rente wegen voller EM.

Für beide Rentenarten ist Voraussetzung, dass der/die Versicherte wegen Krankheit oder Behinderung auf nicht absehbare Zeit, also auf Dauer (mehr als sechs Monate), außer Stande ist, unter den üblichen Bedingungen des allgemeinen Arbeitsmarktes mindestens sechs Stunden täglich zu arbeiten. Das heißt, eine Krankheit allein reicht nicht aus, um von einer EM auszugehen. Es genügt hierfür auch nicht die Feststellung einer Schwerbehinderung durch das Versorgungsamt. Es kommt auch nicht darauf an, ob

*Was ist EM?*

Behandlungsbedürftigkeit der Krankheit oder Arbeitsunfähigkeit besteht.

Der rechtliche Begriff der EM stellt darauf ab,

- wie das individuelle Leistungsvermögen des/der Versicherten eingeschätzt wird und
- wie die Prognose über die Verwertbarkeit dieses Leistungsvermögens unter den »üblichen Bedingungen des allgemeinen Arbeitsmarktes« aussieht.

Dies unterscheidet die EM vom Begriff der Krankheit oder dem Begriff der Behinderung, obwohl die EM durch Krankheit oder/und Behinderung bedingt ist.

Maßstab: ICF

Die EM beruht auf Störungen der körperlichen und geistigen Funktionsfähigkeit. Die Beurteilung orientiert sich an der seit 2001 verabschiedeten WHO-Klassifikation ICF – Internationale Klassifikation der Funktionsfähigkeit, Behinderung und Gesundheit (International Classification of Functioning). Dies ist ein bio-psychisch-soziales Modell, das beschreibt, unter welchen Voraussetzungen eine Person funktional gesund ist. Anhand der Abweichung von einer gesunden Person bemisst sich die Leistungsminderung.

Nach der ICF ist eine Person gesund, wenn

- ihre körperlichen und mentalen Funktionen sowie ihre Körperstrukturen allgemein anerkannten statistischen Normen entsprechen (Funktionale Gesundheit);
- sie all das tut oder tun kann, was von einem Menschen ohne Gesundheitsproblem erwartet wird (Aktivitäten);

■ sie ihr Dasein in allen Lebensbereichen, die ihr wichtig sind, in der Weise und dem Umfang entfalten kann, wie es von einem Menschen ohne Beeinträchtigung der Körperfunktionen oder -strukturen oder Aktivitäten erwartet wird (Teilhabe).

Besteht in wenigstens einer der genannten Klassifikationen eine Beeinträchtigung, also eine Funktionsstörung, eine Aktivitätseinschränkung, ein Strukturschaden, ist die Funktionsfähigkeit gemindert. Ist eine der Funktionen beeinträchtigt, kann sie auch eine gesundheitliche Störung hervorrufen. So kann die eingeschränkte Teilhabe, z.B. aufgrund langjähriger Arbeitslosigkeit, eine Depression oder Suchtkrankheit nach sich ziehen (Sekundärprozess). Die ICF definiert auch verschiedene Schweregrade der Leistungseinschränkungen.
Nach diesem psychosozialen Bewertungsmodell werden die Störungen der körperlichen und geistigen Funktionsfähigkeit bezogen auf das Arbeitsleben festgestellt.

Hierzu ist es erforderlich, dass dem Rentenantrag medizinische Befundberichte der behandelnden Ärzte beigefügt werden. Je genauer darin die Entwicklung der Erkrankungen, die geäußerten Beschwerden und Einschränkungen im Verlauf der letzten Jahre beschrieben werden, desto geeigneter sind diese Befundberichte für die Beurteilung des aktuellen Leistungsvermögens. Auch sollten sie Auskunft über Art und Erfolg der durchgeführten Therapien geben und klären helfen, ob die Beschwerden therapieresistent sind.

*Medizinische Befundberichte des Antragstellers*

Nur die Benennung der Diagnosen sagt häufig über das Leistungsvermögen wenig oder nichts aus. So kann beispielsweise aus der Diagnose »Mukoviszidose« oder eines Krebsleidens oder Herzinfarkts noch nicht geschlossen werden, dass das Leistungsvermögen eingeschränkt oder aufgehoben ist. Deshalb sollten in den Befundberichten – soweit möglich – objektive Messdaten (z. B. EKG-, EEG-Auswertungen, Röntgenbefunde, Werte der Lungenfunktionsprüfungen, Stoffwechselstörungen) angegeben werden.

Ebenso können Krankenhaus- und Rehabilitationsentlassungsberichte, Gutachten anderer Sozialleistungsträger wie z. B. des Medizinischen Dienstes der Krankenversicherung (MdK) oder des Ärztlichen Dienstes der Agentur für Arbeit Aufschluss über die Leistungsfähigkeit geben, wenn sie die Rentenversicherung als aussagekräftig und aktuell anerkennt. Eine Bindungswirkung dieser Gutachten besteht nicht. Sind die vorgelegten Unterlagen nicht ausreichend, ermittelt der Rentenversicherungsträger durch weitere Sachverständigengutachten.

**Sachverständigengutachten der Rentenversicherung** Zur Beurteilung der Leistungsfähigkeit wird meist ein sozialmedizinisches Sachverständigengutachten in Auftrag gegeben, bei dem ein von der Deutschen Rentenversicherung beauftragter Arzt ein neutrales Gutachten erstellt. Nach Auswertung der Befundberichte durch den Sozialmedizinischen Dienst erfolgt entweder eine Entscheidung über den Rentenantrag oder es werden zur weiteren Sachverhaltsaufklärung vom Rentenversicherungsträger zusätzliche sozialmedizinische Gutachten eingeholt. Bei der Auswertung der Befundberichte und der Beurteilung der Leistungsfähigkeit sind die Erfahrungswerte der Sozialmedizin zu berücksichtigen. Dabei werden die bereits erwähnten ICF festgestellt und die auch von der WHO entwickelten Diagnoseschlüssel (ICD-10) verwandt. Die ICD-10 sind in einem vom Deutschen Institut für Medizinische Dokumentation und Information (DIMDI) herausgegebenen Werk nachzulesen.

Für einige Krankheitsbilder, wie z. B. Koronare Herzkrankheit, Bandscheibenvorfall und bandscheibenassoziierte Krankheiten, chronisch-obstruktive Lungenkrankheiten und Asthma Bronchiale, chronisch entzündliche Darmkrankheiten, Mamma-Karzinom, neurologische Krankheiten, psychische Krankheitsbilder oder chronisch-nicht-maligne Leber- und Gallenwegskrankheiten, erfolgt die Begutachtung nach den für den sozialärztlichen Dienst der Rentenversicherung entwickelten Leitlinien zur sozialmedizinischen Begutachtung. Zusätzlich sind die jeweils neuesten medizinischen Erkenntnisse zu berücksichtigen.

Abschließend werden alle Berichte und Gutachten vom Sozialmedizinischen Dienst der Rentenversicherung ausgewertet. Dieser gibt eine Stellungnahme zur Leistungsfähigkeit ab. Gegebenenfalls schlägt er vor einer endgültigen Entscheidung eine medizinische Rehabilitationsmaßnahme nach dem Grundsatz »Rehabilitation vor Rente« vor (→ S. 51). Zu den möglichen Einwänden gegen ein Gutachten → S. 186.

## 5.2  Häufige die Erwerbsfähigkeit beeinträchtigende Krankheitsbilder

Auf alle die Erwerbsfähigkeit beeinträchtigenden Krankheitsbilder kann hier wegen der Vielfalt nicht eingegangen werden. Daher werden nur die am häufigsten vorkommenden Krankheitsbilder kurz beschrieben.

Im Jahr 2016 wurden 22.816 EM-Renten wegen Skelett-/Muskel- und Bindegewebserkrankungen bewilligt. Degenerative Veränderungen des Skelettsystems einschließlich Arthrosen und rheumatische Erkrankungen lösen die EM nur dann aus, wenn die sich daraus ergebenden Funktionseinschränkungen so groß sind, dass auch leichte Arbeiten ohne körperliche Anstrengung und ohne Zwangshaltung,

Skelettschäden

also im Wechsel von Stehen und Sitzen, ohne Über-kopfarbeiten und ohne Arbeiten auf Leitern nicht mehr vollschichtig verrichtet werden können. Maß-geblich sind dabei das Funktionsdefizit und die Be-schwerden im Ablauf des täglichen Lebens ein-schließlich Ermüdungsschmerz, Kälteempfindlich-keit, Beweglichkeit der verschiedenen Gelenke, Schwellungen und die grobe Kraft in den Händen.

**Krebs-erkrankungen**

Die Anzahl der bewilligten EM-Renten wegen krankhafter Neubildungen lag im Jahr 2016 bei 22.319. Eine Krebserkrankung führt nach heutigen Erfahrungen in der Behandlung und dem Verlauf nicht mehr automatisch zu einer Anerkennung von EM. Die Heilungschancen nach einer Operation und die verschiedenen Therapieformen werden als stark verbessert angesehen. Es wird angenommen, dass durch die Bewilligung einer EM-Rente die Mo-tivation, an einer Krankheitsbewältigung zu arbei-ten, und die soziale Integration gemindert werden. Bei Brustkrebs z. B. wird genau untersucht, wie ausgeprägt das Krebsleiden ist, ob Metastasen vor-handen sind, wie groß der Tumor war, ob das Lei-den fortschreitet oder ob therapiebedingte Folge-schäden, wie z. B. Lymphödeme am Arm mit schmerzhaften Bewegungseinschränkungen, am Handrücken oder an der Brustwand, ein tumorbe-dingtes Fatigue-Syndrom oder Organschäden an Herz/Lunge vorliegen oder ob spezielle psychische Belastungen entstanden sind.

**Stoff-wechsel-krankheiten/ Störungen des Verdauungs-systems**

Stoffwechselkrankheiten (z. B. Diabetes mellitus) und Störungen des Verdauungssystems führen nicht zwangsläufig zu einem geminderten Leistungsver-mögen. Die EM-Renten wegen dieser Krankheitsur-sachen sind zurückgegangen. Im Jahr 2016 wurden 6.172 EM-Renten bewilligt. So ist mittlerweile davon auszugehen, dass z. B. insulinpflichtige Diabetiker nach entsprechender Schulung in der Lage sind, die

Insulingaben während betriebsüblicher Pausen während der Arbeitszeit vorzunehmen. Einschränkungen können unter Umständen bei der Ausübung eines Verkehrsberufs bestehen. Zu berücksichtigen sind auch eventuelle Folgeerkrankungen insbesondere bei langjährig an Diabetes mellitus Erkrankten, z. B. eine diabetische Retinopathie (Visusverminderung) oder auch eine diabetische Neuropathie oder der diabetische Fuß. Für all diese Begleiterkrankungen gilt jedoch nach heutiger Auffassung, dass sie in der Regel nicht zu einer EM führen, sondern allenfalls zu gelegentlichen Leistungseinschränkungen.

Auch die EM-Renten wegen Kreislauferkrankungen sind in den letzten Jahren stark zurückgegangen. Wurden im Jahr 2000 noch 28.328 EM-Renten bewilligt, waren es im Jahr 2016 nur noch 16.174. Die verschiedenen Herz-/Kreislauferkrankungen treten in unterschiedlicher Intensität auf und auch hier kommt es darauf an, wie stark die Leistungsfähigkeit eingeschränkt ist und welche Belastung zumutbar ist. Dabei muss die tätigkeitsbezogene und die individuelle Belastbarkeit unter Berücksichtigung von Alter, Geschlecht, Körpergewicht und Trainingszustand geprüft werden. Ein Herzinfarkt oder selbst mehrere führen noch nicht zur Aufhebung des Leistungsvermögens, andererseits können schwerwiegende Kreislaufstörungen, die therapieresistent sind, zur EM führen. Beurteilt wird das anhand verschiedener Untersuchungsmethoden wie z. B. Ergometrie, Belastungs-EKG, Langzeit-EKG, Langzeitblutdruckmessung, Röntgenthoraxaufnahmen, klinischer Befunde bis hin zu Herzkathederuntersuchungen. Wichtig kann dabei auch sein, die psychische Belastbarkeit oder eine organbezogene Angst zu beurteilen. Für die Dauerbelastbarkeit einer Herzkranzgefäßkrankheit wird die maximale ergometrische Belastbarkeit für die kardiale (körperliche) Belastbarkeit herangezogen. So

Kreislaufkrankheiten

ist z. B. bei einer ergometrischen Belastbarkeit von 50 bis 75 Watt eine leichte körperliche Tätigkeit im Büro zumutbar; eine Belastbarkeit unter 50 Watt führt zu einer Einschränkung schon leichter körperlicher Tätigkeiten.

Psychische Erkrankungen

So wie die Zahl der Arbeitsunfähigkeitsmeldungen und Rehabilitationsmaßnahmen wegen psychischer Erkrankungen in den letzten Jahren laufend gestiegen ist, nimmt auch die Zahl der EM-Renten wegen dieser Ursache zu. Im Jahr 2016 wurden 74.468 EM-Renten wegen psychischer, einschließlich Abhängigkeitserkrankungen bewilligt; das sind über 40 % der Bewilligungen. Die Krankheitsbilder können unterschiedlich sein und reichen von Anpassungsstörungen über depressive Reaktionen nach einschneidenen Veränderungen der Lebensverhältnisse bis zu somatoformen Störungen. Die Somatisierungsstörungen müssen längere Zeit bestehen, um als Leistungseinschränkung anerkannt zu werden. Oft gehen sie auch einher mit Depressionen, Angst- und Persönlichkeitsstörungen. Einschränkungen bei der Teilnahme am täglichen Leben, z. B. in Bezug auf Mobilität, Selbstversorgung, Kommunikation, Antrieb, Konzentration und Familie lassen auf eine Leistungsminderung schließen. Bei ausländischen Mitbürgern spielt häufig der Migrationshintergrund eine Rolle für schwere Depressionen, die eine lang anhaltende somatoforme Schmerzstörung, für die es keine organische Ursache gibt, zur Folge haben können (→ S. 186 f.).

Allerdings ist es trotzdem schwer, eine EM-Rente wegen einer psychischen Erkrankung zu bekommen. Vielfach wird vorausgesetzt, dass die ärztlichen und therapeutischen Behandlungsmöglichkeiten ausgeschöpft sein müssen und die/der Versicherte nicht mehr in der Lage ist, die psychischen Beschwerden aus eigener Kraft zu überwinden (z.B. LSG Bayern, Urteil vom 12.4.2017 – L 18 R 65/16 und vom 24.4.2017 – L 19 R 1047/14). Dabei wird aber zu prüfen sein, ob die Behandlung auch tatsächlich zu einer Verbesserung der Erwerbsfähigkeit führen wird und diese Behandlung im Rahmen der Mitwirkungspflicht nach § 66 Abs. 2 SGB I zumutbar ist (so SG Berlin 22.2.2017 – S 31 5160/14).

### 5.3 »Rehabilitation vor Rente«

Versicherte mit einer schwerwiegenden Krankheit oder Behinderung beantragen sehr oft aus eigenem Antrieb oder auf Anraten der behandelnden Ärzte zunächst eine medizinische Rehabilitationsmaßnahme. Wird diese ohne Probleme bewilligt, lässt dies schon auf eine Einschränkung der Erwerbsfähigkeit schließen, denn das ist auch eine Voraussetzung für die Bewilligung der Rehabilitationsmaßnahme. Bei längeren Arbeitsunfähigkeitszeiten kann die Krankenkasse nach Einholung einer medizinischen Stellungnahme durch den Medizinischen Dienst der Krankenkasse (MDK) oder die Agentur für Arbeit die Versicherten auffordern, eine Rehabilitationsmaßnahme zu beantragen. In sehr vielen Rentenverfahren verlangt die Deutsche Rentenversicherung nach dem Grundsatz »**Rehabilitation vor Rente**« zunächst die Teilnahme an einer Rehabilitationsmaßnahme (→ S. 74, → S. 117 und → S. 123).

Wurde eine Rehabilitationsmaßnahme durchgeführt, kann der Entlassungsbericht Aufschluss über die Beurteilung der Leistungsfähigkeit geben. Darin finden sich gegebenenfalls auch Hinweise, ob statt einer Rente eine weitere berufliche Rehabilitationsmaßnahme empfohlen wird.

Kur-
entlassungs-
bericht
prüfen

Wenn im Entlassungsbericht jedoch ein vollschichtiges Leistungsvermögen festgestellt wurde, wird in der Regel die EM-Rente abgelehnt. Gegen den Ablehnungsbescheid kann Widerspruch eingelegt werden. In diesem muss auf die Beurteilung in dem Rehabilitationsentlassungsbericht im Einzelnen eingegangen werden mit genauer Aufarbeitung des tatsächlichen Krankheitsverlaufs nach dem Ende der Rehabilitationsmaßnahme.

## 5.4   Übliche Bedingungen des allgemeinen Arbeitsmarktes

### 5.4.1   Grundsätze

EM ist nur dann anzunehmen, wenn unter den üblichen Bedingungen des allgemeinen Arbeitsmarktes keine Tätigkeit mehr ausgeübt werden kann. Eine Definition wurde im Gesetz bewusst nicht gewählt, damit die zunehmenden Veränderungen des Arbeitsmarktes flexibel berücksichtigt werden können.

Einschrän-
kung länger
als 6 Monate

Die Einschränkung des beruflichen Leistungsvermögens muss auf längere Sicht – länger als sechs Monate gegeben sein. Das lässt sich aus § 101 Abs. 1 SGB VI schließen. Danach werden befristete Renten wegen EM grundsätzlich erst mit Beginn des 7. Kalendermonats nach dem Eintritt der EM gezahlt, dazu im Einzelnen → S. 73.

übliche
Bedingungen
des
allgemeinen
Arbeits-
markts

Unter den üblichen Bedingungen des allgemeinen Arbeitsmarktes ist die Ausgestaltung der Arbeitsverhältnisse durch gesetzliche Regelungen, Tarifverträge, Betriebsvereinbarungen und Individualarbeitsverträge zu verstehen. Wesentliche Bestandteile der Arbeitsverhältnisse sind das Arbeitsentgelt, die Dauer, Lage und Verteilung der Arbeitszeit. Nur wenn

Arbeitsverhältnisse in nennenswertem Umfang und beachtlicher Zahl abgeschlossen sind, gelten sie als üblich. Dabei kommt es nicht auf die Mehrzahl der Arbeitsverhältnisse an. Arbeitsverhältnisse, die sich jedoch dem Angebots- und Nachfragemechanismus entziehen wie etwa Schonarbeitsplätze oder Arbeitsplätze in Werkstätten für behinderte Menschen, sind nicht einzubeziehen.

Lassen sich in Bezug auf die verbliebene Leistungsfähigkeit die üblichen Bedingungen des allgemeinen Arbeitsmarktes nicht festlegen, können auch berufskundliche Stellungnahmen der Regionaldirektionen der BA oder der Tarifvertragsparteien angefordert werden. Ebenso können REFA-Studien Aufschlüsse über die Anforderungen an bestimmten Arbeitsplätzen geben und der Vergleich mit dem Leistungsvermögen gibt Anhaltspunkte dafür, ob ein solcher Arbeitsplatz zumutbar ist.

*berufskundliche Stellungnahme*

Für die Verweisbarkeit auf den allgemeinen Arbeitsmarkt kommt jede nur denkbare Tätigkeit auf dem Arbeitsmarkt in Betracht. Das bedeutet, dass sich die EM nicht auf den zuletzt ausgeübten Beruf, sondern auf jede erdenkliche Tätigkeit, die der Arbeitsmarkt in ausreichendem Umfang bietet, bezieht. Es ist sogar ein wesentlicher sozialer Abstieg in Kauf zu nehmen. Der bisherige Beruf und der berufliche Werdegang können Aufschluss über das bisherige Leistungsvermögen und die Anpassungs- und Umstellungsfähigkeit geben. Wer sein ganzes Berufsleben z. B. als Maurer im Freien oder als Berufskraftfahrer unterwegs gearbeitet hat und sich nicht umstellen kann, kann nicht gezwungen werden, in geschlossenen Räumen zu arbeiten. Es kann auch sein, dass die immer höheren qualitativen Arbeitsanforderungen wie das Arbeiten an computergesteuerten Maschinen, die Herstellung präzisionsgenauer Arbeiten oder hoher psychischer Druck aufgrund einer

*verweisbar auf alle Tätigkeiten, kein Berufsschutz*

eingeschränkten Anpassungs- und Umstellungsfähigkeit nicht mehr erfüllt werden und deshalb auf diese Tätigkeiten nicht verwiesen werden kann.

Nur für Versicherte, die vor dem 2.1.1961 geboren sind, gelten Ausnahmen (→ S. 65).

Die Tatsache, dass ein Versicherter eine Tätigkeit tatsächlich ausübt, also einen Arbeitsplatz inne hat, steht grundsätzlich einer EM-Rente nicht entgegen. Erzieltes Einkommen wird jedoch auf die EM-Rente angerechnet (→ S. 78 ff.).

### 5.4.2   Rente wegen teilweiser EM

3 bis unter 6 Stunden
Eine Rente wegen teilweiser EM kann nach § 43 Abs. 1 SGB VI bewilligt werden, wenn der/die Versicherte auf absehbare Zeit auf dem allgemeinen Arbeitsmarkt nur noch weniger als sechs, aber mindestens drei Stunden, täglich arbeiten kann. Darunter ist auch das frühere »untervollschichtige Arbeitsvermögen« zu verstehen. Auf die tarifliche wöchentliche Arbeitszeit in der Branche kommt es dabei nicht an. Diese auf unter sechs Stunden geminderte Erwerbsfähigkeit muss sich nicht streng auf die tägliche Arbeitszeit beziehen, sondern auch eine tageweise Verminderung der Arbeitszeit z. B. durch Dialysebehandlungen, regelmäßig anfallende Therapien oder häufige Kurzerkrankungen, können zu einer teilweisen EM führen, obwohl an einzelnen Tagen mehr als sechs Stunden gearbeitet werden kann.

Anhaltspunkte für eine teilweise EM können auch Feststellungen der Agentur für Arbeit für die Höhe des Bemessungsentgeltes sein. Die Rentenversicherung ist jedoch nicht an die Feststellungen der Agentur für Arbeit gebunden.

Für die Beurteilung kann es auch wichtig sein, dass ein Versicherter nach längerer Krankheit seine Arbeitszeit reduziert hat, um mehr Zeit für Therapie und Erholung zu haben.

### 5.4.3  Rente wegen voller EM

Eine Rente wegen voller EM setzt nach § 43 Abs. 2 SGB VI voraus, dass das Leistungsvermögen unter den üblichen Bedingungen auf dem allgemeinen Arbeitsmarkt weniger als drei Stunden täglich beträgt. Bei einem auf unter drei Stunden täglich herabgesunkenen Leistungsvermögen ist davon auszugehen, das der Arbeitsmarkt verschlossen ist, weil solche stundenweise Tätigkeiten im Regelfall nicht angeboten werden. Diese zeitliche Festlegung entspricht der 15-Stunden-Grenze bei der Verfügbarkeit im Recht der Arbeitslosenversicherung (§ 138 Abs. 5 SGB III).
Auch hier steht dem Rentenanspruch eine tatsächlich ausgeübte Tätigkeit nicht entgegen, weil das Einkommen ohnehin angerechnet wird.

*weniger als 3 Stunden*

### 5.4.4  Rente wegen voller EM trotz 6-stündigem Lelstungsvermögen

Ausnahmsweise kann eine volle EM-Rente trotz sechsstündigem Leistungsvermögen und mehr für leichte Arbeiten gewährt werden, wenn die Tätigkeit unter den üblichen Bedingungen des allgemeinen Arbeitsmarktes (→ S. 52) nicht ausgeübt werden kann. Dies kann z. B. in Betracht kommen bei:

- **Wegeunfähigkeit**
Wer nicht in der Lage einen Arbeitsplatz zu erreichen, ist wegeunfähig. Es kommt nicht auf die Beschaffenheit des konkreten Arbeitsweges (Steigungen oder Unebenheiten) an. Vielmehr liegt Wege-

*4 x 500 m*

unfähigkeit vor, wenn der/die Versicherte wegen gesundheitlicher Beeinträchtigung nicht mehr viermal am Tag eine Wegstrecke von 500 m zu Fuß innerhalb von jeweils 20 Minuten zurücklegen kann. Es geht dabei um die Wegstrecke von der Haustür zur Haltestelle eines öffentlichen Verkehrsmittels, die Wegstrecke nach dem Aussteigen zur Arbeitsstelle und die Rückwegstrecke.

Eine Wegeunfähigkeit besteht aber dann nicht, wenn die Rentenversicherung den Versicherten in die Lage versetzt, wie ein Arbeitnehmer, der einen Führerschein und ein privates Kraftfahrzeug besitzt oder dem ein Kraftfahrzeug zur dauernden Benutzung zur Verfügung steht, auch einen mehr als 500 m entfernt liegenden Arbeitsplatz zu erreichen. Das kann durch Maßnahmen der Teilhabe am Arbeitsleben gewährleistet werden, z. B. durch Bewilligung/Zusicherung der Übernahme der Beförderungskosten zur Anbahnung eines Arbeitsverhältnisses/zur Aufnahme einer Erwerbstätigkeit oder durch einen Zuschuss zur Anschaffung eines Kraftfahrzeuges nach der Kraftfahrzeug-Hilfe-Verordnung. Solange eine solche Maßnahme nicht bewilligt ist, kommt eine volle EM-Rente in Betracht (BSG, Urteile vom 12.12.2011 – B 13 R 21/01 R und – B 13 R 79/11 R; LSG NRW, Urteil vom 20.12.2011 – L 18 R 99/08).

Voraussetzung für die Bewilligung des Zuschusses zur Anschaffung eine Kfz ist, dass der/die Versicherte einen Führerschein hat und auch gesundheitlich in der Lage ist, ein Kraftfahrzeug zu führen; das kann aber z. B. bei Einnahme von Schmerzmitteln, Anfallsleiden oder Schwindelattacken unmöglich sein. Auch wer aufgrund eingeschränkten Sehvermögens die üblichen Wegstrecken nur unter einer besonderen Gefahr zurücklegen kann, ist erwerbsgemindert (LSG Baden-Württemberg, Urteil vom 22.3.2016 – L 13 R 2903/14). Das Meiden von Autobahnen, breiten

Straßen oder Tunneln stellt nach LSG Niedersachsen-Bremen, Urteil vom 17.4.2013 – L 2 R 236/12 eine atypische Situation dar und soll nicht berücksichtigt werden, weil der Versicherte zur Aufnahme einer Tätigkeit grundsätzlich auf das gesamte Bundesgebiet verweisbar ist.

Auch die Teilhabe am gesellschaftlichen Leben kann Aufschluss über die Wegefähigkeit geben. So hat das LSG Hessen mit Urteil vom 5.5.2015 – L 7 R 63/14 eine Wegeunfähigkeit verneint, weil der Versicherte Fahrradtouren, gemeinsame Aktivitäten mit der Ehefrau wie Schwimmbadbesuche, Frühstückgehen unternimmt, die dafür sprächen, dass die Nutzung öffentlicher Verkehrsmittel zweimal täglich zumutbar sei.

■ **Betriebsunübliche notwendige Pausen**
Bei einer Arbeitszeit von sechs Stunden müssen Ruhepausen von mindestens 30 Minuten oder 2 x 15 Minuten sichergestellt sein (§ 4 Arbeitszeitgesetz). Darüber hinaus erforderliche zusätzliche Pausen, z.B. zwei weitere Pausen je 15 Minuten in der täglichen Arbeitsschicht, führen in der Regel dazu, dass der/die Versicherte nicht mehr konkurrenzfähig auf dem allgemeinen Arbeitsmarkt ist; zuletzt SG Stade, Urteil vom 28.11.2016 – S 9 R 404/15. Diese Bewertung ist allerdings umstritten.

Für den Bürobereich wird in einigen Sozial- und Landessozialgerichtsurteilen davon ausgegangen, dass sieben Minuten Pause pro Arbeitsstunde innerhalb einer so genannten persönlichen Verteilzeit liegen, sodass zusätzliche Pausen in dieser Größenordnung nicht ausreichen, um EM anzuerkennen. Die Verteilzeiten sind z.B. Weg vom Zeiterfassungsgerät zum Arbeitsplatz, Gang zur Toilette, Unterbrechungen und Störung durch Dritte (so LSG Bayern, Urteil vom 29.3.2017 – L 1 R 546/15). Das LSG Baden-Württemberg, Urteil vom 20.3.2007 – L

11 R 684/06 sieht auch sechs tägliche Pausen von maximal zehn Minuten für eine zusätzlich erforderliche Nahrungsaufnahme nicht als betriebsunüblich an und begründet dies damit, dass die nach dem Arbeitszeitgesetz einzuhaltenden 30-minütigen Pausen auch auf kleinere Zeiträume aufgeteilt werden können. Außerdem lägen diese Zeiträume noch in der Spannbreite der vom Arbeitgeber zugestandenen Verteilzeit von 12 % der tariflich festgesetzten Arbeitszeit. Die regelmäßige Insulingabe bei einer Diabeteserkrankung und das Einhalten von zwei Zwischenmahlzeiten von jeweils fünf Minuten reicht nicht aus, um betriebsunübliche Pausen anzunehmen. In diesen Fällen muss also sorgfältig geprüft werden, ob sich aus dem Sachverständigengutachten weitere Gesichtspunkte, wie z. B. Nachlassen der Konzentrationsfähigkeit, Hinweise auf eine fehlende Umstellungs- und Anpassungsfähigkeit ergeben.

Die Notwendigkeit häufiger Toilettengänge führt nicht grundsätzlich zur Einhaltung betriebsunüblicher Pausen. Viele Gerichte stellen darauf ab, dass z.b. »nach Maßgabe der Arbeitsstättenverordnung (ArbStättV) in zumutbarer Entfernung Toilettenräume an jedem Arbeitsplatz vorzuhalten sind (vgl. § 6 Abs. 2 ArbStättV). Nach der entsprechenden Arbeitsstättenrichtlinie 37/1 sind die Toilettenräume überdies so zu verteilen, dass sie von ständigen Arbeitsplätzen nicht mehr als 100 m entfernt sind« (LSG Berlin-Brandenburg, Urteile vom 7.8.2012 – L 16 R 689/09 und vom 7.9.2011 – L 16 R 423/09).

■ **Summierung ungewöhnlicher Leistungseinschränkungen oder schwere spezifische Leistungsbehinderung**
Damit sind Fälle gemeint, in denen die schwere spezifische Behinderung ein weites Feld von Verweisungstätigkeiten ausschließt und diese auch von der Rentenversicherung nicht benannt wer-

den können. Bei der Summierung ungewöhnlicher Leistungseinschränkungen werden alle die Einschränkungen, die nicht bereits bei den körperlich leichten Arbeiten erfasst werden, herangezogen. Es müssen aber mindestens zwei ungewöhnliche Leistungseinschränkungen sein, die jeweils nur einzelne Verrichtungen oder Arbeitsbedingungen betreffen, das noch mögliche Arbeitsfeld jedoch in erheblichem Umfang **zusätzlich** einengen, wie z. B.:

– der Ausschluss des Besteigens von Leitern und Gerüsten und der Arbeit in gebückter Haltung plus besonderer Rücksicht auf die Arbeitsumgebung;

– die Einschränkung auf Arbeiten ohne Zeitdruck, nur zur Tageszeit, zu ebener Erde, in geschlossenen Räumen bei normalen Luft- und Temperaturverhältnissen mit wechselnder Körperhaltung und zusätzlich abwechselnden Arm- und Handbewegungen;

– der Verlust eines Auges, Beines oder der Gebrauchshand;

– Einschränkungen im nervlich-geistigen Bereich oder in der Konzentrationsfähigkeit;

– Sprachstörungen. Ein vor dem Spracherwerb ertaubter Mensch, der nur bei extrem langsamer Sprechgeschwindigkeit von den Lippen ablesen und nur sehr stark verwaschen sprechen kann und deshalb eine Integrationsperson für die Kommunikation benötigt, ist nicht verweisbar, da jede Tätigkeit in einem Betrieb ein Mindestmaß an Kommunikationsfähigkeit – bereits für die Arbeitsanweisung – voraussetzt. Dies gilt auch, wenn der Versicherte zuvor einen leidensgerechten Arbeitsplatz inne hatte (LSG Baden-Württemberg, Urteil vom 5.7.2017 – L 13 R 1079/16). Das Gericht hat auch darauf hingewiesen, dass in diesem Fall eine Verweisbarkeit auf eine konkrete Tätigkeit nicht durch die Stellung einer Arbeitsassistenz erreichbar sei, weil dafür das Integrationsamt und nicht die Deutsche Rentenversicherung zuständig sei. Das Nichtbeherrschen der deutschen Sprache oder der nicht krankheitsbedingte Analphabetismus reicht nicht aus (BSG, Urteil vom 9.5.2012 – BSR 68/11 R);

– häufige Arbeitsunfähigkeitszeiten.

Leidet der Rentenantragsteller an immer wieder auftretenden Fieberschüben, die über das Jahr verteilt zu häufigen Arbeitsunfähigkeitszeiten führen, kann eine volle EM vorliegen. Bei Anfallsleiden, z. B. einer Epilepsie, hängt die volle EM von der Art und Häufigkeit, Schwere, Dauer, Ursache und dem Verhalten vor, während und nach dem Anfall ab. Zu berücksichtigen sind auch Auswirkungen auf das Bewusstsein, die Motorik, Stürze und dadurch bedingte Gefährdungen. Bewusstseinsnahe psychogene Dämmerungszustände mit einer Häufigkeit von 14 Anfällen im Jahr begründen nach Auffassung des LSG Bayern, Urteil vom 23.7.2009 – L 14 R 775/06 weder eine quantitative noch eine schwere spezifische Leistungsbehinderung. Das BSG, Beschluss vom 31.10.2012 – B 13 R 107/12 B hat jetzt klargestellt, dass ernsthafte Zweifel an der Erwerbsfähigkeit vorliegen können, wenn Arbeitsunfähigkeitszeiten von 26 Wochen im Jahr zu erwarten sind. Aber auch bei weniger als 26 Wochen können ernsthafte Zweifel an der Erwerbsfähigkeit bestehen, wenn die zu erwartenden Arbeitszeiten zu einer Arbeitsunfähigkeit auf dem allgemeinen Arbeitsmarkt – also für jede denkbare Tätigkeit – führen. In Fällen, in denen der Rentenantragsteller noch einen Arbeitsplatz hat, wird darauf abgestellt, ob die Arbeitsunfähigkeit so häufig auftritt, dass sie zu einer arbeitgeberseitigen Kündigung berechtigen kann. Unter Umständen kann auch eine Beeinträchtigung der Wegefähigkeit gegeben sein, wenn in Folge der Anfälle der Betroffene nicht ohne Gefahr für sich oder andere die üblichen Fußwege im Verkehr zurücklegen kann.

Bestehen ernsthafte Zweifel, ob der/die Versicherte auf dem allgemeinen Arbeitsmarkt einsetzbar ist, muss eine konkrete Verweisungstätigkeit benannt werden. Es ist dabei zu beurteilen, ob zum Beispiel eine von der Deutschen Rentenversicherung benannte Verweisungstätigkeit mit den Einschränkungen ausgeübt werden kann. Dazu gibt es eine umfangreiche Rechtsprechung, zuletzt z.B. LSG Baden-Württemberg, Urteil vom 5.7.2017 – L 13 1079/16, LSG Sachsen-Anhalt, Urteil vom 27.4.2017 – 1 R 278/13, BSG, Beschluss vom 10.7.2012 – B 13 R 40/12 B und Beschluss vom 31.10.2012 – B 13 R 107/12 B. Gegebenenfalls können auch hier berufskundliche Stellungnahmen, z.B. der Tarifvertragsparteien oder der Agentur für Arbeit die Beurteilung erleichtern.

*Verweisungstätigkeiten*

*Rechtsprechung prüfen*

Allzu oft wird darauf verwiesen, dass leichte Tätigkeiten, wie die eines Warenaufmachers oder -sortierers, letztlich von fast allen Menschen mit erheblichen Leistungseinschränkungen ausgeübt werden könnten. Demgegenüber wird die Auffassung vertreten, dass es sich bei diesen Tätigkeiten nur um Teilbereiche eines komplexen Berufsfeldes, wie z.B. eines Kommissionierers handelt. Auf Teilbereiche einer Tätigkeit kann in der Regel nicht verwiesen werden. Hier bedarf es daher sorgfältiger Abklärung.

**Regelfall:
EM-Rente bei Einschränkung der Erwerbsfähigkeit**

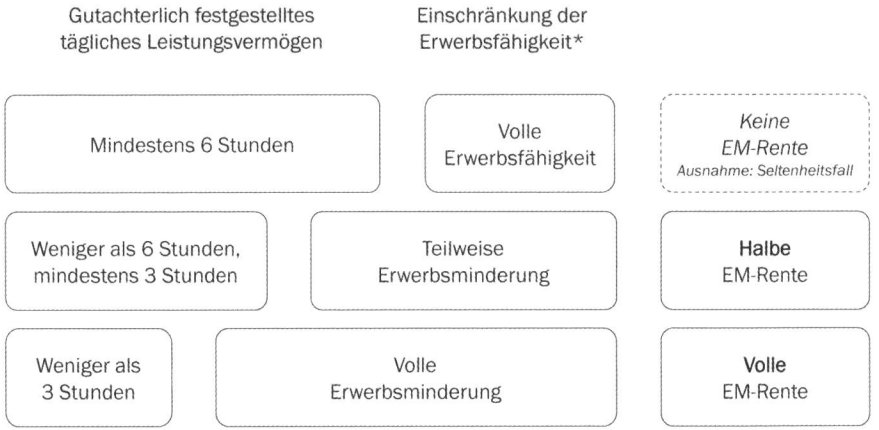

Gutachterlich festgestelltes tägliches Leistungsvermögen | Einschränkung der Erwerbsfähigkeit*

| Mindestens 6 Stunden | Volle Erwerbsfähigkeit | *Keine EM-Rente* Ausnahme: Seltenheitsfall |
| Weniger als 6 Stunden, mindestens 3 Stunden | Teilweise Erwerbsminderung | **Halbe** EM-Rente |
| Weniger als 3 Stunden | Volle Erwerbsminderung | **Volle** EM-Rente |

*unter den üblichen Bedingungen auf dem allgemeinen Arbeitsmarkt

## 6   Sonderfälle

### 6.1   Rente wegen voller EM nach einer Wartezeit von 20 Jahren

Wie bereits auf → S. 39 f. ausgeführt, haben Menschen mit einer besonders schweren und besonderen Art der Behinderung – das betrifft insbesondere schwer körperlich und geistig behinderte Menschen, die in Werkstätten für behinderte Menschen oder in besonders dafür anerkannten Integrationsbetrieben arbeiten – nach 20 Jahren Beitragszahlung einen Anspruch auf EM-Rente. Das gilt auch für die unter diesen Personenkreis fallenden Versicherten in der Zeit nach einer nicht erfolgreichen Eingliederung in den allgemeinen Arbeitsmarkt.

Eine besondere sozialmedizinische Untersuchung ist hier nicht erforderlich, wenn der Status der vollen EM bereits bei dem vorhergehenden Eingliederungsverfahren oder bei der Bewilligung von Leistungen der Teilhabe nach dem SGB IX oder nach dem SGB XII festgestellt wurde.

Bei dieser Rente gilt keine Hinzuverdienstgrenze. Es wird davon ausgegangen, dass bei einer Erwerbstätigkeit neben der EM-Rente von diesem Personenkreis ohnehin keine hohen Einkünfte erzielt werden.

Geht dieser Personenkreis jedoch einer entgeltlichen Beschäftigung auf dem allgemeinen Arbeitsmarkt nach, liegt EM nur unter den üblichen Bedingungen für eine EM-Rente vor. Dann gelten die üblichen Voraussetzungen für einen Anspruch auf EM-Rente → S. 43.

## 6.2  Arbeitsmarktrente

Versicherte mit teilweiser EM, also einem Restleistungsvermögen von drei bis unter sechs Stunden täglich, die keinen leidensgerechten Teilzeitarbeitsplatz finden oder arbeitslos sind, haben Anspruch auf volle EM-Rente. Im Gesetz ist das nicht geregelt; diese Möglichkeit wird aus der vom BSG entwickelten »konkreten Betrachtungsweise« abgeleitet.

Angesichts der Arbeitsmarktlage in den letzten Jahren geht die Deutsche Rentenversicherung bei arbeitslos gemeldeten Versicherten, bei dauerhafter Arbeitsunfähigkeit und nur noch formal fortbestehendem Beschäftigungsverhältnis oder wenn kein Beschäftigungsverhältnis besteht oder bei einer weniger als 15 Stunden wöchentlich (d.h. unter drei Stunden täglich) ausgeübten Beschäftigung und einem Restleistungsvermögen unterhalb sechs Stunden täglich davon aus, dass der Arbeitsmarkt verschlossen ist. Damit sind ohne besondere Prüfung der Arbeitsmarktlage die Voraussetzungen für die so genannte Arbeitsmarktrente gegeben. Auf einen Teilzeitarbeitsplatz darf nur verwiesen werden, wenn dieser täglich von der Wohnung aus zu erreichen ist.

Solange noch ein Beschäftigungsverhältnis besteht, fordert die Rentenversicherung die Rentenantragsteller auf, beim Arbeitgeber nachzufragen, ob ihnen eine leidensgerechte Teilzeittätigkeit angeboten werden kann. Unter Umständen kann auch eine Reduzierung der Arbeitszeit nach dem Teilzeitbefristungsgesetz oder für Schwerbehinderte Menschen nach § 81 SGB IX in Betracht kommen.

 Wenn jemand einen zumutbaren Teilzeitarbeitsplatz hat und diesen auch während eines laufenden Gerichtsverfahrens kündigt, führt dies nicht zwangsläufig dazu, dass dann die Rente wegen voller Erwerbsminderung gezahlt wird (Sächsisches LSG, Urteil vom 5.4.2017 – L 6 R 118/16, → S. 54, → S. 63).

Die Arbeitsmarktrente wird nicht ins Ausland und immer nur befristet gezahlt.

## Voraussetzungen für Arbeitsmarktrente

| Gutachterlich festgestelltes tägliches Leistungsvermögen | Einschränkung der Erwerbsfähigkeit* |
|---|---|
| Weniger als 6 Stunden, mindestens 3 Stunden | Teilweise Erwerbsminderung |

| | Bei Arbeits- oder Beschäftigungslosigkeit | **Volle** EM-Rente (Arbeitsmarktrente) |
|---|---|---|

*unter den üblichen Bedingungen auf dem allgemeinen Arbeitsmarkt

## 6.3 Rente wegen teilweiser EM bei Berufsunfähigkeit

Als Übergangsregelung haben nach § 240 Abs. 1 SGB VI Versicherte, die vor dem 2.1.1961 geboren sind, Anspruch auf Rente wegen teilweiser EM, wenn sie in dem bisherigen Beruf und in einer zumutbaren Verweisungstätigkeit weniger als sechs Stunden täglich arbeiten können. Damit wird vorübergehend ein dem früheren bis 31.12.2000 geltenden Recht der Berufsunfähigkeitsrente ähnlicher Rentenanspruch aufrecht erhalten. Die Rente wegen teilweiser EM in Höhe der Hälfte einer vollen EM-Rente ist niedriger als die frühere Berufsunfähigkeitsrente, die zwei Drittel einer Erwerbsunfähigkeitsrente betrug.

Zur Prüfung der Berufsunfähigkeit ist zunächst der bisherige Beruf oder besser Hauptberuf und dessen qualitative Einstufung zu bestimmen. Zur Ermittlung des Hauptberufs gibt es keine allgemein gültigen schematischen Regeln; es kommt vielmehr auf die Umstände des Einzelfalls an. Bisheriger Beruf ist grundsätzlich die zuletzt ausgeübte versicherungspflichtige Tätigkeit. Wurde eine Berufsausbildung abgeschlossen und danach immer im erlernten Beruf gearbeitet, ergibt sich daraus der Hauptberuf. Liegt keine Berufsausbildung oder ähnlich zu bewertende Berufsentwicklung vor, kommt es auf die Dauer aller ausgeübten Tätigkeiten im Verhältnis zueinander an. Bei sogenannten Mischtätigkeiten ist festzustellen, was der Berufstätigkeit das Gepräge gegeben hat. Bei mehrmaligem Berufswechsel ist auf die zuletzt ausgeübte Tätigkeit abzustellen, wenn dies auch die höchst entlohnte oder qualitativ höchste Tätigkeit war.

*bisheriger Beruf*

zumutbare
Verweisungs-
tätigkeit

Ist der Hauptberuf bestimmt und kann er aufgrund der Leistungseinschränkungen nicht mehr sechs Stunden täglich ausgeübt werden, ist zu prüfen, ob eine zumutbare Verweisungstätigkeit ausgeübt werden kann. Verweisungstätigkeiten sind alle Tätigkeiten, die den Kräften und Fähigkeiten der/des Versicherten entsprechen und ihm/ihr unter Berücksichtigung der Dauer und des Umfangs der Berufsausbildung und der besonderen Anforderungen seiner/ihrer bisherigen Berufstätigkeit zugemutet werden können. Das bedeutet, dass zwar ein beruflicher Abstieg, jedoch kein wesentlicher sozialer Abstieg in Kauf genommen werden muss. Dabei gilt der Grundsatz, je qualifizierter der bisherige Beruf war, desto weniger Verweisungstätigkeiten sind zumutbar. Je weniger qualifiziert der bisherige Beruf war, desto mehr Verweisungstätigkeiten kommen in Frage. Wurde bisher eine angelernte Tätigkeit mit kurzer Anlernzeit ausgeübt, kann auf den allgemeinen Arbeitsmarkt verwiesen werden.

Das BSG hat mit Urteilen vom 9.10.2007 – B 5b/8 KN 2/07 R und vom 25.1.1994 – 4 RA 35/83 ein Mehrstufenschema für die zumutbaren Verweisungstätigkeiten entwickelt. Nach diesem Schema werden die Berufe in folgende Gruppen eingeteilt:

Bei Arbeitern sind es vier Gruppen:
- Vorarbeiter mit Leitungsfunktionen,
- Facharbeiter,
- Angelernte Arbeiter,
- Ungelernte Arbeiter.

Bei Angestellten gibt es sieben Gruppen:
- Tätigkeiten der Führungsebene mit hoher Qualität,
- Tätigkeiten, die ein abgeschlossenes Studium erfordern,
- Tätigkeiten mit Meisterprüfung oder abgeschlossener Fachschule,

- Tätigkeiten mit mehr als zweijähriger Berufsausbildung,
- Tätigkeiten mit einer Ausbildung von mehr als ein bis zu zwei Jahren,
- Tätigkeiten mit einer Ausbildung von drei bis zwölf Monaten,
- ungelernte Tätigkeiten.

Ausschlaggebend für die Zuordnung einer bestimmten Tätigkeit zu einer Gruppe ist die verrichtete Arbeit. Dabei können Kriterien sein die Ausbildung, die tarifliche Einstufung, die Dauer, die Höhe der Entlohnung und die Anforderungen des Berufs. Es ist eine Verweisung auf eine Tätigkeit der nächst niedrigeren Gruppe zumutbar. Die Verweisungstätigkeiten müssen konkret benannt werden. Die Rentenversicherung muss aber keinen konkreten Arbeitsplatz vermitteln. Es kommt darauf an, dass es genügend Arbeitsplätze dieser Art gibt. Zu berücksichtigen ist auch, dass der Betroffene in der Lage ist, die Verweisungstätigkeit innerhalb einer Einarbeitungszeit von drei Monaten zu erlernen. Wenn auch die zumutbaren Verweisungstätigkeiten mit dem verbliebenen Leistungsvermögen nicht bis zu sechs Stunden täglich ausgeübt werden können, besteht Anspruch auf Rente wegen teilweiser EM bei Berufsunfähigkeit.

*konkrete Benennung der Verweisungstätigkeit*

*Einarbeitung in 3 Monaten*

Zu den Verweisungsmöglichkeiten gibt es eine umfangreiche Rechtsprechung, die hier im einzelnen nicht dargestellt wird. Nur beispielhaft sei erwähnt, dass bei Tätigkeiten im kaufmännischen oder im Bürobereich oder bei Facharbeitern eine Rente wegen teilweiser EM bei Berufsunfähigkeit so gut wie nicht mehr in Betracht kommt, da hier fast immer leichtere Tätigkeiten, ggf. mit etwas weniger Verantwortung zur Verfügung stehen. Beliebte Verweisungsberufe sind solche in einer Poststelle als Versandfertigmacher oder als Registrator. Dann muss genau geprüft werden, ob diese Tätigkeiten auch

*Rechtsprechung*

wirklich den körperlichen und psychischen Fähigkeiten entsprechen (LSG Thüringen, Urteil vom 27.9.2016 – L 6 R 1782/12, LSG Berlin-Brandenburg, Urteil vom 18.4.2013 – L 3 R 863/10).

Liegen die Voraussetzungen für eine teilweise EM-Rente wegen Berufsunfähigkeit vor, besteht daneben nach § 43 Abs. 3 SGB VI kein Anspruch auf eine volle EM-Rente wegen Verschlossenheit des Arbeitsmarktes (Arbeitsmarktrente).

## Ausnahme: Teilweise EM-Rente bei Berufsunfähigkeit

| Gutachterlich festgestelltes tägliches Leistungsvermögen | Einschränkung der Erwerbsfähigkeit | |
|---|---|---|
| Nur bei Personen, die vor dem 2.1.1961 geboren wurden:<br><br>Weniger als 6 Stunden im bisherigen Beruf oder in sonstiger zumutbarer Verweisungstätigkeit | Berufsunfähigkeit | Halbe EM-Rente |

## Verweisungstätigkeiten: Teilweise EM-Rente bei Berufsunfähigkeit – Arbeiterberufe

| 4 | **Leitberuf: Vorarbeiter mit Leitungs-/Vorgesetztenfunktion**<br>Leitberufe sind Meister und Hilfsmeister im Arbeitsverhältnis, Disponierer und Vorarbeiter.<br>Gleichgestellt sind die hochqualifizierten Facharbeiter. |
|---|---|
| 3 | **Leitberuf: Facharbeiter**<br>Leitberuf ist der staatlich anerkannte Ausbildungsberuf mit einer Ausbildungsdauer von mehr als zwei Jahren. |
| 2 | **Leitberuf: Anlernberuf**<br>Leitberuf ist der staatlich anerkannte Ausbildungsberuf mit einer Regelausbildungszeit von 3 Monaten bis zu 2 Jahren oder mit einer betrieblichen Ausbildung von mindestens 3 Jahren, die über eine bloße Einweisung und Einarbeitung hinausgeht, was eine längere Anlernzeit als 3 Monate erfordert. Auf die tarifliche Bezeichnung kommt es dabei nicht an. |
| 1 | **Ungelernte**<br>Alle Hilfsarbeiter und kurzfristig Angelernte, wobei das BSG hier bisweilen zwischen ungelernten Tätigkeiten, die sich durch die Qualifikationsmerkmale der Einweisung und Einarbeitung auszeichnen, und reinen Hilfsarbeitertätigkeiten unterscheidet. |

**Verweisungstätigkeiten: Teilweise EM-Rente bei Berufsunfähigkeit – Angestelltenberufe**

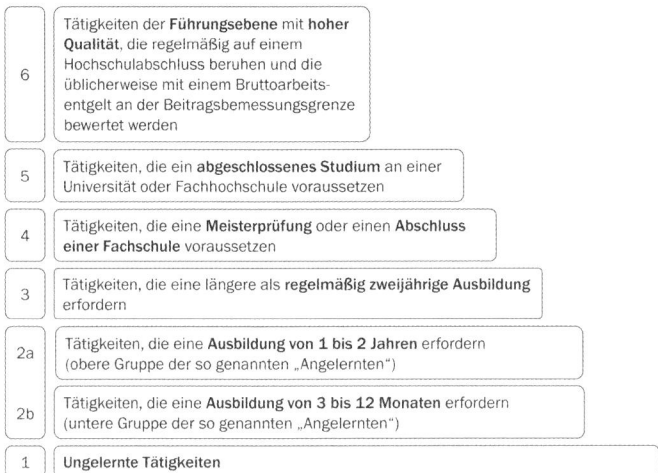

| 6 | Tätigkeiten der **Führungsebene** mit **hoher Qualität**, die regelmäßig auf einem Hochschulabschluss beruhen und die üblicherweise mit einem Bruttoarbeitsentgelt an der Beitragsbemessungsgrenze bewertet werden |
| 5 | Tätigkeiten, die ein **abgeschlossenes Studium** an einer Universität oder Fachhochschule voraussetzen |
| 4 | Tätigkeiten, die eine **Meisterprüfung** oder einen **Abschluss einer Fachschule** voraussetzen |
| 3 | Tätigkeiten, die eine längere als **regelmäßig zweijährige Ausbildung** erfordern |
| 2a | Tätigkeiten, die eine **Ausbildung von 1 bis 2 Jahren** erfordern (obere Gruppe der so genannten „Angelernten") |
| 2b | Tätigkeiten, die eine **Ausbildung von 3 bis 12 Monaten** erfordern (untere Gruppe der so genannten „Angelernten") |
| 1 | Ungelernte Tätigkeiten |

## 6.4 Rente wegen EM für Selbständige

Selbständige können Anspruch auf Rente wegen teilweiser und voller EM haben, auch wenn sie die selbständige Tätigkeit weiterhin ausüben. Mit der Ausweitung des Personenkreises der pflichtversicherten Selbständigen musste diese Möglichkeit eröffnet werden, um sie nicht gegenüber abhängig Beschäftigten zu benachteiligen. Dafür wird auch Einkommen aus selbständiger Tätigkeit als Hinzuverdienst angerechnet (→ S. 103 ff.).

Die Deutsche Rentenversicherung geht allerdings davon aus, dass Selbständige über einen Teilzeitarbeitsplatz verfügen, wenn unabhängig von der wöchentlichen Arbeitszeit Einkommen über der Geringfügigkeitsgrenze von 450 € erzielt wird. Sie bewilligt dann nur Rente wegen teilweiser EM.

## 6.5 Ablehnung der EM-Rente bei rechtskräftiger Verurteilung wegen einer Straftat

In sehr seltenen Fällen kommt es vor, dass die Rentenversicherung die Rente ganz oder teilweise ablehnen kann, weil sich eine versicherte Person die Erwerbsminderung bei einer als Verbrechen oder vorsätzlichen Straftat, auf Grund derer er rechtskräftig verurteilt wurde, zugezogen hat. Die Rentenversicherung muss dabei nach pflichtgemäßem Ermessen sorgfältig abwägen und dabei die Schwere der Tat und die persönlichen und wirtschaftlichen Verhältnisse berücksichtigen. In einem Fall, in dem ein Versicherter stark alkoholisiert wegen vorsätzlichen Fahrens ohne Fahrerlaubnis rechtskräftig zu einer Freiheitsstrafe von 5 Monaten auf Bewährung verurteilt war, hatte das LSG Darmstadt der Rentenversicherung recht gegeben und die Versagung der EM-Rente bestätigt, weil sich der Versicherte grob fahrlässig selbst gefährdet habe (LSG Darmstadt, Urteil vom 20.11.2014 – L 5 R 129/14).

# C    BEGINN UND DAUER DER EM-RENTEN

## 1    Beginn

### 1.1    Unbefristete EM-Rente

Die unbefristete EM-Rente beginnt nach § 99 SGB VI mit dem Monat, zu dessen Beginn sämtliche Voraussetzungen erfüllt sind. Der Antrag muss dazu innerhalb von drei Kalendermonaten nach Eintritt des Versicherungsfalls der EM gestellt sein. — 3-Monatsfrist

| | | Beispiel |
|---|---|---|
| Eintritt der EM: | 4.5.2016 | |
| Rentenantrag: | 15.7.2016 | |
| Eine Rente, die auf Dauer gewährt wird, beginnt: | 1.6.2016 | |

Ist der Antrag erst nach Ablauf von drei Kalendermonaten nach Eintritt des Versicherungsfalls gestellt worden, beginnt die Rente am ersten Tag des Monats, in dem der Antrag gestellt wurde. — Nach Ablauf der 3-Monatsfrist

| | | Beispiel |
|---|---|---|
| Eintritt der EM: | 4.5.2016 | |
| Rentenantrag: | 15.12.2016 | |
| Eine Rente, die auf Dauer gewährt wird, beginnt: | 1.12.2016 | |

Bei Antrag auf Rehabilitation am 2.10.2016, Umdeutung dieses Antrages in einen Rentenantrag, weil trotz Durchführung einer Rehabilitationsmaß- — Umdeutung Reha- in Rentenantrag nahme EM vorliegt und eine Rente auf Dauer gewährt wird, beginnt die Rente am 1.10.2016.

## 1.2   Befristete EM-Rente

7. Kalender-
monat

Die befristete Rente wegen EM beginnt gemäß § 101 Abs. 1 SGB VI mit Beginn des siebten Kalendermonats nach Eintritt des Versicherungsfalls der EM.

Beispiel

| | |
|---|---|
| Eintritt der EM: | 4.5.2016 |
| Rentenantrag: | 15.7.2016 |
| Beginn der Rente: | 1.12.2016 |
| Rentenantrag: | 15.2.2017 |
| Beginn der Rente: | 1.2.2017 |

Beispiel
EM während
Antrag-
verfahrens

| | |
|---|---|
| Rentenantrag: | 15.7.2016 |
| Eintritt der EM während des Rentenantragverfahrens: | 9.11.2016 |
| Beginn der Rente: | 1.6.2017 |

Neu

Am 14.12.2016 ist durch das Flexirentengesetz eine Sicherungslücke beim Rentenbeginn bei EM-Renten geschlossen worden. Im neu eingefügten Absatz 1a des § 101 SGB VI ist nun festgelegt, dass die befristete EM-Rente schon vor Beginn des siebten Monats nach Eintritt der EM beginnen kann, nämlich am Tag nach der Feststellung der EM oder am Tag nach dem Ende des Wegfalls von Arbeitslosengeld I, Krankengeld oder Krankentagegeld.

Diese Regelung ist nur dann anzuwenden, wenn die Rente unabhängig von der jeweiligen Arbeitsmarktlage zu zahlen ist und wenn durch die Feststellung der EM durch den Rentenversicherungsträger ein Anspruch auf
- Arbeitslosengeld I,
- Krankengeld,

- Krankentagegeld aus einer Privaten Krankenversicherung

entfällt und der siebte Monat noch nicht erreicht ist.

Der Beginn vor dem siebten Monat tritt jedoch nicht ein, wenn Arbeitslosengeld I und/oder das Krankengeld bereits wegen Ausschöpfung der maximalen Anspruchsdauer vor Feststellung der Erwerbsminderung endet. Wenn das Arbeitslosengeld I wegen der Feststellung der Erwerbsminderung endet und der Anspruch auf Krankengeld noch nicht ausgeschöpft ist, tritt der frühere Rentenbeginn auch nicht ein. Dann ist bis zum siebten Monat weiter Krankengeld zu beziehen. Die Neuregelung gilt auch nicht bei Bezug von Arbeitslosengeld II.

Für die Anwendung dieser Bestimmung sind vor Rentenbewilligung weitere Ermittlungen über die Gewährung dieser Sozialleistungen vorzunehmen.

Bei Krankentagegeld aus einer privaten Krankenversicherung ist die gesetzliche Rentenversicherung allerdings auf die Zustimmung der Versicherten und freiwillige Auskünfte der Privaten Krankenversicherung angewiesen, da sie aus den dort bestehenden Verträgen auf privatrechtlicher Grundlage keinen gesetzlichen Auskunftsanspruch hat.

## 1.3 Teilweise EM-Rente auf Dauer und befristete Arbeitsmarktrente wegen voller EM

Eine Rente wegen teilweiser EM kann auch auf Dauer und gleichzeitig eine Rente wegen voller EM als befristete Arbeitsmarktrente gewährt werden. Dann werden von einigen Rentenversicherungsträgern zwei Rentenbescheide erteilt.

Ein Rentenbescheid enthält die Bewilligung über die Rente wegen teilweiser EM. In diesem Fall beginnt bei einem Versicherungsfall am 4.5.2016 und Rentenantrag am 15.7.2016 die Rente wegen teilweiser EM auf Dauer am 1.6.2016.

Mit dem weiteren Bescheid wird die befristete Arbeitsmarktrente wegen voller EM bewilligt. Diese beginnt dann erst mit Beginn des siebten Kalendermonats, also am 1.12.2016.

## 2   Dauer

Grundsatz: bis auf 3 Jahre befristet

Die Renten wegen EM werden nach § 102 Abs. 2 SGB VI grundsätzlich befristet gewährt, maximal bis zu drei Jahre nach Rentenbeginn.

Ausnahme

Nur wenn feststeht, dass eine Besserung des Leistungsvermögens unwahrscheinlich ist, kann sie auf Dauer bis zum Beginn der Regelaltersrente gewährt werden.

bei Reha

Liegt eine vorübergehende EM vor und ist eine Rehabilitationsmaßnahme bewilligt oder/und noch nicht abgeschlossen, kann die EM-Rente bis zum Abschluss der Reha-Maßnahme bewilligt werden. Die Rente fällt mit dem Abschluss automatisch weg (§ 102 Abs. 2a SGB VI). Siehe auch → S. 51.

Dauert die Reha-Maßnahme, z. B. zur Teilhabe am Arbeitsleben, voraussichtlich länger als drei Jahre, erfolgt nicht die übliche Befristung der EM-Rente auf drei Jahre.

Antrag!

Mit Fristablauf fällt eine befristete Rente weg und es muss ein Weitergewährungsantrag gestellt werden, möglichst vier Monate vor Ablauf der Rente.

Nach einer dreimalig bewilligten Rente auf Zeit – also nach neun Jahren – wird die Rente auf Dauer gewährt, weil davon ausgegangen wird, dass dann nicht mehr mit einer Besserung der Erwerbsfähigkeit zu rechnen ist.

Das HessLSG vertritt mit Urteil vom 14.12.2012 – L 5 R 361/10 die Auffassung, dass auch nach neunjähriger Rentenbezugszeit nicht automatisch eine unbefristete Rente gezahlt werden müsse.

Will die Rentenversicherung die Rente weiter befristen, muss sie im Einzelfall begründete Anhaltspunkte darlegen, wie z. B. durch eine besondere Therapie oder Rehabilitationsmaßnahme eine »rentenrelevante Besserungsaussicht« möglich und wahrscheinlich ist.

Die Arbeitsmarktrente wird generell befristet gewährt, dazu → S. 63.

Mit den befristeten Renten soll die Besserung der Erwerbsfähigkeit durch die vorübergehende »Ruhe« von den Anstrengungen und Anforderungen der Erwerbsarbeit ermöglicht werden. Wird die Erwerbsfähigkeit durch Maßnahmen der medizinischen oder beruflichen Rehabilitation gebessert und liegt EM nicht mehr vor, endet die Rentenzahlung mit Beginn des vierten Kalendermonats nach der Besserung der Erwerbsfähigkeit (§ 100 Abs. 3 SGB VI).

Wenn eine zumutbare Behandlung im Rahmen der Mitwirkungspflichten nach § 65 SGB I, mit der die EM behoben werden kann, verweigert wird, kann die Deutsche Rentenversicherung die Rente oder die Weitergewährung der Rente ablehnen (→ S. 121). Auf diese Folgen muss die Deutsche Rentenversicherung vorher hinweisen (§ 66 SGB I). | Mitwirkungspflicht

Die EM-Rente wird nur bis zum Beginn der Regelaltersrente (65. Geburtstag, schrittweise ansteigend auf 67. Geburtstag) gezahlt. Ab diesem Zeitpunkt wird die Rente von Amts wegen in eine Regelalters- | Beginn Altersrente

rente umgewandelt, sofern der/die Versicherte nichts anderes bestimmt (→ S. 19).

## Bezugsdauer und Zahlungsbeginn bei der EM-Rente

|  | Regelfall | Ausnahme |
|---|---|---|
|  | befristete Rente | unbefristete Rente |
| Bezugsdauer | maximal 3 Jahre; Weitergewährung auf Antrag | bis zum Beginn der Rente wegen Alters |
| Zahlungsbeginn | frühestens ab dem Beginn des 7. Kalendermonats nach Eintritt der Erwerbsminderung<br><br>Ausnahme § 101 Abs. 1a SGB VI | Kalendermonat, in dem alle Voraussetzungen für die Erwerbsminderungsrente vorliegen, sofern Antrag innerhalb von 3 Monaten; bei späterem Antrag Zahlungsbeginn im Antragsmonat |

# D    HÖHE DER EM-RENTE

## 1    Faktoren für die Höhe der EM-Rente

Die gesetzliche Rente ist eine beitragsbezogene Leistung. Das bedeutet, je länger und je höher Beiträge gezahlt werden, desto höher fällt die Rente aus. Bei der EM-Rente erhöhen zusätzliche soziale Ausgleichsfaktoren wie zum Beispiel die Zurechnungszeit die Rente. Die Rente ist zudem grundsätzlich dynamisch und wird meist jährlich erhöht. Damit nehmen Rentner indirekt an der wirtschaftlichen Entwicklung und der Erhöhung der Löhne und Gehälter der Beitragszahler teil.

Die Rentenformel lautet:

**Monatliche Rentenhöhe = Entgeltpunkte (EP) x Zugangsfaktor x aktueller Rentenwert x Rentenartfaktor**

Rentenformel

Die Rentenhöhe hängt auch davon ab, ob eine Rente wegen teilweiser oder voller EM gezahlt wird. Über den in § 67 Nr. 1 SGB VI festgelegten Rentenartfaktor von 0,5 beträgt die Rente wegen teilweiser EM die Hälfte einer Rente wegen voller EM; denn für diese Rente beträgt der Faktor 1,0. Dabei wird unterstellt, dass neben einer Rente wegen teilweiser EM noch gearbeitet werden kann, also das »Restleistungsvermögen« auf dem Arbeitsmarkt noch verwertet werden und Einkommen erzielt werden kann.

Bei Renten wegen EM vor Vollendung des 63. Lebensjahres (bzw. künftig 65. Lebensjahres) erfolgt ein Rentenabschlag von 0,3 % pro Monat des vorzeitigen Rentenbezugs – höchstens jedoch 10,8 %.

Die Berechnung der EM-Rente wird auf → S. 150 ff. (Rentenbescheid) ausführlich erläutert.

## 2   Hinzuverdienstmöglichkeiten neben der EM-Rente

### 2.1   Grundsätze

Zu einer Rente wegen EM kann hinzu verdient werden. Das so erzielbare Gesamteinkommen soll den Rentenbezieher aber nicht besser stellen als vor dem Rentenbezug. Deshalb müssen Hinzuverdienstgrenzen beachtet werden (§ 96a SGB VI i.V.m. § 228a Abs. 2 Satz 1 SGB VI). Werden diese Hinzuverdienstgrenzen überschritten, z.B. durch Arbeitsverdienst oder Einkommen aus einer selbständigen Tätigkeit oder durch den Bezug bestimmter Sozialleistungen, kann dies zur Kürzung oder auch zur Nichtzahlung der Rente trotz Fortbestehens der EM führen.

Der Anspruch auf EM-Rente wird durch die Verringerung oder Nichtzahlung der Rente wegen des Überschreitens der Hinzuverdienstgrenzen jedoch grundsätzlich nicht berührt; er bleibt vielmehr solange bestehen wie EM vorliegt. Werden die Hinzuverdienstgrenzen wieder eingehalten, wird die jeweils mögliche Rente wieder gezahlt. Durch die Nichtzahlung der Rente wegen Überschreitens der Hinzuverdienstgrenze tritt kein neuer Versicherungsfall ein, nach dem z.B. weitere Versicherungszeiten angerechnet werden könnten. Wegen des durchgängigen Rentenanspruchs ändert sich auch nichts an den für die Ermittlung der individuellen Hinzuverdienstgrenze maßgebenden Entgeltpunkten (EP) (→ S. 81).

Wenn die Rente wegen Überschreitens der Hinzuverdienstgrenze für einige Zeit ganz wegfällt, kann es jedoch sein, dass sich die Rentenabschläge wegen vorzeitigen Rentenbezugs verringern. Nach Wegfall des Hinzuverdienstes und Weitergewährung der Rente kann bei über 60-jährigen EM-Rentnern der monatliche Zahlbetrag dadurch geringfügig höher ausfallen.

Bei einem Wechsel von einer Rente wegen voller EM in eine Rente wegen teilweiser EM sind die für die Berechnung der Hinzuverdienstgrenzen maßgeblichen EP weiterhin zu berücksichtigen, weil der Leistungsfall der vollen EM bereits den Leistungsfall der teilweisen EM beinhaltet.

Wegen der unterschiedlichen Voraussetzungen der Rentenarten kann es sein, dass ein Versicherter/eine Versicherte nebeneinander Anspruch auf mehrere EM-Renten hat – z.B. Rente wegen teilweiser EM und Rente wegen Berufsunfähigkeit, später tritt vielleicht noch eine Rente wegen voller EM hinzu. Das bedeutet allerdings nicht, dass mehrere Rentenzahlbeträge nebeneinander gezahlt werden, denn nach § 89 Abs. 1 Satz 1 SGB VI wird nur die höchste Rente gezahlt. Für die Hinzuverdienstgrenzen kann es jedoch bedeuten, dass trotz Überschreiten der Hinzuverdienstgrenzen für eine Ren-

Hinzuverdienst bei mehreren EM-Renten

tenart, die Hinzuverdienstgrenzen der anderen Rentenart eingehalten werden. In diesen Fällen muss der Rentenversicherungsträger von Amts wegen prüfen, ob die Hinzuverdienstgrenzen für die jeweils andere Rentenart noch eingehalten werden.

Rentenhöhe in Abhängigkeit von der Hinzuverdienstgrenze

Die EM-Rente kann nach § 96a Abs. 1a SGB VI in Abhängigkeit von dem Hinzuverdienst
- bei teilweiser EM in **voller Höhe** oder **zur Hälfte**,
- bei voller EM in **voller Höhe**, in Höhe **von 3/4**, **zur Hälfte** oder in Höhe **eines Viertels**

gezahlt werden.

## 2.2    Hinzuverdienstgrenzen

### 2.2.1  Höhe der Hinzuverdienstgrenzen bis 30.6.2017

Die Hinzuverdienstgrenzen sind in § 96a Abs. 2 SGB VI geregelt. Vom 1.1.2013 bis 30.6.2017 galt Folgendes:

anrechnungsfrei: 450 € im Monat

Ein Hinzuverdienst bis zu 450 € monatlich war für die EM-Rente unschädlich. Der Hinzuverdienst musste jedoch innerhalb des verbliebenen Restleistungsvermögens erzielt werden. Bei einer Rente wegen voller Erwerbsminderung unter drei Stunden täglich und bei einer Rente wegen teilweiser Erwerbsminderung unter sechs Stunden täglich.

Die 450 € monatlich orientierte sich an den Regelungen für geringfügig Beschäftigte.

Orientierung an Bezugsgröße

Weiterhin werden die Hinzuverdienstgrenzen an der Bezugsgröße orientiert. Die Bezugsgröße ist der Ausgangswert für die Berechnung von verschiedenen Leistungen und Einkommensgrenzen in der Sozialversicherung. Sie wird im § 18 SGB IV geregelt und ist das durchschnittliche Arbeitsentgelt aller Versicherten der gesetzlichen Rentenversicherung im jeweils vorvergangenen Kalenderjahr, aufgerundet auf den nächsthöheren, durch 420 teilbaren Betrag.

Die Bezugsgröße wird jährlich von der Bundesregierung ermittelt, festgelegt und bekannt gegeben. Sie betrug in den alten Bundesländern 2016 monatlich 2.905 €. Im Jahr 2017 beträgt die Bezugsgröße monatlich in den alten Bundesländern 2.975 €. Die Bezugsgröße 2018 beträgt 3.045 €West; 2.696 €Ost.

Bezugs-
größen

Da die Bezugsgröße in der Regel zum 1.1. eines jeden Jahres verändert wird (durch die Veränderung des Durchschnittes der Arbeitsentgelte, z. B. der jeweiligen Entgeltsteigerung in großen Branchen), hat das auch Auswirkungen auf die Hinzuverdienstgrenzen.

Für die Berechnung der Hinzuverdienstgrenze in den neuen Bundesländern galten wegen der unterschiedlichen Einkommensverhältnisse und einer niedrigeren Bezugsgröße Besonderheiten.

Die Bezugsgröße (Ost) wird ab 1. Januar 2019 wie der Aktuelle Rentenwert in sieben Schritten an den West-Wert angeglichen. Dann gilt ab 1.1.2025 eine einheitliche Bezugsgröße.

## Hinzuverdienstgrenze bei voller EM-Rente bis 30.6.2017

Die Hinzuverdienstgrenzen betragen bei einer
- dreiviertel Rente das 0,17-Fache,
- halben Rente das 0,23-Fache und
- einviertel Rente das 0,28-Fache

der monatlichen Bezugsgröße, vervielfältigt mit den Entgeltpunkten (EP) der letzten drei Kalenderjahre vor Eintritt der vollen EM, **mindestens** jedoch mit 1,5 EP. Damit orientieren sich die Hinzuverdienstgrenzen auch an dem zuletzt erreichten beitragspflichtigen Einkommen. Bei geringem oder gar keinem Einkommen vor der EM wird durch die mindestens 1,5 EP eine Mindesthinzuverdienstgrenze wirksam.

Wir bringen hier nur einige Beispiele zur alten Regelung.

### Mindesthinzuverdienstgrenze bei voller EM-Rente in den alten Bundesländern

Beispiel

EP der letzten drei Kalenderjahre vor Eintritt der vollen EM, z. B. 1,3443 mindestens 1,5 EP.
Monatliche Hinzuverdienstgrenze für die Rente wegen voller EM:

| | 2016 |
|---|---|
| in voller Höhe | 450,00 € |
| in Höhe von drei Vierteln (0,17-Fache der Bezugsgröße) | 740,78 € |
| in Höhe der Hälfte (0,23-Fache der Bezugsgröße) | 1.002,23 € |
| in Höhe von einem Viertel (0,28-Fache der Bezugsgröße) | 1.220,10 € |

**Individuelle Hinzuverdienstgrenze bei voller EM-Rente in den alten Bundesländern**

EP der letzten drei Kalenderjahre vor Eintritt der vollen EM, z. B. 5,4363 EP.
Monatliche Hinzuverdienstgrenze für die Rente wegen voller EM:

Beispiel

|  | **2016** |
|---|---|
| in voller Höhe | 450,00 € |
| in Höhe von drei Vierteln (0,17-Fache der Bezugsgröße) | 2.684,72 € |
| in Höhe der Hälfte (0,23-Fache der Bezugsgröße) | 3.632,26 € |
| in Höhe von einem Viertel (0,28-Fache der Bezugsgröße) | 4.421,89 € |

**Neue Bundesländer**

Für eine Beschäftigung ausschließlich in den neuen Bundesländern sind die jeweiligen Hinzuverdienstgrenzen West mit dem Verhältnis aus aktuellem Rentenwert Ost zu aktuellem Rentenwert West zu vervielfältigen (§ 228a Abs. 2 SGB VI).
Da sich der aktuelle Rentenwert Ost meist zum 1.7. eines Jahres nicht im gleichen Verhältnis wie der aktuelle Rentenwert West verändert hat, änderten sich die Hinzuverdienstgrenzen in den neuen Bundesländern zum 1.7. und 1.1.

## Mindesthinzuverdienstgrenze bei voller EM-Rente in den neuen Bundesländern

Beispiel

EP der letzten drei Kalenderjahre vor Eintritt der vollen EM, z. B. 1,3443 mindestens 1,5 EP.
Monatliche Mindesthinzuverdienstgrenze für die Rente wegen voller EM:

| seit | 1.1.2016 |
|------|----------|
| in voller Höhe | 450,00 € |
| in Höhe von drei Vierteln (0,17-Fache der Bezugsgröße) | 697,23 € |
| in Höhe der Hälfte (0,23-Fache der Bezugsgröße) | 943,31 € |
| in Höhe von einem Viertel (0,28-Fache der Bezugsgröße) | 1.148,38 € |

## Individuelle Hinzuverdienstgrenze bei voller EM-Rente in den neuen Bundesländern

Beispiel

EP der letzten drei Kalenderjahre vor Eintritt der vollen EM, z. B. 5,4363 EP.
Monatliche Hinzuverdienstgrenze für die Rente wegen voller EM:

| seit | 1.1.2016 |
|------|----------|
| in voller Höhe | 450,00 € |
| in Höhe von drei Vierteln (0,17-Fache der Bezugsgröße) | 2.526,90 € |
| in Höhe der Hälfte (0,23-Fache der Bezugsgröße) | 3.418,74 € |
| in Höhe von einem Viertel (0,28-Fache der Bezugsgröße) | 4.161,95 € |

Wird die Rente wegen voller EM nur deshalb gezahlt, weil bei einem drei- bis unter sechsstündigen Leistungsvermögen der Arbeitsmarkt verschlossen war (Arbeitsmarktrente), kann bei Überschreiten der Hinzuverdienstgrenze der Anspruch auf diese Rente wegfallen, weil nun möglicherweise ein entsprechender Teilzeitarbeitsplatz tatsächlich vorhanden ist; insbesondere dann, wenn die Tätigkeit regelmäßig zwischen drei und weniger als sechs Stunden täglich ausgeübt wird. Jedenfalls muss mit einer Überprüfung durch den Rentenversicherungsträger gerechnet werden. Es besteht dann nur noch ein Anspruch auf eine Rente wegen teilweiser EM; deshalb sind dann die für diese Rente geltenden Hinzuverdienstgrenzen zu beachten.

Hinzuverdienstgrenze und Arbeitsmarktrente

## Hinzuverdienstgrenze bei teilweiser EM-Rente bis 30.6.2017

Hier sind die Hinzuverdienstgrenzen höher, weil auch die Rente wegen teilweiser EM nur die Hälfte einer vollen EM-Rente beträgt und davon ausgegangen wird, dass noch in gewissem Umfang eine Beschäftigung ausgeübt werden kann.

Die Hinzuverdienstgrenzen betragen bei teilweiser EM bei einer
- halben Rente das 0,23-Fache und
- einviertel Rente das 0,28-Fache
der monatlichen Bezugsgröße, vervielfältigt mit den EP der letzten drei Kalenderjahre vor Eintritt der vollen EM, **mindestens** jedoch mit 1,5 EP.

## Mindesthinzuverdienstgrenze bei teilweiser EM-Rente in den alten Bundesländern

Beispiel

EP der letzten drei Kalenderjahre vor Eintritt der teilweisen EM, z. B. 1,3443 EP, mindestens 1,5 EP. Monatliche Hinzuverdienstgrenze für die Rente wegen teilweiser EM:

|  | 2016 |
|---|---|
| in voller Höhe (0,23-Fache der Bezugsgröße) | 1.002,23 € |
| in Höhe der Hälfte (0,28-Fache der Bezugsgröße | 1.220,10 € |

## Individuelle Hinzuverdienstgrenze bei teilweiser EM-Rente in den alten Bundesländern

Beispiel

EP der letzten drei Kalenderjahre vor Eintritt der teilweisen EM, z. B. 5,4363 EP. Monatliche Hinzuverdienstgrenze für die Rente wegen teilweiser EM:

|  | 2016 |
|---|---|
| in voller Höhe (0,23-Fache der Bezugsgröße) | 3.632,26 € |
| in Höhe der Hälfte (0,28-Fache der Bezugsgröße | 4.421,89 € |

## Mindesthinzuverdienstgrenze bei teilweiser EM-Rente in den neuen Bundesländern

Beispiel

EP der letzten drei Kalenderjahre vor Eintritt der teilweisen EM, z. B. 1,3443, mindestens 1,5 EP. Monatliche Hinzuverdienstgrenze für die Rente wegen teilweiser EM:

| seit | 1.1.2016 |
|---|---|
| in voller Höhe (0,23-Fache der Bezugsgröße) | 943,31 € |
| in Höhe der Hälfte (0,28-Fache der Bezugsgröße) | 1.148,38 € |

**Individuelle Hinzuverdienstgrenze bei teilweiser
EM-Rente in den neuen Bundesländern**

EP der letzten drei Kalenderjahre vor Eintritt der    Beispiel
EM, z. B. 5,4363 EP.
Monatliche Hinzuverdienstgrenze für die Rente wegen teilweiser EM:

| seit | 1.1.2016 |
|---|---|
| in voller Höhe (0,23-Fache der Bezugsgröße) | 3.418,78 € |
| in Höhe der Hälfte (0,28-Fache der Bezugsgröße) | 4.161,95 € |

Wird im Rentenverfahren ein Leistungsvermögen von unter sechs Stunden trotz noch voller tatsächlicher Erwerbstätigkeit (zulasten der Gesundheit) festgestellt und eine Rente wegen teilweiser EM gewährt, sollte man sich vom Rentenversicherungsträger bestätigen lassen, dass die Arbeitszeit reduziert werden kann. Wichtig ist dabei zu klären, bis zu welchem Einkommen der Hinzuverdienst dann unschädlich ist.

### 2.2.2 Veränderungen der Hinzuverdienstgrenzen und des Hinzuverdienstes

Im Rentenbescheid ist die Hinzuverdienstgrenze berechnet und in der Anlage »Rente und Hinzuverdienst« ausgewiesen. Die der Berechnung zugrunde liegenden Bezugsgrößen und ausgewiesenen Werte haben jedoch nur im Jahr des Rentenbeginns Gültigkeit. Die Werte ändern sich somit jährlich mit der Anpassung der Bezugsgröße zum 1.1. eines Jahres. Ab 1.7.2017 gelten in den neuen Bundesländern dieselben Regeln und Hinzuverdienstgrenzen wie in den alten Bundesländern.

### 2.2.3 Neue Regelung der Hinzuverdienstgrenzen seit 1.7.2017

Mit den Neuregelungen beim Hinzuverdienst für vorgezogene Altersrenten des Flexirentengesetzes wurden auch die Hinzuverdienstregelungen für die EM-Rente geändert. Seit 1.7.2017 werden die bisherigen monatlichen Hinzuverdienstgrenzen und die bisherigen Teilrenten durch eine kalenderjährliche Hinzuverdienstgrenze mit stufenloser Anrechnung abgelöst. Als Hinzuverdienst ist dabei grundsätzlich das im jeweiligen Kalenderjahr insgesamt erzielte Einkommen zu berücksichtigen, somit entfällt auch die bisherige kalendertägliche Betrachtung.

Ist beabsichtigt neben einer Rente wegen Erwerbsminderung einen Hinzuverdienst zu erzielen, ist seit 1. Juli 2017 der Hinzuverdienst (Brutto) und dessen Auswirkung auf die Höhe der Rente zunächst aufgrund einer vorausschauenden Betrachtung (Prognose) des kalenderjährlichen Hinzuverdienstes festzustellen. Diese Einkommensprognose wird in den folgenden Jahren jeweils am 1. Juli überprüft und mit dem tatsächlichen Verdienst verglichen. Wenn der tatsächliche Hinzuverdienst von der Prognose abweicht, wird die Rente für das vorangegangene Kalenderjahr neu berechnet. Überzahlungen werden zurückgefordert, zu niedrige Rentenzahlungen werden nachgezahlt. Für das laufende und folgende Jahr wird wieder eine Prognose vorgenommen und die Überprüfung erfolgt dann am nächsten 1. Juli erneut. Dieses Verfahren vollzieht sich solange die EM-Rente bezogen wird, es sei denn, der Hinzuverdienst entfällt, weil die Erwerbstätigkeit neben der EM-Rente ganz aufgegeben wird.

Die Neuregelung gilt auch für alle, die schon am 1.7.2017 Erwerbsminderungsrente oder Erwerbsunfähigkeitsrente oder Berufsunfähigkeitsrente bezogen haben. Es gibt auch keinen Unterschied mehr zwischen den Hinzuverdienstgrenzen in den alten und neuen Bundesländern, denn Grundlage ist ab 1.7.2017 in allen Fällen die Bezugsgröße West (s. Übergangsregelung → S. 98).

## Hinzuverdienst bei Rente wegen voller EM

Seit 1.7.2017 können im Kalenderjahr bis zu 6.300 € anrechnungsfrei hinzuverdient werden. Das entspricht im Durchschnitt 525 € monatlich. In der Summe entspricht das allerdings der bisherigen Regelung von 12 Monaten zu je 450 € plus einem zweimaligem unschädlichen Überschreiten in Höhe der doppelten monatlichen bisherigen Hinzuverdienstgrenze. Wird nun die jährliche Hinzuverdienstgrenze von 6.300 € überschritten, wird nur eine Teilrente gezahlt und ein Zwölftel des übersteigenden Betrags stufenlos zu 40 Prozent centgenau auf die Rente angerechnet.

Anrech-
nungsfrei
6.300 € im
Kalenderjahr

Das ist eine kleine Verbesserung für Bezieher einer EM-Rente, weil Hinzuverdienstschwankungen im Jahr besser hingenommen werden können. Mehr Hinzuverdienst als bisher kann allerdings nicht erzielt werden, ohne dass sich das auf die Rente auswirken würde. Es muss auch ausdrücklich darauf hingewiesen werden, dass die zeitlichen Grenzen in der Einschränkung der Leistungsfähigkeit eingehalten werden müssen (unter 3 Stunden täglich bei Rente wegen voller EM und unter 6 Stunden bei Rente wegen teilweiser EM). Werden diese zeitlichen Beschränkungen überschritten, liegt keine EM mehr vor und die Rente fällt weg. Die Neuregelung führt also nur zu höheren Hinzuverdienstmöglichkeiten, wenn bei einer Rente wegen voller EM in voller Höhe aus einer Erwerbstätigkeit von weniger als drei Stunden täglich mehr als monatlich 525 € (6.300 € geteilt durch 12) Hinzuverdienst erzielt wird.

Die Teilrente bei Überschreitung der 6.300 € im Jahr wird berechnet, indem der ein Zwölftel des die Hinzuverdienstgrenze übersteigenden Betrages zu 40 Prozent von der Rente abgezogen wird.

Beispiel

| Rente wegen voller EM (Brutto) | monatlich | | 850,00 € |
|---|---|---|---|
| Hinzuverdienst aus einer Beschäftigung (Brutto) | im Jahr | 7.800,00 € | |
| Hinzuverdienstgrenze von 6.300,00 € wird überschritten um | im Jahr | 1.500,00 € | |
| | im Monat | 125,00 € | |
| Von der Überschreitung 40% Anrechnung auf Rente | monatlich | 50,00 € | – 50,00 € |
| Rente nach Anrechnung | monatlich | | 800,00 € |

Hinzuverdienstdeckel

EM-Rentner sollen jedoch einkommensmäßig nicht besser gestellt werden als vor dem Rentenbezug. Daher wurde ein sogenannter Hinzuverdienstdeckel eingeführt. Der Hinzuverdienstdeckel beträgt für eine Rente wegen voller EM mindestens die Summe aus einem Zwölftel von 6300 € und dem Monatsbetrag der Rente in voller Höhe.

Beispiel

| Rente wegen voller EM (Brutto) | monatlich | | 850,00 € |
|---|---|---|---|
| 6.300,00 € | 1/12 | 525,00 € | |
| Mindesthinzuverdienstdeckel | monatlich | 525+850=1.375 | 1.375,00 € |

Ansonsten wird der Hinzuverdienstdeckel berechnet, indem die monatliche Bezugsgröße mit dem höchsten Entgeltpunkt (§ 66 Absatz 1 Nr. 1 bis 3 SGB VI) in einem Kalenderjahr in den letzten 15 Kalenderjahren vor Eintritt der EM vervielfältigt wird. Die gekürzte

Rente und der Hinzuverdienst werden zusammengerechnet und geprüft, ob dieser Betrag unterhalb des
Hinzuverdienstdeckels bleibt oder darüber liegt. Der
Hinzuverdienstdeckel ist nur zu prüfen, wenn bereits
die Hinzuverdienstgrenze von 6.300 € überschritten
wird.

Beispiel

| | | | |
|---|---|---|---|
| Rente wegen voller EM (Brutto) | monatlich | | 850,00 € |
| Hinzuverdienst aus einer Beschäftigung | im Jahr | 15.800,00 € | |
| | im Monat | 1.316,67 € | |
| Hinzuverdienstgrenze von 6.300,00 € wird überschritten um | im Jahr | 9.500,00 € | |
| 9.500,00 : 12 = 791,67 | monatlich | 791,67 € | |
| Von der Überschreitung 40% Anrechnung auf die Rente | monatlich | 316,67 € | – 316,67 € |
| Rente nach Anrechnung | monatlich | | 533,33 € |

**Berechnung des Hinzuverdienstdeckels**

| | | | |
|---|---|---|---|
| Höchste EP in den letzten 15 Jahren | 1,5 | | |
| Monatliche Bezugsgröße 2017 | 2.975 € | | |
| Hinzuverdienstdeckel 1,5 x 2.975 € | 4.462,25 € | | |

**Überprüfung der Einhaltung des Hinzuverdienstdeckels**

| | |
|---|---|
| Summe aus monatlicher Rente (nach Anrechnung) und Hinzuverdienst 533,33 € + 1.316,67 € | 1.850,00 € |

Der Hinzuverdienstdeckel von 4.462,25 € wird nicht überschritten, es erfolgt keine weitere Anrechnung des Hinzuverdienstes auf die Rente

Wird der Hinzuverdienstdeckel überschritten, wird die Rente in einem zweiten Schritt zusätzlich um den vollen diesen Deckel überschreitenden Betrag gekürzt.

Erreicht der insgesamt abzuziehende Hinzuverdienst den Betrag der vollen Rente, wird die Rente nicht mehr gezahlt (Ruhen der Rente – § 96a Abs. 1a Satz 4 SGB VI). Der Anspruch auf die Rente wird dadurch aber nicht berührt, sofern weiterhin EM vorliegt – siehe Einhaltung der zeitlichen Leistungsbeschränkungen für volle oder teilweise Rente wegen EM (unter 3 und unter 6 Stunden täglich). Entfällt dann später der Hinzuverdienst oder vermindert er sich, muss nicht neu geprüft werden, ob EM vorliegt oder die versicherungsrechtlichen Voraussetzungen vorliegen.

Beispiel

| Rente wegen voller EM (Brutto) | monatlich | | 750,00 € |
|---|---|---|---|
| Hinzuverdienst aus einer Beschäftigung | im Jahr | 15.800,00 € | |
| | im Monat | 1.316,67 € | |
| Hinzuverdienstgrenze von 6.300,00 € wird überschritten um | im Jahr | 9.500,00 € | |
| 9.500,00 : 12 = 791,67 | monatlich | 791,67 € | |
| Von der Überschreitung 40% Anrechnung auf die Rente | monatlich | 316,67 € | – 316,67 € |
| Rente nach Anrechnung | monatlich | | 433,33 € |
| **Berechnung des Hinzuverdienstdeckels** | | | |
| Höchste Entgeltpunkte in den letzten 15 Jahren 0,3 | | | |
| Monatliche Bezugsgröße 2018 | 3.045 € | | |
| Hinzuverdienstdeckel 0,3 x 3.045 € | 913,50 € | Mindestens 1.275 € | |

| Überprüfung der Einhaltung des Hinzuverdienstdeckels | | |
|---|---|---|
| Summe aus monatlicher Rente (nach Anrechnung) und Hinzuverdienst 433,33 € + 1.316,67 € | | 1750 € |
| Der Mindesthinzuverdienstdeckel von 1275 € wird überschritten, es erfolgt eine weitere Anrechnung des Hinzuverdienstes | | |
| Überschreitung des Hinzuverdienstdeckels um | monatlich | 475,00 € |
| Kürzung der Rente um den vollen Betrag der Überschreitung | monatlich | – 475,00 € |
| Rente nach Anrechnung | monatlich | – 41,67 |
| Das führt dazu, dass keine Rente mehr gezahlt wird | | |

In dem letzten Beispiel haben wir nur das Prinzip erklärt. Es wird selten vorkommen, dass ein so hoher Hinzuverdienst wie in diesem Beispiel, insbesondere innerhalb des rentenunschädlichen verbliebenen Restleistungsvermögens von unter drei Stunden täglich, erzielt werden kann. Die Rente würde wahrscheinlich schon wegen Überschreitens dieser zeitlichen Beschränkung wegfallen, weil keine volle EM mehr vorliegt. Oder es würde nur eine Rente wegen teilweiser EM gezahlt werden, wenn der Hinzuverdienst bei unter sechsstündiger täglicher Beschäftigung erzielt wird und teilweise EM festgestellt wird.

Wenn die zeitlichen Grenzen überschritten werden, zum Beispiel wegen der Besserung des Gesundheitszustandes, kann die Rente entzogen werden (→ S. 89).

### Hinzuverdienst bei Rente wegen teilweiser EM seit 1.7.2017

Bei der Rente wegen teilweiser EM gilt wie bisher eine individuell zu errechnende Hinzuverdienstgrenze, sie wird nur anders berechnet. Seit 1.7.2017 wird das 0,81-fache der jährlichen Bezugsgröße mit den höchsten Entgeltpunkten in einem Kalenderjahr in den letzten 15 Kalenderjahren multipliziert. Die Hinzuverdienstgrenze orientiert sich damit an dem höchsten beitragspflichtigen Jahreseinkommen der letzten 15 Jahre. Mit diesem langen Zeitraum wird Rücksicht darauf genommen, dass Versicherte in den letzten Jahren vor einer EM beispielsweise arbeitslos waren oder ihre Erwerbstätigkeit wegen der Leistungsminderung bereits reduziert hatten und damit ein geringeres Einkommen hatten als in früheren Phasen der Erwerbstätigkeit.

Beispiel

| Rente wegen teilweiser EM (Brutto) | monatlich | | 850,00 € |
|---|---|---|---|
| Hinzuverdienst aus einer Beschäftigung | im Jahr | 50.800,00 € | |
| | monatlich | 4.233,33 € | |
| **Berechnung der individuellen Hinzuverdienstgrenze für 2018** | | | |
| Bezugsgröße 2018 monatlich zu 0,81-fache | 3.045 € | 2.466,45 € | |
| Höchste Entgeltpunkte in den letzten 15 Jahren | 1,9 | | |
| Individuelle Hinzuverdienstgrenze 2.466,45 x 1,9 = 4.686,26 | monatlich | 4.686,26 € | |
| **Die individuelle Hinzuverdienstgrenze wird eingehalten, es findet keine Anrechnung auf die teilweise EM-Rente statt.** | | | |

Für die individuelle Hinzuverdienstgrenze werden mindestens 0,5 Entgeltpunkte bei der Berechnung berücksichtigt. Damit liegt die Mindesthinzuverdienstgrenze bei Rente wegen teilweiser EM im Jahr 2017 bei 14.458,50 € (monatlich 1.204,88 €). Für 2018 beträgt diese Grenze 14.789,70 € (monatlich 1.233,23 €). Der Verdienst, der über dieser Mindestgrenze liegt, wird zu 40 Prozent auf die Rente angerechnet.

| | | | | |
|---|---|---|---|---|
| Rente wegen teilweiser EM (Brutto) | monatlich | | 650,00 € | Beispiel |
| Hinzuverdienst aus einer Beschäftigung | im Jahr | 15.800,00 € | | |
| | monatlich | 1.316,67 € | | |
| **Berechnung der individuellen Hinzuverdienstgrenze für 2018** | | | | |
| Bezugsgröße 2018 monatlich zu 0,81 | 3.045 € | 2.466,45 € | | |
| Höchste Entgeltpunkte in den letzten 15 Jahren 0,4 – mindestens 0,5 | 0,5 | | | |
| Individuelle Hinzuverdienstgrenze 2.466,45 x 0,5 = 1.233,23 | monatlich | 1.233,23 € | | |
| Der Hinzuverdienst von 1.316,67 € übersteigt die Mindesthinzuverdienstgrenze um | | | 83,44 € | |
| Von der Überschreitung werden 40 % auf die Rente angerechnet | monatlich | 33,38 € | – 33,38 | |
| Rente nach Anrechnung | monatlich | | 616,62 € | |

## Weitere Erläuterungen

Die Hinzuverdienstgrenzen werden in einer Anlage zum Rentenbescheid ausgewiesen. Wer erst nach einigen Jahren nur des Bezugs von Rente hinzuverdienen möchte, sollte sich die individuelle aktuelle Hinzuverdienstgrenze von seinem Rentenversicherungsträger berechnen lassen, wenn der Hinzuverdienst über 6.300 € im Jahr liegen wird.

Änderungen im Hinzuverdienst im Laufe eines Jahres

Die Höhe des kalenderjährlichen Hinzuverdienstes wird zunächst wie oben ausgeführt aufgrund einer vorausschauenden Betrachtung (Prognose) festgestellt (§ 96a Abs. 5 in Verbindung mit § 34 Abs. 3c SGB VI).

Auf Antrag der Versicherten kann eine Änderung des berücksichtigten Hinzuverdienstes vorgenommen werden. Hierfür muss jedoch der kalenderjährliche Hinzuverdienst um mindestens 10 Prozent vom bisher berücksichtigten Hinzuverdienst abweichen und sich dadurch eine Änderung in der Rentenhöhe ergeben. Andernfalls ist keine Neuberechnung der Rente vorzunehmen (§ 96a Abs. 5 in Verbindung mit § 34 Abs. 3e SGB VI).

Auswirkungen der Spitzabrechnung

Regelmäßig zum 1.7. des Folgejahres wird anhand des tatsächlichen kalenderjährlichen Hinzuverdienstes die gezahlte Rente des Vorjahres überprüft. Weicht der tatsächliche kalenderjährliche Hinzuverdienst von dem der Prognose zugrunde liegenden Hinzuverdienst ab und ergibt sich dadurch eine Änderung in der Rentenhöhe, ist die Rente abzüglich des anzurechnenden Hinzuverdienstes rückwirkend neu festzustellen (§ 96a Abs. 5 in Verbindung mit § 34 Abs. 3d SGB VI). Die bisherigen Bescheide sind aufzuheben (§ 96a Abs. 5 in Verbindung mit § 34 Abs. 3c bis 3f SGB VI).

Ergibt sich aufgrund dieser Spitzabrechnung ein Erstattungsbetrag zugunsten der Rentenversicherung bis zu einer Höhe von 200,00 €, ist dieser von der laufenden Rente bis zu deren Hälfte einzubehalten, wenn die Versicherten damit einverstanden sind. Die Einverständniserklärung kann jederzeit für die Zukunft widerrufen werden (§ 96a Abs. 5 in

Verbindung mit § 34 Abs. 3g SGB VI). Höhere über-zahlte Renten werden zurückgefordert.

### Höchste Entgeltpunkte in den letzten 15 Jahren

Die nach § 66 Absatz 1 Nummer 1 bis 3 SGB VI zu berücksichtigenden Entgeltpunkte in den letzten 15 Jahren vor der EM sind Entgeltpunkte für Beitrags-zeiten, für beitragsfreie Zeiten und Entgeltpunkte aus einem Zuschlag für beitragsgeminderte Zeiten.

Nicht berücksichtigt dabei werden
- Zu- oder Abschläge aus einem durchgeführten Versorgungsausgleich oder Rentensplitting;
- Zuschläge aus der Zahlung von Beiträgen für vorzeitige Inanspruchnahme einer Rente wegen Alters oder bei Abfindung von Anwartschaften auf betriebliche Altersversorgung oder von An-rechten bei einer Versorgungsausgleichskasse;
- Zuschläge an Entgeltpunkten für Arbeitsentgelt aus geringfügiger Beschäftigung;
- Zusätzliche Entgeltpunkte aus einem Arbeitsent-gelt aus nicht gemäß einer Vereinbarung über flexible Arbeitszeitregelungen verwendeten Wert-guthaben;
- Zuschläge an Entgeltpunkten für Zeiten einer be-sonderen Auslandsverwendung;
- Zuschläge an Entgeltpunkten für nachversicherte Soldaten auf Zeit in Verbindung mit § 76f SGB VI (das sind Zuschläge für Einkommen über der Beitragsbemessungsgrenze).

### Änderung des Hinzuverdienstdeckels

Der Hinzuverdienstdeckel wird jährlich am 1. Juli neu berechnet, da sich die Bezugsgröße jährlich ändert.

Auch wenn eine Rente im laufenden Jahr beginnt, gilt die volle Jahreshinzuverdienstgrenze für das jeweilige Kalenderjahr. Und wenn nur in einzelnen Monaten hinzuverdient wird, gilt die jährliche Hinzuverdienstgrenze in voller Höhe. Hier ist auch auf die Einhaltung der zeitlichen Beschränkungen (unter 3 bei voller EM und unter 6 Stunden bei teilweiser EM täglich) zu achten. Auch im Jahr des Inkrafttretens der Neuregelung gilt für die Zeit vom 1.7.2017 bis 31.12.2017 die volle jährliche Hinzuverdienstgrenze.

Übergangsregelung für Bestandsrentner

Wer schon vor dem 1.7.2017 eine Rente in anteiliger Höhe wegen der Anrechnung von Hinzuverdienst bezogen hat und auch über den 1.7.2017 hinaus weiter hinzuverdient, fällt unter eine Sonderregelung. Mit den neuen Regelungen soll niemand schlechter gestellt werden als vor der Gesetzesänderung. Deshalb wird geprüft, ob die Rente nach den alten Regelungen höher ist. Ergibt sich eine höhere Rente, gilt die am 30.6.2017 eingehaltene Hinzuverdienstgrenze weiter. Wird diese Hinzuverdienstgrenze unzulässig überschritten oder ergibt sich nach den seit dem 1.7.2017 geltenden Regeln eine gleich hohe oder höhere Rente, gilt nur noch das neue Recht (§ 313 SGB VI).

## 2.3    Was zählt als Hinzuverdienst?

Hinzuverdienst ist gleichzeitig neben einer Rente erzieltes
- Arbeitsentgelt aus einer Beschäftigung;
- Arbeitseinkommen aus einer selbständigen Tätigkeit;
- Vergleichbares Einkommen;
- bestimmte Sozialleistungen.

Mehrere dieser Einkünfte werden zusammenge-rechnet.

Zum Arbeitsentgelt aus einem nach Rentenbeginn (noch) bestehenden Arbeitsverhältnis gehören:

Hinzuver-dienst

– laufende Lohn- und Gehaltszahlungen für Arbeit im In- und Ausland einschließlich Entgeltfortzahlung bei Arbeitsunfähigkeit, auch das Entgelt, das über der Beitragsbemessungsgrenze liegt;
– Einmalzahlungen wie Urlaubs- und Weihnachtsgeld, Abgeltung von Überstunden oder Mehrarbeit, Tantiemen, Urlaubsabgeltung (BSG, Urteil vom 7.9.2017 – B 13 R 21/15 R) werden in dem Jahr berücksichtigt, in dem sie gezahlt werden, bei einem nach Rentenbeginn (noch) bestehenden Arbeitsverhältnis, auch wenn sie für Zeiten vor Rentenbeginn gezahlt werden;

– Mehrarbeits- oder Überstundenvergütungen, wobei seit 1.7.2017 die jährliche Hinzuverdienstgrenze gilt und der Monat der Entstehung unerheblich ist;
– Arbeitsentgelt während Freizeitausgleich für angesammelte Überstunden oder Mehrarbeit;
– Vermögenswirksame Leistungen;
– steuerfreie Sonn-, Feiertags- und Nachtzuschläge, die auf einem Grundlohn von mehr als 25 € pro Stunde beruhen;
– steuerpflichtige Fahrtkostenzuschüsse;
– Entgeltnachzahlungen und Einmalzahlungen aufgrund rückwirkender Tariferhöhungen;
– Teilzeitarbeitsentgelt (Brutto) nach dem Altersteilzeitgesetz;
– Arbeitsentgelt für Zeiten einer Freistellung von der Arbeitsleistung nach § 7 Abs. 1a SGB IV.

In den letzten Jahren sind Wertguthaben aus sogenannten flexiblen Arbeitszeitmodellen weit verbreitet. Dabei werden während der Arbeitsphase nicht ausgezahlte Entgelte oder Arbeitszeiten auf einem

Arbeitszeitkonto für eine spätere Freistellungsphase angesammelt. Tritt dann EM ein und wird
eine unbefristete EM-Rente bewilligt, kann das
Wertguthaben nicht mehr über Freizeit abgebaut
werden. Dann muss das Wertguthaben ausgezahlt werden. Es ist sehr schwer, im Vorhinein
das beste Vorgehen abzusehen. Deshalb wird
 Versicherten, die eine EM-Rente beantragen
müssen und ein Wertguthaben auf einem Arbeitszeitkonto haben oder in Altersteilzeit sind,
empfohlen, sich rechtzeitig beraten zu lassen;
– Besoldung nach beamtenrechtlichen Vorschriften;
– Zahlung von rückständigem Arbeitsentgelt anlässlich einer einvernehmlichen Beendigung von
Arbeitsverhältnissen oder einer gerichtlichen
Auflösung im Kündigungsschutzprozess BSG, Urteil vom 21.2.1990 – 12 RK 65/87);
– Entgelt an Freiwilligendienstleistende (angemes-
senes Taschengeld und Sachleistungen soweit sie
nicht steuerfrei sind);
– Tariflohn im Rahmen des Modells »Budget für
Arbeit« für behinderte Menschen;
– Arbeitsentgelt, das behinderte Menschen aufgrund einer Beschäftigung in einem Integrations-
projekt (§ 132 SGB IX) erzielen;
– Geld- und Sachleistungen nach dem Bundesfrei-
willigendienstgesetz sind als Hinzuverdienst zu
berücksichtigen, soweit sie Arbeitsentgelt i. S. der
§§ 14, 17 SGB IV darstellen;
– Einkünfte aus ehrenamtlicher Tätigkeit grundsätzlich in der Höhe, in der sie Arbeitsentgelt i. S.
des § 14 SGB IV oder Arbeitseinkommen i. S. des
§ 15 SGB IV darstellen.

Als Hinzuverdienst ist das im Arbeitsvertrag vereinbarte Arbeitsentgelt einschließlich tariflich zuste-
hender Leistungen zu berücksichtigen. Ein Verzicht
auf Entgeltansprüche zur Einhaltung der Hinzuverdienstgrenze würde als missbräuchliche Vertragsge-

staltung angesehen und (BSG, Urteil vom 20.1.1976 – 5 RJ 119/75) nicht anerkannt werden. Erhalten EM-Rentner allerdings weniger als das geschuldete Entgelt, ist als Hinzuverdienst das tatsächlich erhaltene Bruttoarbeitsentgelt zu berücksichtigen.

Nicht als Arbeitsentgelt gelten:

kein Hinzuverdienst

– Entgelt, das eine Pflegeperson von einer/m Pflegebedürftigen erhält bis zur Höhe des am Umfang der Pflegetätigkeit orientierten Pflegegeldes der Pflegegrade 2 bis 5, sofern es sich um eine nichterwerbsmäßige Pflege handelt (→ S. 28).
Alle selbständigen Pflegepersonen oder Pflegekräfte, die bei Pflegekassen oder ambulanten Pflegeeinrichtungen beschäftigt sind, gehören allerdings nicht dazu, weil sie erwerbsmäßig tätig sind;
– Entgelt behinderter Menschen, die in Werkstätten für behinderte Menschen oder ähnlichen anerkannten Einrichtungen arbeiten;
– eine Abfindung nach §§ 1a, 9, 10 Kündigungsschutzgesetz oder nach §§ 111 bis 113 Betriebsverfassungsgesetz, soweit sie nicht sozialversicherungspflichtig ist;
– Werkspensionen, Übergangsgelder oder Überbrückungsgelder, die wegen der Beendigung der Beschäftigung gezahlt werden,
– Zahlungen nach Beginn der Rente aus einer Beschäftigung, die schon vor Rentenbeginn aufgegeben wurde; ein noch bestehendes Arbeitsverhältnis, z.B. bei Arbeitsunfähigkeit, das nach Bewilligung der EM-Rente ruht oder aufgelöst wird, ist davon nicht erfasst;
– nicht steuerpflichtige Fahrtkostenerstattungen;
– steuerfreie Sonntags-, Feiertags- und Nachtzuschläge (seit 1.7.2006 aufgrund eines Grundlohns unter 25 € je Stunde);
– Betriebsrenten, Zusatzrenten im öffentlichen Dienst, beamtenrechtliche Versorgung, Altersgeld für ehemalige Beamte, Richter, Berufssolda-

ten, die aus dem Dienstverhältnis ohne Anspruch auf Nachversicherung ausgeschieden sind;
– Arbeitsentgelt, das als Vorschuss auf die Rente gezahlt wird;
– Arbeitsentgelt, auf das die Rente angerechnet wird;
– Krankengeldzuschuss des Arbeitgebers, mit dem ein Nettoentgeltverlust durch das Krankengeld ausgeglichen wird (BSG, Urteil vom 7.9.2017 – 13 R 33/16);
– bei Renten wegen teilweiser EM Krankengeld für Arbeitsunfähigkeit, die vor der Rente begonnen hat, weil hier die Rente auf das Krankengeld angerechnet wird;
– Aufstockungsbetrag bei Altersteilzeit;
– Zuschüsse des Arbeitgebers zum Mutterschaftsgeld;
– die steuerfreien Ehrenamtspauschalen;
– Aufwandsentschädigungen für kommunale Ehrenbeamte (z.B. ehrenamtliche Bürgermeister, Ortsvorsteher), ehrenamtlich in kommunalen Vertretungskörperschaften Tätige, Mitglieder der Selbstverwaltungsorgane, Versichertenälteste oder Vertrauenspersonen der Sozialversicherungsträger bis 30.9.2017, sofern dadurch **kein** konkreter Verdienstausfall ersetzt wird;
– Elterngeld;
– Streikgelder und Aussperrungsunterstützung;
– Wintergeld;
– Leistungen nach SGB II und Sozialhilfe nach SGB XII;
– Verdienstausfallerstattungen an Spender von Organen.

vergleichbares Einkommen als Hinzuverdienst

**Vergleichbare Einkommen**, also Hinzuverdienst, sind:
– Bezüge aus einem öffentlich-rechtlichen Amtsverhältnis z.B. als Minister, Senator, Parlamentarischer Staatssekretär;
– Entschädigungen (Diäten), die Abgeordnete des Bundestages, der Landtage oder der Abgeordnetenhäuser, des Europaparlaments erhalten;

– Aufwandsentschädigungen, die einen konkreten Verdienstausfall ersetzen;
– Vorruhestandsgeld.

**Kein vergleichbares Einkommen** ist das Übergangsgeld bzw. die Altersentschädigung für Abgeordnete nach dem Ausscheiden.

kein vergleichbares Einkommen

Arbeitseinkommen aus einer selbständigen Tätigkeit ist Hinzuverdienst. Das ist der nach den allgemeinen Gewinnermittlungsvorschriften des Einkommenssteuerrechts ermittelte Gewinn. Dazu zählen die Einkünfte aus:
– Land- und Forstwirtschaft;
– Gewerbebetrieb;
– selbständiger Arbeit.

Hinzuverdienst aus selbständiger Tätigkeit

Die selbständige Tätigkeit muss nicht ausgeübt werden; die erzielten Einkommen müssen jedoch einkommensteuerrechtlich als Einkünfte behandelt werden (§ 15 Abs. 1 Satz 2 SGB IV). Das gilt auch für Gewinnanteile von Kommanditisten, die dem steuerrechtlichen Gewinn zugerechnet werden (BSG, Urteil vom 25.2.2004 – B 5 J 56/02 R).
Eine selbständige Tätigkeit ist auch das Betreiben einer Solar- bzw. Photovoltaikanlage. Die Einkünfte daraus gelten als Einkünfte aus selbständiger Tätigkeit und werden als Hinzuverdienst berücksichtigt.
Aufsichtsratsvergütungen sind steuerrechtlich Einkünfte aus selbständiger Tätigkeit und damit Hinzuverdienst.

**Nicht als Arbeitseinkommen aus selbständiger Tätigkeit** zählen:
– Einkünfte, die nach vollständiger Beendigung einer selbständigen Tätigkeit noch aus der aktiven Zeit zufließen (z. B. Außenstände);
– Einkünfte aus Kapitalvermögen sowie Einkünfte aus Vermietung und Verpachtung, die nicht dem

kein Hinzuverdienst aus selbständiger Tätigkeit

Gewinn aus einer selbständigen Tätigkeit hinzugerechnet werden. Verluste aus Vermietung und Verpachtung können aber umgekehrt nicht vom Einkommen aus der selbständigen Tätigkeit abgezogen werden;

– Anteile der Aufsichtsratsvergütungen, die vertragsgemäß oder auf Anordnung an soziale Einrichtungen oder Stiftungen abgeführt werden, sind Betriebsausgaben und kein Hinzuverdienst.

**Nachweise**   Das monatliche Einkommen aus selbständiger Tätigkeit ist durch entsprechende Unterlagen (z. B. Bestätigung des Steuerberaters) nachzuweisen. Ist ein solcher Nachweis nicht vorhanden, wird das monatliche Einkommen analog § 165 SGB VI als ein Zwölftel des Jahreseinkommens gemäß dem entsprechenden Steuerbescheid aus dem zeitnahesten Kalenderjahr angesetzt. Bei erstmaliger Festsetzung einer Rente wird ein Zwölftel des vom Steuerberater geschätzten Jahreseinkommens berücksichtigt. Bei einer befristeten Rente wegen verminderter EM ist der Hinzuverdienst aus einer selbständigen Tätigkeit vorausschauend anhand von Unterlagen (z. B. letzter Einkommenssteuerbescheid) über das zu erwartende Einkommen zu berechnen.

Da grundsätzlich die endgültige Höhe der EM-Rente erst nach Vorlage des Steuerbescheides, also in der Regel mehr als ein Jahr nach Leistungsbeginn feststeht, wird die Rentenversicherung meist die EM-Rente vorläufig bewilligen. Dann kann eine Rückforderung der überzahlten Rente folgen. Wegen der einzuhaltenden Formalien bei einer Rückforderung sollte Rechtsrat eingeholt werden (→ S. 204 ff.).

**Einkünfte aus land- oder forstwirtschaftlichem Betrieb**   Bei Einkünften aus land- oder forstwirtschaftlichem Betrieb gilt, dass all das als Hinzuverdienst angerechnet wird, was auch steuerrechtlich als Einkünfte aus Land- und Forstwirtschaft behandelt wird; so können auch Einkünfte aus Rückbehaltsflächen oder Verpachtung als Einkommen angerechnet werden. Wurde aber gegenüber dem Finanzamt bei vollständiger Verpachtung die steuerrechtliche Betriebsaufgabe erklärt, werden diese Einnahmen als Einkünfte aus Vermietung und Verpachtung behandelt und sind kein Hinzuverdienst.

Bei Ehegatten, die einen gemeinsamen Betrieb führen, kommt es auf die konkrete Situation an, wem die Einkünfte steuerrechtlich als Gewinn zugeordnet werden.

Ehegatten

Investitionsabzugsbetrag und Verlustvortrag/Verlustrücktrag wirken sich nicht auf das Arbeitseinkommen aus und mindern somit nicht den Hinzuverdienst.

Auch Veräußerungsgewinne sind als Hinzuverdienst zu berücksichtigen, wenn sie über die Freibeträge nach dem Einkommensteuergesetz hinausgehen.

Veräußerungsgewinne

**Sozialleistungen**

Unter bestimmten Voraussetzungen sind auch **Sozialleistungen** Hinzuverdienst.

Bei Rente wegen teilweiser EM:
– Krankengeld bei Arbeitsunfähigkeit oder einer stationären Behandlung im Zusammenhang mit einer Beschäftigung, die nach Beginn der Rente begonnen hat;
– Krankengeld an Spender von Organen, Krankengeld bei Erkrankung eines Kindes, Wahltarif-Krankengeld;
– Versorgungskrankengeld bei Arbeitsunfähigkeit oder einer stationären Behandlung, die nach Beginn der Rente eingetreten ist oder begonnen hat;

bei teilweiser EM-Rente

– Übergangsgeld, dem nach Beginn der Rente erzieltes Arbeitsentgelt zu Grunde liegt oder aus der gesetzlichen Unfallversicherung geleistet wird;
– weitere in § 18a Abs. 3 Satz 1 Nr. 1 SGB IV genannte Sozialleistungen, die Entgeltersatzleistungen sind z. B. Mutterschaftsgeld, Kurzarbeitergeld;
– Pflegeunterstützungsgeld;
– Arbeitslosengeld I z.B. bei beruflicher Weiterbildung;
– Insolvenzgeld;
– Gründungszuschuss an Selbständige.

**bei voller EM-Rente**

Bei Renten wegen voller EM:
– Verletztengeld und Übergangsgeld aus der gesetzlichen Unfallversicherung.

Auch Sozialleistungen, die aus anderen Gründen als dem Rentenbezug ruhen (z. B. Sperrzeit beim Arbeitslosengeld), sind anzurechnen.

Vergleichbare Leistungen aus dem Ausland sind ebenso anzurechnen.

**was wird zugrunde gelegt?**

Als Hinzuverdienst ist nicht der Zahlbetrag, sondern das der Berechnung der Sozialleistung zu Grunde liegende Arbeitsentgelt oder Arbeitseinkommen (Bemessungsentgelt) zu berücksichtigen.
In der Regel ist das ausgezahlte Kranken- oder Arbeitslosengeld I niedriger als das Bemessungsentgelt. Somit tritt das Überschreiten der Hinzuverdienstgrenze ein, obwohl der/die Rentner/in faktisch nur die niedrigere Sozialleistung erhält.

Das BSG, zuletzt vom 31.1.2008 – B 13 R 23/07 R und vom 26.6.2008 – B 13/4 R 49/07 R, hat entschieden, dass es nicht verfassungswidrig sei, das Bemessungsentgelt als Hinzuverdienst heranzuziehen.

Bei Selbständigen sind laufende Betriebskosten nicht vom Bemessungsentgelt abzuziehen; so LSG Nordrhein-Westfalen, Urteil vom 23.2.2007 – L 14 R 118/05.

Arbeitsentgelte, Arbeitseinkommen und vergleichbare Einkommen aus mehreren Beschäftigungen und auch selbständigen Tätigkeiten werden zusammengerechnet.

Denken Sie daran, jeden Hinzuverdienst bzw. jede Änderung unverzüglich dem Rentenversicherungsträger mitzuteilen. Um spätere Rückforderungen zu vermeiden, muss daher auch der Bezug von Krankengeld/Arbeitslosengeld I unverzüglich gemeldet werden.

Nicht zu berücksichtigende (Sozial-)Leistungen:
- Krankentagegeld von einer privaten Krankenkasse oder einer Zusatzversicherung von einer gesetzlichen Krankenkasse;
- Unterhaltsgeld aus dem Europäischen Sozialfonds;
- Wintergeld, das als Zuschuss-Wintergeld oder Mehraufwand-Wintergeld gezahlt wird;
- Arbeitslosengeld II, Sozialgeld, Einstiegsgeld;
- Kriegsopferfürsorgeleistungen;
- Ausbildungsgeld für behinderte Menschen;
- Überbrückungsgeld der Seemannskasse;
- Elterngeld.

## E    DER ANTRAG AUF EM-RENTE

## 1    Rentenantrag

## 1.1    Formulare, Formulare ...

Um eine Rente zu erhalten, muss ein Antrag bei der Deutschen Rentenversicherung gestellt werden. Die Formulare für den Rentenantrag sind bei den Auskunfts- und Beratungsstellen der Rentenversicherung und den Versicherungsämtern der Kommunalverwaltungen erhältlich oder online abrufbar.

**Versicherungsämter**

Nach § 93 Abs. 1 Satz 1 SGB IV haben die Versicherungsämter in allen Angelegenheiten der Sozialversicherung (gesetzliche Rentenversicherung, gesetzliche Unfallversicherung, gesetzliche Krankenversicherung, soziale Pflegeversicherung) Auskunft zu erteilen und sonstige durch Gesetz oder sonstiges Recht übertragenen Aufgaben wahrzunehmen. Sie nehmen Anträge auf Leistungen der Sozialversicherungen entgegen und leiten sie an die zuständigen Träger weiter. Sie können auch Unterlagen beglaubigen. Sie sind bei den Stadt- oder Gemeindeverwaltungen oder Landkreisen angesiedelt und handeln in eigener Zuständigkeit als Organisationseinheiten der Kommunalverwaltung. Damit sind sie unabhängig von den Sozialversicherungsträgern.

Der Antrag kann zur Fristwahrung zunächst formlos, auch vorab per Telefax gestellt werden. Das kann insbesondere wichtig sein, wenn möglicherweise die EM schon seit längerem eingetreten sein könnte und der Beginn der Rente vom Eingang des Antrages abhängig ist (→ S. 71 ff.). Es genügt folgender Satz:

> »[Name, Adresse]
> Hiermit beantrage ich die Gewährung einer Rente wegen EM«.

Die Rentenversicherung schickt dann die Antragsunterlagen zu.

Wer einen Internetzugang hat, kann sich das Formular auch herunterladen und/oder direkt auf dem PC ausfüllen: **www.deutsche-rentenversicherung.de → Services → Formulare & Anträge → Rente → Formularpaket »Rente wegen verminderter Erwerbsfähigkeit« oder »Formulare von A–Z«**

Das Paket enthält folgende Formulare:

| | |
|---|---|
| R100 | Antrag auf Versichertenrente |
| R101 | Erläuterungen zum Antrag auf Versichertenrente |
| R210 | Anlage zum Rentenantrag zur Feststellung der EM bzw. von Berufs- oder Erwerbsunfähigkeit |
| R211 | Ergänzungsblatt zum Vordruck R210 |
| R215 | Selbsteinschätzungsbogen zur Feststellung der Ewerbsminderung |
| R810 | Meldung zur Krankenversicherung der Rentner (KVdR) |

| R811 | Ergänzungsblatt zur Meldung zur Krankenversicherung der Rentner (KVdR) |
| R815 | Merkblatt über die Krankenversicherung der Rentner und Pflegeversicherung |
| R820 | Antrag auf Zuschuss zur Krankenversicherung nach § 106 SGB VI |
| R821 | Bescheinigung des privaten Krankenversicherungsunternehmens zur Krankenversicherung |
| R870 | Ermittlungsfragebogen gemäß §§ 116 bis 119 SGB X; §§ 1542, 640 RVO; § 110 SGB VII (für Regress bei Unfällen) |
| R990 | Bestätigung über eingereichte bzw. noch beizubringende Unterlagen |

Nicht alle diese Formulare werden für jeden Antrag benötigt. Welche Vordrucke erforderlich sind, ergibt sich beim Bearbeiten und lässt sich aus der Bezeichnung der Formulare erkennen.

**kostenlose Hilfen**

Das Ausfüllen der Formulare erfordert etwas Mühe. Wer sich überfordert fühlt, kann sich kostenlose Hilfe bei den Auskunfts- und Beratungsstellen der Deutschen Rentenversicherung holen. Nach Vereinbarung eines Beratungstermins wird dort der Rentenantrag direkt aufgenommen.

Auch die Versicherungsämter nehmen den Rentenantrag kostenlos auf. Ebenso kostenlos behilflich sind die Versichertenberater/Versichertenältesten der Deutschen Rentenversicherung. Ein/e Versichertenberater/in ist zu finden über die Suche nach Postleitzahl unter diesem Link:

**www.deutsche-rentenversicherung.de → Services → Kontakt & Beratung → Beratung vor Ort → Versichertenberater & -älteste**

**Versichertenberater/ -älteste**

Diese sind für die gesetzliche Rentenversicherung ehrenamtlich tätige Personen aus dem Kreis der Versicherten bzw. Rentner, die über die Gewerkschaften und Arbeitgeberverbände vorgeschlagen werden. Sie beraten, nehmen Anträge oder Beschwerden an und leiten sie an die Deutsche Rentenversicherung weiter.

Gegen Gebühr sind auch die Rentenberater oder Rechtsanwälte bei der Rentenantragstellung behilflich. Je nach Umfang der Beauftragung werden die Mandanten während des gesamten Rentenverfahrens unterstützt.

Rat gegen Gebühr

Der Rentenantrag und die gegebenenfalls zusätzlichen Formulare müssen persönlich bei der antragaufnehmenden Stelle unterschrieben abgegeben werden. Anhand der Geburts-/Abstammungsurkunde oder des Personalausweises oder Reisepasses werden dort die Angaben zur Person bestätigt.

persönliche Abgabe

Wird der Antrag durch eine andere Person gestellt, muss eine amtlich beglaubigte Vollmacht oder ein Beschluss des Vormundschaftsgerichts durch den/die Bevollmächtigten, gesetzlichen Vertreter, Vormund oder Betreuer vorgelegt werden.

Nach § 16 SGB I können Anträge auf Sozialleistungen auch bei anderen Leistungsträgern gestellt werden. Diese sind verpflichtet, den Antrag an den zuständigen Leistungsträger weiterzuleiten. Diese Möglichkeit wird überwiegend nicht beachtet. Wer unter Zeitdruck Fristen einhalten muss, sollte sich nicht abweisen lassen.

Wer sich im Ausland aufhält, kann einen Antrag auch bei den amtlichen Vertretungen der Bundesrepublik Deutschland im Ausland stellen. Auch ein formloser Antrag auf EM-Rente ist gültig. Nach § 16 Abs. 3 SGB I haben die Leistungsträger in einem solchen Fall darauf hinzuwirken, dass unverzüglich klare und sachdienliche Anträge gestellt, unvollständige Angaben ergänzt und die erforderlichen Formulare zugesandt werden.

Online-Antrag | Die Rente kann auch online beantragt werden. Dafür wird allerdings eine akzeptierte Signaturchipkarte benötigt.
Einzelheiten zum Verfahren unter:
**www.deutsche-rentenversicherung.de** → **Service** →
**Online-Dienste** → **Unser Serviceangebot** → **Anträge
stellen**

**Rat und Hilfe beim Rentenantrag**

Auskunfts- und Beratungsstelle der
Deutschen Rentenversicherung

Versicherungsamt der Kommune

Versichertenberater oder -älteste der
Deutschen Rentenversicherung

Andere Leistungsträger der
Sozialversicherung

Deutsche
Renten-
versicherung

Amtliche Vertretungen Deutschlands
im Ausland

Bevollmächtigte Rentenberater oder
Rechtsanwälte

## 1.2  Das Antragsformular

R100 | Der eigentliche Rentenantrag ist das Formular R100 – Antrag auf Versichertenrente. Ein Beispiel für ein Formular R100 im Anhang → S. 274. Dort ist zunächst die Renten-Versicherungsnummer einzutragen und unter 1 *»Beantragte Rente«* »Rente wegen Erwerbsminderung« anzukreuzen.

Der Rentenbeginn (§ 99 SGB VI) ist bei EM-Renten abhängig vom Eintritt des Versicherungsfalls und dem Tag der Antragstellung, daher wird er von der Rentenversicherung festgesetzt und kann bzw. sollte nicht im Formular eingetragen werden.

Unter 2 sind die »Angaben zur Person« vollständig auszufüllen, insbesondere auch die persönliche Steuer-Identifikationsnummer.

Auf der dritten Seite des Antrags ist unter 4 die »Bankverbindung« anzugeben.

Obwohl möglicherweise der Versicherungsverlauf bereits vollständig geklärt ist, sind die Fragen 5 »Beitragszeiten« und 7 und 8 zu beantworten, weil darin weitere Informationen zur Rentenfestsetzung abgefragt werden, die in den Versicherungskonten oft noch nicht gespeichert sind, z.B. die Zeit und der Abschluss einer Berufsausbildung.
Die Deutsche Rentenversicherung stellt in sechsjährigem Abstand die zurückliegenden Versicherungszeiten verbindlich fest und informiert zusätzlich jährlich mit der Renteninformation über die voraussichtliche Rentenhöhe. Aus diesen Informationen kann ersehen werden, ob noch Versicherungszeiten fehlen. Alle Versicherungszeiten, die mit dem Rentenantrag nachgewiesen werden, können im Rentenverfahren auch noch anerkannt werden.

Ist der Versicherungsverlauf noch nicht vollständig geklärt, muss zusätzlich zum Versicherungsverlauf ein Antrag auf Kontenklärung – Formular V100 – ausgefüllt und die vorhandenen Unterlagen beigefügt werden. V100

Liegen Versicherungszeiten im europäischen Ausland und in Staaten vor, mit denen ein Sozialversicherungsabkommen besteht, so werden auch diese E207

Zeiten bei der Rentenberechnung berücksichtigt und unter 6 eingetragen. Zusätzlich besteht gegenüber dem jeweiligen ausländischen Versicherungsträger ein Rentenanspruch. Dazu ist das Formular E207 auszufüllen und dem Rentenantrag beizufügen. Es kann sein, dass zusätzlich weitere Formulare ausgefüllt werden müssen.

 Unter 9 »Sonstige Angaben« wird alles abgefragt, was Auswirkungen auf die Rente haben könnte.
Unter 10 »Andere Leistungen« wird abgefragt, welche anderen Sozialleistungen zum Zeitpunkt des Rentenantrags bezogen werden. Die Fragen sind wahrheitsgemäß zu beantworten, da der Gesetzgeber Doppelleistungen ausschließen bzw. Unfallrenten u.ä. anrechnen will. Sollten Sozialleistungen irrtümlich oder wissentlich nicht angegeben worden sein, schützt dies nicht vor einer späteren Rückforderung eventuell zu Unrecht gezahlter Leistungen oder einer Neuberechnung der zu zahlenden Rente.

Bei den Fragen 11 »Krankenversicherung der Rentner« und 12 »Pflegeversicherung« sind Angaben zur Krankenversicherung und für den Pflegeversicherungsbeitrag zur Elterneigenschaft zu machen; soweit diese nicht schon durch Kindererziehungszeiten im Versicherungskonto nachgewiesen sind, müssten Unterlagen über die Erziehung eines Kindes beigefügt werden.

### 1.3 Formulare zum Nachweis der EM

R210

Das Formular R210 »Anlage zum Rentenantrag zur Feststellung der Erwerbsminderung« und

R211

das Formular R211 »Ergänzungsblatt zur Anlage« sind zusätzlich zum Rentenantrag auszufüllen und unterschrieben einzureichen.

Darin wird gefragt, wegen welcher Gesundheitsstörungen und seit wann nach eigener Einschätzung bzw. nach Beurteilung der behandelnden Ärzte EM vorliegt. Weiterhin sind die ärztlichen ambulanten Behandlungen, ärztlichen Untersuchungen und eventuellen Rehabilitationsmaßnahmen in den Jahren vor der EM anzugeben. Ferner werden für die Feststellung von Berufsunfähigkeit oder von sogenannten Verweisungstätigkeiten Angaben zur Berufsausbildung, Umschulung und weiterer Qualifikationen sowie zu den Beschäftigungsverhältnissen während des Berufslebens verlangt. Auch wird nach einer selbständigen Tätigkeit oder einer Arbeitsuchmeldung gefragt. Das Formular sollte gewissenhaft ausgefüllt werden, da dies bei der Beurteilung der EM eine wichtige Rolle spielt.

Die wichtigste Unterlage zu diesem Zeitpunkt ist ein ausführlicher Befundbericht oder ein Gutachten des Hausarztes oder behandelnden Facharztes, in dem die EM bescheinigt wird. Befundberichte/Gutachten müssen dem Rentenantrag beigefügt werden, → S. 45, → S. 47.

**Einwilligung zur Beiziehung ärztlicher Unterlagen**

Auf dieser Anlage muss der Deutschen Rentenversicherung eine Einwilligung zur Einholung der Unterlagen bei den behandelnden Ärzten gegeben werden. Daran führt kein Weg vorbei; ohne die Entbindung der Ärzte und Therapeuten von der Schweigepflicht wird es schwierig, eine Entscheidung über eine EM zu erhalten. Die Mitwirkung von Leistungsberechtigten, der Umfang der Mitwirkungspflichten und die Folgen fehlender Mitwirkung sind in den §§ 60 bis 67 SGB I geregelt.

1.4    **Formulare zur Krankenversicherung der Rentner (KVdR)**

Rentner/-innen sind kranken- und pflegeversichert (§ 5 SGB V und § 20 SGB XI), und zwar auf zwei Wegen:

Pflicht-/
Familien-
versicherung

■ Einmal besteht die Möglichkeit der Pflichtversicherung oder unter bestimmten Voraussetzungen der Familienversicherung in der gesetzlichen KVdR.

R810

Dazu sind das Formular R810 »Meldung zur Krankenversicherung der Rentner (KVdR)« und

R811

eventuell R811 »Ergänzungsblatt« auszufüllen. Darin sind Angaben über die KV im Zeitpunkt der Antragstellung und während des vorherigen Berufslebens zu machen. Auch diese Angaben sind wichtig, damit die Krankenkasse die Voraussetzungen für die KVdR prüfen und der Rentenversicherung bestätigen kann.

Wer bei Rentenantragstellung familienversichert ist, sollte ausdrücklich darauf hinweisen, dass diese Versicherung bis zur Entscheidung über den Rentenantrag bestehen bleibt, da sonst evtl. bereits Beiträge als Rentenantragsteller zur KVdR gezahlt werden müssten.

Beitrags-
zuschuss

■ Wer freiwillig in der gesetzlichen KV ist und die KVdR-Voraussetzungen nicht erfüllt oder privat krankenversichert ist, erhält einen Beitragszuschuss.

R820

Dazu sind die Formulare R820 »Antrag auf Zuschuss zur Krankenversicherung nach § 106

R821

SGB VI« oder R821 »Bescheinigung des privaten Krankenversicherungsunternehmens zur Krankenversicherung« auszufüllen und von der KV bestätigen zu lassen. Zusätzlich muss eine gesetzliche KV bestätigen, dass dort keine Pflichtversicherung besteht.

Bei Beamten, die neben ihrer Pension noch Ansprüche auf eine Rente aus der gesetzlichen Rentenversicherung haben und die freiwillig in der gesetzlichen KV versichert sind, kann bei Gewährung des Zuschusses zum Krankenversicherungsbeitrag der Anspruch auf Sachleistung der Beihilfe entfallen.

Beamte

Daher vorab: Rat von der Beihilfestelle einholen.

## 1.5  Das Formular bei Unfallschaden

Ist die EM durch einen Unfall eingetreten, hat die Rentenversicherung einen Regress- oder Schadenersatzanspruch an den oder die Schädiger oder deren Versicherung. In einem solchen Fall ist das Formular R870 »Ermittlungsfragebogen bei Unfällen« beizufügen. Dazu sind möglichst genaue Angaben über den Unfall, die Folgen und die dazu vorhandenen Unterlagen zu machen.

R870

Auch hier muss eingewilligt werden, damit die Deutsche Rentenversicherung ärztliche Berichte und Unfallakten einholen kann (→ S. 271 f.).

## 2  Rehabilitationsantrag als Rentenantrag

Ein Antrag auf Leistungen zur medizinischen oder beruflichen Rehabilitation wird nach § 116 SGB VI automatisch als Antrag auf Rente wegen verminderter Erwerbsfähigkeit gewertet, wenn

- die Rehabilitationsleistung abgelehnt wird, weil verminderte Erwerbsfähigkeit bereits eingetreten ist und die EM durch die Rehabilitationsmaßnahme auch nicht mehr behoben werden kann, oder
- eine Rehabilitationsmaßnahme durchgeführt wurde, aber die EM nicht behoben werden konnte.

In diesen Fällen informiert die Deutsche Rentenversicherung den/die Versicherte/n über das Gutachten
zum Rehabilitationsantrag bzw. zur Entlassung aus
der Rehabilitation. Mit der Zusendung der Renten-
antragsformulare fordert sie zum Rentenantrag
auf. Für die Festlegung des Rentenbeginns ist dann
das frühere Datum des Rehabilitationsantrags maßgebend; auch → S. 51.

Niemand ist jedoch verpflichtet, der Umdeutung eines
Rehabilitationsantrags in einen Rentenantrag zuzustimmen. Wer die Rente – aus welchen Gründen auch
immer – noch nicht beziehen will, sollte die Rentenversicherung davon in Kenntnis setzen oder die Aufforderung zum Rentenantrag einfach unbeantwortet lassen.

Einwilligung
der Kranken-
kasse/Agen-
tur für Arbeit
einholen

Wer allerdings Krankengeld oder Arbeitslosengeld I
bezieht und von der Krankenkasse oder der Agentur
für Arbeit aufgefordert wurde, einen Rehabilitationsantrag zu stellen, darf eine Rente nicht ohne Einwilligung der Krankenkasse oder der Agentur für Arbeit
ausschlagen oder den Rentenbeginn hinausschieben.
Denn diese Sozialleistungsträger würden dann mögliche Erstattungsansprüche auf die Rente verlieren.
Sie könnten auch die Auszahlung des Krankengeldes
(nach § 51 Abs. 1 SGB V) oder des Arbeitslosengeld I,
mindestens so lange bis die Antragstellung erfolgt,
aussetzen (BSG, Urteil vom 16.12.2014 – B KR 31/13
R), weil der Anspruch auf Rente diesen Leistungen
vorgeht. Nach BSG, Urteil vom 26.6.2008 – B 13 R 141/
07 R können die Krankenkasse oder die Agentur für
Arbeit sogar noch das Dispositionsrecht des Versicherten nachträglich einschränken, wenn der Rehabilitationsantrag zunächst zwar ohne deren Aufforderung
gestellt wurde und der Rentenversicherungsträger vor
der Entscheidung des Versicherten über die nachträg-
liche Einschränkung des Dispositionsrecht informiert
war. In einer Parallelentscheidung hat das BSG aber
am 26.6.2008 – B 13 R 37/07 R klargestellt, dass der

Rentenversicherungsträger nicht von sich aus verpflichtet ist, zu erforschen, ob das Dispositionsrecht des Versicherten eingeschränkt ist.

Ist der Versicherte nicht mit der (nachträglichen) Einschränkung einverstanden, muss er gegen den Bescheid der Krankenkasse oder der Agentur für Arbeit Widerspruch einlegen und gegebenenfalls sogar klagen.

**Reha vor Rente**

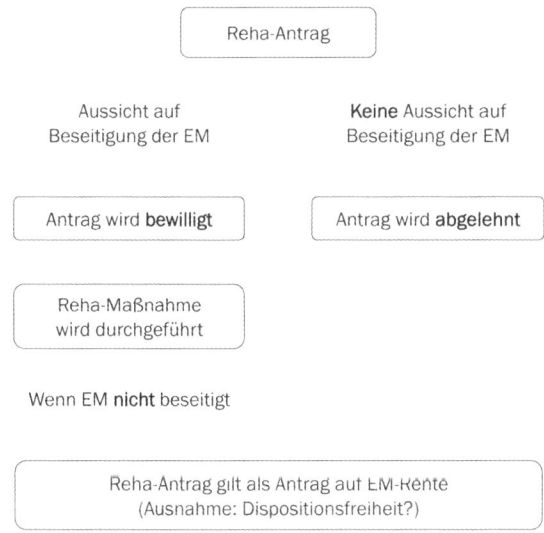

## 3   Die Bearbeitung des Antrags durch die Deutsche Rentenversicherung

Mit dem Rentenantrag ist zunächst der wichtigste Schritt getan. Die Deutsche Rentenversicherung wird den Eingang des Antrags bestätigen und dann prüfen, ob die Voraussetzungen für eine EM-Rente vorliegen. Hierbei hat die Rentenversicherung die gesetzliche Pflicht, darauf hinzuwirken, dass jede/r Be-

**Geduld**

rechtigte die ihr/ihm zustehende Sozialleistung umfassend und zügig erhält (§ 17 SGB I). Antragsteller auf EM-Rente müssen sich dennoch meist auf ein längeres Verfahren einstellen; denn wegen der umfangreichen Prüfung der medizinischen Voraussetzungen ist mit einer Entscheidung über die EM-Rente oft erst nach etlichen Monaten zu rechnen.

Zunächst werden die versicherungsrechtlichen Voraussetzungen geprüft. Sind sie nicht erfüllt, wird die Rente bereits zu diesem Zeitpunkt und aus diesen Gründen abgelehnt.
Wenn das Versicherungskonto noch nicht geklärt ist, werden von der Rentenversicherung die eingereichten Unterlagen überprüft, um alle Versicherungszeiten festzustellen. Auch das kann manchmal einige Zeit dauern. Deshalb sollten Rückfragen der Deutschen Rentenversicherung zu den Versicherungszeiten und Beitragsunterlagen schnell und umfassend beantwortet werden, damit die EM-Rente nach Abschluss der Prüfung der medizinischen Voraussetzungen auch zügig berechnet werden kann.

**EM?**

Sind die versicherungsrechtlichen Voraussetzungen für die EM-Rente erfüllt, wird die EM geprüft. Der Rentenversicherungsträger ermittelt von Amts wegen (§ 20 SGB X – Untersuchungsgrundsatz), bestimmt Art und Umfang der Ermittlungen, beurteilt die eingereichten medizinischen Unterlagen und zieht gegebenenfalls weitere Unterlagen bei, z. B.

- Befundberichte der behandelnden Ärzte/Fachärzte;
- Berichte über Laborwerte, Röntgenbefunde, MRT oder CT, Lungenfunktionstests;
- Berichte über letzte Entlassung aus dem Krankenhaus;
- Berichte über letzte Entlassung aus der Reha;
- sozialmedizinische Gutachten anderer Sozialleistungsträger, z. B. der Krankenkasse, des MDK oder amtsärztliche Gutachten der Agentur für Arbeit.

Reichen diese Unterlagen zur Feststellung der EM nicht aus, wird die Rentenversicherung noch eigene Gutachter einschalten und zusätzlich eine oder sogar mehrere Untersuchungen durchführen lassen.

Der oder die Antragsteller/-in haben die Pflicht zur Mitwirkung und müssen sich erforderlichen ärztlichen oder psychologischen Untersuchungen gemäß § 62 SGB I unterziehen.

Mitwirkungspflicht

Eine Untersuchung kann nur dann abgelehnt werden, wenn

Grenzen der Mitwirkung

- im Einzelfall ein Schaden für Leben oder Gesundheit mit hoher Wahrscheinlichkeit nicht ausgeschlossen werden kann,
- sie mit erheblichen Schmerzen verbunden ist,
- sie einen erheblichen Eingriff in die körperliche Unversehrtheit bedeutet,
- sie unzumutbar ist.

Unzumutbar kann eine Untersuchung sein, wenn der Gutachter zu weit entfernt, die Anreise deshalb zu anstrengend ist, oder wenn der Versicherte bei dem benannten Gutachter schon in Behandlung war, und/oder wenn die Gefahr besteht, dass der Gutachter mit hoher Wahrscheinlichkeit keine objektive und neutrale gutachterliche Entscheidung treffen wird. Dieser Nachweis ist jedoch schwer zu führen.

Die Gründe müssen im Einzelnen dargelegt und möglichst medizinisch durch ein ärztliches Attest begründet werden.

Gutachter sind meist freie Ärzte, die von der Deutschen Rentenversicherung entsprechend dem für die Krankheit erforderlichen Fachgebiet nahe am Wohnort der Antragsteller beauftragt werden. Der Gutachter hat ein unparteiisches Gutachten abzugeben. Das diagnostische Vorgehen, die Bewertung von Untersuchungsergebnissen und die Schlussfolgerungen haben sich allein nach der allgemeinen Lehrmeinung und der Rechtsprechung zu richten. Zum Aufbau eines Gutachtens → S. 178.

Gutachter

Termin
einhalten

Der Termin zur Begutachtung wird vom Gutachter festgelegt. Die Ladung dazu erfolgt schriftlich. Ein Termin ist nur aus wichtigem Grund z. B. Krankenhausaufenthalt, akute Erkrankung oder Bettlägerigkeit zu verschieben. Eine längere Terminverschiebung ist schwierig zu erreichen, weil die Gutachter an die zeitlichen Vorgaben der Deutschen Rentenversicherung gebunden sind. Ein unentschuldigtes Nichterscheinen zur Begutachtung kann die Deutsche Rentenversicherung sogar dazu berechtigen, den Rentenantrag wegen fehlender Mitwirkung abzulehnen! Auf die Folgen der fehlenden Mitwirkung muss vom Rentenversicherungsträger vorher hingewiesen werden.

Wenn z. B. aus medizinischen Gründen eine Begleitperson erforderlich ist, sollte das vorher mit dem Rentenversicherungsträger geklärt werden.

Gut vor-
bereiten!

Auf den Begutachtungstermin sollte man sich gut vorbereiten. Bereits im Anschreiben wird darauf hingewiesen, ärztliche Befunde, Röntgenbilder, EKG-Streifen, Lungenfunktionsdiagramme u.ä. mitzubringen. Vor der Untersuchung ist ein Fragebogen auszufüllen. Im Termin wird nach Erkrankungen in der Familie (Eltern, Großeltern, Geschwister), Erkrankungen im Kindesalter, den bisherigen Erkrankungen, den Beschwerden und dem Krankheitsverlauf gefragt. Wer dazu vorher gewissenhaft alles aufschreibt, hat es bei der Untersuchung leichter zu antworten.
Diese Untersuchung ist nicht zu vergleichen mit Untersuchungen beim Hausarzt oder bei Fachärzten; dort geht es um die Diagnose und die Behandlungsmöglichkeiten von akuten oder chronischen Krankheiten. Die Begutachtung zur Feststellung von EM ist umfassender und darauf gerichtet festzustellen, welche Funktionseinschränkungen durch die Krankheiten bestehen und welche Auswirkungen diese auf die Erwerbsfähigkeit haben. Deshalb wer-

den auch Fragen zur beruflichen Tätigkeit gestellt, die auch den Weg zur Arbeit und Pausen umfassen können. Die Begutachtung kann mehrere Stunden dauern, manchmal ist es auch nicht mit nur einer Untersuchung getan. Zum Inhalt und Aufbau eines Gutachtens → S. 178.

Der Gutachter äußert sich nicht zu den Aussichten auf Zuerkennung der Rente; denn die letzte Entscheidung trifft die Rentenversicherung anhand des Gutachtens und möglicherweise weiterer Gesichtspunkte wie der Situation auf dem Arbeitsmarkt.

Sehr oft verlangt die Deutsche Rentenversicherung vor einer Entscheidung über einen Antrag auf EM-Rente die Teilnahme an einer Rehabilitationsmaßnahme; denn nach dem gesetzlichen Grundsatz »Rehabilitation vor Rente« müssen alle Möglichkeiten zur Wiederherstellung der Erwerbsfähigkeit und zur Vermeidung der EM ausgeschöpft werden (§ 9 SGB VI). Auch hier besteht die Pflicht zur Mitwirkung. Wird die Teilnahme an einer Rehabilitationsmaßnahme – einer medizinischen oder gar beruflichen – vom Rentenantragsteller grundlos abgelehnt, kann die Deutsche Rentenversicherung die Rente allein wegen fehlender Mitwirkung ablehnen.

»Reha vor Rente«

Einer Ablehnung wegen fehlender Mitwirkung sind allerdings enge Grenzen gesetzt. So ist gemäß § 66 Abs. 3 SGB I die Versagung der Rente nur nach vorangegangenem schriftlichem Hinweis über die Folgen fehlender Mitwirkung unter angemessener Fristsetzung für deren Nachholung statthaft. Außerdem muss über die Ablehnung ein Bescheid erteilt werden, gegen den Widerspruch eingelegt werden kann. Wird die Mitwirkung nachgeholt und liegen die Leistungsvoraussetzungen vor, ist die EM-Rente nachträglich ganz oder teilweise zu bewilligen.

Das gilt auch, wenn die Mitwirkung entbehrlich geworden ist, weil die Leistungsvoraussetzungen auf andere Weise nachgewiesen sind oder wenn die Nachholung der Mitwirkung gar nicht mehr möglich ist.

Das könnte zum Beispiel der Fall sein, wenn mit der vorgesehenen Rehabilitationsmaßnahme die Wiederherstellung der Erwerbsfähigkeit nicht mehr erreicht werden kann, weil zwischenzeitlich eine erhebliche gesundheitliche Verschlechterung eingetreten ist. Die Rente darf dann nicht mehr unter Hinweis auf § 66 SGB I vorenthalten werden. Eine Verschlechterung kann auch im laufenden Verwaltungsverfahren, z. B. während des Widerspruchsverfahrens gegen die Ablehnung der EM-Rente wegen Weigerung der Teilnahme an einer Rehabilitationsmaßnahme, eintreten. Sobald die Verschlechterung der Gesundheit und das Vorliegen der Voraussetzungen für die Rente bei der Rentenversicherung bekannt werden, ist eine Versagung nicht mehr gerechtfertigt.

Wurde bereits eine Versagung wegen Verletzung der Pflicht zur Mitwirkung ausgesprochen und wird ein neuer Antrag auf EM-Rente gestellt, ist der gesamte Sachverhalt neu zu würdigen. Wenn dann die Leistungsvoraussetzungen vorliegen, ist die Rente zu gewähren – unabhängig davon, ob die dann eingetretene Beeinträchtigung der Erwerbsfähigkeit auf die mangelnde Mitwirkung zurückzuführen ist oder nicht.

Vergeblicher Arbeitsversuch

Für die Beurteilung der Leistungsfähigkeit kann auch wichtig sein, dass der/die Versicherte den Wiedereinstieg in das Erwerbsleben versucht hat. Ist das bereits fehlgeschlagen, spricht man von einem vergeblichen Arbeitsversuch. Die Arbeitsaufnahme lässt den Rentenantrag nicht hinfällig werden, schadet also nicht.

# F WAS WÄHREND DES EM-RENTEN-VERFAHRENS ZU BEACHTEN IST

## 1  Bezug von Krankengeld (KG)

Wer KG bezieht und einen Antrag auf EM-Rente stellt, sollte die Krankenkasse informieren; damit kann verhindert werden, dass die Krankenkasse ihrerseits auffordert, einen Rehabilitationsantrag zu stellen (zur Rentenantragstellung kann die Krankenkasse jedoch nicht auffordern).

Hat die Krankenkasse einen KG-Bezieher bereits aufgefordert, eine Maßnahme zur medizinischen Rehabilitation zu beantragen, weil sie die Erwerbsfähigkeit nach ärztlichem Gutachten für erheblich gefährdet oder gemindert sieht, muss der Antrag innerhalb von zehn Wochen gestellt werden (§ 51 SGB V). Wer dies nicht tut, gefährdet die weitere Krankengeldzahlung.

Gerade in diesen Fällen können auf beiden Seiten Fehler auftreten. So muss die Krankenkasse ihr Interesse bzw. das der Solidargemeinschaft nach einer baldigen Beendigung der KG-Zahlung gegenüber dem Interesse des Versicherten nach einem weiteren Bezug des KG, der Verhinderung eines möglichen Verlustes des Arbeitsplatzes und der Krankenkassenmitgliedschaft als Folge einer Einstellung des KG gegeneinander abwägen und die Abwägung darlegen. Ebenso muss die Krankenkasse ausdrücklich auf die Rechtsfolgen hinweisen, wenn der Rehabilitationsantrag nicht gestellt wird. Im Zweifel sollte rechtlicher Beistand durch eine Rentenberaterin oder einen Rechtsanwalt eingeholt werden.

Ansonsten läuft das KG während des Rentenverfahrens bis zur Höchstbezugsdauer von 78 Wochen innerhalb von drei Jahren ab Beginn der Arbeitsunfähigkeit weiter. Wird die Rente noch in diesem Zeitraum rückwirkend bewilligt, hat die Krankenkasse einen Erstattungsanspruch gegen die Deutsche Rentenversicherung auf die Rentennachzahlung. Die Krankenkasse stellt die KG-Zahlung gemäß § 50 Abs. 1 Satz 1 Nr. 1 SGB V spätestens mit Ablauf des Tages ein, an welchem sie Kenntnis von der Rentenbewilligung erhält. In der Regel informiert die Deutsche Rentenversicherung die Krankenkasse über die Rentenbewilligung und fragt die Höhe der Erstattungsansprüche ab; aber auch die Versicherten selbst sind verpflichtet, der Krankenkasse den Rentenbescheid vorzulegen!

*Rentenbescheid der Krankenkasse vorlegen*

Zwischen dem Beginn der laufenden Rentenzahlung, der Einstellung der KG-Zahlung und der Abrechnung der Nachzahlung kann eine zeitliche Lücke entstehen; denn die laufende Rentenzahlung beginnt bei Rente auf Dauer erst im zweiten Monat nach dem Bewilligungsbescheid und wird immer am Ende des Monats gezahlt. Die dabei meist anfallende Rentennachzahlung wird erst nach Begleichung aller Erstattungsansprüche ausgezahlt, falls überhaupt noch Beträge übrig bleiben. Auf diese zeitliche Verzögerung sollte man sich bei der Planung der persönlichen Ausgaben und der Liquidität einstellen. Es ist auch zu beachten, dass alle rückwirkenden KG-Ansprüche, die bei der Einstellung des KG (mit Tag nach Kenntnis der Krankenkasse über die Rentenbewilligung) noch nicht ausgezahlt sind, entfallen, so-

*finanzieller Engpass*

fern sie sich mit einer Rentennachzahlung decken (BSG, Urteil vom 8.3.1990 – 3 RK 4/89). Deshalb ist es günstig, das KG nicht nur monatlich von der Krankenkasse anzufordern, sondern in kürzeren Abständen, z.B. vierzehntägig oder wöchentlich. Der Erstattungsanspruch der Krankenkasse auf die nachzuzahlende Rente fällt dann niedriger aus.

Die Krankenkasse hat gegen die Rentenversicherung einen Erstattungsanspruch in Höhe des KG für zeitgleichen Renten- und KG-Anspruch. Meist ist das KG jedoch höher als die Rente; in diesem Fall kann die Krankenkasse den Differenzbetrag vom KG zur Rente nicht vom Versicherten zurückfordern. Deshalb ist es durchaus sinnvoll, den KG-Anspruch so lange wie möglich auszuschöpfen und nicht zu früh Rente zu beantragen. Allerdings besteht dann das Risiko, dass die Rente bei einem langen Rentenverfahren erst nach Auslaufen des KG bewilligt wird. Denn konkret steuern lassen sich die zeitlichen Abläufe vom Versicherten selbst nicht.

*Krankengeld-anspruch ausschöpfen*

| | | |
|---|---|---|
| Rentenbescheid: | 22.11.2017 | *Beispiel* |
| Rückwirkend Rente wegen **voller** EM: | ab 1.9.2017 | |
| Laufende Rentenzahlung: | ab 1.1.2018 | |
| Zahlungseingang: | Ende Januar | |
| Krankengeldzahlung: | bis 30.11.2017 | |
| EM-Rente monatlich: | 1.132,40 € | |
| KG monatlich: | 1.530,00 € | |

Die Rentennachzahlung für 1.9. bis 31.12.2017 beträgt 4.529,60 € und wird vorläufig einbehalten.

Erstattungsanspruch der Krankenkasse auf die Nachzahlung für die Zeit vom 1.9. bis 30.11.2017 in Höhe der Rente von insgesamt 3.397,20 € (1.132,40 x 3).
Die Differenz zum KG für diese Zeit in Höhe von 1.192,80 € (1.530 x 3 = 4.590 – 3.397,20) geht zulasten der Krankenkasse.

Von der Nachzahlung verbleiben noch 1132,40 €. Diese werden nach Abwicklung des Erstattungsanspruchs der Krankenkasse an den/die Rentner/in ausgezahlt, in diesem Fall am 15.1.2018.

Die Abrechnung des Erstattungsanspruches sollte genau geprüft werden.

Wer keine Rücklagen hat, um laufende Kosten (Miete etc.) während des Zeitraums vom 1.12.2017 bis 15.1.2018 zu bestreiten, kann bei dem Sozialhilfeträger ein Überbrückungsdarlehen beantragen (§ 38 SGB XII).

Wird **nur** eine Rente wegen **teilweiser** EM gewährt und liegt trotzdem weiterhin Arbeitsunfähigkeit vor, besteht der Anspruch auf KG in Höhe der Differenz zwischen Rente und KG bis zur Höchstbezugsdauer von 78 Wochen (§ 48 Abs. 1 SGB V) bzw. bis zum Ende der Arbeitsunfähigkeit weiter.

Beispiel

| | |
|---|---|
| Rentenbescheid: | 20.4.2018 |
| Rückwirkend Rente wegen **teilweiser** EM: | ab 1.9.2017 |
| Laufende Rentenzahlung: | ab 1.6.2018 |
| Zahlungseingang: | Ende Juni |
| Rente monatlich: | 584,54 € |
| KG monatlich: | 960,60 € |

Die Rentennachzahlung für 1.9.2017 bis 31.5.2018 beträgt 5.260,86 € und wird vorläufig einbehalten.

Erstattungsanspruch der Krankenkasse auf die Nachzahlung für die Zeit vom 1.9.2017 bis 31.5.2018 in Höhe der Rente von insgesamt 5.260,86 € (KG ab Ende der Entgeltzahlung bis Einstellung des KG).

Von der Nachzahlung verbleibt kein Rest zur Auszahlung an den Rentner.

Der Versicherte ist weiterhin arbeitsunfähig.

Die Differenz vom KG zur Rente wegen teilweiser EM in Höhe von 376,06 € (960,60 − 584,54) monatlich wird laufend weiter bis zum Ende der Arbeitsunfähigkeit bzw. der 78. Woche gezahlt.

Wird die EM-Rente abgelehnt und wird gegen die Ablehnung Widerspruch eingelegt oder dauert die Entscheidung über den Rentenantrag so lange, dass der KG-Anspruch nach 78 Wochen bereits ausgelaufen ist, sollte sich – bei Weiterbestehen der Arbeitsunfähigkeit – der/die Rentenantragsteller/in bei der AA unter Nutzung der so genannten »Nahtlosigkeit« nach § 145 SGB III arbeitslos melden.

Nahtlosigkeit

Aber Achtung: Nicht selten nimmt die AA die Arbeitslosmeldung nicht an mit dem Argument: »Sie sind ja arbeitsunfähig, damit stehen Sie dem Arbeitsmarkt nicht zur Verfügung«. Dadurch laufen Rentenantragsteller Gefahr, zwischen Krankenversicherung, Arbeitslosenversicherung und Rentenversicherung hin- und hergeschoben zu werden. Das verhindert § 145 SGB III. Danach besteht, wenn das KG ausgelaufen ist und über einen Rentenantrag noch nicht entschieden wurde, Anspruch auf Alg I. Allerdings muss man um »nahtlos« Alg I zu erhalten, stets erklären: »Ich will arbeiten, soweit ich kann«. Eine Arbeitsunfähigkeitsbescheinigung muss nicht vorgelegt werden. Man sollte darauf bestehen, dass die AA eine Begutachtung veranlasst und sich in dem dabei festgestellten Umfang des Leistungsvermögens der Vermittlung zur Verfügung stellt. Dies ist für das Rentenverfahren nicht schädlich, da der Rentenversicherungsträger eigene Feststellungen für das Vorliegen von EM trifft (Näheres zur »Nahtlosigkeit« Leitfaden für Arbeitslose, Fachhochschulverlag, 33. Aufl. 2017, S. 107 ff.).

Achtung: Uns sind Fälle bekannt, in denen die AA Versicherte unter Druck setzt, eine Erklärung zu unterschreiben, dass sie keine vollzeitige Beschäftigung suchen, sondern z. B. nur für 30 Stunden wöchentlich. Sofern diese Erklärung unterschrieben wird, erfolgt sofort eine Kürzung des Alg I.

Sie müssen sich rechtzeitig vor dem Auslaufen der KG-Zahlung arbeitslos melden. Die Arbeitslosmeldung

frühzeitig
arbeitslos
melden

kann auch durch einen Vertreter erfolgen, wenn die Arbeitslose zur Arbeitslosmeldung nicht in der Lage ist, z. B. aus gesundheitlichen Gründen. Sobald eine Meldung wieder möglich ist, ist die persönliche Meldung bei der AA nachzuholen.

In der Regel informiert die Krankenkasse über das bevorstehende Ende der KG-Zahlung und den möglichen Weg in die Arbeitslosigkeit. Eine Auflösung des Arbeitsverhältnisses ist für die Arbeitslosmeldung nicht notwendig. Und die Krankenkasse darf arbeitsunfähige Versicherte auch nicht vor Auslaufen des KG-Anspruchs an die AA verweisen.

Achtung: Nach Ablaufen des KG muss auch auf die Fortführung der Krankenversicherungsmitgliedschaft geachtet werden. Während des Bezugs von Alg I bleibt die Mitgliedschaft erhalten. Läuft auch das aus, ist es dringend geboten, mit der Krankenkase über die weitere Versicherung zu sprechen.

auf Auf-
schubzeiten
achten!

Endet das Beschäftigungsverhältnis während einer Arbeitsunfähigkeit, muss auf die Aufrechterhaltung der versicherungsrechtlichen Voraussetzungen für die EM-Rente über so genannte Aufschubzeiten geachtet werden (BSG, Urteile vom 25.2.2004 – B 5 RJ 30/02 R und vom 25.10.2010 – B 13 R 16/08 R). Vgl. → S. 34.

Auch bei Arbeitsunfähigkeit gelten Verweisungsmöglichkeiten:

weites
Verweisungs-
feld

■ So ist ein zuletzt **an- oder ungelernter Arbeitnehmer** nicht mehr arbeitsunfähig, wenn andere Tätigkeiten verrichtet werden können, die der bisherigen Erwerbstätigkeit nach Art und Entgelt entsprechen. Sowohl die Art der Verrichtung, die körperlichen und geistigen Anforderungen, die notwendigen Kenntnisse und Fertigkeiten als auch die Höhe der Entlohnung müssen dafür aber mit der bisher verrichteten Tätigkeit übereinstimmen. Der Versicherte muss sich auch ohne größere Umstellungs- und Anpassungsschwierigkeiten in die Verweisungstätigkeit einarbeiten können. Liegen diese Voraussetzungen vor, wird die Krankenkasse die Zahlung des KG schon vor Ablauf der 78-Wochenfrist einstellen.

Wird das KG wegen Verweisung eingestellt, besteht aber kein Arbeitsverhältnis, muss der/die Versicherte sich arbeitslos melden, um auch die versicherungsrechtlichen Voraussetzungen für die Rente wegen EM aufrechtzuerhalten.

- Ein Arbeitnehmer, der in einem **anerkannten Ausbildungsberuf** gearbeitet hat, darf dagegen von der Krankenversicherung nur auf Tätigkeiten verwiesen werden, die diesem Beruf entsprechen. Solange dies nicht möglich ist, liegt weiterhin Arbeitsunfähigkeit vor.

enges Verweisungsfeld

Dieser krankenversicherungsrechtliche Berufsschutz entfällt spätestens mit dem Ende des ersten Dreijahreszeitraumes nach § 48 SGB V. Danach kann der Versicherte auf den allgemeinen Arbeitsmarkt verwiesen werden.

Krankenversicherungsrechtlicher Berufsschutz

## 2 Bezug von Krankentagegeld (KT) von Privater Krankenversicherung (PKV)

Auf KT aus einer PKV besteht anders als in der gesetzlichen Krankenversicherung in vielen Fällen unbefristet Anspruch. Die genaue Anspruchsdauer ergibt sich aus dem Versicherungsvertrag, den Tarifbestimmungen und den jeweiligen Versicherungsbedingungen der PKV.

meist unbefristet

Bei längerer Arbeitsunfähigkeit und längerem Bezug von KT veranlasst die PKV jedoch recht schnell eine ärztliche Untersuchung. Stellt der ärztliche Gutachter Berufsunfähigkeit fest, stellt die PKV je nach Formulierung der Allgemeinen Versicherungsbedingun-

aber frühzeitige Einstellung möglich

gen das KT ein, z. B. nach drei Monaten nach Eintritt der Berufsunfähigkeit (z. B. gemäß § 15 Nr. 1b der Musterbedingungen 2009 des Verbandes der PKV – MB/KT09).

andere
Begriff-
lichkeit

Der Begriff der Berufsunfähigkeit in der PKV ist nicht gleichzusetzen mit den Begriffen Berufsunfähigkeit und Erwerbsunfähigkeit oder -minderung in der gesetzlichen Rentenversicherung.
Meist liegt Berufsunfähigkeit nach den Allgemeinen Versicherungsbedingungen der PKV schon früher vor als Berufsunfähigkeit oder EM nach den Bestimmungen der gesetzlichen Rentenversicherung. Die Musterbedingungen MB/KT09 gehen z. B. von Berufsunfähigkeit aus, wenn die versicherte Person nach medizinischem Befund im bisher ausgeübten Beruf auf nicht absehbare Zeit mehr als 50 % erwerbsunfähig ist. So kann es vorkommen, dass zwar

das KT wegen Berufsunfähigkeit eingestellt wird, der Anspruch auf EM-Rente von der Deutschen Rentenversicherung jedoch abgelehnt wird. Ebenso ist die Definition der Berufsunfähigkeit in der KT-Versicherung nicht identisch mit der Berufsunfähigkeit i. S. einer privaten Berufsunfähigkeitsversicherung!

Sobald die PKV Berufsunfähigkeit festgestellt und dies dem/der Versicherten mitgeteilt hat, sollte schnell geprüft werden, ob eine EM-Rente bei der Deutschen Rentenversicherung beantragt werden, kann; denn die Zeit läuft und es dürfte schwierig werden, z. B. innerhalb von drei Monaten – also bis zum Auslaufen des KT – eine Entscheidung über eine EM-Rente zu erhalten.

Ist das KT ausgelaufen und steht die Entscheidung über die EM-Rente noch aus, kann auch von privat Krankenversicherten Alg I im Wege der Nahtlosigkeit nach § 145 SGB III beantragt werden, falls die Anwartschaftszeit für das Alg I erfüllt ist.

Ob das KT bei rückwirkender Bewilligung von EM-Rente und Überschneidung der Bezugszeiträume zurückgezahlt werden muss, hängt von den Versicherungsbedingungen ab. Dies ist bei der PKV zu erfragen. Die PKV hat keinen Erstattungsanspruch gegenüber der gesetzlichen Rentenversicherung wie die gesetzliche Krankenkasse.

Wichtig ist es zu wissen, dass die PKV den KT-Tarif nach Auslaufen der KT-Zahlung aufheben wird.

Auslaufen des KT

Wenn die KT-Versicherung wegen Berufsunfähigkeit (ist nicht vergleichbar mit Berufsunfähigkeit in der gesetzlichen Rentenversicherung) endet, ist für den Fall, dass die Erwerbstätigkeit später wieder aufgenommen werden kann, der Abschluss einer Anwartschaftsversicherung innerhalb der in den Versicherungsbedingungen genannten Frist möglich und sinnvoll.

Anwartschaftsversicherung

Nach Auslaufen der Entgeltfortzahlung bei Arbeitsunfähigkeit und sogar während einer Rehabilitationsmaßnahme besteht ab Beginn des KT-Bezugs das Beschäftigungsverhältnis im Sinne der Sozialversicherung nicht mehr fort; auch wenn das Arbeitsverhältnis nicht gekündigt oder aufgelöst wurde. Für Zeiten des KT-Bezugs sieht das Gesetz auch keine Anrechnungszeiten in der gesetzlichen Rentenversicherung vor. Wenn die Arbeitsunfähigkeit, der KT-Bezug und ein EM-Rentenverfahren länger als zwei Jahre nach dem Ende der Entgeltfortzahlung andauern, besteht sogar die Gefahr, die besonderen versicherungsrechtlichen Voraussetzungen für die EM-Rente zu verlieren. Denn die mindestens drei Jahre Versicherungspflichtzeiten in der Rentenversicherung vor dem Eintritt des Versicherungsfalls könnten nicht mehr erfüllt werden (siehe auch → S. 31 und → S. 37). Da im Vorhinein nie sicher ist, ob überhaupt EM-Rente bewilligt wird bzw. wann ein Versicherungsfall eingetreten ist, ist es nötig, sich

Aufrechterhalten des Rentenversicherungsschutzes

in der gesetzlichen Rentenversicherung weiter zu versichern. Dabei ist zwischen älteren und jüngeren Versicherten zu unterscheiden.

**ältere Versicherte**

Wer vor dem 1.1.1984 schon mindestens 60 Monate Beitragszeiten zur gesetzlichen Rentenversicherung vorweisen kann und nach diesem Zeitpunkt jeden Monat mit Pflichtbeiträgen, freiwilligen Beiträgen oder Kindererziehungszeiten, Berücksichtigungszeiten für Kindererziehung, Ersatzzeiten, Anrechnungszeiten, Rentenbezugszeiten oder Zeiten des Aufenthalts in den neuen Bundesländern vor dem 1.1.1992 belegt hat, kann gemäß § 241 SGB VI freiwillige Beiträge bis zur EM entrichten.

**freiwillige Beiträge**

Ob diese Möglichkeit besteht, ist der Renteninformation zu entnehmen. In diesem Fall muss genau darauf geachtet werden, dass jeder Monat nach dem Ende der Entgeltfortzahlung bis zur EM mit freiwilligen Beiträgen belegt ist.

Es reichen Mindestbeiträge zur freiwilligen Versicherung aus. Die Zahlung von freiwilligen Beiträgen ist außerdem für ein Jahr rückwirkend möglich, jeweils bis zum 31.3. des Folgejahres. Sobald ein Antrag auf EM-Rente gestellt ist, tritt eine Unterbrechung der Zahlungsfrist für freiwillige Beiträge gemäß § 198 SGB VI ein (→ S. 40). Neben dem Rentenantrag empfiehlt es sich für diese Versicherten, vorsorglich einen Antrag auf freiwillige Versicherung zu stellen. Sollte die EM-Rente dann abgelehnt werden, müssen die dafür nötigen Beiträge innerhalb von drei Monaten entrichtet und dauernd weitergezahlt werden, um die versicherungsrechtlichen Voraussetzungen zu erhalten; es sei denn, es tritt erneut eine Rentenversicherungspflicht durch Wiederaufnahme einer versicherungspflichtigen Arbeit ein.

**jüngere Versicherte**

Jüngere Versicherte oder diejenigen, die Lücken im Versicherungsverlauf haben, können nach Auslaufen der Entgeltfortzahlung die Rentenversicherungspflicht auf Antrag nach § 4 Abs. 3 Nr. 2 SBG VI beantragen, wenn sie nur deshalb keinen Anspruch auf KG haben, weil sie nicht in der gesetzlichen Krankenversicherung oder in der gesetzlichen Krankenversicherung ohne KG-Anspruch versichert sind und im letzten Jahr vor Beginn der Arbeitsunfähigkeit zuletzt versicherungspflichtig in der Rentenversicherung waren. Die Pflichtversicherung auf Antrag kann längstens 18 Monate bestehen. Das entspricht der Höchstanspruchsdauer von KG und stellt damit die privat Krankenversicherten den gesetzlich Krankenversicherten gleich.

*Versicherungspflicht kraft Antrags*

Die Versicherungspflicht beginnt mit der Arbeitsunfähigkeit, wenn der Antrag innerhalb von drei Monaten danach gestellt wird. Bei einem späteren Antrag mit dem Tag, der dem Eingang des Antrags folgt. Der früheste Beginn der Versicherungspflicht liegt allerdings nach dem Ende der Versicherungspflicht aufgrund einer vorausgehenden versicherungspflichtigen Beschäftigung/Tätigkeit; das bedeutet ab dem Ende der Entgeltfortzahlung.

*Beginn*

Wenn sich also abzeichnet, dass eine Arbeitsunfähigkeit länger dauert und ein Antrag auf EM-Rente in Erwägung gezogen wird, sollte vor Ablauf von 12 Monaten nach dem Ende der Entgeltfortzahlung ein Antrag auf Pflichtversicherung in der Rentenversicherung gestellt werden.

Eine Versicherte ist rentenversicherungspflichtig und privat krankenversichert mit Anspruch auf KT.

*Beispiel*

Arbeitsunfähig erkrankt:     vom 10.2.2016 – 29.3.2018
Entgeltfortzahlung:                    bis 22.3.2016
Eingang des Antrags auf
Versicherungspflicht auf Antrag:        am 15.4.2016

Es besteht Versicherungspflicht vom 22.3.2016 bis zum 30.9.2017 (18 Monate).
Danach muss sie sich arbeitslos melden.

 Die Möglichkeit der Pflichtversicherung auf Antrag besteht nicht für Personen, die bereits dem Grunde nach in der betreffenden Tätigkeit versicherungsfrei sind oder sich von der Versicherungspflicht haben befreien lassen, z. B. Selbständige.

Wer allerdings vom Arbeitgeber während der Arbeitsunfähigkeit Leistungen erhält (z. B. Zuschüsse zum KT, Firmenwagen, Zinsersparnisse aus verbilligten Arbeitgeberdarlehen), die das Nettoarbeitsentgelt um 50 € monatlich übersteigen, muss für diese Leistungen Sozialversicherungsbeiträge zahlen. Damit besteht über diese Pflichtbeiträge Rentenversicherungspflicht. In diesen eher seltenen Fällen kann die Versicherungspflicht auf Antrag entfallen. Allerdings wird sich die weiterbestehende Versicherungspflicht auf die Rentenhöhe auswirken, da die Beiträge in diesen Monaten niedriger sind als die während der Zeit mit regelmäßigem weit höherem Einkommen.

**Beitragshöhe bei Antragspflichtversicherung** Die Beiträge für die Antragspflichtversicherung berechnen sich nach 80 vom Hundert des zuletzt für einen vollen Kalendermonat versicherten Arbeitsentgelts. Die Beiträge sind in voller Höhe allein von den Versicherten zu tragen. Beim Abschluss einer KT-Versicherung sollte schon deshalb bei der Höhe des KT der Rentenversicherungsbeitrag mit berücksichtigt werden. Darauf weisen auch die meisten Formulare zur Berechnung der Höhe des KT hin.

**freiwillig in der gesetzlichen Krankenversicherung Versicherte** Wer als freiwilliges Mitglied in der gesetzlichen Krankenversicherung ohne Anspruch auf KG versichert ist, kann und sollte sich für Zeiten der Arbeitsunfähigkeit oder Rehabilitation ebenfalls auf Antrag pflichtversichern (§ 4 Abs. 3 Satz 1 Nr. 2 SGB VI). Es gilt das Gleiche wie das für die PKV Ausgeführte.

## 3  Bezug von Arbeitslosengeld (Alg I) von der Agentur für Arbeit (AA)

Wer Alg I bezieht und gegen die Vermittlungsversuche der AA gesundheitliche Einschränkungen geltend macht, muss damit rechnen, dass die AA ärztliche oder psychologische Gutachter einschaltet. Dazu wird nach einem Beratungsgespräch durch die AA eine schriftliche Aufforderung folgen. Dieser Aufforderung ist gemäß § 309 Abs. 1 SGB III Folge zu leisten, da sonst eine Sperrzeit droht.

Das Gleiche gilt, wenn die Arbeitsvermittlung Zweifel an der Leistungsfähigkeit hat.

Wird bei einer solchen Untersuchung festgestellt, dass die Erwerbsfähigkeit eingeschränkt oder gemindert ist, kann die AA dazu auffordern, eine medizinische oder berufliche Rehabilitationsmaßnahme zu beantragen. Wird bereits eine Rente wegen teilweiser EM bezogen und ist das Restleistungsvermögen so stark eingeschränkt, dass keine Tätigkeit unter den üblichen Bedingungen des allgemeinen Arbeitsmarktes mehr ausgeübt werden kann, hat die AA den Arbeitslosen aufzufordern, innerhalb eines Monats einen Antrag auf eine volle EM-Rente zu stellen (§ 156 Abs. 1 Satz 2 SGB III).

Während einer Rehabilitationsmaßnahme wird Übergangsgeld gezahlt; in dieser Zeit ruht das Alg I.

Wird Alg I im Rahmen der »Nahtlosigkeit« nach Auslaufen des Krankengeldanspruchs gemäß § 145 Abs. 2 Satz 1 SGB III gezahlt, hat die AA die Versicherten aufzufordern, innerhalb eines Monats einen Antrag auf Leistungen zur medizinischen Rehabilitation oder zur Teilhabe am Arbeitsleben zu stellen. Kommen Alg I-Bezieher dieser Aufforderung nicht nach oder nehmen sie einen solchen Antrag zurück oder lehnen die bewilligte Maßnahme ab, ruht das Alg I (§ 145 Abs. 2 Satz 3 SGB III). Wird der Antrag später nachgeholt, endet das Ruhen. Lehnt der Rehabilitationsträger den Antrag ab, weil die Voraussetzungen nicht vorliegen, wird das Alg I weiter gezahlt.

Bei Bezug von Arbeitslosengeld II → S. 224 ff.

## 4   Tod des Versicherten

Stirbt der Rentenantragsteller während des Rentenverfahrens – auch während eines Sozialgerichtsverfahren –, kann dieses von den Sonderrechtsnachfolgern oder Erben fortgeführt werden.

Unter-
brechung

Beim Tod des Rentenantragstellers wird das Gerichtsverfahren kraft Gesetzes unterbrochen bis die Erben bzw. Sonderrechtsnachfolger das Verfahren wieder aufnehmen. Bei anwaltlicher Vertretung wird das Verfahren nicht unterbrochen, es kann auf Antrag fortgesetzt werden.

Sonder-
rechts-
nachfolger

Sonderrechtsnachfolger sind:
- der Ehegatte,
- der Lebenspartner nach dem Lebenspartnerschaftsgesetz,
- die Kinder,
- die Eltern,
- der Haushaltsführer,

**wenn** sie zum Zeitpunkt des Todes mit der Versicherten in einem gemeinsamen Haushalt gelebt haben oder von ihr wesentlich unterhalten wurden (§ 56 SGB I).
Dies ist nur möglich für im Zeitpunkt des Todes (auch rückwirkend) fällige Leistungen.

| | | |
|---|---|---|
| Antrag auf EM-Rente: | 15.7.2016 | Beispiel |
| Tod während des Sozialgerichts-verfahrens am: | 15.5.2017 | |

Rückwirkende Feststellung der EM zum Zeitpunkt der Antragstellung.
Somit steht den Sonderrechtsnachfolgern die Renten-nachzahlung ab 1.8.2016 bis zum Tod zu.

Die Sonderrechtsnachfolger treten nacheinander in dieses Recht ein. Ein Verzicht ist zugunsten weiterer Sonderrechtsnachfolger oder Erben möglich.

Gibt es keine Sonderrechtsnachfolger, kann der Erbe die fällige Rentennachzahlung beanspruchen (§ 58 SGB I), falls er das Verfahren fortführt bzw. für einen rückwirkenden Zeitraum die Rente bewilligt wird.

Erben

# G DER RENTENBESCHEID NEBST ANLAGEN

## 1 Der Rentenbescheid

Wir erläutern den Rentenbescheid mit allen Anlagen. Ein Beispiel für einen Rentenbescheid finden Sie im Anhang → S. 349 ff.

Versiche-
rungs-
nummer

Der Rentenbescheid enthält in der Kopfzeile links die Versicherungsnummer. Sie hat zunächst zwei Ziffern, die sich früher auf den Versicherungsträger bezogen, der die Nummer vergeben hat, dann folgt das Geburtsdatum des/der Versicherten (mit Tag, Monat, Jahr), der Anfangsbuchstabe des Geburtsnamens und eine Seriennummer, die sich auf das Geschlecht der/des Versicherten bezieht, und eine Prüfziffer.

Frau B. geborene C., geb. am 4.4.1957, Versiche- Beispiel
rungsnummer: 12 040457 C 5xx).

Dann folgt noch die Bescheidnummer in der Kopfzeile. Daran ist zu erkennen, wie viele Bescheide erlassen wurden. Die Versicherungsnummer dient stets
als Aktenzeichen, das im Schriftverkehr oder bei Te-
lefongesprächen mit der Deutschen Rentenversicherung verwendet wird; so ist der Vorgang leicht der
zuständigen Stelle zuzuordnen.

Die Rentenversicherung verwendet ausschließlich Kopfbogen
Kopfbogen mit dem amtlichen Logo – Deutsche
Rentenversicherung – und darunter entweder Bund
oder Knappschaft-Bahn-See oder dem regionalen
Versicherungsträger, z. B. Bayern Süd oder Hessen.

Weiter folgen die Adresse und die Postanschrift, Telefonnummer und das Datum der Bescheiderteilung. Datum
Für die Berechnung der Fristen für die Einlegung von
Rechtsmitteln ist nicht dieses Datum, sondern der Tag
des Eingangs des Bescheides beim Versicherten oder
Bevollmächtigten entscheidend. Deshalb immer notie-
ren, wann der Bescheid eingegangen ist.

Dann folgen Name und Adresse der/des Versicherten. Adresse
In Ausnahmefällen, z. B. wenn der Versicherte un-
bekannt verzogen ist, kann ein Bescheid auch
durch Aushang beim Versicherungsträger öffentlich
zugestellt werden. Sind Bevollmächtigte einbezogen, wird der Rentenbescheid an den/die Bevoll-
mächtigte/n mit einem Vorblatt zugestellt.

Bei der Bewilligung der Rente steht auf der ersten »Renten-
Seite in der ersten Zeile »Rentenbescheid«. Fehlt bescheid«
diese Bezeichnung, handelt es sich nicht um einen
Bescheid, sondern lediglich um eine unverbindliche
Information oder um Anfragen. Mit einem norma-
len Schreiben wird die Deutsche Rentenversiche-

rung niemals Leistungen bewilligen. Ansprüche lassen sich nur aus einem Bescheid herleiten. Form und Inhalt von Bescheiden bzw. Verwaltungsakten sind in den §§ 31 bis 37 SGB X geregelt.

Inhalt des Bescheides

Da es für die Bewilligung der EM-Rente eines Antrags bedarf, wird auch das Antragsdatum aufgeführt. Weil der Beginn der Rente vom Versicherungsfall und dem Antragsdatum abhängt, sollte überprüft werden, ob diese Angabe mit dem tatsächlichen Antragsdatum übereinstimmt. Erfolgt die Bewilligung aufgrund eines Vergleichs, wird das Datum des Vergleichs und der sich daraus ergebende Rentenbeginn angegeben. In diesem Fall muss der Rentenbescheid mit dem Inhalt des Vergleichs übereinstimmen.

Art der Rente

Aus den folgenden Feststellungen ergibt sich welche Rente gewährt wird, z. B. Rente wegen teilweiser oder voller EM.

Höhe

Es folgt die Höhe der Rente.

Zahlungszeitpunkt

Außerdem der Hinweis, dass die Rente jeweils am Monatsende gezahlt wird.

Nachzahlung

Beziffert wird dann gegebenenfalls die Höhe einer Nachzahlung und für welchen Zeitraum die Rente nachgezahlt wird.

Beginn und Dauer

Außerdem werden der Rentenbeginn und die Dauer des Rentenbezugs benannt.

Versicherungsfall

Die Rente wegen voller EM beginnt mit dem Kalendermonat, zu dessen Beginn die Anspruchsvoraussetzungen erfüllt sind. Es muss EM eingetreten sein; der Eintritt wird als Versicherungsfall bezeichnet. Der Versicherungsfall tritt zum Beispiel mit dem Beginn einer schwerwiegenden Krankheit oder mit einem Unfall ein, also mit Ereignissen, die zur EM geführt haben.

Die Festlegung des Versicherungsfalls hat Auswirkungen auf den Rentenbeginn und die Rentenhöhe. Deshalb sollte überprüft werden, ob der aufgeführte Versicherungsfall mit den eigenen Einschätzungen bzw. den Ereignissen oder der gesundheitlichen Entwicklung und der Beurteilung des behandelnden Arztes übereinstimmt.

Datum des EM-Eintritts prüfen

Bei der Rentenberechnung werden alle Versicherungszeiten berücksichtigt, die bis zum Versicherungsfall zurückgelegt wurden. Das kann bei einem früheren Versicherungsfall eine niedrigere Rente bedeuten, weil die nach dem Versicherungsfall entrichteten Beiträge erst bei einer späteren Rente, z. B. der Regelaltersrente, mitberechnet werden. So kann ein späterer Versicherungsfall und Rentenbeginn eine höhere Rente bedeuten. Andererseits wurde bis 31.12.2008 die Berücksichtigung von Zeiten einer Hochschul- und Schulausbildung bei der Rentenberechnung schrittweise monatlich abgebaut, bis sie seit 1.1.2009 ganz weggefallen ist. Die Höhe der Anrechnung dieser Zeiten war abhängig vom Rentenbeginn; das kann bei einem früheren Rentenbeginn eine höhere Rente ausmachen. Der Versicherungsfall und der Rentenbeginn können auch Auswirkungen haben, wenn durch Gesetzesänderungen ab einem Stichtag Verschlechterungen oder Verbesserungen wirksam werden. Es ist für Laien sehr schwer, diese unterschiedlichen Auswirkungen zu überblicken bzw. selbst zu berechnen. Wer hier ganz sicher gehen möchte, sollte sich fachkundigen Rat holen, etwa bei Rentenberatern, die auch entsprechende Berechnungen anstellen können. Auch beim Rentenversicherungsträger kann die Rente zur Probe berechnet werden. Das kann auch nachträglich geschehen und in bestimmten Fällen kann über § 44 SGB X rückwirkend eine höhere Rente durchgesetzt werden. Allerdings ist ein »willkürliches« Verschieben des Versicherungs-

Probeberechnung

falls nicht möglich (BSG, Urteil vom 22.10.1996 – B 13 RJ 23/95).

Allerdings hat das LSG Halle in seinem Urteil vom 1.11.2012 – L 1 R 220/11 eine gewisse Dispositionsfreiheit bei der Festlegung des Rentenbeginns in Zusammenhang mit der Umdeutung eines Antrags auf Rehabilitation in einen Rentenantrag und bereits länger bestehender EM zugelassen. Diese Möglichkeit lassen auch einige Rentenversicherungsträger zu (siehe aber auch → S. 125).

Bei **befristeten EM-Renten** beginnt die Rente nach § 101 SGB VI grundsätzlich frühestens mit dem siebten Kalendermonat nach Eintritt der EM. Ausnahmen siehe »Neu«, → S. 72.
Auf den nächsten Seiten des Rentenbescheids erläutert die Deutsche Rentenversicherung dies näher.

Rest-
leistungs-
vermögen bei
teilweiser EM

Wird nur eine Rente wegen teilweiser EM gewährt, wird genau ausgeführt, welches Restleistungsvermögen nach Bewertung der Deutschen Rentenversicherung noch vorhanden ist und weshalb entweder eine Rente wegen teilweiser EM oder teilweise EM-Rente bei Berufsunfähigkeit gezahlt wird. Wer damit nicht einverstanden ist, weil er nach eigener Einschätzung ein geringeres Restleistungsvermögen hat, sollte dies mit dem Arzt, der den Rentenantrag befürwortet hat, erörtern. Mit fachkundiger Hilfe sollte dann geprüft werden, ob gegen diesen Bescheid Widerspruch eingelegt wird mit dem Ziel, eine Rente wegen voller EM zu erhalten.

Beginn und
Ende der
Rente

Im Bescheid wird festgehalten, ab und bis wann die Rente gewährt wird. EM-Renten werden nach § 102 SGB VI grundsätzlich auf Zeit gewährt und zwar für längstens drei Jahre. Die Rente fällt nach Ablauf der im Bescheid ausgewiesenen Dauer automatisch weg. Eine Weitergewährung ist möglich, allerdings muss dafür ein Antrag auf Weitergewährung gestellt werden.

Um einen reibungslosen Anschluss zu erreichen, sollte der Antrag auf Weitergewährung (R120) vier Monate vor dem Ende der Befristung der Rente gestellt werden. Auch die Verlängerung erfolgt in der Regel befristet für längstens drei Jahre.

R120

Gegen eine Ablehnung der Weitergewährung kann Widerspruch eingelegt und geklagt werden.

Eine befristete EM-Rente entfällt nach Ablauf der Frist. Um sozial abgesichert zu sein und um die besonderen versicherungsrechtlichen Voraussetzungen für eine EM-Rente aufrechtzuerhalten, sollte man sich parallel zu Widerspruch und Klage arbeitslos melden und Alg I beantragen. Alg I kann auch im Rahmen der sog. Nahtlosigkeit nach § 145 SGB III in Betracht kommen (→ S. 129). Sofern die Anspruchsvoraussetzungen für Alg I nicht erfüllt sind, kann Alg II beantragt werden.

Durch die Weitergewährung wird kein neuer Versicherungsfall begründet; deshalb werden Versicherungszeiten, die nach Eintritt des Versicherungsfalls zurückgelegt wurden, auch dann nicht berücksichtigt.

Ist es aufgrund der Schwere der Krankheit unwahrscheinlich, dass die EM behoben werden kann, können EM-Renten auch unbefristet gewährt werden.

Bei Dauerrenten wird darauf hingewiesen, dass der Rentenanspruch längstens bis zum Erreichen der Regelaltersgrenze gewährt wird. Das ist zur Zeit der 65. Geburtstag (schrittweise Anhebung bis 2029 auf den 67. Geburtstag). Mit Erreichen des gesetzlichen Rentenalters wird die EM-Rente nach § 115

Umwandlung
in Altersrente

Abs. 3 SGB VI automatisch von der Deutschen Rentenversicherung in eine Altersrente umgewandelt. Bei der Altersrente werden dann auch Versicherungszeiten berücksichtigt, die nach Eintritt der EM erworben wurden.

vorzeitige Umwandlung

Wer die Voraussetzungen für eine der vorzeitig möglichen Renten (Rente für schwerbehinderte Menschen, Rente für langjährig Versicherte und Rente für besonders langjährig Versicherte) erfüllt, kann eine Umwandlung der EM-Rente in eine vorzeitige Altersrente beantragen.

Bevor ein solcher Antrag gestellt wird, ist eine eingehende Beratung sinnvoll, da sich in besonderen Fällen auch Nachteile für die Rentenhöhe ergeben können.

Höhe der Rente

Der Bescheid weist die monatliche Rentenhöhe aus. Wegen der Berechnung der Rente wird auf die Anlage 1 verwiesen.

Für die Berechnung des monatlichen Zahlbetrags werden die Abzüge von der monatlichen Rente für die Krankenversicherung der Rentner und die Pflegeversicherung oder ein Beitragszuschuss zur privaten Krankenversicherung ausgewiesen.

Für die Berechnung der Nachzahlung wird auf die Berechnung der Rente verwiesen und gegebenenfalls darauf, dass die Nachzahlung bis zur Klärung von Ansprüchen Dritter nicht ausgezahlt wird.

Änderung des Wohnsitzes

Die Rente wird durch den Renten Service der Deutschen Post AG ausgezahlt. Dort sind alle Änderungen zum Zahlungsweg und Adressenänderungen zu melden. Die Verlegung des Wohnsitzes ins Ausland ist der Deutschen Rentenversicherung zu melden.

Bei einem nur vorübergehenden Auslandsaufenthalt wird die Rente unverändert ins Ausland gezahlt. Eine genaue Zeitgrenze für den vorübergehenden Auslandsaufenthalt besteht nicht. Eine Orientierung dafür gibt § 30 Abs. 3 Satz 2 SGB I.

*Rente bei Auslandsaufenthalt?*

Grundsätzlich wird die Rente auch bei einem gewöhnlichen Aufenthalt im Ausland weiter gezahlt. Davon gibt es jedoch folgende Ausnahmen:

- EM-Renten als **Arbeitsmarktrenten** werden nach § 112 SGB VI nicht bei gewöhnlichem Aufenthalt im Ausland gewährt, es sei denn, der Anspruch besteht unabhängig von der Arbeitsmarktlage weiter.
- Renten wegen **teilweiser EM** bei Berufsunfähigkeit werden ins Ausland nur gezahlt, wenn auf sie bereits ein Anspruch beim gewöhnlichen Aufenthalt in Deutschland bestand.
- Die Rente kann bei Auslandsaufenthalt **geringer** werden, da **bei Renten mit ausländischen Versicherungszeiten** die so genannte zwischenstaatliche Rentenberechnung wegfällt.
- Für so genannte **reichsdeutsche Versicherungszeiten**, die außerhalb der heutigen Bundesrepublik Deutschland erworben wurden und Zeiten nach **Fremdrentenrecht** werden in der Regel keine Renten ins Ausland gezahlt.
- Besonderheiten galten für Ausländer bis zum 30.9.2013, die nicht aus einem Vertragsstaat der EU stammen oder für die kein Sozialversicherungsabkommen anzuwenden ist.
Wer vor dem 1.10.2013 seinen Aufenthalt ins außereuropäische Ausland verlegt hat und bereits eine EM-Rente bezieht, hat Anspruch auf Anpassung der um 70 % gekürzten Rente.

Es ist wichtig, sich vor der Verlegung des gewöhnlichen Aufenthalts ins Ausland über die Auswirkungen auf die Rente bei der Deutschen Rentenversicherung zu erkundigen. Der Wegzug ins Ausland kann auch Auswirkungen auf Kranken- und Pflegeversicherung haben.

Mitteilungs- und Mitwirkungspflichten

Danach wird im Bescheid ausführlich darauf hingewiesen, dass der Deutschen Rentenversicherung die Aufnahme einer Beschäftigung oder selbständigen Tätigkeit und Arbeitseinkommen daraus zu melden ist; denn dies hat Einfluss auf die weitere Rentengewährung, wenn die Hinzuverdienstgrenzen überschritten werden (→ S. 78 ff.). Das Gleiche gilt für weitere Sozialleistungen und für Änderungen in der privaten Krankenversicherung.

mehrere Renten

Es folgen detaillierte Informationen zum etwaigen Zusammentreffen von mehreren Renten.

weitere Hinweise

Des Weiteren werden
– die Anlagen benannt;
– auf den Rentnerausweis hingewiesen;
– die Verfahrensweise bei Änderungen des Beitragssatzes zur Krankenversicherung erläutert;
– auf mögliche Überprüfungen der EM aufmerksam gemacht;

– bei niedrigen Renten auf Grundsicherungsleistungen hingewiesen;
– kostenfreie Beratungsmöglichkeiten genannt.

Steuern auf Rente

Es wird auch darauf hingewiesen, dass seit 1.1.2005 die Besteuerung von Renten geändert wurde. Seit 2005 ist ein vom Jahr des Beginns der Rente abhängiger Prozentsatz der Jahresbruttorente (vor Abzug von Beiträgen zur Kranken- und Pflegeversicherung) als steuerpflichtiges Einkommen anzusetzen. Das wird nachgelagerte Versteuerung genannt. Im Gegenzug werden seit 1.1.2005 Teile der Beiträge zur Rentenversicherung von Arbeitnehmern steuerfrei gestellt. Dies soll entsprechend BVerfG, Urteil vom 6.3.2002 – 2 BvL 17/99 zu mehr Gerechtigkeit zwi-

Nachgelagerte Versteuerung

schen den Generationen führen. Die nachgelagerte Besteuerung wird schrittweise von 50 % in 2005 auf 100 % in 2040 angehoben (§ 22 Nr. 1 Satz 3a aa Alterseinkünftegesetz).

| Jahr des Rentenbeginns | Besteuerungsanteil % |
|---|---|
| bis 2005 | 50 |
| bis 2020 jährliche Erhöhung um 2 Prozentpunkte, z.B. | |
| 2016 | 72 |
| 2017 | 74 |
| 2018 | 76 |
| 2019 | 78 |
| 2020 | 80 |
| ab 2021 jährliche Erhöhung um | 1 |
| Endergebnis 2040 | 100 |

Der beim Rentenbeginn maßgebliche Besteuerungssatz oder genauer der sich daraus ergebende steuerfreie Betrag bleibt ein Leben lang bestehen.

Rentenbeginn 2017                                                    Beispiel
Besteuerungsanteil:                                    74 %
Jahresrente 2012:                          15.000,00 €
zu versteuernder Teil der Rente:           11.100,00 €
Lebenslang steuerfreier Teil der Rente
(15.000 – 11.100 [74 %] = 3.900):           3.900,00 €
Jahresrente in 2018:                       15.300,00 €
zu versteuernder Teil der Rente
(15.300 – 3.900 [steuerfreier Teil]):      11.400,00 €

Von dem zu versteuernden Teil der Rente wird noch der Grundfreibetrag (2018) in Höhe von 9.000,00 € (2017 in Höhe von 8.820,00 €) abgezogen. Soweit keine weiteren Einkünfte zu der Rente hinzukommen, wären in obigem Beispiel nur geringe oder keine Steuern zu zahlen. Ob tatsächlich auf die Rente Steuern zu zahlen sind, hängt vom Familienstand, weiteren Einkünften, Krankenversicherungsbeiträgen oder außergewöhnlichen Belastungen (z. B. Schwerbehinderung) ab. Letztendlich wird dies vom Finanzamt festgestellt.

Die Rentenversicherung ist verpflichtet, die gezahlten Rentenversicherungsbeiträge jährlich der zentralen Zulagenstelle für Altersvermögen (ZfA) zu melden. Die Daten werden von dort an die Finanzverwaltungen der einzelnen Bundesländer übermittelt. Für die eventuell erforderliche Steuererklärung bleiben jedoch nach wie vor die Rentner selbst verantwortlich.

Rechts-
behelfs-
belehrung

Der Rentenbescheid endet mit der Rechtsbehelfsbelehrung. Hier wird darauf hingewiesen, innerhalb welcher Frist Widerspruch gegen den Bescheid bei welchem Träger der Deutschen Rentenversicherung erhoben werden kann (→ S. 167 ff.).

## 2 Die Anlagen

### 2.1 Berechnung der Rente

Hier werden die einzelnen Rechenschritte zur abschließenden Berechnung der Rente zusammengeführt.

Der Monatsbetrag der Rente ergibt sich dann aus der Vervielfältigung der persönlichen EP mit dem Rentenartfaktor und dem aktuellen Rentenwert.

Beispiel

| | |
|---|---:|
| Persönliche EP: | 47,6574 |
| Rentenartfaktor für volle EM-Rente: | 1,0 |
| Aktueller Rentenwert (West) bei Rentenbeginn am 1.9.2017: | 31,03 € |
| Monatliche Rente: | 1.478,81 € |

- **Persönliche Entgeltpunkte**
  → S. 155 ff., → S. 162.

- **Rentenartfaktor**
  Da die Rente entgangenen Lohn/Einkommen ersetzen soll, beträgt er bei der Rente wegen teilweiser EM 0,5 und bei der Rente wegen voller EM 1,0.

- **Aktueller Rentenwert**
  Der aktuelle Rentenwert entspricht einer monatlichen Regelaltersrente aus der Rentenversicherung für ein Beitragsjahr mit Durchschnittsverdienst. Er entspricht einer monatlichen Rentenzahlung für einen Entgeltpunkt. Somit ergibt sich aus der Vervielfältigung der EP mit dem aktuellen Rentenwert die individuelle monatliche Rente.

  Für Versicherungszeiten in den neuen Bundesländern gilt ein gesonderter Rentenwert (Ost).
  Der aktuelle Rentenwert wird in Euro ausgewiesen und jährlich an die wirtschaftliche Entwicklung bzw. die Veränderung der Durchschnittsentgelte angepasst. Bei der Anpassung werden auch die Aufwendungen der Beitragszahler (Entwicklung des Beitragssatzes für die gesetzliche Rentenversicherung und bestimmte Sätze für private Aufwendungen) und ein Nachhaltigkeitsfaktor berücksichtigt. Der Gesetzgeber kann einige dieser Anpassungsfaktoren bei der Festsetzung des aktuellen Rentenwerts aussetzen oder verändern. Dies hat er in den vergangenen Jahren sowohl zu Ungunsten als auch zu Gunsten der Rentner getan.

| | bis 30.6.2017 | seit 1.7.2017 |
|---|---|---|
| West: | 30,45 € | 31,03 € |
| Ost: | 28,66 € | 29,69 € |

Rentenwert

**Angleichung Ost**

Aus dem vom Bundesministerium für Arbeit und Soziales 2016 durchgeführten Dialog zur Weiterentwicklung der Alterssicherung in Deutschland übernahmen die Bundesregierung, der Bundesrat und der Bundestag in 2017 die vorgeschlagene Ost-West-Angleichung. Diese soll in sieben Schritten bis 2025 erfolgen. Begonnen wird 2018 mit der Anhebung des Rentenwerts Ost ab 1.7.2018 auf 95,8 Prozent des Westwertes. In den folgenden Jahren wird der Rentenwert Ost jeweils am 1.7. um 0,7 Prozentpunkte angehoben. Am 1.7.2024 wird er auf 100 Prozent West angehoben. Ab 1.1.2025 ist eine vollständige Angleichung erreicht und es wird dann nur noch einen einheitlichen aktuellen Rentenwert für ganz Deutschland geben. Alle folgenden Rentenerhöhungen werden ab dem Jahr 2025 entsprechend der gesamtdeutschen Lohn- und Gehaltsentwicklung festgesetzt.

Steigen die Durchschnittsentgelte in den neuen Bundesländern jedoch schneller und damit auch der Rentenwert Ost als in diesen Schritten vorgesehen, dann wird nach dem bisherigen Verfahren angepasst. Das heißt, dass eine Günstigerprüfung erfolgt.

■ **Berechnung der Beiträge zur Kranken- und Pflegeversicherung**

Als letzter Rechenschritt zur monatlichen Rente werden die Beiträge zur Kranken- und Pflegeversicherung berechnet. Da manche EM-Renten rückwirkend bewilligt werden und sich in der nachzuzahlenden Zeit die gegebenenfalls Beiträge zur Krankenversicherung verändert haben, können eventuell mehrere Berechnungen nötig werden.

Beitrag zur Kranken-versicherung

Seit 1.1.2009 gilt nach § 247 SGB V ein einheitlicher allgemeiner Beitragssatz in der gesetzlichen Krankenversicherung. Die Beiträge werden an einen vom Bundesversicherungsamt verwalteten Gesundheitsfonds (§ 255 Abs. 3 SGB V) abgeführt. Der einheitliche Beitragssatz beträgt 14.6 % plus ein kassenindividueller Beitrag (meist 1,1 %). Davon trägt die Rentenversicherung 7,3 %.

Der Beitragszuschuss zu einer privaten Krankenversicherung oder freiwilligen Versicherung in der gesetzlichen Krankenversicherung wird nach dem einheitlichen Beitragssatz berechnet und beträgt gleichfalls 7,3 %.

Der Beitragssatz zur Pflegeversicherung beträgt seit 1.1.2017 2,55 % für Versicherte mit Kindern, und 2,8 % für kinderlose Versicherte. In Sachsen gibt es leichte Abweichungen. Er ist in voller Höhe von den Rentnern allein zu zahlen und wird für die gesetzliche Pflegeversicherung von der Rente einbehalten und an die Pflegekasse abgeführt.

*Beitrag zur Pflegeversicherung*

| | |
|---|---|
| Monatliche EM-Rente ab 1.9.2017: | 1.296,28 € |
| KV-Beitrag 14,6 % | |
| von 1.296,28 €: | 189,26 € |
| Die RV trägt 7,3 %: | − 94,63 € |
| Rentner trägt 7,3 % | − 94,63 € |
| 1,1 % zusätzlich kassenindividueller Beitrag | − 14,26 € |
| Rentner trägt 7,3 % zuzüglich den von ihm allein zu zahlenden zusätzlichen kassenindividuellen Beitrag | |
| Rentner trägt den vollen PV-Beitrag 2,55 % (bei Elterneigenschaft) von 1.296,28 €: | − 33,05 € |
| Monatlicher Rentenzahlbetrag | 1.154,34 € |
| Monatliche EM-Rente ab 1.1.2017: | 1.453,20 € |
| Beitrag zur PKV monatlich: 730,00 € | |
| Die RV trägt 7,3 %: | + 106,08 € |
| Monatlicher Rentenzahlbetrag | 1.559,28 € |

*Beispiel gesetzliche KV und PV*

*Beispiel Beitragszuschuss zur PKV*

Kein PPV-
Zuschuss

Der Rentner zahlt den Beitrag an PKV und PPV selbst.
Es besteht kein Anspruch auf einen Zuschuss zur PPV.

An diesem Beispiel ist sehr gut zu erkennen, welche finanzielle Belastung eine PKV im Alter darstellen kann. Deshalb sollte in jungen Jahren, wenn die PKV-Beiträge niedrig sind, diese zwangsläufige Entwicklung bedacht werden. Wer immer in der gesetzlichen Krankenversicherung (pflicht- oder freiwillig) versichert war, steht sich im Rentenalter besser.

## 2.2   Entscheidungen zu rentenrechtlichen Daten

Diese neue Anlage ist vor dem Versicherungsverlauf eingefügt und enthält Entscheidungen über die Anerkennung oder Ablehnung rentenrechtlicher Zeiten, die bisher im Versicherungsverlauf enthalten waren und z. B. durch Gesetzesänderungen nicht mehr oder nicht mehr vollständig angerechnet werden wie Zeiten der Hochschulausbildung. Ebenso Zeiten mit Tabellenwerten nach dem Fremdrentengesetz (FRG) und der Versicherungsunterlagen-Verordnung (VuVO).

## 2.3   Versicherungsverlauf

In dieser Anlage ist der Versicherungsverlauf ausgedruckt. Im Versicherungsverlauf sind die rentenrechtlichen Zeiten gemäß §§ 54 ff. SGB VI aufgeführt, also alle Beitragszeiten, beitragsfreie Zeiten und Berücksichtigungszeiten.

Welche Zeiten für die Rente zählen, haben wir auf → S. 22 f. aufgeführt.

Der Versicherungsverlauf sollte genau daraufhin überprüft werden, ob alle Zeiten richtig ausgewiesen oder ob etwa nicht erklärliche Lücken vorhanden sind.

In einem Widerspruchsverfahren gegen den Rentenbescheid können solche Fehler behoben werden.

## 2.4 Entgeltpunkte für Beitragszeiten

### Bedeutung und Wert der EP für Beitragszeiten

Hier sind die gemäß § 64 SGB VI sich aus den Beitragszeiten ergebenden EP ausgewiesen, die der Rentenberechnung zu Grunde liegen. Dafür werden die individuellen Entgelte für die gezahlten Beiträge oder zugeordneten Entgelte dem Durchschnittsentgelt aller Versicherten im jeweiligen Kalenderjahr gegenübergestellt. Daraus ergeben sich EP. So erhält z. B. ein Versicherter, der genau für das Durchschnittsentgelt Beiträge gezahlt hat, einen EP. Wer weniger Entgelt erzielt hat, liegt unter 1 EP. Wer mit dem Entgelt höher als der Durchschnitt liegt, erhält einen EP über 1.

Nur das Entgelt liegt der Berechnung zu Grunde, für das auch Beiträge entrichtet wurden. Außerdem können nur Beiträge bis zu einer jährlich im Voraus festgelegten Beitragsbemessungsgrenze gezahlt werden. Die Beitragsbemessungsgrenze liegt bei etwas mehr als dem Doppelten des Durchschnittsentgelts. Deshalb können höchstens etwas mehr als 2 EP pro Jahr erreicht werden. Ausnahmen gelten bei Wertguthaben. Für das Jahr des Rentenbeginns und das unmittelbar vorhergehende Kalenderjahr werden die EP aus vorläufigen Durchschnittsentgelten (§ 70 Abs. 1 SGB VI) errechnet, da die endgültigen Werte noch nicht feststehen können.

Mit diesem Verfahren sollte mit der ersten großen Rentenreform 1957 erreicht werden, dass die Rente in etwa den Lebensstandard, im Fachjargon das »Lebensniveau« des individuellen Versicherten während des Berufslebens – besser jedoch Versicherungslebens – widerspiegelt. Das wird jedoch mit den Änderungen im Rentenrecht der letzten Jahre nicht mehr erreicht. Durch zahlreiche soziale Ausgleichsfaktoren werden zwar sehr niedrige Einkommen angehoben, beitragsgeminderte oder beitragsfreie Zeiten ausgeglichen und Kinderziehung berücksichtigt. Das reicht jedoch nicht aus, um für alle eine auskömmliche Rente zu erreichen.

**Wert-guthaben**

Bereits ausgezahlte und »verbeitragte« Wertguthaben aus angesammelter Arbeitszeit oder nicht ausgezahlten Entgelten werden wie übrige Beitragszeiten berücksichtigt. Dabei wird das Wertguthaben dem Auszahlungsmonat zugeordnet, durch das Durchschnittsentgelt des entsprechenden Kalenderjahrs geteilt und daraus die EP ermittelt. Interessant ist dabei, dass hier auch Beitragszeiten über die Beitragsbemessungsgrenze hinaus berücksichtigt werden können.

**»Störfall«**

Bestand das Beschäftigungsverhältnis bei der Rentenbewilligung noch fort und wird es erst durch die Bewilligung einer unbefristeten EM-Rente beendet, tritt der so genannte Störfall am Tag vor Eintritt der EM ein (→ S. 266 f.). Obwohl als Auswirkung das Wertguthaben erst nach Beginn der EM-Rente ausgezahlt werden kann, können die Beiträge für das Wertguthaben noch bei der Rente berücksichtigt werden. Auch hier erfolgt die Ermittlung der EP wie im vorhergehenden Absatz dargestellt. Die Dauerrente wird dann nach § 100 SGB VI rückwirkend ncu berechnet.

## 2.5 Entgeltpunkte für beitragsfreie und beitragsgeminderte Zeiten

In dieser Anlage werden die beitragsfreien und beitragsgeminderten Zeiten auf mindestens den Durchschnittswert (Gesamtleistung) an EP, der sich aus den individuellen Beiträgen der/des Versicherten während des gesamten Versicherungslebens ergibt, angehoben.

Beitragsfreie Zeiten sind Zeiten, die nicht mit Beiträgen belegt sind und unter sozialen Gesichtspunkten für den Rentenanspruch und die Rentenhöhe berücksichtigt werden (§ 54 Abs. 4 SGB VI).

Beitrags-freie Zeiten

Beitragsgeminderte Zeiten sind Kalendermonate im Versicherungsverlauf, die sowohl mit Beitragszeiten als auch beitragsfreien Zeiten belegt sind (§ 54 Abs. 3 SGB VI).

Beitragsgeminderte Zeiten

Bei lückenlosem Versicherungsverlauf führt dieser Rechenschritt zu einem Gesamtleistungswert in Höhe des Beitragsdurchschnitts. Bei der Gesamtleistungsbewertung wird die rentensteigernde Wirkung der beitragsfreien und beitragsgeminderten Zeiten an die während der übrigen Zeit versicherten Arbeitsentgelte und Arbeitseinkommen angeglichen. Damit wird der Grundsatz der Lohn- und Beitragsbezogenheit der Rente betont, aber auch ein sozialer Ausgleich geschaffen. Geregelt sind die Rechenschritte in den §§ 71 bis 74 SGB VI.

Beitragsfreie Zeiten sind:
- Anrechnungszeiten (§§ 58, 252, 252a SGB VI);
- pauschale Anrechnungszeiten (§ 253 SGB VI);
- Zurechnungszeiten (§ 59 SGB VI);
- Ersatzzeiten (§ 259 SGB VI).

Beispiele für beitragsfreie Zeiten

Die Bewertung dieser Zeiten richtet sich nach der Summe aller EP aus Beitrags- und Berücksichtigungszeiten im Zeitraum vom 17. Geburtstag bis zum Eintritt des Versicherungsfalls.

Für die Bewertung der beitragsfreien Zeiten werden eine Grundbewertung und eine Vergleichsbewertung vorgenommen. Der höhere Durchschnittswert ist die Grundlage für die Bewertung der beitragsfreien Zeiten. Beitragsgeminderte Zeiten erhalten mindestens den gleichen Wert (§ 71 Abs. 2 SGB VI).

Beispiele für beitrags- geminderte Zeiten

Beitragsgeminderte Zeiten können sein:
- Anrechnungszeiten wegen Schwangerschaft;
- Anrechnungszeiten wegen Krankheit/Rehabilitation (nicht jede Arbeitsunfähigkeitszeit, z. B. nicht nach Beendigung des Arbeitsverhältnisses und nur im Rahmen des Dreijahreszeitraums und unter Beachtung der Verweisung, → S. 130 f.);
- Anrechnungszeiten wegen Arbeitslosigkeit;
- Zeiten während Berufsausbildung, für die gleichzeitig auch Beiträge gezahlt wurden.

Berücksich- tigungszeit wegen Kinder- erziehung

Unter der Voraussetzung, dass 25 Jahre mit rentenrechtlichen Zeiten belegt sind, werden Zeiten wegen Kindererziehung und wegen Pflege eines pflegebedürftigen Kindes (bis zur Vollendung des 18. Lebensjahres) nach 1991 berücksichtigt. Diese Berücksichtigungszeiten werden als ein Zwischenschritt der Rentenberechnung in die Ermittlung des Gesamtleistungswertes einbezogen. Jeder Kalendermonat mit Berücksichtigungszeit wegen Kindererziehung erhält dabei die EP, die dieser Kalendermonat als Kindererziehungszeit – also 0,08333 EP – erhalten würde. Davon werden allerdings die EP abgezogen, die bereits für Beitragszeiten im gleichen Zeitraum berücksichtigt wurden. Bei Berücksichtigungszeiten wegen Pflege werden mindestens 0,0625 EP ermittelt. Damit wird bei der Rentenberechnung ausgeglichen, dass während der Kindererziehung oder der nicht erwerbsmäßigen Pflege eines Kindes häufig kein Beitrag gezahlt wird.

Seit 1.1.2009 werden Schul- und Hochschulzeiten nicht mehr in diesem Rechenschritt rentensteigernd berücksichtigt.
Ausnahme: Fachschulzeiten wirken sich noch rentensteigernd aus.

(Hoch-)Schulzeiten

Wenn Beitragszeiten sowohl in den alten als auch in den neuen Bundesländern zurückgelegt sind, werden die EP für beitragsfreie und beitragsgeminderte Zeiten im Verhältnis der EP (Ost) aus Beitragszeiten zu den Gesamt-EP aus Beitragszeiten aufgeteilt.

West-/Ostzeiten

| | | |
|---|---|---|
| EP für Beitragszeiten: | 39,0575 | Beispiel |
| davon | | |
| EP (Ost): | 32,0000 | |
| EP (West): | 7,0575 | |

EP (Ost) für beitragsfreie Zeiten: 3,9000

$$\text{sind aufzuteilen: } \frac{3{,}9000 \times 32{,}0000}{39{,}0575} = 3{,}1953$$

EP (West) für beitragsfreie Zeiten: 3,9000

$$\text{sind aufzuteilen: } \frac{3{,}9000 \times 7{,}0575}{39{,}0575} = 0{,}7047$$

Für die Aufteilung von EP aus Berücksichtigungszeiten wegen Kindererziehung gilt § 254d SGB VI entsprechend. Das heißt, es kommt darauf an, ob diese Zeiten in den neuen oder in den alten Bundesländern zurückgelegt sind.

Die Zurechnungszeit spielt bei EM-Renten eine wichtige Rolle: Die Zurechnungszeit ist die Zeit vom Versicherungsfall der EM derzeit bis zur Vollendung des 62. Lebensjahres. Sie soll Nachteile durch eine frühzeitige EM ausgleichen. Durch die oben dargestellte Durchschnittsbewertung werden die Rentner mit der Zurechnungszeit so gestellt, als hätten sie ab der EM laufend bis zum 62. Geburtstag Rentenversicherungsbeiträge im Durchschnitt des vorheri-

Zurechnungszeit

gen Arbeitslebens gezahlt. Bei sehr jungen Rentnern ist dies ein wichtiger sozialer Ausgleich bei der Rentenberechnung.

Die Zurechnungszeit wird für Rentenzugänge schrittweise von 62 Jahren auf das vollendete 65. Lebensjahr angehoben. Die Verlängerung der Zurechnungszeit erfolgt stufenweise ab Rentenbeginn 1.1.2018 bis 31.12.2023.

| Bei Beginn der Rente im Jahr | Anhebung um Monate | auf Alter | |
|---|---|---|---|
| | | Jahre | Monate |
| 2018 | 3 | 62 | 3 |
| 2019 | 3 | 62 | 6 |
| 2020 | 6 | 63 | 0 |
| 2021 | 6 | 63 | 6 |
| 2022 | 6 | 64 | 0 |
| 2023 | 6 | 64 | 6 |
| ab 2024 | 65 | | |

**Neuregelung bei der Vergleichsbewertung**

Da einer Erwerbsminderung oft längere Krankheitszeiten vorangegangen sind und durch eine Leistungsminderung oftmals niedrigere Entgelte erzielt wurden, wurde mit der Leistungsverbesserung im Jahr 2014 bereits eine sogenannte Günstigerprüfung eingeführt. Nach § 73 Satz 1 letzter Halbsatz und Satz 2 SGB VI werden nach dieser Regelung bei den EM-Renten die Entgeltpunkte für die letzten 4 Jahre vor dem Eintritt der Minderung der Erwerbsfähigkeit nicht berücksichtigt, wenn sich dadurch ein höherer Durchschnittswert für die Vergleichsbewertung ergibt. Ist also die Rente ohne die letzten 4 Jahre günstiger, wird der höhere Durchschnittswert bei der Rentenberechnung berücksichtigt. Das wirkt sich auf die Entgeltpunkte, die für die Zurechnungszeit berechnet werden, günstig aus und das hat zu höheren EM-Renten geführt. Ebenso führt die schrittweise Verlängerung der Zurechnungszeit in den kommenden Jahren zu etwas höheren EM-Renten, allerdings nur jeweils für die neu bewilligten Renten.

Beispiel

| Belegungsfähiger Gesamtzeitraum | 5.5.2007 Vollendung des 17. Lebensjahres bis | 1.7.2015 Eintritt der EM |
|---|---|---|
| Belegungsfähige Kalendermonate | 97 Monate | |
| EP für die Grundbewertung im belegungsfähigen Gesamtzeitraum | 4,9680 EP | |
| Durchschnittswert für die Grundbewertung | 4,9680 : 97 = 0,0512 | |
| **Vergleichsbewertung[*]** | | |
| Monate der vollwertigen Beiträgen im belegungsfähigen Gesamtzeitraum | 76 | |
| EP aus vollwertigen Beiträgen im belegungsfähigen Gesamtzeitraum | 4,7481 EP | |
| Durchschnittswert für die Vergleichsbewertung | 4,7481 : 76 = 0,0625 | |
| **2. Vergleichsbewertung ohne die EP der letzten vier Jahre vor der Erwerbsminderung** | | |
| Letzte vier Jahre vor Eintritt der EM | 1.7.2011 | 1.7.2015 Eintritt der EM |
| Kalendermonate in den letzten vier Jahren vor Eintritt der EM | 48 Monate | |
| EP ohne die letzten vier Jahre vor Eintritt der EM | 2,4157 EP | |
| Durchschnittswert für die 2. Vergleichsbewertung | 2,4157 : 48 = 0,0503 | |

| Gegenüberstellung der Ergebnisse: | |
|---|---|
| Durchschnittswert aus der Grundbewertung | 0,0512 |
| Durchschnittswert aus der 1. Vergleichsbewertung | 0,0625 |
| Durchschnittswert aus der 2. Vergleichsbewertung | 0,0503 |
| Der Durchschnittswert für die 1. Vergleichsbewertung ist der höchste. 0,0625 EP werden den weiteren Berechnungen zugrunde gelegt. Die Herausnahme der letzten vier Jahre aus der Berechnung würde sich in diesem Fall nicht zugunsten des Versicherten auswirken. | |

\*   Für die Vergleichsbewertung sind die EP aus ausschließlich vollwertigen Beiträgen (und diesen Monaten) zu ermitteln.

Wir haben hier lediglich das Prinzip erklärt; die Berechnungen in dieser Anlage sind oft viel umfangreicher. Für Laien dürfte es sehr schwer sein, die Richtigkeit dieser Berechnungen zu überprüfen. Bei Zweifeln sollte die Berechnung durch Rentenberater oder Rechtsanwälte überprüft werden; dafür fallen allerdings Gebühren an.

## 2.6   Berechnung der persönlichen Entgeltpunkte

In der Anlage werden die persönlichen EP, die der Rentenberechnung zu Grunde liegen, zusammengefasst und über den Zugangsfaktor (siehe nachfolgend) abschließend bestimmt.
Dafür werden zunächst alle EP (West/Ost) für
- Beitragszeiten (gesondert ausgewiesen Zeiten sind dabei die für Kindererziehung),
- beitragsfreie Zeiten und beitragsgeminderte Zeiten,
- Zu- und Abschläge aus einem Versorgungsausgleich oder seit 1.1.2002 aus einem Rentensplitting unter Ehegatten

zusammengezählt.

Danach werden diese EP mit dem Zugangsfaktor (§ 77 SGB VI) vervielfältigt. Der Zugangsfaktor beträgt grundsätzlich 1,0 bei Renten wegen voller EM. Ein Zugangsfaktor von 1,0 bedeutet, dass die persönlichen EP zu 100 % in die Rentenberechnung eingehen. Er kann abhängig vom Lebensalter bei Rentenbeginn höher oder niedriger als 1,0 sein, wenn der/die Versicherte EM-Rente vor dem 63. bzw. 65. Geburtstag bezieht. Für jeden Monat des Rentenbe-ginns vor diesem Zeitpunkt wird der Zugangsfaktor um einen so genannten Abschlag von 0,003 höchstens jedoch um 0,108 (entspricht 36 Monaten) gekürzt. Damit soll verhindert werden, dass Versicherte, die auch eine vorzeitige Altersrente mit Abschlägen beziehen könnten, auf eine EM-Rente ausweichen, um die Abschläge zu vermeiden.

*Zugangsfaktor*

Beginnt die Rente vor Vollendung des 62. Lebensjahres ist die Vollendung des 62. Lebensjahres für die Bestimmung des Zugangsfaktors maßgebend.

Aufgrund der Anhebung der Regelaltersgrenze auf das 67. Lebensjahr (§ 235 SGB VI, → S. 20) wird seit 1.1.2008 auch die Altersgrenze für die Ermittlung des Zugangsfaktors für die EM-Rente angehoben.

*Übergangsregelung*

Aus Vertrauensschutzgründen gibt es eine Übergangsregelung und wird diese Anhebung schrittweise vom 1.1.2012 bis 1.1.2024 vollzogen.

Beginnt eine Rente wegen verminderter Erwerbsfähigkeit vor dem 1.1.2024, ist bei der Ermittlung des maßgebenden Zugangsfaktors für eine Übergangszeit anstelle der Vollendung des 65. Lebensjahres und des 62. Lebensjahres jeweils das in der Tabelle aufgeführte Lebensalter maßgebend.

| Bei Beginn der Rente im Jahr | Tritt an die Stelle des Lebensalters von | | | |
| | 65 Jahren das Lebensalter | | 62 Jahren das Lebensalter | |
| | Jahre | Monate | Jahre | Monate |
|---|---|---|---|---|
| 2017 | 63 | 11 | 60 | 11 |
| 2018 | 64 | 0 | 61 | 0 |
| 2019 | 64 | 2 | 61 | 2 |
| 2020 | 64 | 4 | 61 | 4 |
| 2021 | 64 | 6 | 61 | 6 |
| 2022 | 64 | 8 | 61 | 8 |
| 2023 | 64 | 10 | 61 | 10 |
| ab 2024 | 65 | 0 | 62 | 0 |

Die Anhebungsschritte entsprechen denen der stufenweisen Anhebung bei der Altersrente für schwerbehinderte Menschen. Somit kommt für Renten wegen verminderter Erwerbsfähigkeit weiterhin höchstens ein Abschlag von 10,8 Prozent in Betracht.

Für diejenigen Erwerbsminderungsrentner/innen, die 40 Jahre Pflichtbeiträge und Berücksichtigungszeiten sowie bestimmte Anrechnungszeiten oder auch Ersatzzeiten (§ 51 Abs. 3a und 4 und § 52 Abs. 2 SGB VI) zurückgelegt haben, bleibt es beim 63. Lebensjahr statt dem 65. Lebensjahr und beim 60. Lebensjahr statt dem 62. Lebensjahr.

Um die Kürzung der EP bei EM-Renten (Abschläge auf den Zugangsfaktor) gab es lange rechtliche Auseinandersetzungen über alle sozialgerichtlichen Instanzen hinweg bis zum Bundesverfassungsgericht. Das Bundesverfassungsgericht, Urteil vom 11.1.2011 – 1 BvR 3588/08 und – 1 BvR 555/09, hat festgestellt, dass die Kürzung der EM-Renten auch bei vorzeitigem Rentenbeginn nicht verfassungswidrig ist.

Diese Entscheidung wurde sehr unterschiedlich aufgenommen; da der Rechtsweg ausgeschöpft ist, muss die Kürzung hingenommen werden. Mittlerweile wird nicht nur über die wirtschaftliche Situation von Altersrentnern, sondern auch über die immer niedriger ausfallenden EM-Renten diskutiert.

## 2.7 Zusammentreffen von Rente und Einkommen

Die Anlage enthält die Berechnung bei Zusammentreffen mehrerer Ansprüche, z.B. beim gleichzeitigen Bezug einer Rente aus der gesetzlichen Unfallversicherung. Dazu → S. 256 ff.

## 2.8 Rente und Hinzuverdienst

In der Anlage wird über die Hinzuverdienstgrenzen informiert sowie deren Berechnung dargestellt (→ S. 78 ff.).

## 2.9 Zuschlag an Entgeltpunkten

Die Anlage enthält die Berechnung von EP für Arbeitsentgelt aus geringfügiger Beschäftigung.

## 2.10 Ausweis für Rentner und Rentnerinnen

Der als Anlage ausgedruckte Ausweis bringt in Zusammenhang mit einem Personalausweis oder Reisepass Anspruch auf verschiedene Vergünstigungen. Welche Vergünstigungen im Einzelnen ge währt werden, hängt von Regelungen in den jeweiligen Kommunen oder Ländern ab. Es empfiehlt sich, den Rentnerausweis immer mitzuführen.

## 2.11 Weitere Anlagen

### Versorgungsausgleich

Diese Anlage enthält die Berechnungen zum Versorgungsausgleich nach einer Scheidung. Die Beträge und daraus abgeleitet die Entgeltpunkte, die ausgeglichen werden, müssen mit den Regelungen im Scheidungsurteil übereinstimmen. Bei komplizierten Fällen, insbesondere wenn auch Ansprüche auf Betriebliche Altersversorgung betroffen sind, empfehlen wir, sich beraten zu lassen.

Die folgenden Anlagen kommen bei EM-Renten seltener vor, doch wir wollen sie nicht unerwähnt lassen:

- **Höherversicherung**
- **Entgeltpunkte für ständige Arbeiten unter Tage (Leistungszuschlag)**
- **Entgeltpunkte für verdrängte deutsche freiwillige Beiträge**
- **Persönliche Entgeltpunkte für die Zeit ab 1.1.1992**
- **Rente im Beitrittsgebiet**
- **Übergangsrente.**

# H  RECHTSSCHUTZ

## 1    Widerspruch

Gegen jeden Bescheid kann ein Rechtsmittel eingelegt werden. Wenn die EM-Rente abgelehnt wird oder der Eintritt der EM, der Rentenbeginn oder die Rentenhöhe falsch festgestellt sind, wenn Versicherungszeiten fehlen, sich Fehler bei der Krankenversicherung eingeschlichen haben oder der Hinzuverdienst falsch angerechnet wurde, besteht die Möglichkeit, dagegen vorzugehen.

| | |
|---|---|
| Belehrung über Widerspruch | Der Rentenbescheid enthält eine Rechtsbehelfsbelehrung. Darin wird genau aufgeführt, bei welchem Träger, wie und innerhalb welcher Frist ein Widerspruch gegen den Bescheid erhoben werden kann. |

Widerspruchsfrist: 1 Monat

Der Widerspruch muss innerhalb eines Monats ab Bekanntgabe des Bescheides beim Versicherten oder Bevollmächtigten bei dem Rentenversicherungsträger oder einer inländischen Behörde eingelegt werden (§ 84 SGG). Bei Auslandsaufenthalten kann er beim Konsulat erhoben werden.

Beispiel

Bescheid                                    vom 20.7.2017
zugestellt                                  am 26.7.2017
Ablauf der Widerspruchsfrist:          26.8.2017

Fällt das Fristende auf einen Samstag, Sonntag oder gesetzlichen Feiertag, läuft die Frist am nächstfolgenden Werktag ab.

Ausland

Bei Bekanntgabe im Ausland beträgt die Frist drei Monate. Wird der Bescheid jedoch für Versicherte mit Aufenthalt im Ausland an einen Bevollmächtigten in Deutschland zugestellt, gilt die Monatsfrist.

Fehlt allerdings eine Rechtsmittelbelehrung, beträgt die Widerspruchsfrist ein Jahr.

 Ist unklar und nicht dokumentiert, wann der Bescheid zugestellt wurde, wird vermutet, dass der Bescheid am dritten Tag nach der Aufgabe zur Post zugestellt ist (§ 37 Abs. 2 SGB X). Um keine Frist zu versäumen, ist es ratsam, den Widerspruch nicht erst am letzten Tag der Frist einzureichen.

 Im Notfall kann er auch vorab per Telefax eingelegt werden. Das Sendeprotokoll sollte aufbewahrt werden! Der Widerspruch kann auch persönlich beim Rentenversicherungsträger oder einer Kommunalbehörde zu Protokoll gegeben werden.

Ab 1.1.2018 kann der Widerspruch auch elektronisch per Email, die mit einer **qualifizierten elektronischen Signatur** versehen ist, eingelegt werden.

Nicht zulässig ist, die Signierung mit einem Pseudonym, welches die die Identifizierung der Person des Signaturschlüssels nicht unmittelbar durch die Behörde ermöglicht. Möglich ist auch eine Versendung nach dem De-Mail-Gesetz mit einer identifizierbaren elektronischen Signatur (§ 86 SGG in der ab 1.1.2018 geltenden Fassung). Fehlt die elektronische Signatur, ist der Widerspruch unzulässig und gilt damit auch nicht als fristgerecht eingereicht.

Die Widerspruchsfrist ist einzuhalten; andernfalls wird der Bescheid bindend und kann nur noch unter erschwerten Bedingungen und möglicherweise erst für die Zukunft geändert werden (§ 44 SGB X), → S. 202.

Wird die Frist ohne Verschulden versäumt, kann innerhalb von zwei Wochen nach Wegfall des Hinderungsgrundes und dessen Glaubhaftmachung ein Antrag auf Wiedereinsetzung in den vorigen Stand nach § 27 SGB X gestellt und Widerspruch eingelegt werden.

Ist die Frist länger als ein Jahr abgelaufen, kann dieser Antrag nicht mehr gestellt werden, es sei denn, die Frist wurde wegen höherer Gewalt versäumt.

Wieder-
einsetzungs-
antrag?

Es ist möglich, zunächst einen Widerspruch ohne Begründung einzulegen, um die Frist zu wahren. So kann bei Ablehnung einer EM-Rente zur Begründung eventuell erst mit den behandelnden Ärzten, mit einem Rechtsanwalt oder Rentenberater gesprochen werden, um dann mit weiteren Argumenten die Rente durchzusetzen. Das gleiche gilt für das Nachreichen von Unterlagen zu Versicherungszeiten und zu allen im Bescheid zu beanstandenden Sachverhalten.

Begründung
nachreichen

## Muster: Widerspruch

> An die
> Deutsche Rentenversicherung
> (Postanschrift: ..............)
>
> Bescheid vom 20.7.2017 VSNR 25 XXXXXX S 5XX
>
> Sehr geehrte Damen und Herren,
>
> hiermit lege ich Widerspruch gegen den o.g. Bescheid ein.
> Die Begründung wird schnellstmöglich nachgereicht.
>
> Mit freundlichen Grüßen

Akten-
einsicht

Es kann sinnvoll sein, vor der Begründung des Widerspruchs Einsicht in die Akten des Rentenversicherungsträgers zu nehmen. Darauf besteht ein Anspruch gemäß § 25 SGB X. Die Rentenversicherung lehnt allerdings manchmal eine Übersendung der Akten an einen Rechtsvertreter (Rechtsanwalt/Rentenberater) ins Büro ab. In jedem Fall können die Akten direkt beim Rentenversicherungsträger oder bei einer anderen amtlichen Stelle eingesehen werden. Wichtig ist insbesondere die Einsicht in die Gutachten und in die beratungsärztlichen Stellungnahmen und den Rentenantrag. Es ist möglich, sich Kopien von einzelnen Seiten der Akte (ggf. gegen Kostenerstattung) anfertigen zu lassen.

Prüffragen

Zur Entscheidung der Frage, ob ein Widerspruch eingelegt oder nach Akteneinsicht aufrecht erhalten wird, sollten u.a. folgende Punkte untersucht werden:

- **Formalien**
  - Sind Name und Geburtsdatum richtig?
  - Ist das Datum des Rentenantrags richtig?
  - Stimmen die Angaben zum Konto, auf das die Rente gezahlt werden wird?

■ **Bei Bewilligung der Rente**
- Ist die beantragte Rente auch bewilligt worden (also teilweise EM, Berufsunfähigkeit, volle EM)?
- Sind die Versicherungszeiten vollständig?
- Sind evtl. Kindererziehungs- und Pflegezeiten vollständig erfasst?
- Wenn ein Versorgungsausgleich durchgeführt wurde, ist er richtig berücksichtigt?
- Ist der Versicherungsfall (Eintritt der EM) richtig festgesetzt?
- Ist ein evtl. Hinzuverdienst richtig angesetzt?
- Ist eine evtl. Rente aus der Unfallversicherung richtig erfasst?
- Ist der Rentenbeginn richtig festgestellt?
- Wenn die Nachzahlung vorläufig einbehalten wird, bestehen überhaupt Erstattungsansprüche, z. B. von Krankenkasse, AA?
- Dauer der Rente?

■ **Bei Ablehnung der Rente**
- Wie ist die Ablehnung begründet?
- Sind die erwerbsmindernden Krankheiten richtig benannt und gewürdigt? (→ S. 177)
- Sind die Verweisungstätigkeiten bei Berufsunfähigkeit oder Summierung von Leistungsbehlnderungen richtig benannt? (→ S. 58)
- Sind in der Zeit vom Rentenantrag bis zum Bescheid neue Krankheiten oder Gesichtspunkte hinzugekommen, die sich zusätzlich leistungsmindernd auswirken?

Die Rentenversicherung muss die im Widerspruch aufgeführten Gründe gewissenhaft prüfen. Weitere ärztliche Befundberichte oder Gutachten müssen einem Gutachter bei der Rentenversicherung zur Stellungnahme vorgelegt werden. Zur Überprüfung vorgebrachter weiterer Versicherungszeiten muss die Rentenversicherung neue Ermittlungen anstellen. All das kann einige Zeit in Anspruch nehmen.

*weitere Prüfung*

Abhilfe-
bescheid

Wird dem Widerspruch abgeholfen, ergeht ein Abhilfebescheid. Wird nur teilweise abgeholfen, weil
z.B. anstatt der begehrten vollen EM-Rente eine
teilweise EM-Rente bewilligt wird, ergeht ein Teil-
abhilfebescheid.

Wurde das Widerspruchsverfahren durch einen Bevollmächtigten geführt, enthält der Abhilfe- oder Teil-
abhilfebescheid in der Regel einen Hinweis, dass die
Hinzuziehung eines Bevollmächtigten notwendig war
(§ 63 SGB X) und dass auf Antrag die notwendigen
Kosten erstattet werden (→ S. 214).

Ablehnungs-
bescheid

Wird der Widerspruch zurückgewiesen oder teilweise zurückgewiesen, ergeht ein Ablehnungsbescheid.

Rechts-
behelfs-
belehrung

Dieser Bescheid enthält wiederum eine Rechtsbehelfsbelehrung mit Hinweis auf die Klagemöglich-
keit, die Klagefrist und Bezeichnung des Gerichts.

## 2   Klage vor dem Sozialgericht (SG)

Gegen den Widerspruchsbescheid kann
beim SG Klage eingereicht werden.

Klagefrist

Die Frist zur Einreichung der Klage beträgt nach
§ 87 SGG einen Monat nach Zustellung bzw. Bekanntgabe des Widerspruchsbescheides. Bei Bekanntgabe im Ausland drei Monate, bei öffentlicher
Bekanntgabe ein Jahr.

Beispiel

Zustellung des Widerspruchsbescheides:     25.5.2017
Ablauf der Klagefrist:                     25.6.2017
Spätestens an diesem Tag muss die Klage beim SG ein-
gegangen sein.

Fehlt die oben erwähnte Rechtsbehelfsbelehrung,
beträgt die Klagefrist ein Jahr.

Die Klage kann fristwahrend auch vorab per Telefax eingereicht werden. Das Sendeprotokoll/Empfangsprotokoll sollte aufbewahrt werden!

Eine Klage kann nicht mit einfacher E-Mail erhoben werden, weil es an der Unterschrift fehlt; die Klage erfüllt aufgrund fehlender Unterschrift nicht das Schriftformerfordernis.

Klage per E-Mail?

Eine Übermittlung über den elektronischen Rechtsverkehr ist möglich, wenn dieser Weg in einer Verordnung des jeweiligen Bundeslandes, in dem die Klage erhoben werden soll, zugelassen ist. In vielen Ländern gibt es eine solche Verordnung (noch) nicht. Spätestens ab dem 1.1.2020 soll in allen Bundesländern der elektronische Rechtsverkehr eingeführt sein. Damit die Schriftstücke einem zu übersendenden Schriftstück gleichstehen, müssen sie mit einer qualifizierten elektronischen Signatur nach § 2 Nr. 3 Signaturgesetz versehen sein. Viele Rechtsanwälte verfügen bereits über eine solche Karte und können die Schriftstücke elektronisch abschicken. Diese Form der Klageeinreichung ist bei anwaltlicher Vertretung möglich.

Zur Fristwahrung kann die Klage auch bei einem unzuständigen Gericht sowie bei jeder anderen inländischen Behörde oder einem anderen Versicherungsträger eingelegt werden (§ 91 SGG). Im EU-Ausland kann die Klage bei entsprechenden Behörden und Gerichten oder deutschen Konsulaten eingereicht werden (Art. 81 EG-VO Nr. 883/2004). Diese Stellen müssen die Klage unverzüglich an das zuständige SG abgeben.

Örtlich zuständig ist das SG, in dessen Bezirk der Kläger zur Zeit der Klageerhebung seinen Sitz oder Wohnsitz oder in Ermangelung dessen seinen Aufenthaltsort hat; steht er in einem Beschäftigungsverhältnis, so ist eine Klage auch vor dem für den Beschäftigungsort zuständigen SG möglich. In der Rechtsbehelfsbelehrung ist regelmäßig das örtlich zuständige SG bezeichnet.

örtliche Zuständigkeit

Form

Die Klage muss schriftlich eingereicht oder vom Ur-
kundsbeamten des Sozialgerichts niedergeschrie-
ben werden.

Klageinhalt

Nach § 92 SGG muss die Klage den Kläger, den Beklagten und den Streitgegenstand bezeichnen.
Sie soll einen bestimmten Antrag enthalten, den angefochtenen Verwaltungsakt oder den Widerspruchsbescheid bezeichnen und die zur Begründung dienen-
den Tatsachen und Beweismittel angeben und vom
Kläger oder einer zu seiner Vertretung befugten Person mit Orts- und Tagesangabe unterzeichnet sein.
Es empfiehlt sich, eine Kopie des Widerspruchsbescheides beizufügen.
Alle Schriftsätze und Unterlagen, die beim SG eingereicht werden, müssen in doppelter Ausfertigung
vorgelegt werden.
Ausnahme: bei zulässiger elektronischer Übermittlung mit qualifizierter Signatur (→ S. 173).
Zu den Kosten → S. 214 ff.

Klage-
begründung

Für die Klagebegründung gibt es keine Frist. Der
Kläger/die Klägerin hat jedoch nach §§ 60 ff. SGB I
an der Aufklärung des Sachverhaltes mitzuwirken.
Wenn das Verfahren vom Kläger trotz Aufforderung
des SG länger als drei Monate nicht betrieben wird,
gilt die Klage nach § 102 Abs. 2 SGG als zurückgenommen. Auf diese Folge muss das SG in der Aufforderung hinweisen. Deshalb und wegen der allgemein
langen Dauer von SG-Verfahren sollte durch zügige
und eingehende schriftliche Begründung der Klage
das Verfahren beschleunigt werden. Das erhöht die
Chance für ein schnelles Anerkenntnis oder Vergleichsangebot der Rentenversicherung. Stimmt der
Versicherte dem Vergleichsangebot oder dem Anerkenntnis zu, kommt es in der Regel nicht zu einer
mündlichen Verhandlung.

Auch im Klageverfahren ist es sinnvoll, Einsicht in die Akten der Deutschen Rentenversicherung zu nehmen; denn es kann gerade zur Beurteilung der EM wichtig sein, die medizinischen Gutachten auszuwerten. Die Akteneinsicht ist nach § 120 SGG zu beantragen. Wenn das SG weit vom Sitz des Anwalts entfernt liegt, werden in der Regel die Akten dem Anwalt in die Büroräume übersandt. Der Rentenberater muss dazu eine Vollmacht vorlegen. Wird die Übersendung verweigert, besteht die Möglichkeit, Einsicht in die Verwaltungsakten bei einem nahe gelegenen Gericht oder einer Behörde am Sitz des Bevollmächtigten oder des Versicherten, wenn er selbst das Verfahren ohne Rechtsbeistand betreibt, zu nehmen.

Akten-
einsicht

Zur Klagebegründung sollten insbesondere folgende Fragen gestellt werden:

Prüffragen

- Ist die Begründung des Widerspruchs und sind evtl. neu eingereichte Befunde richtig berücksichtigt worden? (→ S. 186)
- Sind die gesundheitlichen Beschwerden ausreichend gewürdigt?
- Sind fachlich geeignete Gutachter herangezogen worden?
- Ist der berufliche Werdegang des Klägers zutreffend skizziert?
- Sind die Verweisungstätigkeiten stichhaltig und richtig zugeordnet?
- Ist die Arbeitsmarktlage ausreichend gewürdigt worden?
- Ist die Umstellungs- und Anpassungsfähigkeit des/der Versicherten untersucht worden?
- Bei Ablehnung wegen Nichterfüllung der versicherungsrechtlichen Voraussetzungen: Ist der Eintritt des Versicherungsfalls richtig?

Amtsermitt-
lungsgrund-
satz

Auf die Begründung der Klage hin nimmt das SG eigene Ermittlungen auf, z. B. zu Versicherungszeiten oder zur gesundheitlichen Situation der Klagenden. Das SG fordert auf, die behandelnden Ärzte/Krankenhäuser und Behörden, insbesondere wenn von diesen auch medizinische Unterlagen beigezogen

Schweige-
pflicht-
entbindung

werden können, von der ärztlichen Schweigepflicht zu entbinden. Liegt diese vor, wird das SG von den betroffenen Ärzten/Krankenhäusern Befundberichte und von den beteiligten Stellen, z. B. der Krankenkasse, Unterlagen über Arbeitsunfähigkeitszeiten und Gutachten des MDK beiziehen. Liegen diese Unterlagen vor, erhalten in der Regel der Kläger und die Rentenversicherung die Möglichkeit zur Stellungnahme (→ S. 190).

 Die Befundberichte der Ärzte sollten auf Richtigkeit überprüft werden. Die vom SG abgefragten Behandlungsdaten (erstmalige und letztmalige) sollten abgeglichen werden, ebenso die weiteren Aussagen zu den benannten Beschwerden und Funktionsbehinderungen.

Es kommt immer wieder vor, dass Angaben unvollständig sind. Ist dies der Fall, muss dazu Stellung genommen werden. Der Kläger sollte notfalls vorab die Sache noch einmal mit seinem Arzt besprechen. Liegen diese Stellungnahmen vor, entscheidet das SG, ob es weitere Ermittlungen aufnimmt. In der Regel wird es von Amts wegen Sachverständigengutachten einholen. Dies geschieht durch einen Beweisbeschluss, in dem der Gutachter und die Fragen an ihn ausgeführt sind.

Hinsichtlich des Gutachtens sollten besonders fol-    Prüffragen
gende Fragen gestellt werden:

– Hat das Gericht den »geeigneten Gutachter« aus-
  gewählt?
– Verfügt der Sachverständige/Gutachter über die
  erforderliche Fachkunde?
– Ist ein psychologisches Zusatzgutachten erforderlich? (→ S. 50)
– Bedarf es ergänzender Fachkunde z. B. bei der
  Interpretation von Röntgen- und CT-Befunden?
– Gibt es Gründe für den Ausschluss des beauftragten Arztes von der Sachverständigentätigkeit, etwa weil er früher schon einmal am Verfahren beteiligt war?
– Besteht die Besorgnis der Befangenheit, weil der
  Gutachter ständig mit der Gegenseite zusammen-
  arbeitet oder eine persönliche Auseinanderset-
  zung mit dem Mandanten zu befürchten ist?
  Ein Antrag auf Ablehnung eines Gutachters muss
  innerhalb von zwei Wochen nach Zustellung des
  gerichtlichen Beweisbeschlusses in dem der Gutachter benannt ist, bei Gericht gestellt werden.
  Ergibt sich ein Ablehnungsgrund erst aus dem
  schriftlichen Gutachten, muss die Ablehnung innerhalb der vom Gericht gesetzten Frist zur Stellungnahme zum Gutachten erfolgen. Fehlerhaf-
  tigkeit, Unvollständigkeit, Unzulässigkeiten oder
  mangelnde Sachkunde reichen für einen Befan-
  genheitsantrag jedoch nicht aus.
– Sind die Beweisfragen richtig formuliert?
  Besteht ein Anspruch auf eine EM-Rente, weil
  nur bis zu einem bestimmten Stichtag die besonderen versicherungsrechtlichen Voraussetzungen
  vorliegen, sollte der Gutachter auch danach be-
  fragt werden, ob die EM gegebenenfalls schon an
  diesem Tag oder früher eingetreten ist (→ S. 27).

## 3   Sozialmedizinisches Gutachten

### 3.1   Inhalt

Das sozialmedizinische Gutachten gliedert sich in

- Anamnese
- Erhebung der Untersuchungsbefunde
- Diagnosen
- Epikrise
- sozialmedizinische Leistungsbeurteilung
- Schlussblatt.

Siehe auch → S. 306 ff.

### 3.1.1   Anamnese

In der Anamnese wird die Krankheitsvorgeschichte dargestellt. Die Anamnese ist von großer Bedeutung, weil sich darauf die körperliche Untersuchung und die Beurteilung der krankheitsbedingten Leistungsfähigkeit aufbauen.

familiäre Vorgeschichte

Die Anamneseerhebung beginnt häufig mit der Frage, ob eine familiäre Vorbelastung besteht, also andere Familienmitglieder (Eltern, Geschwister) an der gleichen Erkrankung leiden oder gestorben sind, z.B. Herzerkrankungen, Allergien, Krebserkrankungen.

eigene Krankheitsvorgeschichte

Des Weiteren wird die Krankheitsvorgeschichte des Rentenantragstellers aufgenommen. Hierzu gehören z.B. der Beginn der Erkrankung, welche Beschwerden vorgelegen haben, welche ambulanten Behandlungen und Krankenhausbehandlungen bisher in welchem Umfang stattgefunden haben. Die jeweiligen Befundberichte sollten dem Gutachter auf jeden Fall vorgelegt werden, sofern sie nicht bereits mit dem EM-Rentenantrag an den Rentenversicherungsträger geschickt wurden. Auch stationäre Rehabilitationsmaßnahmen und die Entlassungsberichte sollten hier nicht fehlen.

Sodann werden die im Zeitpunkt der Begutachtung aktuell bestehenden Krankheiten und Beschwerden erfragt. Diese sollten möglichst genau angegeben werden, insbesondere auch bei welcher Belastung welche Beschwerden in welcher Form konkret oder ob sie sogar ohne Belastung auftreten. Aufgeführt werden sollte die Häufigkeit der jeweiligen Arztbesuche und die speziellen Behandlungen. Von Bedeutung kann die Schilderung des Alltages sein. Der Tagesablauf sollte hinsichtlich der beruflichen Tätigkeit und des persönlichen und privaten Lebens dargestellt werden. Versicherte, die wegen längerer Arbeitsunfähigkeit nicht mehr im Erwerbsleben stehen, führen ein anderes Leben als vollbeschäftigte Menschen. Das kann auch krankheitsbedingt sein und Auswirkungen auf die Erwerbsfähigkeit haben. Deshalb ist die Darstellung des derzeitigen Alltags wichtig: das Aufstehen, die Körperpflege, das Frühstücken, das Erledigen von Hausarbeiten und Einkäufen. Gesagt werden muss, ob diese überhaupt noch verrichtet werden können oder Hilfe benötigt wird, ob während des Tages immer wieder Ruhephasen und Pausen einzuhalten sind.

*aktuelle Krankheiten und Beschwerden*

Erfragt werden auch die vegetativen Funktionen, wie z. B. Wasserlassen, Stuhlgang, Verdauung, Allergien, Gewichtszunahme innerhalb welcher Zeit sowie Alkohol-, Nikotin- und Drogenkonsum.

Sodann wird die derzeitige Behandlung abgefragt, z. B. die Medikamenteneinnahme einschließlich der Dosierung, psychotherapeutische Behandlung, Krankengymnastik.

*derzeitige Behandlung*

Anschließend erfolgt die Erhebung der sozialen Anamnese. Hierbei werden der berufliche Werdegang,

*soziale Anamnese*

Schule, Ausbildung und die bisher ausgeübten Tätigkeiten, Zeiten der Arbeitsunfähigkeit oder auch evtl. Arbeitslosigkeit sowie das Anforderungsprofil der zum Zeitpunkt oder zuletzt vor der Begutachtung ausgeübten Erwerbstätigkeit erhoben. Hier sollte genau geschildert werden, welche Arbeiten konkret verrichtet werden, ob es sich um qualifizierte oder leichtere Tätigkeiten handelt, ob sie z. B. stehend, sitzend oder gehend bzw. auch im Wechsel dieser drei Körperhaltungen verrichtet werden, ob die Tätigkeiten im Freien oder in feuchten Räumen mit Dämpfen verrichtet werden, häufige Kontakte mit Putzmitteln vorkommen, es sich um eine Tätigkeit mit hoher Konzentrationsanforderung handelt, sie überwiegend im Bücken ausgeübt wird, ob häufig Gegenstände zu tragen sind, welche Pausenmöglichkeiten bestehen.

Zur sozialen Anamnese gehört des Weiteren die Angabe evtl. früherer Rentenbezugszeiten, ob die Rente schon einmal abgelehnt wurde, ob noch andere Renten, z. B. von der gesetzlichen Unfallversicherung, gezahlt werden, ob eine Schwerbehinderteneigenschaft festgestellt wurde.
Außerdem wird der Familienstand, Zahl und Alter der Kinder, Alter und Beruf des Ehegatten und dessen Erwerbstätigkeit abgefragt.

weitere Gutachten?

Zudem ist mitzuteilen, wann weitere ärztliche Begutachtungen, z. B. im Auftrag der AA, des MDK oder auch der Berufsgenossenschaft oder sonstiger Träger durchgeführt wurden.
Auch wird gefragt, ob z. B. ein Antrag auf Teilhabe am Arbeitsleben (berufliche Rehabilitation), auf Wiedereingliederung, auf einen Eingliederungszuschuss oder auf eine Weiterbildung gestellt wurde.

Sodann wird gefragt, ob der Beiziehung des MDK-Gutachtens und der Übersendung der erhobenen

Befunde an behandelnde Ärzte zugestimmt wird. Es empfiehlt sich, diese Einverständniserklärung abzugeben. Denn auch aus anderen Gutachten und Befunden können sich wichtige Hinweise für die Beurteilung der Erwerbsfähigkeit ergeben.

### 3.1.2  Körperliche Untersuchung

Nach der Anamnese erfolgt die körperliche Untersuchung. Zunächst wird der so genannte Allgemeinzustand, also Größe, Gewicht, Körperbau, der allgemeine Eindruck, so z. B. die Bewegungsabläufe, die Körperhaltung und der Gang, beurteilt.

Körper

In dem in der Anlage als Beispiel abgedruckten Gutachten ist eine Gewichtszunahme von 25 kg auffallend. Die Klägerin hatte schon zuvor in der Anamneseerhebung angegeben, dass das Gewicht aufgrund der Medikation zugenommen hat. Zum Gangbild wird erwähnt, dass die Klägerin sich schwerfällig fortbewege und eine Unterarmgehstütze rechts benötige. Die Bewegungen sind mit steif angegeben. Der Alterseindruck wird als vorgealtert geschildert.

Beispiel

Die eigentliche körperliche Untersuchung beginnt i.d.R. beim Kopf, den Sinnesorganen, Augen, Ohren, ggf. Frage nach Hörgeräten, Beeinträchtigung des Riechens oder des Geschmacks. Sodann erfolgt die Begutachtung des Halses, des Thorax, der Atmungsorgane. Hier wird mit apparativen Untersuchungen, wie Lungenfunktionstest, Atemwiderstand usw. gemessen. Für die Beurteilung von Herz- und Kreislauforganen wird regelmäßig der Blutdruck, die Pulsfrequenz in Ruhe und bei Belastung gemessen.
Bei der Untersuchung der Wirbelsäule und den Gliedmaßen erfolgt eine so genannte Funktionsbegutachtung. Sie läuft nach einem bestimmten Schema ab, der so genannten Neutral-Null-Methode

(→ S. 325). Hier werden z. B. die Beugung und Seitneigung des Kopfes getestet, ob und wie hoch die Arme angehoben werden können, die Seitneigungen des Korpus, wie weit der Finger-Boden-Abstand der Hände bei nach vorn gebeugtem Oberkörper zum Fußboden ist.

 Sobald bei diesen Untersuchungen die Bewegungen schmerzhaft werden, muss dies mitgeteilt werden.

Außerdem wird der Hautbefund erhoben.

Zur Untersuchung des Nervensystems gehören neurologische Untersuchungen, wie z. B. Messung der Hirnströme (EEG), Reflexe.

 Im Beispielsfall können bei einer erheblichen Luftnot ein Asthmaanfall oder auch Panikstörungen auftreten.

Schließlich sind noch sonstige Befunde aufzuführen, wie Laborbefunde, Röntgenbefunde, EKG.

**Psyche**   Erforderlich können auch noch Untersuchungen zur Psyche sein. Bei psychiatrischen Begutachtungen wird vielfach mit standardisierten Fragebogen und Tests gearbeitet. Mit diesen soll die Authentizität der Beschwerden überprüft werden. Auch Leistungstests werden häufig durchgeführt, z. B. wenn über Konzentrationsstörungen oder auch Tagesmüdigkeit geklagt wird. Die Beschwerden können Auswirkungen auf die Leistungsfähigkeit haben. Ist Tagesmüdigkeit infolge von Schlafstörungen angegeben, kann dies jedoch auch andere Ursachen haben; dies sollte in einem Schlaflabor geklärt werden. Auf diese Untersuchungsmöglichkeit müsste der Gutachter hinweisen.

### 3.1.3 Diagnosen

Nach der Untersuchung werden die jeweiligen Diagnosen und die Diagnoseschlüssel festgestellt.

### 3.1.4  **Epikrise**

Im Anschluss daran wird die so genannte Epikrise dargestellt. Das ist die Zusammenfassung der einzelnen Erkrankungen und des Gesamtbefundes bezogen auf die Leistungsfähigkeit im Erwerbsleben. In der Epikrise sind je nach Art der Erkrankung der Verlauf unter kritischer Würdigung der erhobenen Anamnese und der Befunde, die Testergebnisse der psychiatrischen Begutachtungen, die bisherigen Therapien und auch denkbare weitere Therapien anzugeben. Widersprüche in der Art der Schilderung der Erkrankung zu den tatsächlich erhobenen Befunden sollen ausführlich dargelegt werden. Bei schubweisen Erkrankungen sind auch der Krankheitsverlauf und für den Fall, dass sich zum Zeitpunkt der Begutachtung ein aktuell symptomarmes Bild dargestellt hat, eine Prognose zum weiteren Verlauf zu geben.

Etwaige Probleme, die anlässlich der Begutachtung und der Befunderhebung aufgetreten sind, sollen ebenfalls geschildert werden. Dazu können auch Sprachschwierigkeiten oder auffällige Verhaltensweisen, wie die übertriebene Darstellung der Beschwerden, angegeben werden. Bei speziellen Krankheitsbildern kann es notwendig werden, die Einholung weiterer Sachverständigengutachten zu empfehlen.

Schließlich wird nochmals in Textform zusammengefasst, inwieweit der Rentenantragsteller die zuletzt ausgeübte Tätigkeit noch oder nicht mehr verrichten kann und wie sich das Leistungsvermögen auf dem allgemeinen Arbeitsmarkt darstellt bzw. welche Funktionseinschränkungen bei dieser Tätigkeit zu beachten sind.

*Sozialmedizinische Leistungsbeurteilung*

Dabei muss sich der Gutachter festlegen, ob der Rentenantragsteller noch sechs Stunden, drei bis unter sechs Stunden oder unter drei Stunden täglich in der letzten Tätigkeit und auf dem allgemeinen Arbeitsmarkt ausüben kann und ob eine Besserung wahrscheinlich oder unwahrscheinlich ist.

Leistungsbild

Im so genannten anschließenden positiven und negativen Leistungsbild ist – bezogen auf den allgemeinen Arbeitsmarkt, also nicht auf die zuletzt ausgeübte Tätigkeit sondern auf jegliche Tätigkeit – zunächst positiv zu vermerken, welche Tätigkeiten noch verrichtet werden können. Bei körperlichen Arbeiten ist die Arbeitsschwere anzugeben, z. B. leichte bis mittelschwere Arbeiten oder nur leichte Arbeiten; die Arbeitshaltung, wie im Stehen, im Gehen, im Sitzen, ggf. im Wechsel, die Arbeitseinteilung wie Tag-/Früh-/Spät- oder Nachtschicht.

positiv

negativ

Im negativen Leistungsbild sind Art und Ausmaß der jeweiligen Einschränkungen bezogen auf die geistig/psychische Belastbarkeit, die Sinnesorgane und auf den Bewegungs-/Haltungsapparat oder auch die Gefährdungs- und Belastungsfaktoren nochmals anzugeben. Bei geistig/psychischer Belastbarkeit sind es z. B. Einschränkungen im Konzentrations- oder Reaktionsvermögen, der Umstellungs- und Anpassungsfähigkeit auf andere Tätigkeiten, der Verantwortung für Personen, Bedienung von Maschinen, des Umgangs mit Publikum, der Überwachung oder Steuerung komplexer Arbeitsvorgänge.

Die Einschränkungen im Bereich der Sinnesorgane können durch Seh-, Hör-, Sprach- und Sprechstörungen, aber auch durch ein gestörtes Tast- oder Riechvermögen vorhanden sein.

Beim Bewegungs- und Haltungsapparat kommt es im wesentlichen darauf an, inwieweit die Gebrauchsfähigkeit der Hände beeinträchtigt ist oder Arbeiten mit häufigem Bücken, Ersteigen von Treppen, Leitern und Gerüsten, Heben, Tragen und Bewegen von Lasten, Gang- und Standsicherheit, Zwangshaltungen möglich sind.

Weiter ist auch hier auf Gefährdungs- und Belastungsfaktoren einzugehen. Dazu gehören z. B. Nässe, Zugluft, extrem schwankende Temperaturen, inhalative Belastungen, Allergene, Lärm, Erschütterungen, Fibrationen, Tätigkeiten mit erhöhter Unfallgefahr, häufig wechselnde Arbeitszeiten (→ S. 47).

Von Bedeutung ist auch die Feststellung des Zeitpunktes, ab dem die Leistungseinschränkung vorliegt und ob eine Besserung wahrscheinlich ist. Davon hängt ab, ob eine EM-Rente auf Zeit oder auf Dauer gewährt wird. Stellt sich bei der Begutachtung heraus oder ist es schon bekannt, dass die Gesundheitsschäden bzw. die Leistungsminderung durch einen Arbeitsunfall, Berufskrankheit, Wehrdienstbeschädigung oder anderes Fremdverschulden eingetreten sind, ist dies ebenfalls aufzuführen. Schließlich ist zu berücksichtigen, ob eine Rehabilitationsmaßnahme zur Besserung der Leistungsfähigkeit sinnvoll ist und damit die Rentengewährung vermieden werden kann. Bei psychischen Krankheiten oder geistigen bzw. seelischen Behinderungen wird nochmals abgefragt, ob der Betroffene seine Angelegenheiten selbst besorgen kann oder ob er Hilfe benötigt.

*Zeitpunkt der Leistungsminderung*

### 3.1.5 Schlussblatt

Im so genannten Schlussblatt sind noch einmal in tabellarischer Übersicht die quantitativen und qualitativen Merkmale der zuletzt ausgeübten Tätigkeit darzustellen.

Dazu erfolgt erneut eine tabellarische Abfrage der quantitativen und qualitativen Leistungsbeurteilung unter Beachtung des in der Epikrise festgestellten Ergebnisses. Die formularmäßige Zusammenstellung dient der Kontrolle, sie bietet aber auch eine schnelle Übersicht.

## 3.2   Überprüfung des Sozialmedizinischen Gutachtens

Liegt das Gutachten vor, sollte Folgendes gefragt und geprüft werden:

- Hat der Sachverständige alle Klagen über die Beschwerden des Mandanten zur Kenntnis genommen, ist die Anamneseerhebung richtig?
- Stimmen die Angaben im Schlussblatt mit denjenigen in der Epikrise überein?
- Weiterhin ist zu prüfen, ob der beauftragte Arzt selbst die erforderlichen Untersuchungen vorgenommen hat, denn es besteht die Pflicht der persönlichen Vornahme der Begutachtung. Dies schließt jedoch eine Heranziehung von geeigneten ärztlichen Mitarbeitern nicht aus, wenn der Sachverständige die Kernaufgabe des Gutachtens, die Bewertung der erhobenen Daten und Befunde selbst durchführt und dafür durch seine Unterschrift die Verantwortung übernimmt. In psychiatrischen/psychosomatischen Gutachten oder bei der Begutachtung chronischer Schmerzen, bei denen die Befunde überwiegend im subjektiven Bereich liegen, ist die Führung eines persönlich explorierenden Gesprächs Hauptaufgabe des Gutachtens. Das persönlich explorierende Gespräch kann nicht delegiert werden. Aus wichtigen Gründen kann der beauftragte Gutachter aber schriftlich die Genehmigung für die Heranziehung eines Mitarbeiters vor der Delegation beim SG beantragen.
- Hat der Sachverständige den gesamten Akteninhalt, also sämtliche Vorgutachten, Befundberichte und weitere ärztliche Untersuchungen vollständig gewürdigt und in seiner Beurteilung behandelt oder zeigen sich Widersprüche zwischen den einzelnen Gutachten und Sachverständigen?
- Hat der Sachverständige Gutachten des MDK beigezogen und ausgewertet?

- Hat der Sachverständige alle Fragen nachvollziehbar und vollständig beantwortet, ggf. seine von den Vorgutachtern abweichende Meinung begründet oder widersprechen sich die einzelnen Antworten?
- Hat der Sachverständige Rechtsbegriffe ausgelegt und damit seine Kompetenz überschritten?
- Entspricht die Beurteilung durch den Sachverständigen den Erfahrungssätzen der Sozialmedizin? Z.B.:
  – Reichen die Ergebnisse des Belastungs-EKG wirklich aus, um das Leistungsvermögen zu beurteilen oder müssen noch Aspekte der psychischen Belastbarkeit berücksichtigt werden?
  – Sind die vom Sachverständigen beschriebenen Depressionen oder Neurosen wirklich bei Anspannung aller Kräfte überwindbar?
  – Sind die vom Sachverständigen vorgeschlagenen Therapiekonzepte wirklich überzeugend oder sind sie schon erfolglos getestet worden oder liegen hirnorganische Beeinträchtigungen vor, z.B. eine psychomotorische Verlangsamung, eine Einschränkung der Ausdauer, die einen neuropsychologischen Test erfordern?
  – Liegt eine Summierung ungewöhnlicher Leistungseinschränkungen vor? (› S. 58)

Wir empfehlen weiter:
- Rücksprache mit dem Mandanten, um weitere Gesichtspunkte zusammenzutragen.
- Gezielte Anfrage bei den behandelnden Ärzten zu ergänzenden Stellungnahmen auch zu therapeutischen Bemühungen aus der Vergangenheit.
- Vorlage neuer Befundberichte, Klinikentlassungsberichte, Gutachten anderer Leistungsträger, z.B. von der AA, dem Versorgungsamt oder der Berufsgenossenschaft.
- Detaillierte Kritik, z.B. anhand der Angaben des Mandanten über die Behinderungen bereits im

Alltag (Tagesablauf, Haushalt, Einkaufen) und bei der Verrichtung leichter Tätigkeiten, z. B. unter Stress.

- Hinweis auf abgebrochene Wiedereingliederungsmaßnahmen nach § 28 SGB IX, § 74 SGB V als Hinweis für das Vorliegen einer erheblichen Leistungsminderung.
- Hinweis auf berufskundliche Erkenntnisse, z. B. anhand der von der AA erstellten Tätigkeitsbeschreibungen (→ S. 53).

Zusätzlich im Gerichtsverfahren:
- Prüfung der Einholung eines Gutachtens nach § 109 SGG.
- Antrag auf mündliche oder schriftliche Anhörung des Sachverständigen (§ 118 Abs. 1 SGG i. V. m. §§ 397, 411 Abs. 3 ZPO).
- Beweisantrag nach §§ 103, 106 oder 109 SGG, z. B. mit Hinweis auf weitere Funktionseinschränkungen anhand eines Gutachtens zur Gesamtbeurteilung, wenn Gutachten mehrerer Fachgebiete vorliegen und die festgestellten Defizite sich überschneiden und ggf. potenzieren können (BSG, Beschluss vom 5.9.2013 – B 13 R 203/13 B) und wenn die Gutachten wegen der langen Verfahrensdauer schon zeitlich lange zurückliegen.

### 3.3   Anhörung eines bestimmten Arztes

Beabsichtigt das SG gar kein oder kein weiteres Gutachten einzuholen, weil es meint, die Sache sei ausreichend geklärt, kann auf Antrag des Versicherten nach § 109 SGG ein bestimmter Arzt gutachterlich gehört werden. Die Sozialgerichte können jedoch die Einholung eines Medizinischen Gutachtens durch einen vom Kläger benannten Sachverständigen ablehnen, wenn von vornherein abzusehen ist, dass die Einholung eines Gutachtens den Rechtsstreit deutlich verzögert (SG Aachen, Urteil vom 13.5.2016 – S 6 R 147/14).

Das Gesetz sieht nur die Anhörung eines Arztes vor. Ein approbierter Psychologe kann nicht als Gutachter benannt werden (BSG, Urteil vom 17.3.2010 – B 3 P 33/09 B). In diesem Fall kann aber ein psychiatrisches Gutachten durch einen Arzt mit psychologischer Zusatzbegutachtung beantragt werden. Das psychologische Zusatzgutachten fließt dann in die Endbeurteilung des ärztlichen Gutachtens mit ein.

Hierbei muss genau überlegt werden, auf welchem Fachgebiet das Gutachten eingeholt werden soll und welcher Arzt benannt werden soll. Es sollte ein Arzt/Gutachter sein, der sich mit der Erstellung von Gutachten auf dem Gebiet der Rentenversicherung auskennt, von Gerichten und Gegnern akzeptiert wird und der in der Lage ist, sich mit den Aussagen der Vorgutachter auseinanderzusetzen. Ein Gefälligkeitsgutachten hilft hier nicht weiter! Auch ist es in der Regel wenig sinnvoll, den behandelnden Arzt als Gutachter zu benennen, weil dieser nach herrschender Auffassung seinem Patienten einerseits näher steht, andererseits bei negativem Gutachten auch das Arzt-/Patientenverhältnis nachhaltig beeinträchtigt werden kann.

Die Benennung eines im EU-Ausland tätigen Arztes ist ausnahmsweise möglich, z.B. wenn besondere Gründe (Spezialwissen bei einer seltenen Erkrankung) vorliegen (BSG, Urteil vom 20.4.2010 – B 1/3 KR 22/08 R: zum Krankenversicherungsrecht).

Es können auch weitere Ärzte als Gutachter benannt werden, wenn auf anderen medizinischen Fachgebieten weitere Leiden zu bewerten sind oder das Gutachten der beklagten Deutschen Rentenversicherung angegriffen wurde oder sonstige neue Gesichtspunkte weitere Stellungnahmen erforderlich machen. Es muss also begründet werden, weshalb die Einholung weiterer Gutachten geboten ist.

weitere Gutachten

Dies kann auch der Fall sein, wenn der erste Sachverständige eine widersprüchliche, nicht nachvollziehbare Beurteilung abgegeben hat oder gar das Gutachten nicht selbst erstellt hat.

Das SG kann einen Antrag auf ein Gutachten ablehnen, wenn durch die Zulassung die Erledigung des Rechtsstreits verzögert werden würde und der Antrag nach der freien Überzeugung des Gerichts in der Absicht, das Verfahren zu verschleppen, gestellt wird oder aus grober Nachlässigkeit nicht früher vorgebracht worden ist.
Hat der Kläger während des Klageverfahrens oder im Termin zur mündlichen Verhandlung auf eine Verschlechterung der in einem mehrere Jahre zurückliegenden Gutachten erhobenen Befunde unter Vorlage eines neuen Arztbriefes hingewiesen, drängt sich die Notwendigkeit auf, dass das Gericht ein weiteres Gutachten einholen muss.

Zu den Kosten für den auf Antrag des Rentenantragstellers gutachtlich gehörten Arztes → S. 216.

## 4 Ablauf des Sozialgerichtsverfahrens

Das Sozialgerichtsverfahren beginnt mit der Klageerhebung → S. 172.

Konzen-
trations-
grundsatz
Zur Vorbereitung der Gerichtsverhandlung hat das SG nach § 106 SGG alle Maßnahmen zu treffen, die notwendig sind, um den Rechtsstreit möglichst in einer mündlichen Verhandlung zu erledigen. Dazu kann der/die Vorsitzende Richter/in:

- Urkunden und elektronische Dokumente anfordern;
- Krankenpapiere, Aufzeichnungen, Krankengeschichten, Sektions- und Untersuchungsbefunde sowie Röntgenbilder beiziehen;

- Auskünfte jeder Art einholen;
- Zeugen und Sachverständige in geeigneten Fällen vernehmen oder, auch eidlich, durch den ersuchten Richter vernehmen lassen;
- die Einnahme des Augenscheins sowie die Begutachtung durch Sachverständige anordnen und ausführen;
- einen Termin anberaumen, das persönliche Erscheinen der Beteiligten hierzu anordnen und den Sachverhalt mit diesen erörtern.

Erörterungstermin

Dieser Erörterungstermin ist kein Termin zur mündlichen Verhandlung, es wird also kein Urteil gefällt, sondern es werden oft Weichen für weitere notwendige Ermittlungen gestellt. Ein solcher Termin kann sinnvoll sein, wenn es um einen komplexen und schwierigen Fall geht, z. B. Versicherungszeiten geklärt werden müssen, die eventuell auch für weitere Sachverhaltsermittlungen wichtig sind. In einem solchen Termin kann auch auf eine vergleichsweise Regelung zur Beendigung des Rechtsstreits hingewirkt werden, um so ein weiteres, den Kläger zermürbendes, finanziell belastendes, jahrelanges Sozialgerichtsverfahren zu vermeiden.

Wegen der oft überlangen Verfahrensdauer kann das SG nach § 106a SGG den Beteiligten Fristen setzen, innerhalb derer

Beschleunigung des Verfahrens

- Tatsachen oder Beweismittel zu bezeichnen,
- Urkunden, Sachen oder elektronische Dokumente (z. B. Röntgen-, MRT-, CT-Aufnahmen) vorzulegen sind.

Werden die Unterlagen verspätet vorgelegt, kann das SG deren Verwertung zurückweisen (Präklusion) und ohne weitere Ermittlung entscheiden. Dies setzt voraus, dass

- ihre Zulassung nach der freien Überzeugung des Gerichts die Erledigung des Rechtsstreits verzögern würde und

- der Beteiligte die Verspätung nicht genügend entschuldigt und
- der Beteiligte über die Fristfolgen belehrt worden ist.

Umgekehrt ist es jetzt auch möglich, dass der Kläger bei überlanger Untätigkeit des Gerichts eine Verzögerungsrüge erheben kann. Diese kann nach Abschluss des Verfahrens Schadenersatzansprüche bis zu 1.200 € für jedes Jahr der Verzögerung bringen. Wann von einer unangemessenen langen Dauer auszugehen ist, hängt vom jeweiligen Einzelfall ab. Je umfangreicher und schwieriger der Aufwand für das Verfahren ist, desto länger kann ein solches Verfahren dauern.

mündliche
Verhandlung

Ist nach Beurteilung des Vorsitzenden Richters das Verfahren entscheidungsreif, bestimmt das Gericht Ort und Zeit der mündlichen Verhandlung und teilt dies den Beteiligten in der Regel zwei Wochen vorher mit. Die Beteiligten müssen darauf hingewiesen werden, dass im Falle ihres Ausbleibens nach Lage der Akten entschieden werden kann.

Im Gerichtstermin wird die mündliche Verhandlung durch einen Sachbericht des/der Vorsitzenden Richters/in eingeleitet. Neben dem Berufsrichter nehmen zwei ehrenamtliche Richter teil, je ein Arbeitnehmer- und ein Arbeitgebervertreter. Im sozialgerichtlichen Verfahren können auch noch im Gerichtstermin Anträge, sogar zur weiteren Beweisaufnahme gestellt werden. Nach dem Widerspruchbescheid ergangene Bescheide des Versicherungsträgers, die den Verwaltungsakt abändern oder ersetzen, werden Gegenstand des Verfahrens (§§ 96 und 153 SGG).
Nach § 62 SGG ist den Beteiligten vor jeder Entscheidung rechtliches Gehör zu gewähren; die Anhörung kann schriftlich oder elektronisch geschehen.

In aller Regel wird in diesem Termin ein abschließendes Urteil gefällt und auch verkündet.

Im Urteil muss der Sachverhalt dargelegt werden, eine Entscheidung und die Entscheidungsgründe aufgeführt werden.

Urteil

Mit Zustimmung beider Parteien kann nach § 124 SGG auch ohne mündliche Verhandlung entschieden werden.

ohne mündliche Verhandlung

Davon ist jedoch abzuraten, da sich durch die gemeinsame Erörterung der Sach- und Rechtslage mit der Gegenseite und dem Gericht noch neue Gesichtspunkte ergeben können.

Ein Verzicht auf eine mündliche Verhandlung ist nur dann sinnvoll, wenn die Klage offensichtlich aussichtslos ist. Gibt es aber z.B. mehrere Sachverständigengutachten mit unterschiedlichen Ergebnissen oder sind Sachverhalte zu den besonderen versicherungsrechtlichen Voraussetzungen klärungsbedürftig, sollte man sich nicht mit einer Entscheidung ohne mündliche Verhandlung einverstanden erklären. Das Gericht muss dem Bestehen auf einer mündlichen Verhandlung nicht zwingend folgen. Deshalb sollten auch in der Anhörung noch einmal die wesentlichen Gesichtspunkte, die für die Stattgabe einer Klage sprechen können, vorgebracht und weitere Anträge, z.B. auf Einholung von neuen Befundberichten oder Sachverständigengutachten, gestellt werden.

Das SG kann eine Entscheidung ohne mündliche Verhandlung durch Gerichtsbescheid (§ 105 SGG) treffen, wenn der Sachverhalt geklärt ist und auch die Sache keine besonderen Schwierigkeiten tatsächlicher und rechtlicher Art aufweist. In diesem Fall sind die Beteiligten vorher nur zu hören. Auf die Zustimmung der Beteiligten kommt es also nicht an. Der Berufsrichter entscheidet ohne die ehrenamtlichen Richter.

Gerichtsbescheid

Der Gerichtsbescheid hat die Wirkung eines Urteils und es kann dagegen Berufung eingelegt werden.

Klage-
rücknahme

Das Verfahren kann aber auch durch Rücknahme der Klage durch schriftliche Erklärung gegenüber dem Gericht erfolgen; dies ist sogar noch nach Verkündung des Urteils bis zur Rechtskraft (ein Monat ab Zustellung) möglich.

Die Klage gilt als zurückgenommen, wenn der Kläger das Verfahren trotz Aufforderung des Gerichts länger als drei Monate nicht betreibt. Das Gericht muss den Kläger auf diese Rechtsfolge gesondert hinweisen.

Anerkenntnis

Ebenso kann das Verfahren im Wege eines Anerkenntnisses abgeschlossen werden.

Erkennt die Deutsche Rentenversicherung die mit der Klage geltend gemachten Ansprüche ganz oder teilweise an und nimmt der Kläger das Anerkenntnis durch schriftliche Erklärung an das SG oder beim SG zu Protokoll an, so wird der Rechtsstreit nach § 101 Abs. 2 SGG in der Hauptsache erledigt.

Haben Versicherte das Anerkenntnis angenommen, sind sie daran gebunden. Die Erklärung über die Annahme kann zwar grundsätzlich nach § 119 BGB wegen Irrtums oder nach § 123 BGB wegen Täuschung oder Drohung angefochten werden, diese Gründe werden aber äußerst selten vorliegen. Für die Vergangenheit wird ein angenommenes Anerkenntnis auch nicht nach § 44 SGB X angefochten werden können. Durch einen neuen Rentenantrag kann jedoch jederzeit eine andere Entscheidung mit Wirkung für die Zukunft bewirkt werden, z. B. die Umwandlung einer Rente wegen teilweiser EM in eine Rente wegen voller EM.

Vergleich

Das Klageverfahren kann durch einen Vergleich im Termin vor dem SG abgeschlossen werden. Auch der außergerichtliche Vergleich beendet das Verfahren, weil er als übereinstimmende Erledigung behandelt wird. In einem Vergleichsverfahren kommt dem Bevollmächtigten eine besondere Verantwortung zu; denn er muss dem Kläger im Einzelnen darlegen, welche Gesichtspunkte für oder gegen den Abschluss des Vergleichs sprechen. Dabei müssen auch die Risiken realistisch erläutert und eine Erfolgsprognose über den ohne Vergleich weiterzuführenden Prozess abgegeben werden. Wie beim Anerkenntnis sind die Parteien an den Vergleich gebunden.

## 5 Berufung, Revision, Nichtzulassungsbeschwerde

### 5.1 Berufung

Gegen ein Urteil des SG kann Berufung eingelegt werden, wenn der Beschwerdewert 750 € übersteigt oder über Leistungen von mehr als einem Jahr gestritten wird oder die Berufung im Urteil zugelassen wird. In Verfahren wegen EM-Rente ist die Berufung in der Regel zulässig.

Die Berufung ist nach § 151 SGG beim zuständigen Landessozialgerichts (LSG) innerhalb eines Monats (bei Zustellung im Ausland drei Monate) nach Zustellung des Urteils des SG einzulegen.

Frist

Die Berufung kann auch beim SG eingelegt werden, das sie dann unverzüglich an das LSG weiterleitet. Dies hat den Vorteil, dass das SG gleich die Gerichtsakten an das LSG beifügt und die Sache somit beschleunigt werden kann.

Schneller über's SG

Bei Wohnsitz im europäischen Ausland kann die Berufung auch bei einer entsprechenden Behörde, einem entsprechenden Träger oder einem entsprechenden Gericht des EU-Mitgliedsstaates eingereicht werden.

Die Berufungsschrift muss die Namen der Parteien und das angefochtene Urteil mit Aktenzeichen sowie eine eigenhändige Unterschrift enthalten. Die fristwahrende Berufungseinlegung durch Telefax reicht. Zum elektronischen Schriftwechsel → S. 173.

Tatsachen-
instanz

Das LSG ist eine weitere »Tatsacheninstanz«.
Es werden gegebenenfalls neue Befundberichte der behandelnden Ärzte und Gutachten eingeholt und eine neue Beweisaufnahme durchgeführt. Das LSG ist jedoch nicht befugt, eine Zeugenaussage vor dem SG anders zu würdigen als dieses Gericht, ohne die Zeugen persönlich angehört zu haben.
Allerdings ist es im Berufungsverfahren nicht ohne weiteres möglich, Anträge nach § 109 SGG für eine weitere Begutachtung zu stellen, wenn auf demselben Fachgebiet bereits in der ersten Instanz ein Gutachten nach § 109 SGG eingeholt wurde. Eine erneute Begutachtung im selben Fachgebiet ist nur dann zulässig, wenn neue Gesichtspunkte, z. B. eine Verschlimmerung des Gesundheitszustandes, dies rechtfertigen. Zur Begründung kann auf die Gutachten der ersten Instanz verwiesen werden.

Antrag!

Wichtig ist, dass das Beweisthema und die wesentlichen Anträge, z. B. auf Einholung eines weiteres Gutachtens nach § 109 SGG oder einer berufskundlichen Stellungnahme, Anhörung von Zeugen im Termin zur mündlichen Verhandlung zu Protokoll diktiert werden. Das LSG muss dann den Grund für die Zurückweisung der Anträge darlegen. Fehlen die Benennung des Beweisthemas und die Anträge, sind die Aussichten für eine evtl. spätere Nichtzulassungsbeschwerde beim Bundessozialgericht gering.

Verfahrensfehler müssen ausdrücklich gerügt werden.

Im Berufungsverfahren kann es erneut nützlich sein, nochmals Einsicht in die Verwaltungs- und die Sozialgerichtsakte zu nehmen. Dies gilt erst recht, wenn der Prozessvertreter gewechselt hat und er sich vor Begründung der Berufung ein Bild über den gesamten Akteninhalt machen muss.

*Akteneinsicht*

Im Berufungsverfahren besteht kein Anwaltszwang.

Das LSG entscheidet über die Berufung durch Urteil, auf die Darstellung der Entscheidungsgründe im Urteil kann verzichtet werden und stattdessen auf die des SG verwiesen werden. Bis zur Rechtskraft des Berufungsurteils kann die Berufung zurückgenommen werden.

*Urteil*

Das LSG kann auch ohne mündliche Verhandlung und ohne die ehrenamtlichen Richter durch Beschluss zurückweisen, wenn es die Berufung einstimmig für unbegründet und eine mündliche Verhandlung nicht für erforderlich hält (§ 153 Abs. 4 SGG). Vorher sind die Beteiligten anzuhören. Der Beschluss hat die gleiche Wirkung wie ein Urteil.

*Beschluss*

Wird der Rentenversicherungsträger vom SG zur Zahlung der EM-Rente verurteilt und legt der Rentenversicherungsträger gegen dieses Urteil Berufung ein, so muss der Rentenversicherungsträger die Rente bis zum Abschluss des Berufungsverfahrens zahlen. Denn die Berufung hat nach § 199 Abs. 2 Satz 1 SGG keine aufschiebende Wirkung.

*Urteilsrente*

Gewinnt der Rentenversicherungsträger das Berufungsverfahren, ist in Fällen der besonderen Härte für den Versicherten die Rückforderung der Rente ausgeschlossen. Deshalb beantragen die Rentenversicherungsträger regelmäßig mit der Einlegung der Berufung im Wege des gerichtlichen Eilverfahrens die Zahlung der Rente aus dem SG-Urteil auszusetzen. Der Rentenversicherungsträger muss in diesem Fall glaubhaft darlegen, dass ihm bei Weiterzahlung der Rente ein nicht zu ersetzender Schaden entstehen würde. Ein allgemeiner Hinweis auf Sonderfälle, in denen eine Rückforderung entfällt, genügt nicht (so zuletzt BayLSG, Beschluss vom 23.3.2009 – L 20 R 179/09 ER).

## 5.2   Revision

Gegen das Urteil des LSG und einen Beschluss, der einem Urteil gleichsteht, ist Revision zum Bundessozialgericht (BSG) möglich. Die Revision muss jedoch im Berufungsurteil zugelassen sein.

Frist

Die Revision muss innerhalb eines Monats nach Zustellung des Urteils mit Angabe der Parteien mit Name und Anschrift und des angefochtenen Urteils schriftlich eingelegt werden. Sie kann auch elektronisch mit qualifizierter Signatur eingelegt werden.

Die Begründung für die Revision muss innerhalb einer Frist von zwei Monaten nach Zustellung des Urteils erfolgen.
Das BSG klärt den Sachverhalt nicht mehr auf, weil es sich um eine reine Rechtsinstanz handelt. So prüft das BSG nur noch, ob das LSG das Recht richtig angewandt hat. Stellt das BSG fest, dass der Sachverhalt vom LSG nicht ausreichend aufgeklärt worden ist, wird der Fall an das LSG zurückverwiesen. Dort wird dann erneut über die Sachfrage verhandelt und gegebenenfalls der Sachverhalt weiter aufgeklärt.

In bundesrechtlichen Fragen entscheidet das BSG abschließend. Die Entscheidung ist dann auch für die Sozial- und Landessozialgerichte und die Sozialleistungsträger maßgeblich. Eine Abweichung muss besonders begründet werden.

Für das Verfahren vor dem BSG herrscht Anwaltszwang.

Anwaltszwang

## 5.3  **Nichtzulassungsbeschwerde**

Hat das LSG die Revision gegen ein Urteil oder einen Beschluss, der einem Urteil gleichsteht, nicht zugelassen, ist die Nichtzulassungsbeschwerde beim BSG nach den §§ 160 und 160a SGG möglich.

Für die Nichtzulassungsbeschwerde gilt eine Frist von einem Monat seit Zustellung des Urteils.

Frist

In der Beschwerdeschrift müssen die Parteien mit Name und Anschrift, das angefochtene Urteil, Datum der Verkündung und das Aktenzeichen bezeichnet werden. Die Beschwerdeschrift muss unterschrieben werden.

Inhalt

Eine Nichtzulassungsbeschwerde zum BSG kann damit begründet werden, dass eine Rechtsfrage von grundsätzlicher Bedeutung zu klären ist. Eine solche Rechtsfrage liegt vor, wenn es um die Auslegung von Bundesrecht geht und die Beantwortung der Rechtsfrage nicht unmittelbar aus dem Gesetz zu entnehmen ist oder bereits vom BSG entschieden worden ist. Die Rechtsfrage ist aber auch klärungsbedürftig, wenn erhebliche Einwände gegen die bisherige Rechtsprechung erhoben wurden, die noch nicht Gegenstand einer BSG-Entscheidung waren. In diesem Fall muss sich die Begründung der Nicht-

Voraussetzung

zulassungsbeschwerde mit dieser Rechtsprechung sorgfältig auseinandersetzen.

Eine Nichtzulassungsbeschwerde kann auch eingelegt werden, wenn das Urteil des LSG von einer Entscheidung des BSG oder der Gemeinsamen Senate der obersten Gerichtshöfe des Bundes abweicht. Dabei muss der tragende Rechtssatz des angefochtenen Urteils und der Entscheidungen der obersten Gerichte, von denen abgewichen wurde, und deren Unvereinbarkeit dargelegt werden.

Als weiterer Grund kann die Rüge eines Verfahrensfehlers durch das LSG in Betracht kommen, z.B.:

- Entscheidung ohne mündliche Verhandlung ohne Einverständnis der Parteien;
- Entscheidung ohne notwendige Beiladung anderer Sozialleistungsträger:
- Verstoß gegen § 103 SGG, wenn das LSG einem Beweisantrag nicht gefolgt ist (→ S. 196);
- Verletzung des rechtlichen Gehörs (§ 63 SGG).

**Anwaltszwang**   Für das Verfahren besteht Anwaltszwang.

**Prozesskostenhilfe**   Die Nichtzulassungsbeschwerde kann aus Kostengründen zunächst ohne Anwalt beim BSG eingelegt werden, wenn gleichzeitig Prozesskostenhilfe (PKH) beantragt wird. Dieser Antrag und das Formular über die Erklärungen der wirtschaftlichen Verhältnisse mit Anlagen muss innerhalb der Beschwerdefrist beim BSG eingehen. Das BSG prüft dann die hinreichende Erfolgsaussicht und wird entsprechend über den PKH-Antrag entscheiden. Wurde bereits ein Anwalt vom Antragsteller benannt, wird das Gericht bei Bewilligung diesen Anwalt in der Regel als Bevollmächtigten beiordnen.

## 5.4 **Sprungrevision**

Ausnahmsweise ist gemäß § 161 SGG eine Sprungrevision, also eine Revision unter Überspringen des Berufungsverfahrens möglich.

Die Sprungrevision kann vom SG auf Antrag zugelassen werden.

Antrag

Voraussetzung dafür ist, dass sowohl der Kläger als auch die beklagte Rentenversicherung ausdrücklich zustimmen. Die Zustimmung kann im Termin zur mündlichen Verhandlung zu Protokoll diktiert werden. Sie muss aber dem BSG innerhalb der Monatsfrist nach Zustellung des Urteils schriftlich vorgelegt werden.

Zustimmung der Beteiligten

Der Antrag auf Zulassung der Sprungrevision kann auch noch nach Zustellung des Urteils beim SG gestellt werden. Dies muss innerhalb der Berufungsfrist (1 Monat nach Zustellung des Urteils) geschehen. Lehnt das SG den Antrag ab, beginnt mit der Zustellung des Beschlusses die Monatsfrist für die Berufung zu laufen.

Auch in diesem Verfahren besteht ein Anwaltszwang.

Die Sprungrevision ist sinnlos, wenn noch eine weitere Sachverhaltsaufklärung erforderlich ist. Denn eine Rüge gegen fehlerhafte Sachverhaltsfeststellung ist unzulässig. Eine Sprungrevision macht allenfalls dann Sinn, wenn die Sache rechtlich von grundsätzlicher Bedeutung ist oder das Urteil von einer Entscheidung des BSG, des Gemeinsamen Senats der obersten Gerichtshöfe des Bundes oder des Bundesverfassungsgerichts abweicht und das Urteil auf dieser Abweichung beruht.

**Rechtsschutz**

| Rechtsschutz gegen | Frist ab Zustellung | Rechtsmittel |
|---|---|---|
| Ablehnungsbescheid | 1 Monat | Widerspruch<br>beim Rentenversicherungsträger |
| Widerspruchsbescheid | 1 Monat | Klage<br>beim SG |
| Urteil oder Gerichtsbescheid des SG | 1 Monat | Berufung<br>beim SG oder LSG |
| Urteil oder Beschluss des LSG | 1 Monat<br><br>Begründungsfrist:<br>2 Monate | Revision<br>(wenn zugelassen)<br>oder<br>Nichtzulassungsbeschwerde<br>beim BSG |
| Urteil oder Beschluss des BSG | 1 Monat | Verfassungsbeschwerde<br>beim BVerfG |

## 6    Überprüfungsantrag nach § 44 SGB X

Auch wenn der Rentenbescheid, die Renten-ablehnung oder ein Urteil bindend und somit nicht mehr anfechtbar ist, kann ein Antrag auf Überprü-fung nach § 44 SGB X gestellt werden.

Dies setzt voraus, dass es sich um einen den Versi-cherten belastenden Verwaltungsakt handelt, der sich als unrichtig erweist.

Beispiel 1

Der Antrag auf EM-Rente wurde abgelehnt, weil die besonderen versicherungsrechtlichen Vorausset-zungen nicht erfüllt gewesen seien. Es fehlten drei Mo-nate Pflichtbeiträge in den letzten fünf Jahren vor dem Eintritt der EM. Die Versicherte war geringfügig nach der bis zum 31.12.2012 geltenden Regelung (bis 400,– € mtl.) beschäftigt. Bei einer anschließen-den Betriebsprüfung des Arbeitgebers durch die

Rentenversicherung wurde festgestellt, dass nach einer Tariferhöhung eine versicherungspflichtige Beschäftigung eingetreten war. Da somit die versicherungsrechtlichen Voraussetzungen nachträglich erfüllt waren, wurde die EM-Rente zu Unrecht abgelehnt. Deshalb ist die Ablehnung für die Vergangenheit zurückzunehmen.

Eine schwierig zu diagnostizierende schwere Krankheit wurde erst später erkannt, obwohl die Symptome schon zum Zeitpunkt der Rentenantragstellung vorgelegen haben, z.B. Amyotrophe Lateralsklerose = degenerative Erkrankung des motorischen Nervensystems (bekanntester Fall Stephen Hawkins). Nachdem die Ursache und Diagnose der Krankheit mit ihren Auswirkungen auf die Erwerbsfähigkeit feststeht, kann die volle EM rückwirkend anerkannt werden.
Beispiel 2

Die Überprüfung ist an keine Frist gebunden und kann noch Jahre nach der Ablehnung gestellt werden. Ergibt sich aus der Überprüfung ein Nachzahlungsanspruch, so kann dieser längstens für einen Zeitraum bis zu 4 Jahren vor der Antragstellung oder der Rücknahme realisiert werden (§ 44 Abs. 4 SGB X).

# I ÜBERPRÜFUNG DES RENTEN-ANSPRUCHS DURCH DEN RENTENVERSICHERUNGSTRÄGER

## 1 Regelmäßige Überprüfung

Die Rentenversicherung ist von Amts wegen verpflichtet, in regelmäßigen Abständen zu prüfen, ob die Voraussetzungen für die EM noch vorliegen. Dazu benutzt sie ein eigenes Formular (→ S. 400 ff.). Das gilt besonders bei Arbeitsaufnahme und trotz Zahlung einer EM-Rente auf Dauer bis zum Erreichen der Regelaltersrente. Die Rentenversicherung zieht ärztliche Befunde bei und ordnet gegebenenfalls eine gutachterliche Untersuchung an. Je nach dem Ergebnis der Untersuchung kann die Rentenversicherung auch zu einer Maßnahme der medizinischen oder beruflichen Rehabilitation auffordern. Diese kann nur abgelehnt werden, wenn die Maßnahme nicht zumutbar ist.

Ebenso wird regelmäßig geprüft, ob die Hinzuverdienstgrenzen eingehalten wurden. Bei Überschreiten der Hinzuverdienstgrenzen kann sich die EM-Rente vermindern und die zuviel gezahlte Rente wird zurückgefordert (→ S. 78 ff.).

**Ende der Rente** Nach § 100 SGB VI endet die Rentenzahlung mit dem Beginn des Monats, zu dessen Beginn aus tatsächlichen oder rechtlichen Gründen die Anspruchsvoraussetzungen für eine Rente wegfallen. Fällt der Anspruch auf Rente weg, weil nach einer Rehabilitationsmaßnahme die Erwerbsfähigkeit verbessert wurde, endet die Rentenzahlung erst mit Beginn des vierten Kalendermonats nach der Besserung der Erwerbsfähigkeit.

Befristete Renten fallen mit Ablauf der Frist weg.

## 2 Rücknahme, Aufhebung und Änderung von Rentenbescheiden

Bindend gewordene Bescheide – oder im Amtsdeutsch: Verwaltungsakte – über eine Rentenbewilligung können von der Rentenversicherung nach den §§ 45 und 48 SGB X unter bestimmten Voraussetzungen durch einen erneuten Bescheid zurückgenommen oder aufgehoben werden.

Vor dem Erlass eines solchen Bescheides muss nach § 24 SGB X eine Anhörung des Rentners/der Rentnerin erfolgen. Die Anhörung ist nicht erforderlich, wenn wegen Überschreitens der Hinzuverdienstgrenze zu viel gezahlte EM-Rente zurückgefordert wird (→ S. 88).

Gegen den Bescheid kann innerhalb eines Monats nach Zustellung Widerspruch eingelegt und gegebenenfalls geklagt werden.

*Anhörung*

## 2.1 Rücknahme nach § 45 SGB X

§ 45 SGB X betrifft nur die Rücknahme begünstigender Verwaltungsakte. Ein solcher liegt bei einem Bescheid über die Gewährung einer EM-Rente vor.

Voraussetzung für die Rücknahme ist, dass der Rentenbescheid von Anfang an rechtswidrig gewesen ist. Der Bescheid kann für die Zukunft oder auch für die Vergangenheit aufgehoben werden. Die Rücknahme kann sich sowohl auf den Rentenanspruch

*von Anfang an rechtswidriger Bescheid*

als solchen, also auf die EM, als auch auf Versicherungszeiten oder die Anwendung von Berechnungsvorschriften beziehen. Die Beweislast dafür, dass der Verwaltungsakt rechtswidrig war, trägt die Rentenversicherung. Für die Rücknahme bestehen strenge Vorschriften.

Der Verwaltungsakt darf **für die Vergangenheit** nicht zurückgenommen werden, wenn

Vertrauensschutz

- der/die Begünstigte auf den Bestand des Verwaltungsaktes vertraut hat und das Vertrauen unter Abwägung mit dem öffentlichen Interesse an einer Rücknahme schutzwürdig ist. Schutzwürdig ist das Vertrauen in der Regel, wenn der Begünstigte die Rente verbraucht oder eine »Vermögensdisposition« getroffen hat, die nur unter Nachteilen rückgängig gemacht werden kann;
- bereits zwei Jahre seit der Bekanntgabe vergangen sind.
- Wurde einem Selbständigen die Rente wegen EM bewilligt, obwohl der Einkommenssteuerbescheid noch nicht vorgelegen hat, kann eine Aufhebung unter Umständen nicht in Betracht kommen, es sei denn, die EM-Rente wurde als vorläufige Leistung bewilligt (BSG, Urteil vom 9.10.2012 – B 5 R 8/12 R) (→ S. 104 f.).

Vor einer Rücknahme des Verwaltungsakts ist eine Interessenabwägung zwischen den öffentlichen und privaten Interessen erforderlich. Bei der Interessenabwägung ist neben dem besonderen öffentlichen Interesse an einer rechtmäßigen Mittelverwendung der besondere Verantwortungsbereich, in dem die Rechtswidrigkeit entstanden ist, und die Dauer einer mit dem Verwaltungsakt festgestellten EM-Rente zu berücksichtigen. In besonderen Fällen kann auch wichtig sein, ob durch die Korrektur des Rentenbescheids Sozialhilfebedürftigkeit eintreten würde.

Soweit die Interessenabwägung zu einem Vorrang des öffentlichen Interesses führt, ist trotzdem Ermessen auszuüben. Dabei sind ausführlich die herangezogenen Gesichtspunkte darzulegen. Bei der Ermessensausübung ist auch ein Mitverschulden der Behörde zu berücksichtigen.

Es ist für die Rentenversicherung schwierig, trotz Verbrauch der EM-Rente eine Rücknahme für die Vergangenheit zu begründen.

Der Verwaltungsakt darf zurückgenommen werden, das heißt es besteht kein Vertrauensschutz, wenn

- der Begünstigte die Rentenbewilligung dem Grunde oder der Höhe nach durch arglistige Täuschung, Drohung oder Bestechung erwirkt hat; oder

- der Bescheid auf Angaben beruht, die die Begünstigte vorsätzlich oder grob fahrlässig in wesentlicher Beziehung unrichtig oder unvollständig gemacht hat; oder

- der Begünstigte die Rechtswidrigkeit des Bescheides kannte oder infolge grober Fahrlässigkeit nicht kannte; oder

- der Bescheid mit einem zulässigen Vorbehalt des Widerrufs erlassen wurde.

*kein Vertrauensschutz*

Im ersten Fall – bei so genannter Unlauterkeit – kann der Verwaltungsakt unbegrenzt für die Vergangenheit zurückgenommen werden.

*rückwirkend unbegrenzt*

In den letzten drei Fällen kann der Rentenbescheid rückwirkend bis zu zehn Jahre nach seiner Bekanntgabe zurückgenommen werden.

*bis zu 10 Jahre*

Allerdings muss der Bescheid über die Rücknahme innerhalb eines Jahres nach Kenntnis der Tatsachen, die die Rücknahme rechtfertigen, ergehen (→ S. 211).

*ein Jahr ab Kenntnis*

Aufschieben-
de Wirkung

Nach § 86a Abs. 1 SGG haben Widerspruch und Klage gegen einen Bescheid aufschiebende Wirkung, soweit es um die Rückforderung von Leistungen geht.
Die Behörde kann aber den sofortigen Vollzug anordnen, wenn dies im öffentlichen Interesse liegt, z.B. weil Vermögensverfall droht. Gegen den sofortigen Vollzug kann das SG angerufen und die Aussetzung der Vollziehung beantragt werden.

Prüffragen

Wer einen Bescheid nach § 45 SGB X von der Deutschen Rentenversicherung erhält, sollte nach Akteneinsicht folgende Punkte prüfen:

- War der zurückgenommene Bescheid von Anfang an rechtswidrig?

- Hat die Deutsche Rentenversicherung die Einjahresfrist nach Kenntnis der Tatsachen, die zur Rechtswidrigkeit führen, eingehalten?

- Hat die Behörde die 2- bzw. 10-Jahres-Frist nach Erlass des Rücknahmebescheids eingehalten?

- Liegt Unlauterkeit oder ein Wiederaufnahmegrund vor?

- Kann sich der/die Versicherte auf ein schutzwürdiges Vertrauen berufen?

- Hat die Deutsche Rentenversicherung ihr Ermessen richtig ausgeübt?

- Hat die Deutsche Rentenversicherung die Interessensabwägung richtig vorgenommen?

## 2.2    **Aufhebung nach § 48 SGB X**

Soweit sich die tatsächlichen und rechtlichen Verhältnisse nach Erlass eines Verwaltungsaktes mit Dauerwirkung – das ist jedenfalls die Bewilligung einer EM-Rente – wesentlich geändert haben, ist der Bescheid mit Wirkung **für die Zukunft** aufzuheben.

Vor der Anwendung des § 48 SGB X ist der/die Versicherte gemäß § 24 SGB X anzuhören. Die Anhörung kann jedoch auch noch während des SG-Verfahrens nachgeholt werden (§ 41 SGB X). Bei Überschreiten der Hinzuverdienstgrenze findet keine Anhörung mehr statt → S. 205, → S. 88.

Anhörung

Bereits ab dem Zeitpunkt der Änderung der Verhältnisse, also **für die Vergangenheit**, soll ein Verwaltungsakt zurückgenommen werden, wenn

- die Änderung sich zu Gunsten des/der Versicherten auswirkt.
  Für die Änderung der gesundheitlichen Verhältnisse – hier der Erwerbsfähigkeit – ist das dem letzten Bescheid zu Grunde liegende medizinische Gutachten Vergleichsgrundlage;
- der/die Versicherte eine gesetzlich vorgeschriebene Pflicht zur Mitteilung wesentlicher für ihn nachteiliger Änderungen der Verhältnisse gegenüber der Deutschen Rentenversicherung vorsätzlich oder grob fahrlässig nicht nachgekommen ist;
- Einkommen oder Vermögen nach Antragstellung oder Bewilligung der Rente erzielt wurde, das zum Wegfall oder zur Minderung der Rente geführt hätte (z. B. bei Überschreiten der Hinzuverdienstgrenze noch nach altem Recht bis 30.6.2017, nach der Neuregelung erfolgt nur eine Prognoseberechnung und keine Aufhebung des Bescheides mehr), → S. 78 ff.;

- der/die Versicherte wusste, dass der Anspruch durch Gesetz zum Ruhen gekommen oder ganz bzw. teilweise weggefallen ist. Dies gilt auch, wenn er/sie es nicht wusste, weil er/sie die erforderliche Sorgfalt schwer verletzt hat.

Im Einzelfall kann ein Rentenbescheid auch **für die Zukunft** zurückgenommen werden, wenn sich die höchstrichterliche Rechtsprechung nachträglich zu Gunsten des/der Versicherten gegenüber der bisherigen Rechtsauslegung auswirkt.

»atypischer Fall«

Beim § 48 SGB X gibt es grundsätzlich kein Ermessen. Nur bei einem »atypischen Fall« ist ein Ermessen erforderlich. Ein »atypischer Fall« liegt vor, wenn der Fall stark vom Regelfall abweicht, z. B. wenn die Rentenversicherung von einer ordnungsgemäßen Sachbearbeitung abgewichen ist, der/die Versicherte »gutgläubig« die Leistung empfangen und verbraucht hat und keine Veranlassung hatte, sich auf evtl. Erstattungsforderungen einzustellen oder wenn der/die Versicherte durch die rückwirkende Aufhebung des Bescheides im Nachhinein sogar verstärkt sozialhilfebedürftig werden würde.

Zweijahres-Frist

In Verbindung mit § 45 SGB X dürfen Bescheide über EM-Renten nach Ablauf von zwei Jahren seit Bewilligung auch dann nicht mehr zurückgenommen werden, wenn sie von Anfang an rechtswidrig waren, weil sie z. B. auf einer fehlerhaften gutachterlichen Einschätzung beruhten.

Nach § 48 Abs. 3 SGB X bleibt den Rentenversicherungsträgern dann nur die Möglichkeit, einen neuen Rentenbescheid zu erlassen, in dem die Rechtswidrigkeit des ursprünglichen Rentenbescheids und dessen Nichtaufhebbarkeit festgestellt wird. Sodann muss die Weitergewährung der Rente in Höhe des bisherigen Rentenbetrags beschieden werden.

Auf dieser Höhe kann die Rente jedoch »eingefroren« werden; d. h. die Rente nimmt dann nicht an den meist jährlichen Rentenanpassungen teil bis die rechtmäßig zustehende Rentenhöhe über die jährlichen Rentenerhöhungen erreicht wird.

Es wurde eine Rente wegen voller EM bewilligt und über zwei Jahre gezahlt, obwohl nur eine Rente wegen teilweiser EM zustand.
Unrechtmäßig wurden zu viele Versicherungszeiten angerechnet.

Beispiele

Stand eine EM-Rente gar nicht zu, wird auch diese zwar in der bisherigen Höhe weitergezahlt. Das Aussetzen der Rentenerhöhungen nützt jedoch nichts, weil dadurch niemals ein Null-Rentenanspruch erreicht wird.

Die Aufhebung eines ursprünglich rechtmäßigen Bescheides kann nur innerhalb von zehn Jahren seit der wesentlichen Änderung der Verhältnisse erfolgen.

Zehnjahresfrist

Eine rückwirkende Aufhebung/Änderung eines Bescheides wegen EM zulasten des Versicherten ist nur innerhalb eines Jahres ab Kenntnis des Aufhebungsgrundes möglich. Das BSG stellt darauf ab, ob der zuständige Sachbearbeiter die für die Rücknahmeentscheidung erheblichen Tatsachen vollständig kennt. Entscheidender Zeitpunkt sei in der Regel erst der Zeitpunkt nach der notwendigen Anhörung. Im Falle einer Rückforderung einer teilweisen EM-Rente wegen Überschreitens der Hinzuverdienstgrenze durch Bezug von Arbeitslosengeld I setzt die Kenntnis voraus, dass der Rentenversicherung auch die Höhe des Bemessungsentgelts, das der Bewilligung des Arbeitslosengeldes I zu Grunde liegt, bekannt ist. Denn die Höhe des Arbeitslosengeldes I ist abhängig von der Lohnsteuerklasse, sodass eine Rückrechnung

Einjahresfrist

vom Arbeitslosengeld I auf das Bemessungsentgelt ohne Kenntnis der Lohnsteuerklasse nicht möglich ist (vgl. hierzu BSG, Urteil vom 31.1.2008 – B 13 R 23/07).

Ist die Jahresfrist überschritten, kann nur noch eine Änderung für die Zukunft erfolgen.

Auch der Widerspruch gegen die Aufhebung von Bescheiden für die Zukunft hat aufschiebende Wirkung (§ 86a Abs. 1 SGG), nicht jedoch eine Klage (§ 86a Abs. 2 Nr. 3 SGG). Hier kann auf Antrag die nach § 86b Abs. 1 Nr. 2 SGG aufschiebende Wirkung auf Antrag allerdings durch das SG angeordnet werden.

# J  BEVOLLMÄCHTIGTE UND KOSTEN

## 1  Bevollmächtigte

Der Rentenantrag und auch die Durchsetzung der Rechte gegenüber der Rentenversicherung bis hin zu den SG-Verfahren einschließlich des Berufungsverfahrens beim LSG können von den Versicherten alleine vorgenommen werden.
Beim Rentenantrag hat die Rentenversicherung eine recht weitgehende Beratungspflicht. Im Falle der Einlegung von Rechtsmitteln kann die Rentenversicherung oder eine sonstige öffentliche Stelle jedoch schwerlich zu einer ausführlichen und detaillierten Unterstützung gewonnen werden; hier beschränkt sich die Pflicht zur rechtmäßigen Ausführung der Gesetze durch die Rentenversicherung auf die Überprüfung der Ordnungsmäßigkeit der erteilten Bescheide.

Angesichts der z. T. schwierigen rentenrechtlichen Regelungen stellt sich die Frage, wer sachkundig helfen kann.

Die **Versichertenberater/Versichertenältesten** der Deutschen Rentenversicherung geben kostenlosen Rat und nehmen Anträge auf. Vor Gerichten dürfen sie jedoch die Versicherten nicht vertreten.

Wer sich sowohl vor der Rentenantragstellung als auch zur Überprüfung eines Rentenbewilligungsbescheides, insbesondere bei Ablehnung der beantragten Rente, fachkundig beraten lassen will, ist bei **Rechtsanwälten** mit Spezialisierung auf »Fachanwalt für Sozialrecht« oder bei **Rentenberatern** gut aufgehoben. Diese Spezialisten können einerseits wichtige Empfehlungen zur richtigen Einleitung eines Rentenverfahrens geben und andererseits auch die gesamte Vertretung gegenüber der Rentenversicherung und vor dem SG oder dem LSG übernehmen.

## 2  Kosten

keine Wider-
spruchs-/Ge-
richtskosten

Für das Widerspruchsverfahren und das Verfahren vor dem SG und dem LSG entstehen regelmäßig keine Gerichtskosten.

Aber:
Gebühren
für Rechts-
anwalt/Ren-
tenberater

Der Rechtsanwalt oder Rentenberater hat Anspruch auf Gebühren nach dem Rechtanwaltsvergütungsgesetz (RVG) oder nach einer freien Vergütungsvereinbarung. Die Gebühren beginnen mit der Erteilung der Vollmacht zu laufen.

Der Rechtsanwalt oder Rentenberater muss sich eine schriftliche Vollmacht von dem Versicherten geben lassen, um ihn gegenüber der Rentenversicherung oder anderen öffentlichen Stellen bzw. den Gerichten vertreten zu können. Es empfiehlt sich, die Höhe der Gebühren vor der Erteilung eines Mandats zu erörtern. Die Bevollmächtigten sind auch befugt, Vorschusszahlungen zu verlangen.

Für die Beratung und Vertretung entstehen Rahmengebühren, die der Rechtsanwalt oder Rentenberater nach billigem Ermessen im Einzelfall unter Berücksichtigung aller Umstände berechnen kann. Dabei spielt der Umfang der Tätigkeit, die Schwierigkeit, die Bedeutung der Angelegenheit sowie Einkommens- und Vermögensverhältnisse des Auftraggebers eine Rolle. Für diese Rahmengebühren sind Ober- und Untergrenzen im RVG festgelegt. Die einzelnen Gebühren hier aufzuführen, würde den Rahmen des Buches sprengen, da zu unterschiedliche Fallgestaltungen möglich sind.

Es kann auch eine Vergütungsvereinbarung abgeschlossen werden, die über die gesetzlichen Rahmengebühren hinausgeht. Dies wird der Rechtsanwalt/-berater immer dann verlangen, wenn es sich um einen besonders schwierigen und arbeitsaufwändigen Fall (z. B. Prüfung medizinischer Gutachten) handelt.

Im Widerspruchsverfahren übernehmen die meisten Rechtsschutzversicherer keine Gebühren für Rechtsanwalt oder Rentenberater, sondern erst in einem Verfahren vor den SG. Die Kostenübernahmezusage sollte rechtzeitig vor der Beauftragung bei der Versicherung eingeholt werden. Es müssen zur Frage der Kostenübernahme mindestens der Ablehnungsbescheid und der Widerspruchsbescheid, gegen den die Klage erhoben werden soll, vorgelegt werden. Die Anfrage bei der Rechtsschutzversicherung kann auch durch den Rechtsanwalt/Rentenberater erfolgen. Dafür kann eine gesonderte Gebühr verlangt werden. Aufgrund der oft unzureichenden Gebühren kann auch bei einer Kostenzusage der Rechtsschutzversicherung eine zusätzliche Vergütungsvereinbarung mit dem Rechtsanwalt geschlossen werden.

Rechtsschutz-versicherung?

Wer wirtschaftlich nicht in der Lage ist, die Rechtsanwalts-/Rentenberatergebühren zu tragen, kann bei einer Klage vor dem Sozialgericht auch Prozesskostenhilfe (PKH) nach § 117 Abs. 4 ZPO und Beiordnung eines Anwalts/Rentenberaters beantragen. Auch der Rechtsanwalt/Rentenberater kann die PKH beantragen; dafür entstehen gesondert Kosten. Die PKH wird frühestens ab dem Antrag auf PKH gewährt; auch die Rechtsanwalts-/Rentenberaterkosten werden erst ab Antrag übernommen. Deshalb ist es sinnvoll, die PKH möglichst frühzeitig zu beantragen.

PKH im Klage-verfahren

Über einen Antrag auf PKH hat das SG vor der mündlichen Verhandlung zu entscheiden, wenn andernfalls der Partei Nachteile entstünden. Eine PKH kann nicht pauschal mit Hinweis auf das Amtsermittlungsprinzip abgelehnt werden; denn es kann sein, dass umfangreiche medizinische Gutachten oder sonstige Unterlagen ausgewertet werden müssen.

Mit dem Änderungsgesetz zur PKH und Beratungshilfe vom 31.8.2013 kann die PKH-Entscheidung bei Änderung der persönlichen und wirtschaftlichen Verhältnisse geändert werden, wenn seit der bestandskräftigen Entscheidung oder der sonstigen Beendigung des Verfahrens noch keine vier Jahre vergangen sind (§ 120a ZPO).

Das Gericht kann die Bewilligung der PKH aufheben, wenn während des Rechtsstreits eine neue Beweiserhebung beantragt wird, die bei der Bewilligung noch nicht berücksichtigt werden konnte und keine hinreichende Erfolgsaussicht bietet oder der Beweisantritt mutwillig erscheint.

**Beschwerde**

Gegen eine Ablehnung der PKH kann Beschwerde beim LSG innerhalb einer Frist von einem Monat eingelegt werden. Damit erst einmal gar keine Kosten entstehen, kann der Versicherte allein Klage erheben und PKH beantragen.

**Kosten für Gutachten nach § 109 SGG**

Die Anhörung des benannten Arztes nach § 109 SGG kann jedoch vom SG davon abhängig gemacht werden, dass der Antragsteller die Kosten vorschießt und vorbehaltlich einer anderen Entscheidung des SG endgültig trägt. Von der Vorschusspflicht sind auch Kläger mit PKH nicht befreit. Am Ende des Verfahrens kann beim SG beantragt werden, dass die entsprechenden Kosten von der Staatskasse übernommen werden, wenn das Gutachten zur Sachaufklärung beigetragen hat. Dies ist nicht vom Ausgang des Verfahrens etwa zu Gunsten des Klägers abhängig. Auch wenn auf Grund des Gutachtens die Klage zurückgenommen wird, kann das SG die Kosten für das Gutachten der Staatskasse auferlegen, z. B. wenn dadurch weitere Fragen geklärt wurden, die bislang noch nicht in den übrigen Gutachten untersucht wurden und das Gutachten zur zügigen Erledigung des Rechtsstreits beigetragen hat. Auch bei einem Anerkenntnis oder Vergleich sollte vorsorglich der Antrag gestellt werden, der Staatskasse die Kosten aufzuerlegen (→ S. 188)

Ergeht ein Urteil, entscheidet das Gericht auch über die Verteilung der außergerichtlichen Kosten des beauftragten Anwalts oder Rentenberaters und für Gutachten dem Grunde nach. Dem Kläger werden keine Kosten der Deutschen Rentenversicherung auferlegt. Wurde der Prozess gewonnen, werden die Kosten für die Rechtsvertretung in der Regel der Rentenversicherung auferlegt. Wird der Prozess verloren, muss der Kläger diese Kosten tragen.

Kostengrund-entscheidung

Wird der Rechtsstreit fortgeführt, obwohl das Gericht darauf hingewiesen hat, dass die Klage völlig aussichtslos ist, oder wenn z.B. eine erneute Vernehmung eines Zeugen beantragt wird, obwohl dieser bereits schon widerspruchsfrei ausgesagt hat, kann das Gericht dem Kläger deswegen eine Missbrauchsgebühr auferlegen. Dagegen kann weder eine Beschwerde noch eine Berufung eingelegt werden (BSG, Beschluss vom 20.3.2014 – B 14 AS 329/16 B).

Missbrauchs-gebühr

Bei einem Vergleich oder Anerkenntnis wird eine Vereinbarung darüber getroffen, wer in welcher Höhe (also im Verhältnis des Obsiegens zum Unterliegen) die Kosten trägt (Kostengrundentscheidung).

Vergleich/Anerkenntnis

Kostenfest-
setzung

Im Anschluss an die so genannte Kostengrundentscheidung wird von Prozessvertretern ein Antrag
auf Kostenfestsetzung beim Gericht gestellt. Entweder akzeptiert die Rentenversicherung die Kosten-
rechnung, dann wird der Betrag relativ schnell
überwiesen. Erhebt sie Einwände, dann ergeht
meist ein Kostenfestsetzungsbeschluss. Dagegen
kann Erinnerung eingelegt werden.

Gegenstand der Kostenfestsetzungsentscheidung sind
nur die gesetzlichen Rahmengebühren. Auch diese
ohnehin niedrigen Gebühren werden häufig noch gekürzt. Ist aber eine Vergütungsvereinbarung abgeschlossen worden, die höhere Gebühren vorsieht,
müssen dem Rechtsanwalt/Rentenberater die höheren Kosten vom Auftraggeber/in erstattet werden.

Kosten/Ge-
bühren bei
Streit um
private
Renten

Im Streit um eine private Erwerbs-/Berufsunfä-
higkeitsrente oder eine Betriebsrente fallen Gerichtskosten an, weil die Verfahren vor dem Arbeits-
bzw. Zivilgericht geführt werden. Die Höhe der
Rechtsanwaltsgebüren für Streitigkeiten um Betriebsrenten oder Renten aus einer privaten Rentenversicherung richten sich nicht nach den Rahmengebühren des RVG, sondern werden nach dem Gegen-
standswert berechnet. Wenn eine Rechtsschutzversicherung besteht, zahlt diese bei einer privaten BU-
Rente bereits vor Klageerhebung die Kosten.

# K EM-RENTE UND GRUNDSICHERUNG

## 1 Verhältnis zur Grundsicherung bei Erwerbsminderung nach §§ 41 ff. SGB XII

### 1.1 Überblick

Wer die versicherungsrechtlichen Voraussetzungen für eine Rente wegen EM nicht erfüllt, weil z.B. in den letzten fünf Jahren vor Eintritt des Versicherungsfalls keine 36 Monate eine versicherungspflichtige Beschäftigung ausgeübt wurde, kann gemäß §§ 41 ff. SGB XII Leistungen der Grundsicherung bei EM beziehen.

keine EM-Rente

Aber auch wer eine EM-Rente bezieht, kann – wenn diese niedrig ausfällt – zu der EM-Rente aufstockend Leistungen der Grundsicherung bei EM erhalten.

niedrige EM-Rente

Die Deutsche Rentenversicherung soll im Rentenbescheid auf die Grundsicherung wegen EM hinweisen. Sie legt dem Rentenbescheid ein Informationsblatt und ein Antragsformular bei.

Liegt die EM-Rente nicht wesentlich über der Regelleistung (im Jahr 2018 monatlich 416 € für Alleinstehende) plus den tatsächlichen Unterkunfts- und Heizungskosten, kommt ein Antrag auf aufstockende Grundsicherung in Betracht.

## 1.2 Voraussetzungen

Voraussetzungen für die Bewilligung der Grundsicherung sind:

- **Gewöhnlicher Aufenthalt in Deutschland.**

- **Mindestalter von 18 Jahren.**

- **Dauerhaft volle EM.**
  Die Definition der dauerhaft vollen EM richtet sich nach der gesetzlichen Rentenversicherung (§ 43 Abs. 2 SGB VI). Danach ist voll erwerbsgemindert, wer wegen Krankheit oder Behinderung auf nicht absehbare Zeit außer Stande ist, unter den üblichen Bedingungen des allgemeinen Arbeitsmarktes weniger als drei Stunden täglich erwerbstätig zu sein (→ S. 55).

  behinderte Menschen

  Auch behinderte Menschen, die wegen der Art und Schwere ihrer Behinderung nicht auf dem allgemeinen Arbeitsmarkt tätig sein können oder die vor Erfüllung der allgemeinen Wartezeit (60 Monate) voll erwerbsgemindert waren, also in der Zeit einer nicht erfolgreichen Eingliederung in den allgemeinen Arbeitsmarkt, gelten als voll erwerbsgemindert (→ S. 62).
  Eine dauernde EM liegt dann vor, wenn die Erwerbsfähigkeit innerhalb von sechs Monaten nicht wiederhergestellt werden kann.
  Die EM muss aber auch dauerhaft sein. Dies bedeutet, dass die Behebung der vollen EM unwahrscheinlich sein muss (→ S. 74).

Wird eine volle EM-Rente nur **befristet** bewilligt, weil davon auszugehen ist, dass sich der Gesundheitszustand und somit die Erwerbsfähigkeit wieder bessern wird, besteht kein Anspruch auf eine bedarfsorientierte Grundsicherung.

keine Grundsicherung bei befristeter EM

In einem solchen Fall besteht jedoch die Möglichkeit Leistungen der Sozialhilfe (Hilfe zum Lebensunterhalt) nach den §§ 18, 27 ff. SGB XII zu beanspruchen, sofern deren – im Wesentlichen gleichen – Voraussetzungen wie bei der Grundsicherung vorliegen.

Hilfe zum Lebensunterhalt

Eine Orientierungshilfe kann auch § 102 Abs. 2 Satz 4, 2. Halbsatz SGB VI bieten. Danach wird vermutet, dass nach einer Gesamtdauer von neun Jahren befristeter voller EM-Rente aus gesundheitlichen Gründen von einer dauerhaften EM auszugehen ist.

Herr A. leidet an den Folgen eines Schlaganfalls und ist nach medizinischen Feststellungen zunächst für drei Jahre voll erwerbsgemindert. Er erfüllt nicht die versicherungsrechtlichen Voraussetzungen für eine EM-Rente. Die Ärzte gehen davon aus, dass sich sein Gesundheitszustand wieder bessern wird. Er hat deshalb auch keinen Anspruch auf Grundsicherung bei Erwerbsminderung. Er kann nur Leistungen der Hilfe zum Lebensunterhalt nach §§ 27 ff. SGB XII beziehen (zum Sozialgeld → S. 227).

Beispiel 1

Nach neun Jahren insgesamt ist Herr A. noch immer voll erwerbsgemindert, weil sich sein Gesundheitszustand nicht gebessert hat. Herr A. sollte nun einen Antrag auf Grundsicherung stellen und medizinisch begründet darlegen, dass aufgrund der langjährigen vollen EM nunmehr von einer dauerhaften EM auszugehen ist.

Herr B. ist seit dem 1.8.2007 voll erwerbsgemindert. Er erhält eine befristete volle EM-Rente bis

Beispiel 2

zum 31.12.2010. Die Rentenversicherung geht davon aus, dass sich sein Gesundheitszustand wieder bessern und somit auch die Erwerbsfähigkeit wiederhergestellt wird. Im Anschluss daran wurde die Rente mehrmals befristet bis zum 31.7.2017 bewilligt. Herr B. stellte im April 2017 erneut einen Weitergewährungsantrag. Nach den medizinischen Feststellungen lag immer noch eine volle EM vor. In dem Weitergewährungsbescheid wurde nunmehr die befristete Rente wegen voller EM in eine dauerhafte volle EM-Rente umgewandelt. Deshalb kann Herr B. nun (aufstockend) Grundsicherung beantragen.

teilweise EM

Kein Anspruch auf Grundsicherung besteht, wenn eine teilweise EM zwar auf Dauer vorliegt, von der Rentenversicherung wegen der Verschlossenheit des Arbeitsmarktes aber nur eine zeitlich befriste volle EM-Rente bewilligt wird. Das BSG hat mit Urteil vom 21.12.2009 – B 14 AS 42/08 R entschieden, dass in diesen Fällen Arbeitslosengeld II in Betracht kommt.

»Seltenheitsfall«

Wird eine volle EM-Rente bewilligt, weil der Versicherte zwar medizinisch noch in der Lage ist, mindestens sechs Stunden regelmäßig leichte körperliche Tätigkeiten auszuüben, jedoch einer der so genannten »Seltenheitsfälle« bzw. Katalogfälle nach der Rechtsprechung des BSG vorliegt (→ S. 55), müsste dies auch auf den Anspruch auf die Grundsicherung übertragbar sein. Ein »Seltenheitsfall«, nach dem trotz vollschichtigen Leistungsvermögens der Arbeitsmarkt generell als verschlossen gilt, liegt vor, wenn eine Erwerbstätigkeit unter den üblichen betrieblichen Bedingungen, z. B. wegen häufiger Pausenerfordernisse oder fehlender Wegefähigkeit nicht ausgeübt werden kann. Auch in den Fällen, in denen eine »Summierung ungewöhnlicher Leistungseinschränkungen« oder eine »schwere spezifische Leistungsbehinderung« vorliegt, für die keine konkrete Verweisungstätigkeit benannt wird, die der Versicherte noch ausüben könnte, ist nach BSG von einer vollen EM auszugehen. Auch dies müsste nach unserer Auffassung auf die Grundsicherung übertragbar sein, weil unter den üblichen Bedingungen des allgemeinen Arbeitsmarktes keine Beschäftigung möglich ist.

Die abschließende Feststellung der vollen EM durch die Rentenversicherung ist für den Sozialhilfeträger im Rahmen der Grundsicherung verbindlich (§ 45 SGB XII). Wird oder wurde die Erwerbsfähigkeit nicht bereits in einem Rentenverfahren beurteilt, kann der Sozialhilfeträger den Rentenversicherungsträger um eine medizinische Klärung ersuchen.

Bindungswirkung

■ **Bedürftigkeit**
Anders als die EM-Rente wird die Grundsicherung bei Erwerbsminderung erst nach einer Bedürftigkeitsprüfung gewährt. Nur wenn eigenes Einkommen (z.B. die EM-Rente) oder eigenes Vermögen oder Einkommen und Vermögen des nicht getrennt lebenden Ehe oder Lebenspartners oder des Partners einer eheähnlichen Gemeinschaft nicht zum Lebensunterhalt reichen, gibt es Grundsicherung.

Unterhaltsansprüche gegen die nicht mehr im Haushalt lebenden Kinder oder der Eltern werden nicht berücksichtigt, sofern deren steuerrechtliche Einkünfte je Kind bzw. bei den Eltern je Elternteil unter 100.000 € liegen (BSG, Urteil vom 25.4.2013 – B 8 SO 21/11 R). Nur wenn das Bruttoeinkommen 100.000 € übersteigt, entfällt ein Anspruch auf die Grundsicherung.

## 1.3   Wie bekommt man Grundsicherung?

Antrag

Die Grundsicherung wird von den Sozialämtern der Landkreise oder kreisfreien Städte auf Antrag bewilligt und geleistet. Die Rentenversicherung ist dafür nicht zuständig.

Der Antrag auf Grundsicherung muss bei dem örtlichen Sozialamt gestellt werden. Wird der Antrag bei der Rentenversicherung oder einer anderen öffentlichen Stelle eingereicht, so müssen diese den Antrag an das zuständige Sozialamt weiterleiten.

rechtzeitige
Antrag-
stellung!

Die Grundsicherung wird frühestens ab dem Ersten des Monats, in dem der Antrag gestellt wird, gezahlt. Deshalb sollte nicht zu lange mit dem Antrag gewartet werden. Der Antrag kann bereits vor Abschluss des Rentenverfahrens gestellt werden. Die Antragstellung ist auch durch eine/n Bevollmächtigte/n möglich.

Zu den Einzelheiten der Höhe der Grundsicherung, der Anrechnung von Einkommen und Vermögen oder der ausnahmsweisen Heranziehung von Unterhaltspflichtigen wird auf den Rechtsratgeber »Grundsicherung im Alter und bei Erwerbsminderung« von Frank Ehmann, 3. Auflage 2014, erschienen im Fachhochschulverlag, verwiesen.

## 2   Verhältnis zur Grundsicherung für Arbeitsuchende nach dem SGB II

### 2.1   Anspruch auf Arbeitslosengeld II während des EM-Rentenverfahrens

Während eines länger dauernden Rentenverfahrens nach Auslaufen oder zur Aufstockung des Krankengeldanspruchs und eventuell auch des Anspruchs auf Arbeitslosengeld I kann grundsätzlich

Arbeitslosengeld II beansprucht werden. Arbeitslosengeld II setzt allerdings voraus, dass die berechtigte Person erwerbsfähig ist. Das heißt, auch hier ist eine Leistungsfähigkeit von mindestens drei Stunden täglich auf dem allgemeinen Arbeitsmarkt Voraussetzung.

Der SGB II-Träger hat eigenständig festzustellen, ob eine Erwerbsfähigkeit besteht (§ 44a SGB II). Erst wenn im Rentenverfahren unanfechtbar volle EM festgestellt worden ist, wird Arbeitslosengeld II nicht weitergezahlt. Selbst wenn das Sozialgericht in der ersten Instanz eine volle EM-Rente zugesprochen hat, jedoch der Rentenversicherungsträger gegen die Entscheidung Berufung eingelegt hat, muss der SGB II-Träger Arbeitslosengeld II bis zu einer abschließenden Entscheidung im Rentenverfahren weiterzahlen (LSG Berlin-Brandenburg, Beschluss vom 22.2.2008 – L 20 B 947/08). Dies gilt auch, wenn sich die beteiligten Sozialleistungsträger um ihre Zuständigkeit und das Vorliegen einer vollen EM streiten. Dann muss die Einigungsstelle entscheiden (§ 45 SGB II). Bis zu deren Entscheidung muss der SGB II-Träger weiter leisten (§ 44a SGB II).

*Wer stellt Erwerbsfähigkeit fest?*

Der Antrag auf Arbeitslosengeld II bringt keine Nachteile im Rentenverfahren. Der Rentenversicherungsträger ist an die Feststellung der EM durch den SGB II-Träger nicht gebunden. Auch die Sozialgerichte sehen in der Gewährung von Arbeitslosengeld II regelmäßig kein Indiz für eine Erwerbsfähigkeit; das Arbeitslosengeld II soll lediglich den Lebensunterhalt während der Dauer des Rentenverfahrens sicherstellen. Wird im Laufe des Rentenverfahrens die Erwerbsfähigkeit vom SGB II-Träger verneint und dazu ein ärztliches Gutachten herangezogen, kann dieses auch zur Unterstützung im Rentenverfahren vorgelegt werden. Die Qualität dieser Gutachten ist jedoch eher gering; außerdem ist der Rentenversicherungsträger an das Ergebnis des Gutachtens nicht gebunden.

*Keine Nachteile im Rentenverfahren*

## 2.2  Arbeitslosengeld II-Antrag oder Antrag auf Grundsicherung bei EM?

Von einem Antrag auf Grundsicherung bei Erwerbsminderung nach §§ 41 ff. SGB XII ist während der Dauer des laufenden Rentenverfahrens regelmäßig abzuraten. Zwar entspricht der Leistungsumfang weitgehend dem Arbeitslosengeld II, aber die Prüfung der Bedürftigkeit bei der Grundsicherung ist strenger. Insbesondere wird das Vermögen im Rahmen der Grundsicherung nach dem SGB XII viel strenger herangezogen (z.B. kein Auto als Schonvermögen, Vermögensfreigrenze beschränkt auf 5.000,– €). Ein großer Vorteil ist ferner, dass der Bezug von Arbeitslosengeld II in der gesetzlichen Rentenversicherung seit 1.1.2011 als Anrechnungszeit anerkannt werden kann (siehe hierzu → S. 34). Die versicherungsrechtlichen Voraussetzungen für eine EM-Rente können damit aufrechterhalten werden. Da gerade bei einem umstrittenen Rentenverfahren die EM oft erst im Rahmen eines späteren medizinischen Fachgutachtens, damit auch häufig erst zu einem späteren Zeitpunkt erreicht werden kann, ist es stets besonders wichtig, die versicherungsrechtlichen Voraussetzungen für eine EM-Rente auch für das laufende Rentenverfahren aufrechtzuerhalten.

**Wechsel vom Alg II zur Grundsicherung**

Aus dem Arbeitslosengeld II muss nur dann in die Grundsicherung nach dem SGB XII gewechselt werden, wenn der SGB II-Träger die volle Erwerbsminderung feststellt und der Sozialhilfeträger dieser Feststellung nicht widerspricht. Dann muss Arbeitslosengeld II auch während eines noch nicht abgeschlossenen Rentenverfahrens nicht mehr gezahlt werden. Wegen der damit verbundenen Schlechterstellung hat der Betroffene auch dann noch die Möglichkeit, einen Arbeitslosengeld II-Antrag weiterzuverfolgen und gegebenenfalls von einem Sozialgericht entscheiden zu lassen, welche der beiden Grundsicherungsleistungen ihm zusteht. Während des Widerspruchs und ggf. auch des Klageverfahrens gegen die Ablehnung des Arbeitslosengeld II-Antrags sollte der Betroffene stets erklären, dass er grundsätzlich zur Arbeit und zu Eingliederungsmaßnahmen im Rahmen seines verbliebenen Leistungsvermögens bereit ist. Eine Erklärung in dieser allgemeinen Form reicht aus, damit Arbeitslosengeld II gewährt werden kann. Für ein parallel noch anhängiges Rentenverfahren ist eine solche Erklärung unschädlich.

Legt der Sozialhilfeträger Widerspruch gegen die Entscheidung des SGB II-Trägers ein, wird Arbeitslosengeld II so lange weitergezahlt, bis das Widerspruchsverfahren zwischen dem Sozialhilfe- und SGB II-Träger abgeschlossen ist.

*Alg II bei Widerspruch des Sozialhilfeträgers*

Lebt der Betroffene zusammen mit einem Partner, der bereits Arbeitslosengeld II bezieht, so bleibt der SGB II-Träger auch dann zuständig, wenn volle EM angenommen wird. Dann ist dem Betroffenen Sozialgeld (§ 23 SGB II) zu gewähren. Da der Bezug von Sozialgeld nicht zu einer Anrechnungszeit in der Rentenversicherung (→ S. 34) führt, ist diese Leistung – obwohl sie im Übrigen gleich hoch ist wie das Arbeitslosengeld II – ungünstiger; deswegen kann der Betroffene gegen die Gewährung von Sozialgeld mit Widerspruch und Klage vorgehen.

*Sozialgeld in Bedarfsgemeinschaft*

Liegen nach den Feststellungen des Rentenversicherungsträgers nur die Voraussetzungen für eine teilweise EM-Rente vor, so ist regelmäßig davon auszugehen, dass sich der SGB II-Träger dieser Feststellung anschließen wird und Arbeitslosengeld II erbracht wird, weil eine mehr als dreistündige Leistungsfähigkeit besteht. Die Grundsicherung nach dem SGB XII kommt dann noch nicht in Betracht.

*teilweise EM*

# L BETRIEBSRENTEN UND PRIVATE RENTEN

## 1 Betriebsrenten

Ab wann?

Die betriebliche Altersversorgung ist in der Regel auf die Versicherungsfälle der gesetzlichen Rentenversicherung abgestimmt. Die Betriebsrente wird deshalb meist mit Beginn der EM-Rente in der gesetzlichen Rentenversicherung gezahlt, auch rückwirkend.

Antrag rechtzeitig!

Der Antrag auf Betriebsrente sollte parallel zum Rentenantrag in der gesetzlichen Rentenversicherung gestellt werden, spätestens unverzüglich nach Eingang der Bewilligung der EM-Rente. Die Betriebsrente muss entweder direkt beim Träger der betrieblichen Altersversorgung, im öffentlichen

Dienst über den Arbeitgeber beantragt werden. Meist muss dem Antrag eine Kopie des Rentenbescheides von der Deutschen Rentenversicherung beigefügt werden.

Zuständig kann sein: Träger
- der Arbeitgeber selbst über eine Direktzusage;
- eine private Versicherung, die die Direktversicherung durchführt;
- eine Pensionskasse;
- ein Pensionsfonds;
- eine Unterstützungskasse;
- eine Zusatzversorgungseinrichtung (im öffentlichen Dienst VBL, ZVK).

Je nachdem von wem die Betriebsrente gezahlt wird, müssen entsprechende Formulare ausgefüllt werden. Diese sind beim Arbeitgeber oder bei den jeweiligen Versicherungsträgern zu erhalten.

Die Antragstellung erfolgt nicht über die Auskunfts- und Beratungsstellen der Rentenversicherung, die Versicherungsämter oder andere öffentliche Einrichtungen; denn bei der Betriebsrente geht es um arbeits- bzw. privatrechtliche Rentenansprüche. In Großunternehmen gibt es oft spezialisierte Personalabteilungen. Dort wird auch beim Antrag auf Betriebsrente geholfen.
Rentenberater oder Rechtsanwälte können auch hier zur Unterstützung hinzugezogen werden. Das kostet allerdings Gebühren.

Wer den Arbeitgeber öfter gewechselt hat und deshalb mehrere Ansprüche auf Betriebsrenten erworben hat, muss die Rente bei jedem Versicherungs–träger gesondert beantragen, wenn der Anspruch nicht von einem Versicherungsträger auf den anderen übergeleitet wurde.

Höhe

Die Höhe der Betriebsrente richtet sich nach den bis zum Versicherungsfall erworbenen Ansprüchen. In einigen Versicherungen, z.B. der Zusatzversorgung im öffentlichen Dienst, werden auch über Zurechnungszeiten – wie in der gesetzlichen Rentenversicherung – Nachteile von frühem Rentenbezug ausgeglichen. Andererseits werden in der Zusatzversorgung des öffentlichen Dienstes auch Rentenabschläge bis zu 10,8 v.H. wegen vorzeitigem Rentenbezugs wie in der gesetzlichen Rentenversicherung berechnet.

Wie hoch die Betriebsrente bei Bewilligung der EM-Rente ist, kann beim jeweiligen Versicherungsträger vor oder während des laufenden EM-Rentenverfahrens erfragt werden; einige Versicherungsträger informieren auch jährlich über die Entwicklung der Anwartschaften.

Teilrente

Meist wird auch die Betriebsrente nur als Teilrente gezahlt, wenn in der gesetzlichen Rentenversicherung nur eine Rente wegen teilweiser EM gezahlt wird.

Hinzuverdienst

In der Regel wird die Betriebsrente nicht gezahlt, wenn die Rente in der gesetzlichen Rentenversicherung wegen Überschreitens der Hinzuverdienstgrenze entfällt. § 6 des BetrAVG lässt dies zumindest zu und nach dieser Regelung ist der Rentner auf jeden Fall verpflichtet, den Träger der Betriebsrente von der Aufnahme einer Beschäftigung oder Erwerbstätigkeit und den Wegfall der Rente der Deutschen Rentenversicherung zu unterrichten. Wie die Bestimmungen im konkreten Einzelfall aussehen, sollte beim Versicherungsträger rechtzeitig erfragt werden.

Krankenversicherungsbeitrag

Von der Betriebsrente ist von Rentnern, die in der KVdR versichert sind, ein Beitrag zur Krankenversicherung zu zahlen. Dieser Beitrag wird bereits von der monatlichen Rente einbehalten und an die Krankenversicherung abgeführt.

Anders als in der gesetzlichen Rentenversicherung ist der Beitrag von den Rentnern zu 100 v. H. zu zahlen. Das Gleiche gilt für den Pflegeversicherungsbeitrag.

Beispiel

| EM-Rente Deutsche Rentenversicherung | |
|---|---|
| ab 1.7.2017 monatlich | 1.000,00 € |
| abzüglich KV-Beitrag 7,3 % | 73,00 € |
| abzüglich Zusatzbeitrag der KV 1,1 % | 11,00 € |
| abzüglich PV-Beitrag 2,55 % (mit Elterneigenschaft) | 25,50 € |
| monatlicher Zahlbetrag | 890,50 € |

| Betriebsrente ab 1.7.2017 monatlich | 200,00 € |
|---|---|
| abzüglich KV-Beitrag 14,6 % | 30,60 € |
| abzüglich Zusatzbeitrag der KV 1,1 % | 2,20 € |
| abzüglich PV-Beitrag 2,55 % (mit Elterneigenschaft) | 5,10 € |
| monatlicher Zahlbetrag | 162,10 € |

Bei privat Krankenversicherten fallen diese Beiträge nicht an, da sich der KV- und PKV-Beitrag nicht prozentual aus den Renten berechnet.

Auch von der Betriebsrente sind der Krankenkasse Krankengeld und der AA Alg I zu erstatten, wenn die Rente rückwirkend gewährt wird und sich Rentenbeginn/-zahlung und Zahlung von KG/Alg I überschneiden.

Überschneidung mit Alg I/KG?

Auf die Betriebsrente sind im Rahmen der nachgelagerten Besteuerung Steuern zu entrichten, da die Beiträge oder Umlagen meist steuerbegünstigt waren. Besonderheiten gelten bei der Zusatzversorgung im öffentlichen Dienst, weil hier die Umlagen zum Teil schon pauschal vom Arbeitgeber während

Steuern

der Beschäftigung versteuert wurden und für die über die pauschale Besteuerung hinausgehende Arbeitgeberleistung Einkommensteuer zu bezahlen war.

## 2 Private Berufsunfähigkeits(zusatz)renten und Erwerbsunfähigkeitsrenten

### 2.1 Berufsunfähigkeit (BU) in der privaten Versicherung

Eine weitere Absicherung gegen die Risiken der BU und EM bieten die privaten Versicherer an. Die BU kann sowohl in Form der Berufsunfähigkeitszusatzversicherung (BUZ), also zusammen mit einer Lebensversicherung, als auch in Form einer reinen Berufsunfähigkeitsversicherung (BUV) abgesichert werden. Weil die gesetzliche BU-Rente nur noch von Versicherten in Anspruch genommen werden kann, die vor dem 2.1.1961 geboren sind, gewinnt die BUV als private Absicherung erheblich an Bedeutung.

BU wird in der gesetzlichen Rentenversicherung anders definiert als in der privaten Versicherung:

Nach § 240 SGB VI sind berufsunfähig Versicherte,

BU nach der gesetzlichen Rentenversicherung

»deren Erwerbsfähigkeit wegen Krankheit oder Behinderung im Vergleich zur Erwerbsfähigkeit von körperlich, geistig und seelisch gesunden Versicherten mit ähnlicher Ausbildung und gleichwertigen Kenntnissen und Fähigkeiten auf weniger als sechs Stunden gesunken ist. Der Kreis der Tätigkeiten, nach denen die Erwerbsfähigkeit von Versicherten zu beurteilen ist, umfasst alle Tätigkeiten, die ihren Kräften und Fähigkeiten entsprechen und ihnen unter Berücksichtigung der Dauer und des Umfangs ihrer Ausbildung sowie ihres bisherigen Berufs und der besonderen Anforderungen ihrer bisherigen Berufstätigkeit zugemutet werden können. Zumutbar ist stets eine Tätigkeit, für die die Versicherten durch Leistungen zur beruflichen Rehabilitation mit Erfolg ausgebildet oder umgeschult worden sind. Berufsunfähig ist nicht, wer eine zumutbare Tätigkeit mindestens sechs Stunden täglich ausüben kann; dabei ist die jeweilige Arbeitsmarktlage nicht zu berücksichtigen«.

Der private Versicherungsschutz hingegen basiert auf dem Grundsatz der Vertragsfreiheit. Eine gesetzliche Definition des Begriffs der BU in der privaten Versicherung wurde erstmals mit der Reform des Versicherungsvertragsgesetzes (VVG) zum 1.1.2008 eingeführt. Für die BU in der privaten Versicherung gilt danach folgende Definition:

Nach § 172 Abs. 2 VVG ist berufsunfähig,

»wer seinen zuletzt ausgeübten Beruf, so wie er ohne gesundheitliche Beeinträchtigung ausgestaltet war, infolge Krankheit, Körperverletzung oder mehr als altersentsprechendem Kräfteverfall ganz oder teilweise voraussichtlich auf Dauer nicht mehr ausüben kann«.

BU nach der privaten Versicherung

Nach § 172 Abs. 3 VVG kann vertraglich vereinbart werden, dass die Leistungspflicht des Versicherers nur dann besteht, wenn die versicherte Person keine andere Tätigkeit ausübt (konkrete Verweisungstätigkeit) oder ausüben kann (abstrakte Verweisungstätigkeit), die sie aufgrund der Ausbildung und Fähigkeiten ausüben könnte und die der bisherigen Lebensstellung entspricht. Von diesen gesetzlichen Vorgaben können abweichende Vereinbarungen getroffen werden.

Bei den sogenannten Altverträgen, die vor dem 1. Januar 2008 abgeschlossen wurden, richtet sich der Begriff der BU nach dem jeweiligen Versicherungsvertrag, insbesondere den diesem zu Grunde liegenden Versicherungsbedingungen.

Police, Tarif, Versicherungsbedingungen

Was vereinbart ist, ergibt sich aus dem Versicherungsvertrag (Police), den Tarifbedingungen und vor allem auch den jeweiligen Versicherungsbedingungen, die als Anhang dem Vertrag beigefügt sind. Alte Versicherungsbedingungen, z. B. Mitteilungspflichten im Leistungsbezug, die nicht den Bestimmungen des VVG in der seit 1.1.2008 geltenden Fassung entsprechen, können unwirksam sein, wenn sie nicht bis zum 1.1.2009 nach Art. 1 Abs. 3 VVG EG geändert wurden (LG Potsdam, Urteil vom 12.12.2012 – 2 O 223/12).

 Es ist deshalb wichtig, im Einzelfall die konkreten Vertragsunterlagen und die Versicherungsbedingungen auf die individuell vereinbarten Bedingungen z. B. mit/ohne Verweisungstätigkeit zu prüfen. Zum Teil gibt es auch für bestimmte Berufsgruppen spezifische Regelungen, z. B. für Beamte oder auch Gruppenverträge, z. B. für Ärzte und Rechtsanwälte oder andere Berufsgruppen.

Hier kann wegen der Vielzahl der Versicherungsgesellschaften und deren jeweiligen Versicherungsbedingungen nicht auf alle Einzelheiten eingegangen werden. Eine Orientierung bieten die vom Gesamtverband der Deutschen Versicherungswirtschaft e. V. (GBV) herausgegebenen verbindlichen Musterbedingungen für die Berufsunfähigkeits-Versicherung (MB/BUV). Außerdem kann weiterhin auf die bisherige Rechtsprechung zu den verschiedenen Versicherungsbedingungen zurückgegriffen werden, weil diese überwiegend ähnliche Definitionen vorsahen.

## 2.2 Prüfung der BU

Ob eine BU vorliegt, wird in folgenden Schritten geprüft:
1. Feststellung des vom Versicherungsnehmer in gesunden Tagen zuletzt ausgeübten Berufs.
2. Medizinischer Befund zur BU.
3. Feststellung, ob der zuletzt ausgeübte Beruf krankheitsbedingt noch – bzw. in welchem Umfang nicht mehr – ausgeübt werden kann.
4. Feststellung der BU-Dauer.
5. Feststellung von Verweisungstätigkeiten, sofern im Vertrag vereinbart.

### 2.2.1 Feststellung des vom Versicherungsnehmer in gesunden Tagen zuletzt ausgeübten Berufs

Ausgangspunkt ist nicht der erlernte Beruf oder die Tätigkeit, die zur Zeit des Vertragsschlusses ausgeübt wurde, sondern die **zuletzt** vor der BU in gesunden Tagen ausgeübte Tätigkeit. Die berufliche Entwicklung des Versicherungsnehmers nach Vertragsschluss wird in den Versicherungsschutz einbezogen. *(bishriger Beruf)*

Wenn der Versicherte nach dem erstmaligen Eintritt des Versicherungsfalls zunächst einer leidensbedingt eingeschränkten Tätigkeit nachging oder leidensbedingt seinen Beruf gewechselt hat, bleibt der in gesunden Tagen ausgeübte Beruf maßgebend (z. B. BGH, Urteil vom 14.12.2016 – IV ZR 527/15, OLG Stuttgart, Urteil vom 31.3.2016 – 7 U 149/15). *(leidensbedingter Berufswechsel)*

Der Versicherungsnehmer erhält in der Regel nach formlosem Antrag Formulare oder Fragebogen, in denen besonders die zuletzt vor der Erkrankung konkret ausgeübte Tätigkeit beschrieben werden muss.

detaillierte
Tätigkeits-
beschreibung

Die Angabe einer bloßen Berufsbezeichnung oder von Sammelbegriffen wie z. B. Kundendienstfahrten und -einsätze, Sozialarbeiter, Manager, Abteilungsleiter, Bankangestellte oder Straßenbauarbeiter reichen nicht aus. Aufgrund der unterschiedlichen Anforderungen einzelner Arbeitsplätze innerhalb eines Berufszweiges müssen die Versicherungsnehmer die Tätigkeit genau beschreiben. Mit dieser Beschreibung müssen die für ihre Arbeit anfallenden Aufgaben und Leistungen nach ihrer Art, ihrem Umfang sowie ihrer Häufigkeit für einen Außenstehenden nachvollziehbar sein (so BGH, Urteil vom 2.12.1992, VersR 1992, S. 1386 und die nachfolgende Rechtsprechung der Oberlandes- und Landgerichte, z. B. OLG Köln, Urteil vom 3.6.2011 – 20 U 168/10 und vom 10.2.2012 – 20 U 94/11). Setzt sich der Beruf aus verschiedenen Einzeltätigkeiten zusammen, so sind die prägenden Tätigkeiten für die Beurteilung maßgeblich.

Diese detaillierte Schilderung ist dringend notwendig, damit anschließend der von dem Versicherer oder im Gerichtsverfahren vom Gericht beauftragte medizinische Sachverständige eine entsprechende Beurteilung darüber abgeben kann, ob der Versicherungsnehmer diesen Beruf nicht mehr oder in welchem Umfang und mit welchen Teiltätigkeiten noch ausüben kann.

 Erforderlich ist:
– eine konkrete Arbeitsbeschreibung unter Angabe der Teiltätigkeiten,
– nach Art, Umfang und Häufigkeit, und
– die Darstellung eines typischen Arbeitstages (bei relativ gleichförmiger Tätigkeit) bzw. einer Arbeitswoche (bei wechselnden Tätigkeiten), ggf. auch längerer Zeiträume.

Es wird – so z.B. vom OLG Koblenz, Urteil vom 16.11.2007 – 10 U 1729/06 und auch überwiegend in der Literatur – empfohlen, die einzelnen Tätigkeiten nach Art eines Stundenplanes aufzulisten:

Gas-Wasserinstallateur, Austausch einer Heiztherme:    Beispiel

| Uhrzeit | konkret ausgeübte Tätigkeit (was und wie) | Besonders erschwerende Umstände, wie |
|---|---|---|
| 7:00 – 7:30 | Beladen des Autos mit Material und Werkzeug | z.B. Tragen oder Einbauen von schweren Gegenständen (Gewichtsangabe), Arbeiten in Zwangshaltungen (z.B. bückend, kniend oder liegend), |
| 7:30 – 8:00 | Fahrt | |
| 8:00 – 8:10 | Entladen und Tragen des Materials in die Wohnung | |
| 8:15 – 8:30 | Entfernen der alten Therme | |
| 8:30 – 9:00 | Vorbereitung für neue Therme | z.B. Anbringen und Anschluss der Therme nur stehend, auf der Leiter oder kniend und gebückt unter dem Wasch-/Spülbecken, Anhalten mit einer Hand beim Befestigen |
| 9:00 – 9:15 | Anbringen neue Therme | |
| 9:15 – 9:45 | Anschließen, Testen usw. | |
| usw. | | |

Für wie viele Tage/Wochen ein solcher Plan erstellt werden sollte, hängt von der Art und Vielschichtigkeit der jeweiligen Tätigkeit ab.

Bei Selbständigen gilt eine Besonderheit, die häufig nicht in dem Vertrag oder den Versicherungsbedingungen zu finden, aber von der Rechtsprechung bestätigt ist. Eine BU ist hier erst dann anzunehmen,    BU von Selbständigen

Umorgani-
sation
möglich?

wenn es dem Selbständigen nicht zuzumuten ist, seinen Betrieb umzuorganisieren. Es muss deshalb geklärt werden, ob der Selbständige aufgrund der Organisationsstruktur des Betriebes in der Lage ist, diesen umzuorganisieren und Aufgaben anders zu verteilen. Dann kommt es darauf an, ob dem Selbständigen noch ein sinnvolles Resttätigkeitsfeld mit verantwortungsvollen Tätigkeiten verbleibt.

 Bei Selbständigen ist es daher dringend erforderlich, Folgendes zu prüfen:

– Art, Umfang und zeitlicher Anteil der bislang ausgeübten Einzeltätigkeiten sowie deren Bedeutung für das Arbeitsergebnis (prägende Teiltätigkeit) (→ S. 237),
– Details der Betriebsorganisation vor und nach dem Eintritt der BU (Tätigkeitsbereich des Unternehmens und Abläufe, Anzahl der Mitarbeiter, deren Betätigungsgebiete, Organisation der Büro- und Verwaltungsarbeiten),
– Ermittlung der Mitarbeiter, deren Arbeit der Versicherungsnehmer vom Status und der Qualifikation her ausüben könnte,
– welche Lücken dadurch entstehen, dass der Versicherungsnehmer seine ursprüngliche Haupttätigkeit nicht mehr ausübt (müssen dadurch evtl. neue Mitarbeiter eingestellt werden, wie wirkt sich dies betriebswirtschaftlich aus).

Umorgani-
sation
zumutbar

Die Umorganisation muss aber nicht nur möglich, sondern sie muss auch zumutbar sein. Das erfordert eine Gesamtbetrachtung der dem Betriebsinhaber nach einer betrieblich sinnvollen Umorganisation trotz der gesundheitlichen Einschränkungen noch verbliebenen Tätigkeitsfelder. Erst diese Gesamtbetrachtung ermöglicht es festzustellen, ob die mit dem Direktionsrecht verbundene Ausübung der Tätigkeit der Stellung als Betriebsinhaber noch angemessen ist und die bisherige Lebensstellung gewahrt werden kann. Die Umorganisation darf nicht mit auf Dauer ins Gewicht fallenden Einkommenseinbußen verbunden sein. Sie ist nach Treu und Glauben jedoch dann unzumutbar, wenn sie für den Inhaber lediglich zu einer Verlegenheitsbeschäftigung führt. Unsinnige Mehrausgaben des Betriebsinhabers sind nach Treu und Glauben aber nicht zumutbar. Andererseits können Mehrausgaben dann angelastet werden, wenn sie an anderer Stelle wieder ausgeglichen werden können. Es muss also konkret mit betriebswirtschaftlichen Zahlen, die auch überprüfbar sind, dargelegt werden, wie die finanzielle Lage des Betriebes ohne und mit Umorganisation aussieht. Im Gerichtsverfahren genügt es nicht, dass allgemein beschrieben wird, dass die Umorganisation wirtschaftlich nicht sinnvoll oder unrentabel ist. Die Vorlage der betriebswirtschaftlichen Unterlagen verstößt nach Auffassung des LG Köln, Urteil vom 14.6.2007 – 5 U 28/07 nicht gegen das Recht auf informationelle Selbstbestimmung.

Aufwendungen aus Eigenmitteln für eine Umorganisation schließen die BU nicht grundsätzlich aus (so BGH, Urteil vom 28.4.1999 – IV ZR 123/98). Hierzu gibt es aber keine einheitliche Rechtsprechung, sodass im Einzelfall stets gesondert argumentiert werden muss. Einige Beispiele:

OLG Karlsruhe, Urteil vom 3.4.2008 – 12 U 151/07: Eine zu 60% berufsunfähige Friseurmeisterin (wegen Feinmotorikstörung der linken Hand, eingeschränkter Koordination, symptomatische Epilepsie) ist bei Ausübung der Tätigkeit als Rezeptionistin weder ausgelastet noch angemessen beschäftigt. Eine Umorganisation ihres Betriebes, in dem weniger als zehn Vollzeit- und Teilzeitkräfte beschäftigt sind, ist ihr nicht zuzumuten.

Beispiel 1

Beispiel 2    OLG Saarbrücken, Urteil vom 8.3.2006 – 5 U 269/05:
Wenn zeitgleich mit den gesundheitlichen Einschränkungen auch tatsächliche wirtschaftliche Gründe dazu führen, dass der mitarbeitende Betriebsinhaber
die berufliche Tätigkeit einstellt, so tritt BU nur dann
ein, wenn die Tätigkeit auch ohne die wirtschaftliche
Entwicklung gesundheitsbedingt nicht mehr hätte
ausgeübt werden können.

Beispiel 3    OLG Hamm, Urteil vom 18.2.2005 – 20 U 174/04:
Ein selbständiger Gastwirt, der bisher zwei Kellner,
einen Koch, eine Köchin und eine Küchenhilfe beschäftigte und wegen einer Knie- umd Wirbelsäu-
lenerkrankung seine Tätigkeit als Kellner nicht
mehr ausüben kann und auch beim Einkauf keine
größeren Gebinde mehr heben kann, ist nicht berufsunfähig, wenn sich aufgrund der aufsichtsfüh-
renden Tätigkeit noch ein nicht unerhebliches Betä-
tigungsfeld bietet. Wenn er also weiterhin Verhand-
lungen beim Einkauf führt, bei dem ihn ein Gehilfe
zum Tragen schwerer Sachen begleitet und er zusätzlich einen Kellner ohne Beeinträchtigung des
bisherigen wirtschaftlichen Ergebnisses seiner
Gaststätte einstellt, ist er nicht berufsunfähig. Dann
kann er seinen Betrieb so umorganisieren, dass er
mit den ihm verbliebenen Aufgaben mindestens
50 % seiner früheren Arbeitszeit ausfüllen kann.

Beispiel 4    OLG Saarbrücken, Urteil vom 29.10.2003 – 5 U 451/02:
Trotz Fortführung des Betriebs durch den Versiche-
rungsnehmer kann BU vorliegen, so z. B. wenn ein
selbständiger Bäcker und Konditor mit Hilfe von
Geschwistern und nur unter Einnahme starker
Schmerzmittel seinen Beruf fortführt.

Beispiel 5    OLG Saarbrücken, Urteil vom 19.11.2003 – 5 U 168/
00-11:
Von einem selbständigen Gas- und Wasserinstalla-
teur kann nicht verlangt werden, dass er seinen

Handwerksbetrieb so umorganisiert, dass er einen weiteren qualifizierten Mitarbeiter einstellt. Dies gilt jedenfalls dann, wenn die bisherige Mitarbeiterin zwar gleichfalls die Meisterprüfung hat, sie jedoch körperlich außerstande ist, bestimmte, das Unternehmen prägende Arbeiten auszuführen und die beiden einzigen Gesellen über bestimmte notwendige Qualifikationen noch nicht verfügen und dem Versicherungsnehmer bei einer Neueinstellung keine vernünftige Arbeit mehr verbliebe.

OLG Koblenz, Urteil vom 1.6.2012 – 10 U 960/11: Einem selbständigen Kleingastronom/Imbissbetreiber, der seine Gaststätte in allen wesentlichen Teilen, wie Zubereiten der Speisen, Einkauf, Reinigen der Gerätschaften und Küche, allein geführt und sich nur zum Aufnehmen der Bestellungen und zum Servieren der Mahlzeiten einer Hilfskraft bedient hat, ist eine Umorganisation des Betriebs nicht zuzumuten. | Beispiel 6

Die Beweislast für die Voraussetzungen der BU trifft den Versicherungsnehmer (OLG Frankfurt am Main, Urteil vom 18.1.2008 – 3 U 171/06; OLG Koblenz, Urteil vom 1.6.2012 – 10 U 960/11 mit Hinweis auf weitere Rechtsprechung). | Beweislast für BU

## 2.2.2 Medizinischer Befund zur BU

§ 172 Abs. 2 VVG stellt klar, dass nur eine Beeinträchtigung durch Krankheit, Unfall oder Kräfteverfall zu berücksichtigen ist. Der altersentsprechende Kräfteverfall des Versicherungsnehmers und die sich daraus ergebenden Folgen für die Berufsausübung zählen – soweit nicht ausdrücklich etwas anderes im Versicherungsvertrag vereinbart wurde – nicht.

Nach § 2 Abs. 2 MB/BUV 2008 liegt eine teilweise BU
vor, wenn die Gesundheit nur zu einem bestimmten
Grad voraussichtlich dauernd beeinträchtigt ist. Der
Arzt muss also genau bestätigen, welche Krankheit
bzw. welche Beschwerden dauerhaft vorliegen und
wie sie sich auf die Berufstätigkeit auswirken. Nach
§ 11 Abs. 1c MB/BUV 2008 sollen ausführliche Berichte der Ärzte, die die versicherte Person gegenwärtig behandeln bzw. behandelt haben, über Ursache, Beginn, Art, Verlauf und voraussichtliche Dauer
des Leidens sowie über den Grad der BU oder die
Pflegestufe (auch in einem solchen Fall kann BU vorliegen) geliefert werden. Die Kosten für diese Berich-
te/Befunde hat nach den MB-BUV die versicherte
Person zu tragen.

### 2.2.3 Feststellung, ob der zuletzt ausgeübte Beruf krankheitsbedingt noch bzw. nicht mehr ausgeübt werden kann

Nach dem VVG und den Versicherungsbedingungen gibt es eine vollständige oder teilweise
BU. Dabei hat die Beurteilung des Grades der BU
nicht nur nach rein medizinischen Gesichtspunkten
zu erfolgen. Maßgebend für den Grad der BU ist, inwieweit die bisherige Tätigkeit des Versicherungsnehmers aus gesundheitlichen Gründen zeitlich nur
noch eingeschränkt ausgeübt werden kann.

Beispiel 1
prägende
Tätigkeit

OLG München, Urteil vom 19.12.2008 – 25 U 1711/05:
Für einen Staplerfahrer, der fünf Stunden täglich
auf dem Stapler sitzt und etwa zwei bis drei Stunden der restlichen Arbeitszeit kniende, bückende
und Überkopfarbeiten ausübt, ist die sitzende Tätigkeit prägend. Wenn diese nicht mehr ausgeübt
werden kann, führt dies rein rechnerisch zu einer
BU von 30 % bis 40 %, tatsächlich aber wegen des
prägenden Merkmals zu einer vollen BU.

Auch zeitlich weniger aufwendige Tätigkeiten können prägend sein, wenn sie zwingende Voraussetzung für die weiteren Tätigkeiten sind.

Eine qualitative Abgrenzung ist auch vorzunehmen, wenn der Versicherungsnehmer prägende Merkmale seiner Tätigkeit nicht mehr ausüben kann.

LG Dortmund, Urteil vom 28.8.2008 – 2 O 69/07:
Eine Altenpflegerin, die wirbelsäulenbelastende Tätigkeiten nicht mehr oder jedenfalls nicht mehr ohne Schmerzen ausüben kann, ist vollständig berufsunfähig, da sie ein prägendes Merkmal, in Krisensituationen zu 100 % einsatzfähig zu sein, nicht mehr erfüllen kann.

*Beispiel 2*

LG Landshut, Urteil vom 26.9.2006 – 71 O 816/05:
Eine Zahnarzthelferin, die speziell als Stuhlassistentin eingestellt war und aufgrund orthopädischer Beschwerden diese vorwiegend stehende Tätigkeit nicht mehr ausüben kann, ist vollständig berufsunfähig.

*Beispiel 3*

Eine bedingungsgemäße BU liegt aber dann nicht vor, wenn sie z. B. durch zumutbare Schutzmaßnahmen verhindert werden kann.

LG Ingolstadt, Urteil vom 24.5.1996 – 4 O 1311/95, VersR 1997, S. 480:
Ein Handekzem mit täglich mehrfacher Salbenbehandlung führt nicht zu mindestens 50 % BU des Leiters des Rechnungswesens einer Bank, wenn diesem im wesentlichen die Bearbeitung von Formularen und Schriftstücken, die mit der Tätigkeit an der PC-Tastatur verbunden ist, möglich geblieben ist. Der Einsatz von Baumwollhandschuhen sei zumutbar. Gewisse Beeinträchtigungen, die im erschwerten Umblättern oder ähnlichem liegen können, seien hinzunehmen.

*Beispiel 4*

Beispiel 5   OLG Frankfurt am Main, Urteil vom 14.1.1998 – 7 U 224/96 und vom 28.8.2002 – 7 U 72/99:
Einer Bäckermeisterin ist es nicht zuzumuten, eine Staubmaske zu tragen. Denn maßgeblich war, dass die Bäckermeisterin schon vor dem Anlegen der Maske mit den die Allergie auslösenden Stoffen in Kontakt kommt.

### 2.2.4 Feststellung der BU-Dauer

»auf Dauer«?   Die Berufsunfähigkeit muss auf Dauer vorliegen. Welcher Zeitraum mit »auf Dauer« gemeint ist, ist gesetzlich nicht definiert und wird sehr unterschiedlich in der Rechtsprechung oder auch von den Versicherern gehandhabt. So kann nach den Versicherungsbedingungen vereinbart sein, dass eine vollständige BU vorliegt, wenn die zuletzt ausgeübte Tätigkeit und soweit vereinbart eine andere Tätigkeit »voraussichtlich auf Dauer« oder aber konkret »mindestens … Monate/Jahre« nicht ausgeübt werden kann.

Wenn eine konkrete Vereinbarung über die voraussichtliche Dauer nicht getroffen wurde, muss im Einzelfall entschieden werden. Von der Rechtsprechung wird die Auffassung vertreten, die voraussichtlich dauerhafte BU liege ab ca. drei Jahren vor und zwar beginnend ab der Entscheidung des Versicherers. Es wird von einigen Juristen aber auch die Auffassung vertreten, dass die dauerhafte BU ab sechs Monaten vorliege.

Eine solche Prognose kann jedoch entbehrlich sein, wenn z. B. nach den Versicherungsbedingungen die versicherte Person schon für einen längeren Zeitraum (von z. B. 6 Monaten) krankheitsbedingt die Tätigkeit nicht ausüben konnte und dieser Zustand fortdauert.

»Ist die versicherte Person ... Monate ununterbrochen infolge Krankheit, Körperverletzung oder mehr als altersentsprechenden Kräfteverfalls, die ärztlich nachzuweisen sind, ... gilt die Fortdauer dieses Zustandes als vollständige oder teilweise Berufsunfähigkeit.« (§ 2 Abs. 3 MB-BUV)

### 2.2.5  Feststellung von Verweisungstätigkeiten, sofern im Vertrag vereinbart

In dem Versicherungsvertrag bzw. den jeweiligen Versicherungsbedingungen ist häufig vereinbart, dass eine BU nur dann vorliegt, wenn keine Verweisungstätigkeit konkret ausgeübt wird bzw. ausgeübt werden kann. Solche Vereinbarungen sind nach § 172 Abs. 3 VVG zulässig.

Es ist genau zu prüfen, was im Einzelnen vereinbart wurde.

Wurde vereinbart, dass eine BU dann vorliegt, wenn der Versicherungsnehmer neben dem bisherigen Beruf keine vergleichbare Tätigkeit ausübt, so liegt BU nicht vor, wenn eine solche vergleichbare Tätigkeit tatsächlich ausgeübt wird. Denn nur auf diese Tätigkeit darf der Versicherungsnehmer verwiesen werden. Geht der Versicherer davon aus, dass die konkret ausgeübte Tätigkeit der Verweisungstätigkeit des Versicherungsnehmers aufgrund ihrer Ausbildung und Erfahrung und der sozialen Stellung entspricht, so muss der Versicherungsnehmer beweisen, dass er z.B. eine minderwertige Tätigkeit ausübt und dass diese Tätigkeit keine vereinbarte Verweisungstätigkeit ist.

*konkrete Verweisungstätigkeit*

Für die Beurteilung der Frage, ob der Vergleichsberuf der bisherigen Lebensstellung entspricht, ist entscheidend, dass die Qualifikation für den Vergleichsberuf nicht geringer ist als diejenige für den früher ausgeübten Beruf. Außerdem genügt es nicht, dass bestimmte prägende Merkmale des bisherigen Berufs weggefallen sind, wenn diese durch andere auf gleicher Stufe stehende Merkmale ersetzt wurden.

Beispiel

Hanseatisches OLG Bremen, Urteil vom 18.5.2009 – 3 U 46/08:
Die Verweisung eines Rohrschlossers in einer Schiffswerft auf eine Tätigkeit als Konstrukteur für die Erstellung von Konstruktionsplänen von Rohrleitungen auf Schiffsbauten wurde für vergleichbar gehalten. Im zu entscheidenden Fall konnte der Versicherungsnehmer seine Tätigkeit als Rohrschlosser nicht mehr ausüben. Er hatte eine Tätigkeit bei seinem bisherigen Arbeitgeber als Konstrukteur für die Erstellung von Konstruktionsplänen von Rohrleitungen auf Schiffsbauten ausgeübt. Die Entlohnung lag etwa 5 % unter der bisherigen Entlohnung. Die Tatsache, dass er keine Überstunden mehr ausüben konnte, reichte als Einkommenseinbuße für die Feststellung der BU nicht aus. Weiterhin war entscheidend, dass der Versicherungsnehmer auch während seiner Tätigkeit als Schlosser schon mindestens zwei Stunden täglich administrative Tätigkeiten ausgeübt hatte.

Beispiel

OLG Karlsruhe, Urteil vom 30.12.2011 – 12 U 140/11:
Die Tätigkeit eines Schulhausmeisters, bei der in beträchtlichem Umfang Tätigkeiten auszuführen sind, die keine besondere Qualifikation erfordern, entspricht nach der erforderlichen Ausbildung und den Erfahrungen insgesamt nicht der eines Malergesellen.

abstrakte Verweisungstätigkeit

Wurde vereinbart, dass eine BU erst dann vorliegt, wenn der Versicherungsnehmer weder die bisherige Tätigkeit noch eine andere Tätigkeit aufgrund der Ausbildung und Fähigkeiten und der bisherigen

Lebensstellung ausüben kann, so muss sich der Versicherungsnehmer bei einem generellen (nicht konkreten) Vorhandensein einer solchen Tätigkeit darauf verweisen lassen.

Es kann nur auf Tätigkeiten verwiesen werden, für die es einen Arbeitsmarkt gibt. Eine Verweisung auf so genannte Nischenarbeitsplätze, die z. B. nur betriebsbedingt in Unternehmen geschaffen wurden oder auf Schonarbeitsplätze, also solche, die dem allgemeinen Arbeitsmarkt nicht zugänglich sind, ist nicht zulässig.

Allgemeiner Arbeitsmarkt

Unerheblich ist dagegen, ob der Versicherungsnehmer auf dem allgemeinen Arbeitsmarkt tatsächlich eine entsprechende Tätigkeit findet.

OLG Koblenz, Urteil vom 1.12.2006 – 10 U 208/06: Hat eine Krankenschwester im Nachtdienst, die diese Tätigkeit nicht mehr ausüben kann, keine reelle Chance, eine vergleichbare Tätigkeit als Krankenschwester auf einer Augen-, HNO- oder Hautstation eines Krankenhauses zu finden, weil sie die Anforderungen an diese Tätigkeit krankheitsbedingt teilweise nicht erfüllen kann, ist eine Verweisung nach Treu und Glauben ausgeschlossen.

Beispiel

Nach ständiger Rechtsprechung darf der Verweisungsberuf den Versicherungsnehmer objektiv nicht überfordern. Er muss diese Tätigkeiten also entsprechend der Ausbildung und Fähigkeit ausüben können. Das bedeutet, dass der Versicherungsnehmer nicht darauf verwiesen werden kann, erst noch die Kenntnisse und Fähigkeiten für die neue Tätigkeit zu erwerben. Eine Einarbeitungszeit ist aber zumutbar. Hier wird häufig von einem Zeitraum von drei Monaten ausgegangen. Bei einer zumutbaren Verweisungstätigkeit sollen sämtliche Kenntnisse und Erfahrungen berücksichtigt werden, über die der Versicherungsnehmer verfügt, auch wenn er zu-

keine Überforderung

letzt tatsächlich nicht alle seine Kenntnisse und Fähigkeiten einsetzen musste.

Die Verweisung auf Tätigkeiten, für die eine formale Voraussetzung, wie ein Studium oder Meisterprüfung erforderlich ist, kann nicht erfolgen, wenn der Versicherungsnehmer tatsächlich über diese formalen Abschlüsse nicht verfügt.

keine Unterforderung

Aber auch eine generelle Verweisung auf Tätigkeiten, die den Versicherungsnehmer unterfordern, ist nicht zulässig.

Wahrung der Lebensstellung

Die Verweisungstätigkeit soll auch der bisherigen sozialen und wirtschaftlichen Stellung der versicherten Person entsprechen.

Beispiel 1

OLG Karlsruhe, Urteil vom 19.2.2009 – 9 U 140/08:
Ein selbständiger Elektromeister mit Realschulabschluss muss sich nicht auf den Beruf eines Projektleiters »Elektrotechnik« in einem größeren mittelständischen Unternehmen verweisen lassen. Es fehlt ihm hierzu die hinreichende Qualifikation. In kleineren Betrieben wird diese Tätigkeit meist vom Betriebsinhaber wahrgenommen, sodass diese Tätigkeiten nicht zugänglich sind.

Beispiel 2

OLG Oldenburg, Urteil vom 5.2.2010 – 5 U 4/10:
Die PKH wurde wegen fehlender Erfolgsaussicht abgelehnt. Bei einem noch jungen Versicherungsnehmer, der seine Tätigkeiten häufig wechselte und durch Arbeitslosigkeit unterbrach, sei die bisherige Lebensstellung in wirtschaftlicher und sozialer Hinsicht im Rahmen eines längeren Zeitraums zu bewerten.

Beispiel 3

OLG Nürnberg, Urteil vom 26.2.2015 – 8 U 266/13:
Einem geringfügig Beschäftigten im Sinne der gesetzlichen Sozialversicherung nach § 8 Abs. 1 Nr. 1

SGB IV (Minijob), ist wegen der damit verbundenen sozialversicherungsrechtlichen Folgen ein Wechsel auf eine sozialversicherungspflichtige Stelle in der Regel nicht zumutbar.

Bei der Prüfung der zumutbaren Mobilität ist bei einem geringfügig Beschäftigten ferner darauf abzustellen, welche tägliche Pendelstrecke ein verständiger Versicherungsnehmer unter Berücksichtigung des bisherigen Weges zum Arbeitsplatz und der bei einem Wechsel entstehenden zusätzlichen Fahrtkosten auf sich nimmt.

Selten ist in den Versicherungsbedingungen geregelt, bis zu welchem Grad eine Einkommensminderung hinzunehmen ist. Fehlt es daran, verlangt die Rechtsprechung eine individuelle Einzelfallprüfung. Es gibt keine festen Grenzen dazu, welche Einkommensminderungen hinzunehmen sind. Denn je nach den Familienverhältnissen oder auch den sonstigen finanziellen Verhältnissen und der bisherigen Lebensstellung können sich diese unterschiedlich belastend auswirken.

*Einkommensminderung*

Bei einer Einkommensminderung von 10 % bis 20 % ist das Hanseatisches OLG Bremen vom 18.5.2009 – 3 U 46/08 von einer annähernden Gleichwertigkeit ausgegangen.

*Beispiel 1*

Die Lebensstellung eines Polizeibeamten, der bereits eine Tätigkeit als Beamter im allgemeinen technischen Verwaltungsdienst konkret ausübt, wurde mit einer Einkommensminderung von weniger als 30 % als gewahrt angesehen.

*Beispiel 2*

Demgegenüber wurde die Lebensstellung aber nicht als gewahrt angesehen, wenn eine Stewardess, die als Konferenzdolmetscherin, Übersetzerin, Zug- oder Reisebegleiterin oder im gehobenen Servicebereich (Messen, Wirtschaft) gearbeitet hat, eine Einkom-

*Beispiel 3*

mensminderung von 25 % hinnehmen muss (so OLG Hamm vom 5.6.1992 – 20 U 6/92).

Beispiel 4

OLG München, Urteil vom 22.10.2010 – 25 U 5827/07:
Ein Offsetrollendrucker kann nicht auf die Tätigkeit eines Kalkulators bzw. Geschäftsführers verwiesen werden, wenn damit ein Einkommenseinbuße von bis zu 27 % verbunden ist und dies zu einer Einschränkung der bisherigen Lebensstellung führt.

Beispiel 5

BGH, Urteil vom 8.2.2012 – IV ZR 287/10:
Hat ein Versicherungsnehmer vor der BU regelmäßig Einkommen und saisonbedingt Alg I bezogen, so haben beide Einkünfte die bisherige Lebensstellung geprägt. Beide Einkommen sind in den Einkommensvergleich einzubeziehen.

Beweislast

Die Beweislast dafür, dass der Versicherungsnehmer noch eine abstrakte Verweisungstätigkeit ausüben kann, liegt bei dem Versicherer. Dabei muss er den Beruf bezeichnen und die prägenden Merkmale dieser Tätigkeit benennen. Dies sind nach der Rechtsprechung z. B.:
– die erforderliche Vorbildung,
– die üblichen Arbeitsbedingungen,
– die übliche Entlohnung,
– die erforderlichen Fähigkeiten und körperlichen Kräfte,
– der Einsatz von technischen Hilfsmitteln.

Es reicht nicht aus, wenn der Versicherer pauschal behauptet, die Tätigkeit entspräche der bisherigen Lebensstellung. Vielmehr muss dies konkretisiert werden. Geschieht das nicht, muss der Versicherungsnehmer den Vortrag nicht im Einzelnen widerlegen. Vielmehr genügt es, dass er diesen bestreitet.

Für Beamte gelten häufig so genannte Beamten-klauseln. Das heißt, in vielen Fällen wird vereinbart, dass vollständige BU auch dann vorliegt, wenn ein Beamter vor Erreichen der gesetzlich vorgeschrie-benen Altersgrenze infolge seines Gesundheitszu-standes wegen allgemeiner Dienstunfähigkeit ent-lassen oder in den Ruhestand versetzt wird. Andere Formulierungen sehen z. B. vor, dass bei Beamten die Versetzung in den Ruhestand wegen Dienstun-fähigkeit bzw. Entlassung wegen Dienstunfähigkeit als vollständige BU gilt.

Es gibt auch eingeschränkte Beamtenklauseln. Hier wird zusätzlich darauf abgestellt, ob der Beamte zur Erfüllung seiner Dienstpflichten dauernd unfä-hig (dienstunfähig) ist **und** wegen Dienstunfähigkeit in den Ruhestand versetzt oder entlassen wurde. In diesen Fällen orientiert sich der Versicherer nicht ausschließlich an der Versetzung wegen Dienstun-fähigkeit, sondern prüft eigenständig, ob der Beam-te auch tatsächlich dienstunfähig ist.

Daher ist bei Beamten konkret zu prüfen, ob solche Beamtenklauseln im Vertrag vereinbart sind. Wenn dies nicht der Fall ist, muss die BU wie bei den übri-gen Versicherungsnehmern nachgewiesen werden.

*Beamten-klauseln*

## 2.3  Vorerkrankung/Risikoausschluss

Nach § 172 Abs. 1 VVG ist bei einer BU der Versicherer verpflichtet, für eine nach Beginn der Versicherung eingetretene BU die vereinbarten Leis-tungen zu erbringen. Bestand zum Zeitpunkt des Vertragsabschlusses bereits eine Vorerkrankung und wurde deshalb ein Risikoausschluss vereinbart, be-steht kein Anspruch auf die Leistungen, wenn die BU aufgrund dieser Vorerkrankung eingetreten ist. Im Zweifel muss in diesen Fällen die genaue Formulie-rung des Risikoausschlusses überprüft werden.

*Vor-erkrankung*

Beispiel OLG Frankfurt am Main vom 13.11.2002 – 7 U 31/02: Laut Versicherungsvertrag besteht kein Anspruch auf Leistungen aus der BU-Versicherung, wenn die Tätigkeit wegen früherer Erkrankungen (Vorerkrankung) und noch zukünftig eintretende Erkrankungen der Wirbelsäule nicht mehr ausgeübt werden kann. Nach dem Urteil soll der Leistungsausschluss auch für eine später eingetretene psychische Fehlverarbeitung der Wirbelsäulenbeschwerden gelten.

Möglich ist auch, dass kein genereller Risikoausschluss vereinbart wurde, sondern dass wegen eines bestimmten vorbestehenden Leidens eine BU erst dann vorliegt, wenn diese nicht 50 %, sondern 60 % beträgt.

Beginn der Leistung Der Zeitpunkt, ab wann der Versicherer die Leistungen zu erbringen hat, also z. B. rückwirkend ab Eintritt der BU, nach Anzeige der BU oder nach einer bestimmten Mindestdauer der Beeinträchtigung, ergibt sich aus dem Versicherungsvertrag. Hat der Versicherungsnehmer unverschuldet den Eintritt der BU verspätet angezeigt, kann die Leistung ausnahmsweise ab Eintritt der BU verlangt werden. Das kann z.B. der Fall sein, wenn der Versicherungsnehmer nicht wusste, dass die BU schon früher eingetreten ist. Der VN muss dies beweisen (Brandenburgisches OLG, Urteil vom 4.4.2013 – 11 U 94/12).

Das Recht der privaten BU-Versicherung ist so komplex und vielseitig, dass hier nur grob auf die Voraussetzungen für das Vorliegen von BU eingegangen werden konnte. Auf weitere Details wie z. B.
– Beitragsbefreiung bei Leistungsgewährung,
– spätere Nachprüfung der BU,
– Verjährung (Faustregel: nach neuem Recht: 3 Jahre, § 195 BGB, ohne Kenntnis oder grob fahrläs-

sige Unkenntnis 10 Jahre nach ihrer Entstehung, § 199 Abs. 4 BGB),
– Rücktritt und Kündigung, z. B. bei vorvertraglicher Anzeigepflichtverletzung,
– vereinbarte Leistungsfreiheit, z. B. bei Selbstverstümmelung,

kann hier nicht eingegangen werden.

Aufgrund der vielen Besonderheiten und der starken Ausrichtung des Rechts an der Rechtsprechung ist dringend anzuraten, frühzeitig anwaltliche Hilfe hinzuzuziehen. Dies gilt nicht nur für die Unterstützung bei der genauen Tätigkeitsbeschreibung, sondern auch zur Frage des Eintritts des Versicherungsfalls und der Anwendbarkeit alten oder neuen Rechts. Dies ist auch in Fällen des Rücktritts der Versicherung vom Vertrag oder Kündigung, z. B. wegen falscher Gesundheitsangaben bei Vertragsschluss, und auch zur Beachtung von Verjährungsvorschriften wichtig. Bei gerichtlichen Auseinandersetzungen sind in diesen Fällen häufig wegen des höheren Streitwertes die Landgerichte zuständig, mit der Folge, dass dort ohnehin Anwaltszwang besteht.

*Rechtsanwalt einschalten*

Die Rechtsschutzversicherer zahlen meist auch für außergerichtliche Tätigkeiten von Anwälten, jedenfalls wenn die Leistung abgelehnt wurde und zunächst außergerichtlich eine Klärung herbeigeführt werden soll.

*Rechtsschutzversicherung*

## 3 Private EU-Rente

Ergänzend zu einer privaten BU-Versicherung oder einer Lebensversicherung aber auch als Einzelversicherung bietet eine private EU-Rente den vergleichbaren Schutz wie die EM-Rente in der gesetzlichen Rentenversicherung. Sie wird also nur dann gewährt, wenn wegen Krankheit oder Verletzungen oder wegen krankheitsbedingten Kräfteverfalls nur eine Tätigkeit von weniger als 3 Stunden täglich ausgeübt werden kann. Es kommt hier nicht auf den zuletzt ausgeübten Beruf an. In der Praxis spielt die private EU-Rente jedoch so gut wie keine Rolle, sodass auf eine Darstellung verzichtet wird.

# M RENTEN AUS DER GESETZLICHEN UNFALLVERSICHERUNG (UV)

Wer durch einen Arbeitsunfall erwerbsgemindert wird und eine Rente wegen EM aus der gesetzlichen Rentenversicherung beantragt, kann auch Anspruch auf eine Rente aus der gesetzlichen UV haben.

Alle Arbeitnehmer, aber auch z. B. ehrenamtlich Tätige, Schüler, Studenten oder auch Arbeitslose, die zur AA einbestellt werden, und noch viele andere Personen (siehe die umfassende Aufzählung in §§ 2 und 3 SGB VII) sind in der Gesetzlichen UV versichert und können Leistungen beziehen, wenn sie einen Arbeits- oder Wegeunfall erleiden oder an einer Berufskrankheit erkranken. **Wer?**

Die Träger der gesetzlichen UV sind die Berufsgenossenschaften, Unfallversicherung Bund und Bahn, Unfallkassen oder Gemeindeunfallversicherungsverbände (§ 114 SGB VII). **Träger**
Die Versicherten können über den Arbeitgeber erfahren, bei welchem Versicherungsträger sie versichert sind. Über den Arzt oder Durchgangsarzt müssen Unfälle/Berufskrankheiten gemeldet werden.

Die gesetzliche UV gewährt gemäß §§ 26 ff. SGB VII ähnliche Leistungen wie die gesetzliche Kranken-, Renten- und Pflegeversicherung: **Leistungen**
- Heilbehandlung einschließlich Krankenhausbehandlung und Rehabilitationsmaßnahmen;
- Verletztengeld (entspricht Krankengeld);
- Übergangsgeld, Leistungen zur Teilhabe am Arbeitsleben und Leben in der Gemeinschaft;
- Leistungen bei Pflegebedürftigkeit;
- Sterbegeld;
- Hinterbliebenenrente;
- Unfall- oder Verletztenrente.

Unfallärzte

Bei einem Arbeits-/Wegeunfall oder einer Berufskrankheit ist zu beachten, dass speziell von der UV beauftragte Ärzte eingeschaltet werden:
– Durchgangsärzte, die bei jedem Arbeits- oder Wegeunfall sofort einzuschalten sind, werden von der UV bestellt. Für die Versicherten besteht deshalb auch nur die freie Wahl unter den Durchgangsärzten des Wohnortes bzw. Unfallortes. Die Durchgangsärzte leiten die erforderliche Erstversorgung ein und entscheiden aufgrund der Art und Schwere der Verletzung, ob eine besondere Heilbehandlung oder eine allgemeine Heilbehandlung durch den Hausarzt oder sonstige Maßnahmen erforderlich sind.
– Beratungsfachärzte sind Fachärzte, denen Unfallverletzte mit besonderen Verletzungen vorgestellt werden (z. B. bei schweren Hautverbrennungen).
– Beauftragte Augen- und Ohrenärzte sind Spezialisten für Augen- bzw. Ohrverletzungen.

Bei besonderen Verletzungen wird sofort unfallmedizinische stationäre Heilbehandlung eingeleitet.

Verletztengeld

Liegt aufgrund eines Arbeitsunfalls oder einer Berufskrankheit Arbeitsunfähigkeit vor, wird Verletztengeld gezahlt, das wie das Krankengeld während der Entgeltfortzahlung durch den Arbeitgeber zunächst ruht. Für Arbeitnehmer wird das Verletztengeld von der jeweils zuständigen Krankenkasse des Versicherten ausgezahlt. Dies geschieht aufgrund besonderer Vereinbarungen zwischen Krankenversicherung und UV. Daran schließen sich oft Rehabilitationsmaßnahmen an.

Verletztenrente

Ist die Erwerbsfähigkeit durch einen Arbeits-/Wegeunfall oder eine Berufskrankheit über die 26. Woche nach dem Versicherungsfall hinaus um wenigstens 20 % gemindert, besteht Anspruch auf eine UV-Rente. Diese Rente wird unabhängig davon gezahlt, ob auch Anspruch auf eine EM-Rente aus der gesetzlichen Rentenversicherung besteht. Die Bewilligung einer Rente aus der gesetzlichen UV bedeutet andererseits aber noch nicht gleichzeitig die Erfüllung der Voraussetzungen für EM-Rente in der gesetzlichen Rentenversicherung.

Die Jahres-UV-Rente beträgt zwei Drittel des Jahresarbeitsverdienstes für die versicherte Tätigkeit vervielfältigt mit dem Grad der Minderung der Erwerbsfähigkeit (MdE), den die UV anerkannt hat. | Höhe

Der Jahresarbeitsverdienst ist der Gesamtbetrag der Arbeitsentgelte und Arbeitseinkommen des Versicherten in den letzten zwölf Kalendermonaten vor dem Unfallmonat (§ 82 SGB VII). Bei Schülern, Studenten gelten Besonderheiten, die hier nicht dargestellt werden (§§ 85, 87 SGB VII). | Jahresarbeitsverdienst

Jahresarbeitsverdienst: 30.000 €
davon 2/3 = 20.000 € im Jahr mtl.: 1.666,66 €
Bei einer MdE von 100 % Rente mtl.: 1.666,66 €
Bei einer MdE von 50 % Rente mtl.: 833,33 € | Beispiel

Beim Zusammentreffen einer Rente aus der gesetzlichen Rentenversicherung mit einer Rente aus der gesetzlichen UV wird Rente nur bis zum so genannten Grenzbetrag gezahlt (§ 93 SGB VI). Die Bezüge aus der Rente der gesetzlichen Rentenversicherung und der UV dürfen zusammen das vorherige Erwerbseinkommen nicht übersteigen. Dies ist nach Auffassung des BSG, Urteil vom 29.7.2004 – B 4 RA 51/03 R verfassungsgemäß. Wird der Grenzbetrag überschritten, wird die gesetzliche EM-Rente gekürzt, da die UV-Rente vorrangig zu zahlen ist. | Grenzbetrag
Der Grenzbetrag ist so bemessen, dass nach der Kürzung der Rente aus der gesetzlichen Rentenversicherung durch beide Renten etwa das vorherige Nettoeinkommen gehalten wird.

Berechnung des Grenzbetrages

Die Berechnung der Kürzung erfolgt nach einem komplizierten im § 93 SGB VI festgelegten Verfahren. Dabei sind folgende Faktoren zu beachten:

Der Grenzbetrag beträgt 70 % eines Zwölftels des Jahresarbeitsverdienstes der UV, der der Berechnung der UV-Rente zu Grunde liegt. Der Jahresarbeitsverdienst wiederum richtet sich nach dem Arbeitsentgelt des Jahres vor dem Arbeitsunfall oder der Berufskrankheit; es kann daher durchaus vorkommen, dass bei betragsmäßig etwa gleich hohen UV-Renten, denen jedoch ein unterschiedlicher Jahresarbeitsverdienst und ein unterschiedlicher Grad der MdE zu Grunde liegt, in einem Fall eine Kürzung der gesetzlichen Rente eintritt und im anderen Fall nicht.

Zusätzlich wird der Grenzbetrag mit dem für die Rente aus der gesetzlichen Rentenversicherung maßgebenden Rentenartfaktor vervielfältigt (→ S. 151).

Mindestgrenzbetrag

Durch einen Mindestgrenzbetrag in Höhe der Rente aus der gesetzlichen Rentenversicherung wird sichergestellt, dass die Rente nicht niedriger ausfällt, als wenn keine UV-Rente gezahlt würde.

teilweise Anrechung der UV-Rente

Die UV-Rente wird außerdem nur zu einem Teil angerechnet. Es ist ein Betrag abzusetzen, der bei gleicher MdE als Grundrente nach dem Bundesversorgungsgesetz gezahlt würde. Der Freibetrag einer Unfallrente und der gesetzlichen Rentenversicherung ist in den neuen Bundesländern niedriger, um eine Besserstellung dieser Rentner zu vermeiden. Dies ist nach Auffassung des BSG, Urteil vom 13.11.2008 – B 13 R 129/08R unter Aufgabe früherer Auffassungen verfassungsgemäß. Durch Art. 1 Nr. 30 des Gesetzes zur Änderung des Bundesversorgungsgesetzes und anderer Vorschriften vom 20.6.2011 wurden die Unterschiede in den Freibeträgen mittlerweile beseitigt.

Beispiel 1

| Rente aus der gesetzlichen Renten-versicherung ab 1.7.2017: | | 918,77 € |
|---|---|---|
| Verletztenrente: | 522,73 € | |
| abzügl. 2/3 der Mindestgrundrente nach dem BVG bei 20% Minderung der Erwerbsfähigkeit: | – 94,00 € | |
| ergibt anrechenbare UV-Rente: | | 428,73 € |
| Summe der beiden Rentenbeträge | | 1.347,50 € |

**Grenzbetrag**
70 % von 1/12 des Jahresarbeitsverdienstes
von 47.045,59 € vervielfältigt mit
dem Rentenartfaktor 1:                  2.744,33 €

**Mindestgrenzbetrag:**                  918,77 €
Die Summe der beiden Renten (1.347,50 €) übersteigt den Grenzbetrag nicht; es erfolgt keine Kürzung der Rente aus der gesetzlichen Rentenversicherung.

Beispiel 2

| Rente aus der gesetzlichen Renten-versicherung ab 1.7.2017: | | 890,00 € |
|---|---|---|
| Verletzenrente: | 800,00 € | |
| abzügl. 2/3 der Mindestgrundrente nach dem BVG bei 60% Minderung der Erwerbsfähigkeit: | –217,33 € | |
| ergibt anrechenbare UV-Rente: | | 582,67 € |
| Summe der beiden Rentenbeträge | | 1.472,67 € |

**Grenzbetrag**
70 % von 1/12 des Jahresarbeitsverdienstes
von 24.000 € vervielfältigt mit
dem Rentenartfaktor 1:                  1.400,00 €

**Mindestgrenzbetrag:**                  890,00 €
Die Summe beider Renten (1.472,67 €) übersteigt den Grenzbetrag um 72,67 €. Daher ist die Rente aus der gesetzlichen Rentenversicherung monatlich zu kürzen um:  – 72,67 €

Die Rente aus der gesetzlichen Rentenversicherung nach Kürzung:                817,33 €
Summe beider Renten nach Kürzung
(817,33 + 800):                          1.617,33 €

Eine Abfindung der Rente aus der gesetzlichen UV
schützt nicht vor der Anrechnung bzw. Kürzung der
gesetzlichen Rente von der Deutschen Rentenversicherung. Eine UV-Rente aus dem Ausland, die der
Rente aus der gesetzlichen UV vergleichbar ist,
wird ebenso angerechnet.

keine
Anrechnung,
wenn
Arbeitsunfall
nach Eintritt
der EM

Eine Anrechnung erfolgt jedoch nicht, wenn die Rente aus der UV aufgrund eines Versicherungsfalls gezahlt wird, der sich erst nach dem Rentenbeginn der
EM-Rente ereignet hat. Das kann z. B. vorkommen,
wenn bei einer Rente wegen teilweiser EM aus der
gesetzlichen Rentenversicherung in zulässigem Umfang weitergearbeitet wird und dann ein Arbeitsunfall zum Anspruch auf eine UV-Rente führt.

Besonderheiten bestehen für die knappschaftliche
Rentenversicherung.

Besonderheiten bestehen auch bei UV-Renten, die
nach einem festen Betrag ausschließlich nach dem
Arbeitseinkommen eines Unternehmers oder seines
Ehegatten oder Lebenspartners berechnet werden.
Renten aus einer privaten UV werden ebenfalls
nicht auf die EM-Renten angerechnet.

# N WIE WIRKT SICH DIE EM-RENTE AUF DAS ARBEITSVERHÄLTNIS UND SPÄTERE ANSPRÜCHE AUS?

## 1 Fortbestand des Arbeitsverhältnisses?

Die volle EM-Rente auf Dauer beendet grundsätzlich das Arbeitsverhältnis. Die meisten Tarifverträge sehen eine automatische Beendigung des Arbeitsverhältnisses ohne Kündigung vor. Wegen der Vielzahl an Tarifverträgen kann dies hier jedoch nicht im Einzelnen behandelt werden.

Hier seien die Tarifverträge für den öffentlichen Dienst (TVöD und TV-L) beispielhaft herangezogen. Nach § 33 dieser Tarifverträge endet das Arbeitsverhältnis ohne Kündigung »mit Ablauf des Monats, in dem der Bescheid eines Rentenversicherungsträgers (Rentenbescheid) zugestellt wird, wonach die/der Beschäftigte voll oder teilweise erwerbsgemindert ist.« Was für die befristeten EM-Renten und teilweisen EM-Renten zu beachten ist, wird weiter unten ausgeführt.

Die Beendigung des Arbeitsverhältnisses geschieht allerdings nicht rückwirkend, sondern für die Zukunft, in der Regel mit Ablauf des Monats, in dem

*unbefristete Rente*

der Rentenbescheid zugegangen ist. Beginnt die Rente erst in der Zukunft, endet das Arbeitsverhältnis erst mit dem Tag, der dem Rentenbeginn vorhergeht. Der Beschäftigte hat den Arbeitgeber unverzüglich von der Zustellung des Rentenbescheides zu unterrichten. In jedem Fall muss der Arbeitgeber den/die Beschäftigte/n von der Auflösung des Arbeitsverhältnisses schriftlich unterrichten.

 Es empfiehlt sich, rechtzeitig im entsprechenden Tarifvertrag oder Arbeitsvertrag die konkreten Fristen nachzulesen.

*befristete Rente*
Da grundsätzlich die EM-Rente nach § 102 Abs. 2 SGB VI nur auf Zeit gewährt wird, sollte das Arbeitsverhältnis nach der Rentenbewilligung nicht aufgelöst werden. So sieht z. B. der Tarifvertrag für den öffentlichen Dienst in § 33 Abs. 2 vor, dass in diesem Fall das Arbeitsverhältnis ruht. Wenn ein geltender Tarifvertrag eine solche Regelung nicht vorsieht oder gar kein Tarifvertrag Anwendung findet, sollte versucht werden, das Arbeitsverhältnis für die Dauer der Zeitrente nur ruhend zu stellen. Sonst ist es schwierig, bei Wegfall der Rente beim bisherigen Arbeitgeber wieder eingestellt zu werden. Der Arbeitgeber ist jedoch meist nicht zur Weiterbeschäftigung verpflichtet.

Soll das Arbeitsverhältnis bei schwerbehinderten Menschen nach Bewilligung einer EM-Rente auf Zeit beendet werden, muss der Arbeitgeber eine Zustimmung des Integrationsamts nach § 92 SGB IX einholen. In diesen Fällen endet das Arbeitsverhältnis z. B. nach § 33 ZVöD-AT erst mit Zustellung des Bescheides des Integrationsamtes.

*Teilrente*
Wer nur eine Rente wegen teilweiser EM erhält, sollte versuchen mit dem Arbeitgeber eine Teilzeitbeschäftigung in der bisherigen Tätigkeit oder in einer Tätigkeit, die dem von der Rentenversicherung festgestellten verbliebenen Leistungsvermögen entspricht, zu vereinbaren. Steht ein solcher Arbeitsplatz

nicht zur Verfügung, bleibt als Möglichkeit, sich über die AA um einen solchen Arbeitsplatz zu bemühen.

Die Tarifverträge im öffentlichen Dienst sehen eine Weiterbeschäftigung vor. Bei der Rente wegen teilweiser EM und dem Antrag auf einen Teilzeitarbeitsplatz sind dabei nach dem TVöD jedoch sehr kurze Fristen nach Zugang des Rentenbescheides zu beachten.

Tarifverträge

Ein Arbeitnehmer bei der Stadt Frankfurt am Main teilt seinem Arbeitgeber am 20.6.2017 unter Vorlage des Rentenbescheides vom 15.6.2017 mit, dass er ab 1.7.2017 Rente wegen teilweiser EM bezieht und mit einem Restleistungsvermögen von fünf Stunden täglich leichte Arbeiten verrichten kann. Gleichzeitig bittet er um Weiterbeschäftigung und Versetzung auf einen seinem Leistungsvermögen entsprechenden Arbeitsplatz. Nach dem TVöD muss der Antrag auf Weiterbeschäftigung innerhalb von zwei Wochen nach Zugang des Rentenbescheides schriftlich eingereicht werden. Diese Frist ist eingehalten. Der Arbeitgeber muss sich um die Weiterbeschäftigung bemühen. Nur bei dringenden dienstlichen oder betrieblichen Gründen – etwa wenn ein Arbeitsplatz mit leichten Tätigkeiten nicht zur Verfügung steht – kann er dies verweigern. Gegebenenfalls ist das Integrationsamt einzuschalten, um Unterstützung bei der Schaffung eines behinderungsgerechten Arbeitsplatzes zu erhalten.

Beispiel Rente wegen teilweiser EM

Wird eine Rente wegen teilweiser EM bewilligt, ist aber eine Weiterbeschäftigung nicht möglich und wird das Verfahren auf volle EM weiter betrieben, kann zunächst weiter Krankengeld und nach Aussteuerung des Krankengeldes im Zuge der Nahtlosigkeitsregelung nach § 145 SGB III (→ S. 129) Alg I beantragt werden, wenn weiterhin Arbeitsunfähigkeit besteht. Das Arbeitsverhältnis muss dazu auch nicht aufgelöst werden (siehe auch → S. 130 f.).

Aber Vorsicht, die Rente wegen teilweiser EM könnte wegfallen oder gekürzt werden, wenn das dem Alg I zu Grunde liegende Bemessungsentgelt die Hinzuverdienstgrenze übersteigt (→ S. 98).

## 2 Aufrechnung mit Entgeltbestandteilen und Krankengeldzuschuss gegen die Rente?

Wird eine Rente rückwirkend gezahlt, kann es zu einer Überschneidung von Rentenzahlung und Krankengeldzuschuss oder sonstigem Entgelt kommen.

Beispiel

Ein Arbeitgeber übernimmt einen pauschalen Anteil zu den Telefonkosten, weil die Artbeitnehmerin oft zu Hause arbeitet. Zusätzlich erhält sie einen Zuschuss zu den Kindergartengebühren für ihre Tochter. Diese Pauschalen werden ihr auch während einer langen Arbeitsunfähigkeit weiter gezahlt. Im Arbeitsvertrag ist geregelt, dass diese Beträge im Falle einer rückwirkenden Gewährung von Rente nach dem Wegfall der Entgeltfortzahlung als Vorschuss gelten und zurückgezahlt werden müssen.

In einigen Tarifverträgen ist geregelt, dass nach dem Ende der Entgeltfortzahlung arbeitsunfähigen Beschäftigten vom Arbeitgeber ein Krankengeldzuschuss gezahlt wird, um finanzielle Verluste durch eine längere Krankheit auszugleichen, z.B. ein Zuschuss abhängig von der Dauer der Beschäftigung neben dem Krankengeld bis zur Höhe des Nettoentgelts für längstens 13, 26 oder 39 Wochen nach Ende der Entgeltfortzahlung während der Arbeitsunfähigkeit.

Der Arbeitgeber erhebt meist aufgrund tarifvertraglicher Regelung einen Ersatzanspruch beim Rentenversicherungsträger auf überzahltes Entgelt und

Krankengeldzuschuss, wenn die Rente rückwirkend gezahlt wird, weil Entgelt und Krankengeldzuschuss neben Rente nicht zustehen. Das führt dazu, dass die Nachzahlung für die Rente erst ausgezahlt wird, wenn diese Ersatzansprüche angemeldet und verrechnet sind. Ob sich dies auch aus dem Arbeitsvertrag ableiten lässt, der keinem Tarifvertrag unterliegt, ist nach dem Vertragstext zu prüfen.

| | | |
|---|---|---|
| Arbeitsunfähigkeit seit: | 15.12.2016 | Beispiel 1 |
| Rückwirkende Gewährung | | überzahlte |
| von voller EM-Rente ab: | 1.5.2017 | Entgeltbe- |
| Rentenbescheid am: | 15.7.2017 | standteile |
| Weiterzahlung der pauschalen | | |
| Entgeltbestandteile bis: | 30.6.2017 | |
| Zusammentreffen von Rente | | |
| und Entgelt: | 1.5. bis 30.6.2017 | |
| Ersatzanspruch des Arbeitgebers | | |
| auf die den pauschalen Entgelt- | | |
| bestandteilen entsprechende Rente | | |
| für die Zeit vom: | 1.5. bis 30.6.2017 | |
| | | |
| Arbeitsunfähigkeit ab: | 2.1.2017 | Beispiel 2 |
| Entgeltfortzahlung bis: | 12.2.2017 | überzahlter |
| Krankengeld ab: | 13.2.2017 | Krankengeld- |
| Krankengeldzuschuss | ab 13.2.2017 mtl. 100 € | zuschuss |
| Rückwirkende volle | | |
| EM-Rente | ab 1.5.2017 mtl. 1.300 € | |
| Rentenbescheid | 15.7.2017 | |
| Krankengeldzuschuss bis: | 30.6.2017 | |
| Zusammentreffen von | | |
| Rente und Krankengeld- | | |
| zuschuss: | 1.5. bis 30.6.2017 | |
| Ersatzanspruch des Arbeitgebers | | |
| auf die dem überzahlten | | |
| Krankengeldzuschuss | | |
| entsprechende Rente | vom 1.5. bis 30.6.2017 | |
| (2 x 100 €): | 200 € | |

Wertgut-
haben

Nach § 7 Abs. 1a SGB IV können Arbeitszeit und Arbeitsentgelt auf einem Wertguthabenkonto für Freistellungen von der Arbeit bei Fortbestehen des versicherungspflichtigen Beschäftigungsverhältnisses angesammelt werden. Diese Wertguthaben bleiben bei Ruhen des Arbeitsverhältnisses bei einer zeitlich befristeten EM-Rente weiterhin bestehen.
Besteht bei der Bewilligung einer befristeten oder teilweisen EM-Rente das Beschäftigungsverhältnis fort – auch wenn es ruht – hat dies keine Auswirkungen auf vorhandene Wertguthaben. In diesem Fall besteht die Möglichkeit, evtl. später nach Wegfall der Rente das Wertguthaben in einer Freistellungsphase noch zu verbrauchen.

Wenn nur eine befristete oder teilweise EM-Rente bezogen wird und aus welchen Gründen auch immer das Beschäftigungsverhältnis beendet wird, kann das Wertguthaben später nicht mehr beim bisherigen Arbeitgeber verbraucht werden. Dann ist es nach dem ab 1.1.2009 geltenden Recht möglich, das Wertguthaben nach § 7f SGB IV auf die Deutsche Rentenversicherung ab einer bestimmten Höhe treuhänderisch zu übertragen. Näheres zum Verfahren ist dort zu erfragen.

Störfall

Wird eine Dauerrente wegen EM gewährt, tritt ein so genannter »Störfall« ein, weil das Arbeitsverhältnis beendet wird. Dann ist das Wertguthaben an die Arbeitnehmer auszuzahlen und es sind darauf auch nachträglich Sozialversicherungsbeiträge zu entrichten. Die Sozialversicherungsbeiträge werden mit den Beiträgen der Entgeltabrechnung für den Kalendermonat fällig, der auf den Eintritt des Störfalls folgt.

EM-Rente: Beispiel
Eingang des Bewilligungsbescheides: 2.6.2017
Eintritt der dauerhaften EM: 1.1.2017
Ende der Beschäftigung: 30.6.2017
1. Störfall Eintritt EM: 1.1.2017
2. Störfall Ende Beschäftigung: 30.6.2017
Fälligkeit der Sozialversicherungsbeiträge
aus dem Wertguthaben: Juli 2017

Diese Sozialversicherungsbeiträge bzw. Versicherungszeiten können bei der EM-Rente nachträglich berücksichtigt werden. Die Rente muss dann neu berechnet werden. Wer ein Wertguthaben nach der Bewilligung von Dauerrente ausgezahlt bekommt, sollte deshalb darauf achten, dass die Rente auch tatsächlich neu berechnet wird. Sollte dies nicht automatisch durch die Deutsche Rentenversicherung erfolgen, ist ein Antrag nach § 100 SGB VI zu stellen und zwar innerhalb von drei Monaten nach der Auszahlung des Wertguthabens.

Wir raten, sich bei vorhandenen Wertguthaben schon beraten zu lassen, sobald EM droht.

## 3 Urlaubsanspruch auch bei EM-Rente

Beschäftigte haben nach einem Urteil des Europäischen Gerichtshofs und zuletzt des Bundesarbeitsgerichts, Urteil vom 7.8.2012 – 9 AZR 353/10 Anspruch auf Abgeltung von Jahresurlaub auch dann, wenn sie wegen Krankheit befristet eine EM-Rente erhalten hatten. Hintergrund dieser Entscheidung waren tarifvertragliche Regelungen, wonach kein Urlaubsanspruch bestehe bzw. der Urlaubsanspruch verfalle, wenn in einem Kalenderjahr wegen Arbeitsunfähigkeit kein Entgelt gezahlt wurde. Das war vom Europäischen Gerichtshof beanstandet worden, da den Tarifvertragsparteien insoweit kein Dispositionsrecht zustehe. Allerdings hat das Bundesarbeitsgericht dann einschränkend entschieden, dass die Ansprüche auf Urlaub 15 Monate nach Ablauf des Urlaubsjahres verfallen.

Das bedeutet, dass Beschäftigte, deren Arbeitsverhältnis nach einer längeren Zahlung von Krankengeld und dem Bezug von einer teilweisen oder befristeten EM-Rente endet, noch Ansprüche auf Urlaub haben und sich diesen abgelten lassen können. Es kann sich durchaus um Beträge von mehreren Tausend Euro handeln. Das Arbeitsverhältnis muss dazu beendet worden sein, denn sonst könnten die Urlaubsansprüche wieder aufleben und nicht abgegolten werden. Die Abgeltung des Urlaubs muss außerdem schriftlich beim Arbeitgeber geltend gemacht werden.

Diese Situation tritt z.B. ein, wenn die EM-Rente unbefristet bewilligt oder in eine Altersrente umgewandelt wird.

Bestehen noch Urlaubsansprüche und sind die Voraussetzungen für vorzeitige Altersrenten erfüllt, kann es deshalb auch sinnvoll sein, nicht auf die automatische Umwandlung der EM-Rente erst bei Erreichung der Regelaltersgrenze zu warten; denn dann könnte der Anspruch auf die Urlaubsabgeltung verfallen sein (→ S. 145). Für solche Fälle sollte als Gewerkschaftsmitglied bei der Gewerkschaft oder bei Fachanwälten für Arbeitsrecht Rat geholt werden. Wegen der hohen Kosten, die durch diese Rechtsprechung entstehen können, wird nicht jeder Arbeitgeber umfassend beraten.

## 4  Beitragsbemessungsgrenzen für Kranken- und Pflegeversicherung bei versicherungspflichtiger Beschäftigung neben teilweiser EM-Rente

Wer neben teilweiser EM-Rente – selbst innerhalb der individuellen Hinzuverdienstgrenzen – zwischen 3 und 6 Stunden täglich arbeitet, kann bei hohem Entgelt aus der Teilzeitbeschäftigung bei Mitgliedschaft in der gesetzlichen Krankenversicherung in die Lage kommen, dass die Beitragsbemessungsgrenze für die gesetzliche Krankenversicherung überschritten wird. Das bedeutet, dass dann in einem Kalenderjahr mehr als die Höchstbeträge gezahlt wurden.

Dies lässt sich nicht im Voraus steuern, da die Beträge von der Deutschen Rentenversicherung, evt. vom Träger der betrieblichen Altersversorgung und vom Arbeitgeber jeweils getrennt an die Krankenversicherung abzuführen sind.

In einem solchen Fall ist die Erstattung nach § 231 SBG V der zuviel gezahlten Beiträge jährlich bei der Krankenversicherung zu beantragen. Sobald bei der Krankenversicherung die Entgeltbescheinigungen und Bestätigungen der Deutschen Rentenversicherung und evtl. des Trägers der betrieblichen Altersversorgung über die im Vorjahr abgeführten Beiträge zur Kranken- und Pflegeversicherung vorgelegt werden, nimmt diese die Erstattung vor. Dem EM-Rentner (Beschäftigten) werden jedoch nur die selbst getragenen Beitragsanteile erstattet. Es kann sich dabei um Beträge von mehreren Hundert Euro handeln. Die Höchstbeträge sind bei der Krankenkasse zu erfragen bzw. auch im Internet auf der Homepage der Krankenversicherungen mit etwas Suchaufwand zu finden.

## 5 Arbeitslosengeld I nach Wegfall der EM-Rente

Eine befristete EM-Rente gilt als Vorversicherungszeit für den Anspruch auf Alg I, wenn sie sich unmittelbar an eine sozialversicherte Arbeit oder Lohnersatzleistung anschließt. Nach Wegfall der Rente kann ggf. wieder Alg I bezogen werden. Auch bei einer Lücke von mehr als einem Monat zwischen früherem Bezug von Alg I und befristeter Rente wegen Erwerbsunfähigkeit wird nach dem Ende des Rentenbezugs Alg I als neuer Anspruch begründet (BSG, Urteil vom 23.2.2017 – B 11 AL 3/16 R).

# O ANSPRÜCHE GEGEN SCHADEN-ERSATZPFLICHTIGE

Ist die EM durch einen Dritten verursacht, so kann gegebenenfalls gegen ihn bzw. dessen Versicherer Schadenersatz geltend gemacht werden. Die schädigenden Ereignisse können sein: Verkehrsunfälle, Arbeitsunfälle, Produktfehler, Freizeitunfälle (beim Sport, durch Tiere), ärztliche Behandlungsfehler.

Alle Kosten und Nachteile, die durch den Schaden bei der Sozialversicherung und beim Versicherungsnehmer entstehen, sind zu erstatten. Nach § 116 ff. SGB X und § 110 SGB VII ist es Pflicht der Rentenversicherungsträger, diese Ansprüche durchzusetzen. Um diese Aufgabe wahrnehmen zu können, fordert die Deutsche Rentenversicherung beim Rentenantrag dazu auf, das Formular R870 auszufüllen und möglichst alle das Schadensereignis betreffenden Unterlagen beizubringen (→ S. 117). Bei den EM-Renten wird die Rentenversicherung folgende Forderungen gegenüber der Haftpflichtversicherung oder direkt bei den Schädigern geltend machen:

R870

- die Kosten einer Rehabilitationsmaßnahme;

- die EM-Rente;

- Beitragsausfälle wegen langer Krankheit, Arbeitslosigkeit, EM.

Mit dem Ersatz der der Rentenversicherung entstehenden Kosten soll vermieden werden, dass die Versichertengemeinschaft die Kosten für den Schaden trägt.
Die Schadenersatzansprüche müssen sachlich und zeitlich dem Schadensereignis zugeordnet werden können. Die Leistung der Rentenversicherung muss also demselben Zweck dienen wie der vom Schädi-

ger zu leistende Schadenersatz. Die zeitliche Übereinstimmung ist gegeben, wenn sich die Leistungen der Rentenversicherung auf denselben Zeitraum beziehen wie der Schadenersatzanspruch. Das Schadenersatzverfahren ist schwierig und aufwändig. Deshalb wird hier auf Einzelheiten nicht eingegangen, zumal es hauptsächlich die Beziehungen des Rentenversicherungsträgers zu Dritten betrifft.

Eigene Schadenersatzansprüche, z. B. auf entgangenes Entgelt, muss der Geschädigte selbst beim Schädiger durchsetzen. Dazu ist die Einschaltung von Rechtsanwälten sinnvoll.

Für EM-Rentner ist es wichtig, dass die Rentenversicherung wegen der Beitragsausfälle als Treuhänder für den Versicherten tätig wird. Sie wird die im Zuge eines solchen Schadenersatzverfahrens eingenommenen Beiträge rentensteigernd im Versicherungskonto speichern (§ 116 Abs. 2 SGB X).

So erleiden EM-Rentner keine Nachteile, wenn wegen des erlittenen Schadens nicht weiter gearbeitet wurde und keine Beiträge gezahlt werden konnten. Die Eintreibung und Speicherung dieser Beiträge geschieht automatisch bei der Abwicklung des Schadenersatzes.

Ein solches Schadenersatzverfahren kann sich allerdings lange hinziehen. Ob die Beiträge erstattet und gespeichert wurden, sollte von dem Versicherten bei der Rentenversicherung erfragt werden. Da die Schadenersatzansprüche bei einer Verurteilung oder einem Anerkenntnis des Schädigers und/oder der Haftpflichtversicherung mit Wirkung eines rechtskräftig festgestellten Anspruchs in 30 Jahren verjähren, ist es durchaus möglich, auch noch lange zurückliegende Fälle zu überprüfen. Sonst gelten für den Rentenversicherungsträger erheblich kürzere Verjährungsfristen (drei Jahre ab Kenntnis). Siehe auch → S. 117.

# P ANHANG

# 1 Antrag auf Versichertenrente

| Versicherungsnummer | Kennzeichen (soweit bekannt) | | Deutsche Rentenversicherung |
|---|---|---|---|

Eingangsstempel

Datum der Antragstellung

## Antrag auf Versichertenrente

# R0100

**Hinweis:** Um sachgerecht über Ihren Antrag entscheiden zu können, benötigen wir aufgrund des Sechsten Buches Sozialgesetzbuch (SGB VI) von Ihnen einige wichtige Informationen und Unterlagen. Wir möchten Sie deshalb bitten, die gestellten Fragen vollständig zu beantworten und uns die erbetenen Unterlagen möglichst umgehend zu überlassen. Ihre Mithilfe, die in den §§ 60 bis 65 Erstes Buch Sozialgesetzbuch (SGB I) ausdrücklich vorgesehen ist, erleichtert uns eine rasche Erledigung Ihrer Angelegenheiten. Bitte bedenken Sie, dass wir Ihnen, wenn Sie uns nicht unterstützen, die Leistung ganz oder teilweise versagen oder entziehen dürfen (§ 66 SGB I).
Wenn Sie weitere Anträge benötigen, stehen Ihnen alle entsprechenden Antragsvordrucke auch im Internet unter www.deutsche-rentenversicherung.de zur Verfügung.

## 1 Beantragte Rente

☐ Rente wegen Erwerbsminderung

    ☐ Antragstellung erfolgt wegen eines Hinweises des Rentenversicherungsträgers zur Umdeutung des Antrags auf Leistungen zur Teilhabe

Vordrucke R0210 / R0215 bitte beifügen
Vordruck R0240 bitte beifügen, sofern Sie vor dem 1.1.1955 geboren sind   75

☐ Rente für Bergleute wegen verminderter Berufsfähigkeit im Bergbau

Vordrucke R0210 / R0215 bitte beifügen   71

☐ Rente für Bergleute wegen Vollendung des 50. Lebensjahres

Vordruck R0240 bitte beifügen, sofern Sie vor dem 1.1.1955 geboren sind   72

☐ Erziehungsrente wegen Erziehung eines Kindes nach dem Tod des geschiedenen Ehegatten / früheren Lebenspartners

☐ Erziehungsrente wegen Erziehung eines Kindes nach dem Tod des Ehegatten / Lebenspartners bei durchgeführtem Rentensplitting

Vordruck R0220 bitte beifügen
Vordruck R0240 bitte beifügen, sofern Sie vor dem 1.1.1955 geboren sind   45
Vordruck R0660 bitte beifügen

☐ Regelaltersrente

Vordruck R0240 bitte beifügen   16

☐ Altersrente für besonders langjährig Versicherte

Vordruck R0240 bitte beifügen   65

☐ Altersrente für langjährig Versicherte

Vordruck R0240 bitte beifügen, sofern Sie vor dem 1.1.1955 geboren sind   63

☐ Altersrente für schwerbehinderte Menschen

Schwerbehindertenausweis und Vordruck R0240 bitte beifügen, sofern Sie vor dem 1.1.1955 geboren sind   62

☐ Altersrente wegen Arbeitslosigkeit (nur möglich, wenn Sie vor dem 1.1.1952 geboren sind)

☐ Altersrente nach Altersteilzeitarbeit (nur möglich, wenn Sie vor dem 1.1.1952 geboren sind)

Unterlagen über Arbeitslosigkeit / Altersteilzeitarbeit und Vordruck R0240 bitte beifügen   17

| Versicherungsnummer | Kennzeichen (soweit bekannt) |
|---|---|
| ⎣_⌊_⌊_⌊_⌊_⌊_⌊_⌊_⎦ | ⎣_⌊_⌊_⌊_⎦ |

**noch Ziffer 1**

☐ Altersrente für Frauen
(nur möglich, wenn Sie vor dem 1.1.1952 geboren sind)     **Vordruck R0240 bitte beifügen**    18

☐ Altersrente für langjährig unter Tage beschäftigte Bergleute     **Vordruck R0240 bitte beifügen, sofern Sie vor dem 1.1.1955 geboren sind**    19

☐ Knappschaftsausgleichsleistung    10

Die Altersrente soll gezahlt werden als

☐ Vollrente    ☐ Teilrente in Höhe von ⌊_⌊_⌋ % (mindestens 10 %)

|  | Tag | Monat | Jahr |
|---|---|---|---|

Die beantragte Altersrente soll beginnen am   0 1 ⌊_⌊_⌊_⌊_⌋

**2 Angaben zur Person**

| Name | Vorname (Rufname) |
|---|---|

| Namenszusatz (Beispiel: Freifrau, Graf) | Vorsatzwort zum Namen (Beispiel: von, van, de) | Titel (Beispiel: Prof. Dr. med.) |
|---|---|---|

| Geburtsname | frühere Namen |
|---|---|

| Geburtsdatum ⌊_⌊_⌊_⌊_⌊_⌊_⌋ | Geschlecht ☐ männlich ☐ weiblich | Staatsangehörigkeit (gegebenenfalls frühere Staatsangehörigkeit bis) |
|---|---|---|

Geburtsort (Kreis, Land)

| Straße, Hausnummer | telefonisch tagsüber zu erreichen (Angabe freiwillig) |
|---|---|

| Adresszusatz | Telefax (Angabe freiwillig) |
|---|---|

| Postleitzahl ⌊_⌊_⌊_⌊_⌋ | Wohnort |
|---|---|

E-Mail (Angabe freiwillig)

| Wohnsitz am 18.5.1990 (Ort, Bundesland, Staat) | letzter Wohnsitz im Inland (bei Aufenthalt im Ausland) |
|---|---|

| Zuzug aus dem Ausland? ☐ nein ☐ ja, am | Tag Monat Jahr ⌊_⌊_⌊_⌊_⌊_⌊_⌋ aus | Ort, Gebiet, Staat |
|---|---|---|
|  | nach | Ort, Bundesland |

Familienstand

☐ nicht verheiratet (ledig, verwitwet oder geschieden) /
nicht in Eingetragener Lebenspartnerschaft lebend     ☐ verheiratet / wiederverheiratet /
in Eingetragener Lebenspartnerschaft lebend

persönliche Identifikationsnummer für steuerliche Zwecke
⌊_⌊_⌊_⌊_⌊_⌊_⌊_⌊_⌊_⌊_⌋

| Versicherungsnummer | Kennzeichen (soweit bekannt) |
|---|---|

**3  Antragstellung durch andere Personen**
Der Antrag wird in Vertretung gestellt von

**Vollmacht oder Beschluss des Gerichts bitte beifügen**

Name, Vorname / Dienststelle (gegebenenfalls Aktenzeichen)

in der Eigenschaft als

☐ gesetzlicher Vertreter   ☐ Vormund   ☐ Betreuer   ☐ Bevollmächtigter

Straße, Hausnummer

telefonisch tagsüber zu erreichen (Angabe freiwillig)

Adresszusatz

Telefax (Angabe freiwillig)

Postleitzahl   Wohnort

E-Mail (Angabe freiwillig)

**4  Zahlungsweg**
Bei **Wohnsitz im Inland:**

Die Rente soll auf folgendes Konto überwiesen werden (IBAN siehe Kontoauszug oder EC-Karte):

IBAN (International Bank Account Number)

**D E**

Geldinstitut (Name, Ort)

Kontoinhaber, sofern vom Berechtigten abweichend (Name, Vorname, Anschrift)

Bei **Wohnsitz im Ausland:**
Bei Zahlung auf ein Konto im Ausland ist eine Zahlungserklärung erforderlich. Die zutreffende Zahlungserklärung **bitte ausfüllen und beifügen.**

Soll die Zahlung auf das deutsche Konto einer Vertrauensperson erfolgen, bitte **Vordruck A1313 ausfüllen und beifügen.**

| Versicherungsnummer | Kennzeichen (soweit bekannt) |
|---|---|
| | |

## 5  Beitragszeiten im Inland
(für Zeiten und Sachverhalte im Beitrittsgebiet bis 31.12.1991 siehe Ziffer 5.2)     **Beweismittel bitte beifügen**

**5.1**  Haben Sie **Beitragszeiten oder Beschäftigungszeiten** zurückgelegt, die im Versicherungsverlauf nicht enthalten sind (zum Beispiel auch als Wehrdienstleistender oder Zivildienstleistender, Bezieher von Vorruhestandsgeld, geringfügig entlohnter Beschäftigter - Minijobber -, nicht erwerbsmäßig tätige Pflegeperson)?

☐ nein

☐ ja,     bitte hier Art und Dauer dieser Zeiten genau aufführen:

| Zeitraum vom - bis (Tag, Monat, Jahr) | genaue Bezeichnung der Tätigkeit | Arbeitgeber / Dienstherr (Name, Anschrift), Vermerk "selbständig" oder zu pflegende Person (Name, Vorname, Geburtsdatum) | zuständige Krankenkasse oder Pflegekasse |
|---|---|---|---|
| | | | |
| | | | |
| | | | |
| | | | |

**5.2**  Haben Sie Zeiten und Sachverhalte im Beitrittsgebiet bis 31.12.1991 zurückgelegt, die im Versicherungsverlauf nicht enthalten sind?

☐ nein    ☐ ja, **bitte Vordruck V0700 ausfüllen und beifügen**

**5.3**  Haben Sie Zeiten der **Berufsausbildung** (auch ohne Abschluss) zurückgelegt?

☐ nein    ☐ ja,  weitere Angaben sind nur erforderlich, wenn diese Zeiten im Versicherungsverlauf noch nicht als **"berufliche Ausbildung"** gekennzeichnet sind

vom - bis                                                          Tag der Abschlussprüfung

Art der Berufsausbildung

vom - bis                                                          Tag der Abschlussprüfung

Art der Berufsausbildung

**Nachweise** (zum Beispiel Lehrvertrag, Prüfungszeugnis, Gesellenbrief, Verdienstbescheinigung)

☐ sind beigefügt    ☐ liegen nicht mehr vor    ☐ werden nachgereicht

| Versicherungsnummer | Kennzeichen (soweit bekannt) |
|---|---|
|  |  |

## 6 Zeiten im Ausland — Beweismittel bitte beifügen

**6.1** Haben Sie Zeiten im Ausland (einschließlich Zeiten des gewöhnlichen Aufenthalts) zurückgelegt, die im Versicherungsverlauf nicht enthalten sind?

☐ nein, bitte weiter bei Ziffer 7

☐ ja

**6.2** Haben Sie im Ausland Beiträge zu einem Versicherungsträger beziehungsweise Versorgungsträger gezahlt, Zeiten einer gesetzlichen Versicherung zurückgelegt, Versorgungsanwartschaften erworben oder Dienstzeiten bei einem Organ der Europäischen Union (EU) zurückgelegt? Anzugeben sind auch Zeiten in Sondersystemen (zum Beispiel für Beamte / gleichgestellte Personen, Selbständige, Landwirte).

☐ nein   ☐ ja

vom - bis

Versicherungsträger / Versorgungssystem

Staat

ausländische Versicherungsnummer / Aktenzeichen

**6.3** Haben Sie sich nach Vollendung des 15. Lebensjahres in den Niederlanden beziehungsweise nach Vollendung des 16. Lebensjahres gewöhnlich in einem der folgenden Länder aufgehalten: Australien, Dänemark, Finnland, Island, Israel, Kanada / Quebec, Liechtenstein, Norwegen, Schweden, Schweiz?

☐ nein   ☐ ja

vom - bis

Staat

**6.4** Sind Sie Vertriebener / Spätaussiedler im Sinne des Bundesvertriebenengesetzes?

☐ nein   ☐ ja, für Zeiten, die im Versicherungsverlauf nicht enthalten sind, **bitte**
**Vordruck V0710** für Zeiten in Albanien, Bulgarien, Ungarn, China, Jugoslawien, der Tschechoslowakei oder deren Nachfolgestaaten,
**Vordruck V0711** für Zeiten in der Sowjetunion oder deren Nachfolgestaaten,
**Vordruck V0712** für Zeiten in Rumänien,
**Vordruck V0720** für Zeiten in Polen
**ausfüllen und beifügen**, bitte weiter bei Ziffer 7

**6.5** Haben Sie Beitragszeiten und Beschäftigungszeiten in Polen zurückgelegt, die im Versicherungsverlauf nicht enthalten sind?

☐ nein, bitte weiter bei Ziffer 7

☐ ja

**6.5.1** Haben Sie sich am 31.12.1990 und seitdem ununterbrochen gewöhnlich in Deutschland aufgehalten?

☐ nein   ☐ ja, **bitte Vordruck V0720 ausfüllen und beifügen**

## 7 Anrechnungszeiten
(zum Beispiel Krankheit, Arbeitslosigkeit, Ausbildungszeiten)

**7.1** Haben Sie **Anrechnungszeiten** zurückgelegt, die im Versicherungsverlauf nicht enthalten sind?

☐ nein   ☐ ja, **bitte Vordruck V0410 ausfüllen und beifügen**

| Versicherungsnummer | Kennzeichen (soweit bekannt) |
|---|---|
| ⌞_|_|_|_|_|_|_⌟ | ⌞_|_|_⌟ |

## 8 Angaben zu Kindern

**8.1** Haben Sie Kinder innerhalb der ersten 10 Lebensjahre erzogen, für die Zeiten der Kindererziehung bisher nicht bei Ihnen angerechnet wurden?

☐ nein ☐ ja, **bitte Vordruck V0800 ausfüllen und beifügen,** wenn diese Zeiten bisher bei keinem anderen Berechtigten angerechnet wurden beziehungsweise angerechnet werden sollen

**8.2** Haben Sie Zeiten der nicht erwerbsmäßigen Pflege eines pflegebedürftigen Kindes bis zur Vollendung des 18. Lebensjahres zurückgelegt (frühestens ab dem 1.1.1992), die im Versicherungsverlauf nicht enthalten sind?

vom - bis

☐ nein ☐ ja _____

Kindschaftsverhältnis

☐ leibliches Kind / Adoptivkind ☐ Pflegekind ☐ zum Haushalt gehörendes Stiefkind

Bescheid über Pflegeleistungen ☐ ist beigefügt ☐ liegt nicht vor ☐ wird nachgereicht

## 9 Sonstige Angaben

**9.1** Haben Sie eine Anwartschaft oder einen Anspruch auf **eigene Versorgung** nach beamtenrechtlichen Vorschriften oder Grundsätzen oder entsprechenden kirchenrechtlichen Regelungen aus einem öffentlich-rechtlichen Dienstverhältnis oder Arbeitsverhältnis?

Versorgungsdienststelle

☐ nein ☐ ja _____

Aktenzeichen

**Festsetzungsblatt** über die ruhegehaltfähigen

Dienstzeiten ☐ ist beigefügt ☐ liegt nicht vor ☐ wird nachgereicht

**9.2** Beziehen oder bezogen Sie bereits eine **Rente** aus **eigener Versicherung** oder haben Sie eine solche beantragt (auch im Ausland)?

vom - bis

☐ nein ☐ ja _____

beantragt am

Versicherungsträger

Versicherungsnummer beziehungsweise Rentenzeichen

**9.3 Bei Antrag auf Rente wegen Erwerbsminderung / Rente für Bergleute**

**9.3.1** Erhalten Sie Arbeitsentgelt (hierzu zählen auch Krankengeldzuschüsse von einem Arbeitgeber)?

☐ nein ☐ ja

**9.3.2** Erzielen Sie steuerrechtlichen Gewinn (Einkünfte aus Land- und Forstwirtschaft, aus Gewerbebetrieb oder aus selbständiger Arbeit, zum Beispiel auch Photovoltaik, solare Energie, Windenergie)?

☐ nein ☐ ja

**9.3.3** Erhalten Sie Entschädigungen (Diäten) für Abgeordnete oder Bezüge aus einem öffentlich-rechtlichen Amtsverhältnis (zum Beispiel als Minister)?

☐ nein ☐ ja

**9.3.4** Erhalten Sie Vorruhestandsgeld?

seit

☐ nein ☐ ja _____

zahlende Stelle

| Versicherungsnummer | Kennzeichen (soweit bekannt) |
|---|---|
| └┴┴┴┴┴┴┴┴┘ | └┴┴┴┴┘ |

**9.3.5** Beziehen Sie kurzfristiges Erwerbsersatzeinkommen (zum Beispiel Krankengeld, Verletztengeld, Versorgungskrankengeld, Mutterschaftsgeld, Übergangsgeld, Arbeitslosengeld, Kurzarbeitergeld, Insolvenzgeld, Gründungszuschuss der Agentur für Arbeit, Übergangsleistung bei Maßnahmen gegen Berufskrankheiten, vergleichbare Leistungen von einer Stelle im Ausland) oder haben Sie eine der genannten Leistungen beantragt? Bitte auch dann beantworten, wenn die Leistung ruht oder Einkommen angerechnet wird.

Bezugszeitraum vom - bis / beantragt am

☐ nein ☐ ja

Art der Leistung

zahlende Stelle (Name, Anschrift, Aktenzeichen)

**9.4 Bei Antrag auf Altersrente / Knappschaftsausgleichsleistung**
**9.4.1** Erzielen Sie bis zum Rentenbeginn beitragspflichtige Einnahmen?

☐ nein, bitte weiter bei Ziffer 9.4.2

☐ ja, bitte weitere Angaben machen

☐ Arbeitsentgelt (gegebenenfalls auch aus geringfügiger Beschäftigung) / Vorruhestandsgeld

☐ bis zum Rentenbeginn

Tag  Monat  Jahr

☐ voraussichtlich nur bis └┴┴┴┴┴┴┘

☐ Die Anforderung der Gesonderten Meldung **(Vordruck R0250)** werde ich veranlassen (**Vordruck R0250** wurde / wird mir ausgehändigt).

☐ Die Anforderung der Gesonderten Meldung soll durch den Rentenversicherungsträger erfolgen.

☐ Die Anforderung der Gesonderten Meldung erfolgt durch den Rentenversicherungsträger, weil ich in einem Privathaushalt geringfügig beschäftigt bin.

☐ Die Anforderung der Gesonderten Meldung entfällt, weil ich den Arbeitgeber bereits informiert habe, dass die Meldung abzugeben ist.

☐ Die Anforderung der Gesonderten Meldung entfällt, weil eine Hochrechnung unterbleiben soll (die Meldung zum Beschäftigungsende bitte abwarten).

☐ Die Anforderung der Gesonderten Meldung entfällt, weil ich die Knappschaftsausgleichsleistung beantragt habe.

☐ Sozialleistung (zum Beispiel Krankengeld, Arbeitslosengeld)

Art der Leistung

zahlende Stelle (Name / Anschrift / Aktenzeichen)

☐ bis zum Rentenbeginn

Tag  Monat  Jahr

☐ voraussichtlich nur bis └┴┴┴┴┴┴┘

☐ nicht erwerbsmäßig ausgeübte Pflegetätigkeit mit Beitragszahlung einer Pflegekasse / eines privaten Versicherungsunternehmens

☐ bis zum Rentenbeginn

Tag  Monat  Jahr

☐ voraussichtlich nur bis └┴┴┴┴┴┴┘

| Versicherungsnummer | Kennzeichen (soweit bekannt) |
|---|---|
|  |  |

**9.4.2**  Werden Sie ab Rentenbeginn Entschädigungen (Diäten) für Abgeordnete erhalten?

☐ nein  ☐ ja

**Erklärung (Vordruck R0230)**  ☐ ist beigefügt  ☐ wird nachgereicht

**Bei Antrag auf Altersrente vor Erreichen der Regelaltersgrenze**

**9.4.3**  Haben Sie die Feststellung der Schwerbehinderteneigenschaft beantragt?

am

☐ nein  ☐ ja

bei welcher Stelle

Aktenzeichen

**9.4.4**  Werden Sie ab Rentenbeginn eine der folgenden Einkünfte erzielen?

- Arbeitsentgelt

☐ nein  ☐ ja,  **bitte Vordruck R0230 ausfüllen und beifügen**

- Steuerrechtlichen Gewinn (Einkünfte aus Land- und Forstwirtschaft, aus Gewerbebetrieb oder aus selbständiger Arbeit, zum Beispiel auch Photovoltaik, solare Energie, Windenergie)

☐ nein  ☐ ja,  **bitte Vordruck R0230 ausfüllen und beifügen**

- Bezüge aus einem öffentlich-rechtlichen Amtsverhältnis (zum Beispiel als Minister)

☐ nein  ☐ ja,  **bitte Vordruck R0230 ausfüllen und beifügen**

**Erklärung (Vordruck R0230)**  ☐ ist beigefügt  ☐ wird nachgereicht

**Bei Antrag auf Regelaltersrente, wenn Sie die Wartezeit nicht erfüllen**

**9.4.5**  Möchten Sie freiwillige Beiträge nachzahlen, weil Sie die Wartezeit für die Regelaltersrente trotz anzurechnender Kindererziehungszeiten nicht erfüllen?

☐ nein, bitte weiter bei Ziffer 9.5

☐ ja

**9.4.6**  In welcher Höhe möchten Sie Beiträge zahlen?

☐ Höchstbeitrag  ☐ Regelbeitrag  ☐ halber Regelbeitrag  ☐ Mindestbeitrag

☐ monatlicher Beitrag in Höhe von  EUR

**9.5**  Ist derzeit ein **Verfahren zum Versorgungsausgleich** wegen Ehescheidung / Aufhebung einer Eingetragenen Lebenspartnerschaft ausgesetzt, weil Anrechte aus den neuen und alten Bundesländern zu verrechnen sind?

☐ nein  ☐ ja

**9.6**  Wurde ein **Versorgungsausgleich** wegen Ehescheidung / Aufhebung einer Eingetragenen Lebenspartnerschaft durchgeführt?

☐ nein, bitte weiter bei Ziffer 9.7

☐ ja

| Versicherungsnummer | Kennzeichen (soweit bekannt) |
|---|---|

**9.6.1** Lebt der frühere Ehegatte / Lebenspartner noch? Bei mehreren Ehegatten / Lebenspartnern bitte alle Namen angeben.
1. Ehe / Lebenspartnerschaft
Name, Vorname, Geburtsdatum

Der frühere Ehegatte / Lebenspartner lebt noch:  ☐ nein  ☐ ja  ☐ nicht bekannt
2. Ehe / Lebenspartnerschaft
Name, Vorname, Geburtsdatum

Der frühere Ehegatte / Lebenspartner lebt noch:  ☐ nein  ☐ ja  ☐ nicht bekannt
3. Ehe / Lebenspartnerschaft
Name, Vorname, Geburtsdatum

Der frühere Ehegatte / Lebenspartner lebt noch:  ☐ nein  ☐ ja  ☐ nicht bekannt

**9.6.2** Haben Sie im Versorgungsausgleich Anrechte aus einem der nachstehend genannten Alterssicherungssysteme erworben, aus denen Sie derzeit noch **keine Leistung** beziehen können (**Beamtenversorgung, berufsständische Versorgung, Alterssicherung der Landwirte, Versorgung der Abgeordneten und Regierungsmitglieder**)?
Name, Anschrift des Versorgungsträgers
☐ nein  ☐ ja _____
Aktenzeichen

**9.7** Ist die zum Rentenantrag führende **Erwerbsminderung / Schwerbehinderung** ganz oder teilweise **Folge eines Unfalls** oder durch **andere Personen** verursacht worden?

☐ nein, bitte weiter bei Ziffer 9.8
Tag Monat Jahr
☐ ja, Unfalltag _____
**bitte Fragebogen** wegen Übergang von Schadensersatzansprüchen **(Vordruck R0870) ausfüllen und beifügen**

**9.7.1** Sind Schadensersatzansprüche geltend gemacht worden (zum Beispiel bei privaten Versicherungsgesellschaften)?
am
☐ nein  ☐ ja
bei welcher Stelle

Aktenzeichen

**9.8** Wurden Zeiten der Arbeitsunfähigkeit durch einen Unfall oder durch andere Personen nach dem 30.6.1983 verursacht? (Soweit bereits in der Vergangenheit hierzu Angaben gemacht worden sind und kein weiterer Schadensfall vorliegt, beantworten Sie die Frage bitte mit "nein".)

☐ nein, bitte weiter bei Ziffer 9.9
Tag Monat Jahr
☐ ja, Unfalltag _____
**bitte Fragebogen** wegen Übergang von Schadensersatzansprüchen **(Vordruck R0870) ausfüllen und beifügen**

| Versicherungsnummer | Kennzeichen (soweit bekannt) |
|---|---|

**9.8.1** Sind Schadensersatzansprüche geltend gemacht worden (zum Beispiel bei privaten Versicherungsgesellschaften)?

am

☐ nein ☐ ja

bei welcher Stelle

Aktenzeichen

**9.9** Haben Sie **Zeiten nach dem Fremdrentengesetz (FRG)** zurückgelegt, weil Sie beispielsweise als Vertriebener oder Spätaussiedler anerkannt wurden?

☐ nein ☐ ja, **bitte Vordruck R0860 ausfüllen und beifügen,** wenn Sie nach dem 6.5.1996 nach Deutschland zugezogen sind oder sich im Ausland aufhalten,
**Vordruck R0865 ausfüllen und beifügen,** wenn Sie in Russland gearbeitet haben.

**10 Andere Leistungen**

Beziehen oder bezogen Sie eine der nachstehenden Leistungen oder haben Sie eine dieser Leistungen beantragt?

**10.1 Hinterbliebenenrente** aus der gesetzlichen Rentenversicherung

Bezugszeitraum vom - bis / beantragt am

☐ nein ☐ ja

zahlende Stelle

Aktenzeichen

verstorbener Versicherter (Name, Vorname, Geburtsname, Geburtsdatum)

**10.2** Leistungen aus der gesetzlichen **Unfallversicherung** oder von einem ausländischen Unfallversicherungsträger (auch Abfindungen)

Bezugszeitraum vom - bis / beantragt am

☐ nein ☐ ja

zahlende Stelle

Aktenzeichen

Unfalltag

Art der Leistung (bitte auch von Amts wegen eingeleitete Verfahren angeben)  Jahr der Abfindung

**10.3 Krankengeld** von einer Krankenkasse

☐ nein, bitte weiter bei Ziffer 10.4

Bezugszeitraum vom - bis / beantragt am

☐ ja

zahlende Stelle

Aktenzeichen

| Versicherungsnummer | Kennzeichen (soweit bekannt) |
|---|---|
| | |

**10.3.1** Liegt der Antragstellung eine Aufforderung der Krankenkasse zugrunde?

☐ nein ☐ ja

**10.4 Übergangsgeld** von der Agentur für Arbeit, vom Rentenversicherungsträger; **Verletztengeld** von der Berufsgenossenschaft; **Versorgungskrankengeld** vom Versorgungsamt; **Überbrückungsgeld** der Seemannskasse

Bezugszeitraum vom - bis / beantragt am

☐ nein ☐ ja

zahlende Stelle

Aktenzeichen

Art der Leistung

**10.5 Arbeitslosengeld, Arbeitslosengeld II, Sozialgeld, Einstiegsgeld, Gründungszuschuss, Aufstockungsbeträge bei Altersteilzeitarbeit** von der Agentur für Arbeit oder einem Jobcenter
Die Angaben zum Arbeitslosengeld II, zum Sozialgeld und zum Einstiegsgeld sind **auch** dann erforderlich, wenn **unterhaltsberechtigte Angehörige** Leistungen nach dem Zweiten Buch Sozialgesetzbuch (SGB II) erhalten oder erhalten haben.

☐ nein, bitte weiter bei Ziffer 10.6

Bezugszeitraum vom - bis / beantragt am

☐ ja

zahlende Stelle

Aktenzeichen

Art der Leistung

**10.5.1** Liegt der Antragstellung eine Aufforderung der Agentur für Arbeit oder eines Jobcenters zugrunde?

☐ nein ☐ ja

**10.6 Unterhaltshilfe** nach dem Gesetz über den Lastenausgleich - Lastenausgleichsgesetz (LAG)

Bezugszeitraum vom - bis / beantragt am

☐ nein ☐ ja

zahlende Stelle

Aktenzeichen

**10.7 Versorgungsrente** vom Versorgungsamt, Landschaftsverband oder einer entsprechenden ausländischen Stelle

Bezugszeitraum vom - bis / beantragt am

☐ nein ☐ ja

zahlende Stelle

Aktenzeichen

Versicherungsnummer

Kennzeichen
(soweit bekannt)

**10.8 Sozialhilfe, Grundsicherung** vom Sozialhilfeträger
Die Angaben sind **auch** dann erforderlich, wenn **unterhaltsberechtigte Angehörige** Leistungen nach dem
Zwölften Buch Sozialgesetzbuch (SGB XII) erhalten oder erhalten haben.

Bezugszeitraum vom - bis / beantragt am

☐ nein   ☐ ja

zahlende Stelle

Aktenzeichen

Art der Leistung

**10.9 Kinderzuschlag** zum Kindergeld von der Familienkasse

Bezugszeitraum vom - bis / beantragt am

☐ nein   ☐ ja

zahlende Stelle

Aktenzeichen

**10.10 Elterngeld** von den Elterngeldstellen

Bezugszeitraum vom - bis / beantragt am

☐ nein   ☐ ja

zahlende Stelle

Aktenzeichen

**10.11 Leistungen** von der Sozialversicherung für Landwirtschaft, Forsten und Gartenbau

Bezugszeitraum vom - bis / beantragt am

☐ nein   ☐ ja

zahlende Stelle

Aktenzeichen

Art der Leistung

**10.12 Ausbildungsförderung** nach dem Bundesgesetz über individuelle Förderung der Ausbildung
- Bundesausbildungsförderungsgesetz (BAföG)

Bezugszeitraum vom - bis / beantragt am

☐ nein   ☐ ja

zahlende Stelle (bei Hochschulbesuch: Name, Anschrift des zuständigen Studentenwerks)

Aktenzeichen

| Versicherungsnummer | Kennzeichen (soweit bekannt) |
|---|---|
|  |  |

**10.13 Jugendhilfe** vom Jugendamt nach dem Achten Buch Sozialgesetzbuch (SGB VIII)

Bezugszeitraum vom - bis / beantragt am

☐ nein  ☐ ja

zahlende Stelle

Aktenzeichen

**10.14 Sonstige Leistungen** (zum Beispiel Kriegsopferfürsorge, nach dem Gesetz über die Sicherung des Unterhalts der zum Wehrdienst einberufenen Wehrpflichtigen und ihrer Angehörigen - Unterhaltssicherungsgesetz - USG, von einer Arbeitsgemeinschaft für Krebsbekämpfung oder zur Rehabilitation Suchtkranker, Versorgungsleistung nach § 9 des Gesetzes zur Überführung der Ansprüche und Anwartschaften aus Zusatz- und Sonderversorgungssystemen des Beitrittsgebiets - Anspruchs- und Anwartschaftsüberführungsgesetz - AAÜG)

Bezugszeitraum vom - bis / beantragt am

☐ nein  ☐ ja

zahlende Stelle

Aktenzeichen

Art der Leistung

## 11  Krankenversicherung der Rentner (KVdR)

**11.1** Bei welcher **gesetzlichen Krankenkasse** erfolgt die "Meldung zur Krankenversicherung der Rentner"?

Name der Krankenkasse / Verwaltungsstelle

Anschrift der Krankenkasse / Verwaltungsstelle

Meldung zur KVdR **(Vordruck R0810)**

☐ ist beigefügt  ☐ wird nachgereicht  ☐ wurde weitergeleitet

**11.2** Üben Sie über den Rentenbeginn hinaus eine hauptberufliche selbständige Tätigkeit oder eine Beschäftigung aus, die wegen Überschreitens der Jahresarbeitsentgeltgrenze in der gesetzlichen Krankenversicherung versicherungsfrei ist?

☐ nein  ☐ ja

**11.3** Beantragen Sie einen **Zuschuss** zu den Aufwendungen für eine **freiwillige** Mitgliedschaft in der gesetzlichen Krankenversicherung oder für die Versicherung bei einem **privaten** Krankenversicherungsunternehmen?

☐ nein, bitte weiter bei Ziffer 12

☐ ja

**11.3.1** Wird zu einer weiteren Rente bereits ein Zuschuss zur Krankenversicherung gezahlt oder ist dieser beantragt?

☐ nein  ☐ ja

| Versicherungsnummer | | | | | | | Kennzeichen (soweit bekannt) | |
|---|---|---|---|---|---|---|---|---|

**11.3.2** Besteht oder bestand in der Zeit, für die Sie einen Zuschuss beantragen, Versicherungspflicht in einer deutschen oder ausländischen **gesetzlichen** Krankenversicherung?

Name und Anschrift der Krankenkasse oder des Gesundheitsdienstes

☐ nein ☐ ja

Grund der Versicherungspflicht (zum Beispiel Beschäftigungsverhältnis, Versicherungspflicht als Arbeitsloser, Einwohnerkrankenversicherung)

**11.3.3** Sind Sie privat krankenversichert?

☐ nein, bitte weiter bei Ziffer 12

☐ ja, **bitte Vordruck R0821** vom privaten Krankenversicherungsunternehmen **ausfüllen lassen**

**Vordruck R0821** ☐ ist beigefügt ☐ wird nachgereicht ☐ wurde weitergeleitet

**11.3.4** Sollen Beitragsaufwendungen bei einer **privaten Krankenversicherung** für Familienangehörige berücksichtigt werden?

☐ nein, bitte weiter bei Ziffer 12

☐ ja, die Beitragsaufwendungen sind vom privaten Krankenversicherungsunternehmen ebenfalls im **Vordruck R0821** einzutragen

Familienangehöriger (Name, Vorname, Geburtsdatum, Verwandtschaftsverhältnis)

Höhe des monatlichen Gesamteinkommens des / der Familienangehörigen

EUR

**11.3.5** Ist der Familienangehörige Rentner?

seit

☐ nein ☐ ja

Rentenversicherungsträger

Versicherungsnummer

## 12 Pflegeversicherung

**12.1** Haben oder hatten Sie ein Kind, Stiefkind oder Pflegekind? (Die Nennung eines Kindes ist ausreichend. Das heutige Alter dieses Kindes ist hier ohne Bedeutung.)

Name, Vorname, Geburtsdatum des Kindes

☐ nein ☐ ja

Kindschaftsverhältnis

☐ leibliches Kind / Adoptivkind ☐ Stiefkind

☐ Pflegekind (Kind, das mit Ihnen durch ein auf längere Dauer angelegtes Pflegeverhältnis mit häuslicher Gemeinschaft verbunden ist / war, sofern es nicht gegen Vergütung aufgenommen wurde.)

**Nachweise** zu dieser Frage benötigen wir **nicht, wenn** die **Angaben** unter Ziffer 16 **bestätigt** werden oder das Versicherungskonto Kindererziehungszeiten beziehungsweise Berücksichtigungszeiten wegen Kindererziehung enthält.
Ansonsten benötigen wir wahlweise zum Beispiel (gegebenenfalls in Kopie): Nachweis über Geburt des Kindes, über Kindergeldzahlung oder über Vaterschaft, bei einem **Stiefkind** auch Heiratsurkunde / Eheurkunde / Lebenspartnerschaftsurkunde und Bestätigung der Meldebehörde über die häusliche Gemeinschaft, bei einem **Pflegekind** auch Bescheinigung über Anerkennung des Pflegekindschaftsverhältnisses und Bescheinigung über die häusliche Gemeinschaft.

| Versicherungsnummer | Kennzeichen (soweit bekannt) |
|---|---|
| ⌊_ _ ⌊_ _ _ _ _ ⌊_ ⌊_ ⌋ | ⌊_ _ _ ⌋ |

**13   Dokumentenzugang**
**13.1  Per De-Mail**
Ich habe bei einem De-Mail-Anbieter ein **De-Mail-Postfach** eröffnet.

☐ Ich bitte ausschließlich um Übermittlung der Dokumente in elektronischer Form an mein De-Mail-Postfach. Damit entfällt eine Übersendung der Dokumente in Papierform. Meine De-Mail-Adresse lautet:

**13.2  Für sehbehinderte Menschen**
Menschen mit einer Behinderung (zum Beispiel blinde oder sehbehinderte Menschen) haben Anspruch darauf, Dokumente in einer für sie wahrnehmbaren Form zu erhalten.
Aufgrund meiner Behinderung bitte ich darum, mir Dokumente zusätzlich in **einer** für mich wahrnehmbaren Form zuzusenden, und zwar

☐ als Großdruck

☐ in Braille (Kurzschrift)

☐ in Braille (Vollschrift)

☐ als CD (Schriftdatei / Textdatei im ".doc"-Format)

☐ als Hörmedium (CD-DAISY Format)

**14   Erklärung der Antragstellerin / des Antragstellers**
**Ich versichere,** dass ich sämtliche Angaben in diesem Vordruck und den dazugehörenden Anlagen nach bestem Wissen gemacht habe. Mir ist bekannt, dass wissentlich falsche Angaben zu einer strafrechtlichen Verfolgung führen können.
Während der verbleibenden Lücken im Versicherungsverlauf habe ich keine Beitragszeiten, Anrechnungszeiten, Kindererziehungszeiten oder Berücksichtigungszeiten zurückgelegt.

**Ich verpflichte mich,** den Rentenversicherungsträger unverzüglich zu benachrichtigen, wenn nach Stellung dieses Rentenantrags bis zum Rentenbeginn
- eine Beschäftigung oder selbständige Tätigkeit aufgenommen beziehungsweise nach Arbeitsunfähigkeit wieder ausgeübt wird oder
- sich eine Änderung der Höhe des Arbeitsentgelts oder des Arbeitseinkommens / steuerrechtlichen Gewinns ergibt oder
- ein kurzfristiges Erwerbsersatzeinkommen beantragt oder gezahlt wird oder
- eine Leistung nach Ziffer 10 dieses Vordrucks beantragt oder gezahlt wird oder
- von Amts wegen ein Verfahren bei der gesetzlichen Unfallversicherung eingeleitet wird oder
- sich meine Anschrift ändert.

**Ich willige ein** (sofern ich unter Ziffer 9.4.1 nichts anderes bestimmt habe), dass der Rentenversicherungsträger zur Beschleunigung des Rentenverfahrens
- frühestens 3 Monate vor Rentenbeginn eine Meldung der beitragspflichtigen Einnahmen für abgelaufene Zeiträume vom Arbeitgeber anfordert,
- für den weiteren Zeitraum gegebenenfalls bis zum Rentenbeginn die entsprechenden voraussichtlichen beitragspflichtigen Einnahmen (maximal für 3 Monate) hochrechnet und
- diese der Rentenberechnung zugrunde legt.

**Mir ist bekannt,** dass sich eine **Hochrechnung** im Vergleich zu einer Berechnung der Rente auf Basis der tatsächlich erzielten Entgelte **nachteilig** auswirken kann. Das kann der Fall sein, wenn
- in den letzten 12 Kalendermonaten vor dem Hochrechnungszeitraum eine Entgelterhöhung lag oder
- in den letzten 12 Kalendermonaten vor dem Hochrechnungszeitraum für weniger als einen Kalendermonat zum Beispiel Krankengeld bezogen oder unbezahlter Urlaub in Anspruch genommen wurde oder
- im Hochrechnungszeitraum Einmalzahlungen (zum Beispiel Urlaubsgeld, Urlaubsabgeltung, Weihnachtsgeld, beitragspflichtige Abfindungen) erwartet werden oder
- sich im Hochrechnungszeitraum Entgelterhöhungen (zum Beispiel bei Tariferhöhung oder Mehrarbeit) ergeben.
Die hochgerechneten Entgelte werden der jetzt beantragten Rente dauerhaft zugrunde gelegt, auch wenn sich die Hochrechnung nachteilig auswirkt.

| Versicherungsnummer | Kennzeichen (soweit bekannt) |
|---|---|

**Mir ist bekannt,** dass ich einen Antrag auf Altersrente für schwerbehinderte Menschen auch dann stellen kann, wenn die Feststellung der Schwerbehinderteneigenschaft zwar beantragt, aber noch nicht abgeschlossen ist. Der Nachweis über die Schwerbehinderteneigenschaft kann nachgereicht werden. Eine spätere Antragstellung kann unter Umständen dazu führen, dass die Altersrente für schwerbehinderte Menschen überhaupt nicht gezahlt werden kann.

Wenn ein Antrag auf Zuschuss zur Krankenversicherung gestellt wird, **verpflichte ich mich** darüber hinaus, dem Rentenversicherungsträger die nachfolgenden Sachverhalte **unverzüglich anzuzeigen:**
a) die Beendigung oder das Ruhen der Versicherung, zu der der Zuschuss gezahlt wird (zum Beispiel bei Anspruch auf Krankenversorgung nach dem Gesetz über die Versorgung der Opfer des Krieges - Bundesversorgungsgesetz - BVG, dem Bundesgesetz zur Entschädigung für Opfer der nationalsozialistischen Verfolgung - Bundesentschädigungsgesetz - BEG oder bei Auslandsaufenthalt),
b) jede Veränderung der Beitragshöhe oder Prämienhöhe zur privaten Krankenversicherung,
c) den Beginn einer Versicherungspflicht in der deutschen gesetzlichen Krankenversicherung (zum Beispiel durch die Aufnahme einer Beschäftigung, durch den Antrag auf eine weitere Rente, durch den Bezug von Übergangsgeld wegen Leistungen zur Teilhabe am Arbeitsleben, von Arbeitslosengeld oder Arbeitslosengeld II),
d) den Beginn einer Versicherungspflicht in der ausländischen gesetzlichen Krankenversicherung (zum Beispiel bei Wohnsitzverlegung ins Ausland),
e) die "Einschreibung" als Leistungsberechtigter bei einer deutschen gesetzlichen Krankenkasse aufgrund der Rente eines anderen Staates, in dem die europäischen Verordnungen zur Koordinierung der Systeme der sozialen Sicherheit gelten (das sind die Mitgliedstaaten der EU sowie Island, Liechtenstein, Norwegen und die Schweiz) und
f) jede Änderung in den Verhältnissen des Familienangehörigen, dessen Beitragsaufwendungen bei der Zuschusszahlung berücksichtigt werden (eigene Rentenberechtigung, Eintritt von Versicherungspflicht in der deutschen oder ausländischen gesetzlichen Krankenversicherung, Änderungen der Beitragsaufwendungen oder des Gesamteinkommens).

**Das Merkblatt "Krankenversicherung der Rentner (KVdR) und Pflegeversicherung" (Vordruck R0815) habe ich erhalten.**

_____  _____
Ort, Datum                      Unterschrift der Antragstellerin / des Antragstellers

**15  Anlagen**
**bitte Vordruck R0990 beifügen**

**16    Bestätigungsvermerk**

Die **Angaben zur Person** der Rentenbewerberin / des Rentenbewerbers werden bestätigt durch:

☐ Geburtsurkunde / Abstammungsurkunde  ☐ gültigen Personalausweis  ☐ gültigen Reisepass

Das **Kindschaftsverhältnis für die Pflegeversicherung** (siehe Ziffer 12) wird bestätigt. Es hat vorgelegen:

☐ Geburtsurkunde (Abstammungsurkunde) des Kindes  ☐ Familienbuch / Familienstammbuch

☐

Es ist beigefügt:

☐

_____  _____
Dienststempel                   Datum, Unterschrift der / des Aufnehmenden

Versicherungsnummer | Kennzeichen (soweit bekannt)

**Deutsche Rentenversicherung**

Bei Antrag auf Hinterbliebenenrente:
Versicherungsnummer der / des verstorbenen Versicherten

## Anlage zum Rentenantrag zur Feststellung der Erwerbsminderung

# R0210

**Hinweis:** Um sachgerecht über Ihren Antrag entscheiden zu können, benötigen wir aufgrund des Sechsten Buches Sozialgesetzbuch (SGB VI) von Ihnen einige wichtige Informationen und Unterlagen. Wir möchten Sie deshalb bitten, die gestellten Fragen vollständig zu beantworten und uns die erbetenen Unterlagen möglichst umgehend zu überlassen. Ihre Mithilfe, die in den §§ 60 bis 65 Erstes Buch Sozialgesetzbuch (SGB I) ausdrücklich vorgesehen ist, erleichtert uns eine rasche Erledigung Ihrer Angelegenheiten. Bitte bedenken Sie, dass wir Ihnen, wenn Sie uns nicht unterstützen, die Leistung ganz oder teilweise versagen oder entziehen dürfen (§ 66 SGB I).

Wenn Sie weitere Anträge benötigen, stehen Ihnen alle entsprechenden Antragsvordrucke auch im Internet unter www.deutsche-rentenversicherung.de zur Verfügung.

## 1 Angaben zur Person
Bei Antrag auf Hinterbliebenenrente: Angaben zur Person der / des Hinterbliebenen

Name | Vorname (Rufname)

Namenszusatz (Beispiel: Freifrau, Graf) | Vorsatzwort zum Namen (Beispiel: von, van, de) | Titel (Beispiel: Prof. Dr. med.)

Geburtsname | Geburtsdatum

Straße, Hausnummer | telefonisch tagsüber zu erreichen (Angabe freiwillig)

Adresszusatz | Telefax (Angabe freiwillig)

Postleitzahl | Wohnort

## 2 Antragstellung durch andere Personen
Der Antrag wird in Vertretung gestellt von

**Vollmacht oder Beschluss des Gerichts bitte beifügen**

Name, Vorname / Dienststelle (gegebenenfalls Aktenzeichen)

in der Eigenschaft als

☐ gesetzlicher Vertreter ☐ Vormund ☐ Betreuer ☐ Bevollmächtigter

Straße, Hausnummer | telefonisch tagsüber zu erreichen (Angabe freiwillig)

Adresszusatz | Telefax (Angabe freiwillig)

Postleitzahl | Wohnort

| Versicherungsnummer | | | | | | | Kennzeichen (soweit bekannt) | | |
|---|---|---|---|---|---|---|---|---|---|

Bei Antrag auf Hinterbliebenenrente:
Versicherungsnummer der / des verstorbenen Versicherten

## 3    Angaben zum letzten Arbeitsverhältnis

**3.1**  Wer ist / war Ihr letzter Arbeitgeber (auch bei geringfügiger Beschäftigung)?
Name, Anschrift

**3.2**  Wie ist / war Ihre tägliche Arbeitszeit?
Tage pro Woche, Stunden täglich

**3.3**  Besteht das Arbeitsverhältnis beim Arbeitgeber (zumindest formal) noch?
☐ nein    ☐ ja

## 4    Berufsausbildung der rentenberechtigten Person          Beweismittel bitte beifügen

**4.1**  Wurde eine Berufsausbildung absolviert (zum Beispiel Ausbildungsberuf, Fachschulstudium, Fachhochschulstudium, Hochschulstudium)?
vom - bis
☐ nein    ☐ ja

erlernter Beruf

Prüfung bestanden
☐ nein    ☐ ja
vom - bis

erlernter Beruf

Prüfung bestanden
☐ nein    ☐ ja

**4.2**  Wurde eine **Umschulung** durchgeführt?
vom - bis
☐ nein    ☐ ja

Umschulungsberuf

Kostenträger

Aktenzeichen

erfolgreich beendet
☐ nein    ☐ ja

**4.3**  Wurden weitere **Qualifikationen** absolviert (zum Beispiel Refaprüfung, Meisterprüfung, Polierprüfung)?
vom - bis
☐ nein    ☐ ja

Art der Ausbildung

erfolgreich beendet
☐ nein    ☐ ja

Seite 2 von 13
**R0210-00 DRV**
Version 27013 - AGRTAQ 2/2017 - Stand 06.07.2017

Versicherungsnummer | Kennzeichen (soweit bekannt)

Bei Antrag auf Hinterbliebenenrente:
Versicherungsnummer der / des verstorbenen Versicherten

**Beweismittel bitte beifügen**

### 4.4 Bestand ein **Anlernverhältnis?**

vom - bis

☐ nein  ☐ ja

angelernter Beruf

erfolgreich beendet

☐ nein  ☐ ja

### 5 Beschäftigungsübersicht (gegebenenfalls Ergänzungsblatt R0211 verwenden)

Ein Verweis auf den Versicherungsverlauf genügt nicht.

| Zeitraum vom - bis | genaue Bezeichnung der Beschäftigung oder Tätigkeit (zum Beispiel nicht kaufmännischer Angestellter, sondern Bilanzbuchhalter) | Bezeichnung des Tarifvertrages Gehaltsgruppe / Lohngruppe | aufgegeben wegen (zum Beispiel Krankheit, Kündigung) |
|---|---|---|---|
|  |  |  |  |
|  |  |  |  |
|  |  |  |  |
|  |  |  |  |
|  |  |  |  |
|  |  |  |  |
|  |  |  |  |
|  |  |  |  |
|  |  |  |  |
|  |  |  |  |
|  |  |  |  |

| Versicherungsnummer | | | | | Kennzeichen (soweit bekannt) | |
|---|---|---|---|---|---|---|

Bei Antrag auf Hinterbliebenenrente:
Versicherungsnummer der / des verstorbenen Versicherten

## 6  Selbständige Erwerbstätigkeit

**6.1**  Üben Sie noch eine selbständige Erwerbstätigkeit aus?

Datum und Grund der Aufgabe (zum Beispiel Löschung in der Handwerksrolle, Abmeldung beim Gewerbeamt - bitte nachweisen)

☐ nein

☐ ja  ☐ im eigenen gewerblichen Betrieb beziehungsweise im Betrieb eines Familienangehörigen

☐ im eigenen landwirtschaftlichen Betrieb beziehungsweise im landwirtschaftlichen Betrieb eines Familienangehörigen

☐ im sonstigen freien Beruf

Art und Umfang der Tätigkeit

gegebenenfalls Verwandtschaftsverhältnis

Größe des landwirtschaftlichen Betriebes in Hektar

**6.2**  Sind Sie Eigentümer oder Gesellschafter eines Unternehmens (Betrieb, Geschäft oder Ähnliches) oder sonst freiberuflich tätig?

☐ nein  ☐ ja

## 7  Angaben von Arbeitsuchenden

**7.1**  Sind Sie bei der Agentur für Arbeit oder einem Jobcenter gemeldet?

seit

☐ nein  ☐ ja

bei

Kundennummer / Aktenzeichen

das Arbeitsgesuch / Vermittlungsgesuch bezieht sich auf folgende Berufstätigkeiten:

## 8  Begründung des Rentenantrags

**8.1**  Seit wann und wegen welcher Gesundheitsstörungen halten Sie sich für erwerbsgemindert?

seit

wegen

**Hinweis:** Damit wir uns ein möglichst umfassendes Bild von Ihren Gesundheitsstörungen machen können, haben Sie die Möglichkeit, Ihre persönliche Einschätzung in dem **Vordruck R0215** einzubringen.

Versicherungsnummer

Kennzeichen
(soweit bekannt)

Bei Antrag auf Hinterbliebenenrente:
Versicherungsnummer der / des verstorbenen Versicherten

**8.2** Welche Arbeiten können Sie nach Ihrer Auffassung noch verrichten?

Art

Umfang - wie viele Stunden täglich

**8.3** Sind Sie zurzeit arbeitsunfähig krank?

seit

☐ nein   ☐ ja

Name und Anschrift der Krankenkasse / Verwaltungsstelle

**8.4** Sind die Gesundheitsstörungen verursacht worden durch Unfall, Arbeitsunfall, Berufskrankheit, Wehrdienstbeschädigung oder Zivildienstbeschädigung, Gewahrsam im Sinne des Gesetzes über Hilfsmaßnahmen für Personen, die aus politischen Gründen außerhalb der Bundesrepublik Deutschland in Gewahrsam genommen wurden - Häftlingshilfegesetz (HHG)?

durch

☐ nein   ☐ ja

anerkannt von welcher Stelle

Aktenzeichen

**9      Ärztliche Behandlung** (gegebenenfalls Ergänzungsblatt R0211 verwenden)

**9.1** Bei wem waren Sie in der letzten Zeit in **ambulanter** ärztlicher Behandlung?

**Hausarzt (Name, Vorname)**

genaue Anschrift

Telefonnummer

Behandlung wegen

vom - bis

**Arzt (Name, Vorname)**

genaue Anschrift

Telefonnummer

Behandlung wegen

vom - bis

Versicherungsnummer

Kennzeichen
(soweit bekannt)

Bei Antrag auf Hinterbliebenenrente:
Versicherungsnummer der / des verstorbenen Versicherten

noch Ziffer **9.1**

Arzt (Name, Vorname)

genaue Anschrift

Telefonnummer

Behandlung wegen

vom - bis

**9.2** Waren Sie in den letzten Jahren in **stationärer** Krankenhausbehandlung?

Name des Krankenhauses

☐ nein ☐ ja

genaue Anschrift

Abteilung, Station

Behandlung wegen

vom - bis

**10 Ärztliche Untersuchungen**

Wurden ärztliche Untersuchungen in den letzten Jahren durchgeführt?

**10.1** vom **Medizinischen Dienst der Krankenkassen** im Auftrag der Krankenkasse oder Pflegekasse

Name der Krankenkasse oder der Pflegekasse

☐ nein ☐ ja

Aktenzeichen

am

**10.2** im Auftrag der **Agentur für Arbeit**

Name der Agentur für Arbeit

☐ nein ☐ ja

Kundennummer

am

Seite 6 von 13
**R0210-00 DRV**
Version 27013 - AGRTAQ 2/2017 - Stand 06.07.2017

Versicherungsnummer | Kennzeichen (soweit bekannt)

Bei Antrag auf Hinterbliebenenrente:
Versicherungsnummer der / des verstorbenen Versicherten

**10.3** im Auftrag der **Berufsgenossenschaft**

Name der Berufsgenossenschaft

☐ nein ☐ ja

Aktenzeichen

am

**10.4** im Auftrag des Arbeitgebers vom **Personalarzt** oder **Betriebsarzt**

Name des Arbeitgebers

☐ nein ☐ ja

Anschrift

Personalnummer

am

**10.5** im Auftrag **einer sonstigen Stelle** (zum Beispiel Kommune, Arbeitsgemeinschaft, Jobcenter, Gesundheitsamt, Blindengeldstelle, Privatversicherung)

Name der sonstigen Stelle

☐ nein ☐ ja

Aktenzeichen

am

**10.6** zur Feststellung einer Schwerbehinderung

von welcher Stelle

☐ nein ☐ ja

Aktenzeichen

am

**10.6.1** Sind Sie schwerbehindert?

☐ nein ☐ ja

**bitte Ablehnungsbescheid oder Anerkennungsbescheid beifügen**

**10.6.2** Sind Sie einem schwerbehinderten Menschen gleichgestellt oder wurde Ihnen als Arbeitsuchender die Gleichstellung zugesichert?

☐ nein ☐ ja

**bitte Gleichstellungsbescheid / Zusicherungsbescheid der Agentur für Arbeit beifügen**

| Versicherungsnummer | | Kennzeichen (soweit bekannt) |
|---|---|---|
| | | |

Bei Antrag auf Hinterbliebenenrente:
Versicherungsnummer der / des verstorbenen Versicherten

## 11 Leistungen zur Teilhabe

**11.1** Sind Leistungen zur medizinischen Rehabilitation oder zur Teilhabe am Arbeitsleben erbracht worden (zum Beispiel Kur, Umschulung)?

☐ nein ☐ ja

Ort

Kostenträger

Aktenzeichen

vom - bis

**11.2** Sind zurzeit solche Leistungen beantragt?

☐ nein ☐ ja

bei welcher Stelle

Aktenzeichen

beantragt am

**11.3** Wurde früher ein Antrag auf solche Leistungen abgelehnt?

☐ nein ☐ ja

von welcher Stelle

Aktenzeichen

abgelehnt am

## 12 Sonstige Angaben

**12.1** Wurde anlässlich eines früheren Rentenantrags eine ärztliche Untersuchung durchgeführt?

☐ nein ☐ ja

Versicherungsträger

Aktenzeichen

Zeitpunkt der Untersuchung

**12.2** Sind Sie aus gesundheitlichen Gründen gehindert, zur ärztlichen Untersuchung zu kommen?

☐ nein ☐ ja

Grund

| Versicherungsnummer | Kennzeichen (soweit bekannt) | |
|---|---|---|

Bei Antrag auf Hinterbliebenenrente:
Versicherungsnummer der / des verstorbenen Versicherten

**Deutsche Rentenversicherung**

Erklärung für den Rentenversicherungsträger

## Erklärung und Information zum Rentenantrag zur Feststellung der Erwerbsminderung

**1    Versicherung der Antragstellerin / des Antragstellers**
**Ich versichere,** dass ich die gesundheitliche Beeinträchtigung meiner Erwerbsfähigkeit weder absichtlich herbeigeführt noch mir bei einer Handlung zugezogen habe, die nach strafgerichtlichem Urteil ein Verbrechen oder vorsätzliches Vergehen ist.

**2    Information der Antragstellerin / des Antragstellers**
Wir möchten Sie darüber informieren, dass wir **medizinische Daten**, die uns bereits vorliegen oder die wir mit Ihrer Einwilligung erhalten, an andere Sozialleistungsträger (zum Beispiel Krankenkassen, Agenturen für Arbeit, Versorgungsämter oder Berufsgenossenschaften) für deren gesetzliche Aufgabenerfüllung oder für die Erfüllung eigener gesetzlicher Aufgaben **weitergeben dürfen.** Zur eigenen Aufgabenerfüllung dürfen wir diese medizinischen Daten auch an sonstige Dritte (zum Beispiel zu beauftragende Gutachter) übermitteln, sofern dies erforderlich ist. Die gesetzliche Grundlage hierfür ist § 76 Absatz 2 Nummer 1 in Verbindung mit § 69 Zehntes Buch Sozialgesetzbuch (SGB X).

**Sie können einer solchen Weitergabe aber jederzeit ohne Angabe von Gründen widersprechen.** Das kann allerdings dazu führen, dass Ihnen eine Leistung ganz oder teilweise versagt oder entzogen wird, wenn Sie zuvor schriftlich auf diese Möglichkeit hingewiesen worden sind (§ 66 Erstes Buch Sozialgesetzbuch - SGB I).

**Ich nehme zur Kenntnis,** dass
- meine Krankenkasse dem Rentenversicherungsträger sämtliche Arbeitsunfähigkeitszeiten und die dazugehörigen Diagnosen (einschließlich der Angaben zu Krankenhausaufenthalten beziehungsweise Rehabilitationsaufenthalten) der letzten 3 Jahre übermittelt (AUD-Beleg).
- ich gegenüber meiner Krankenkasse der Übermittlung von Diagnosedaten jedoch widersprechen kann.

Dies gilt nicht für Mitglieder der privaten Krankenkassen.

_____
Ort, Datum

_____
Unterschrift der Antragstellerin / des Antragstellers

**Hinweis:** Für die Entbindung von der ärztlichen Schweigepflicht ist die Unterschrift der / des Rentenberechtigten erforderlich. Bitte weiter bei Ziffer 3.

| Versicherungsnummer | Kennzeichen (soweit bekannt) |
|---|---|
|  |  |

Bei Antrag auf Hinterbliebenenrente:
Versicherungsnummer der / des verstorbenen Versicherten

## 3 Entbindung von der ärztlichen Schweigepflicht

### 3.1 Einwilligungserklärung der / des Rentenberechtigten

**Ich willige ein,** dass der Rentenversicherungsträger von den Ärzten und Einrichtungen, die ich im Antrag angegeben habe oder die aus den überlassenen Unterlagen ersichtlich sind, alle ärztlichen und psychologischen Untersuchungsunterlagen erhalten darf, die er für die Entscheidung über meinen Antrag benötigt. Das schließt die Unterlagen ein, die diese Ärzte und Einrichtungen von anderen Ärzten und Einrichtungen erhalten haben.

Ärztliche Untersuchungen, die während des Verfahrens - beispielsweise in einem Krankenhaus oder einer anderen Behandlungsstätte - stattgefunden haben, werde ich dem Rentenversicherungsträger umgehend mitteilen. Wenn ich bei dieser Mitteilung nichts Gegenteiliges erkläre, **willige ich ein,** dass der Rentenversicherungsträger auch die Unterlagen über diese ärztlichen Untersuchungen erhalten darf.

**Ich willige ein,** dass bereits vorhandene Entlassungsberichte über Leistungen zur medizinischen Rehabilitation des Rentenversicherungsträgers einem eventuell zu beauftragenden Gutachter übersandt werden dürfen.

**Ich willige außerdem ein,** dass in den Fällen der Rückgriffsverfahren nach §§ 110 / 111 Siebtes Buch Sozialgesetzbuch (SGB VII) - oder §§ 116 / 119 SGB X - die angefallenen Gutachten, Krankheitsbefunde (Krankengeschichten) und Röntgenaufnahmen an den Rentenversicherungsträger und an Dritte herausgegeben und von ihnen eingesehen und verwertet werden.

**Ich bestätige,** dass ich eine Ausfertigung der von mir unterschriebenen Erklärung erhalten habe.

**Hinweis:** Für die Entbindung von der ärztlichen Schweigepflicht ist die Unterschrift der / des Rentenberechtigten erforderlich. Bei fehlender Einsichtsfähigkeit / Einwilligungsfähigkeit der betreuten Person bitte weiter bei Ziffer 3.2.

_____          _____
Ort, Datum                                                    Unterschrift der / des Rentenberechtigten

### 3.2 Einwilligungserklärung der Betreuerin / des Betreuers bei fehlender Einsichtsfähigkeit / Einwilligungsfähigkeit der / des Rentenberechtigten

Bei nachgewiesener fehlender Einsichtsfähigkeit / Einwilligungsfähigkeit der betreuten Person ist für die Entbindung von der ärztlichen Schweigepflicht die Unterschrift der Betreuerin / des Betreuers erforderlich.

**Ich bestätige,** dass ich eine Ausfertigung der von mir unterschriebenen Erklärung erhalten habe.

_____          _____
Ort, Datum                                                    Unterschrift der Betreuerin / des Betreuers

Eine aktuelle ärztliche Bescheinigung als Nachweis der fehlenden Einsichtsfähigkeit / Einwilligungsfähigkeit der / des Rentenberechtigten

☐ ist beigefügt.

☐ wird nachgereicht.

**R0210-00 DRV**
Version 27013 - AGRTAQ 2/2017 - Stand 06.07.2017

| Versicherungsnummer | Kennzeichen (soweit bekannt) |  **Deutsche Rentenversicherung** |
|---|---|---|

Bei Antrag auf Hinterbliebenenrente:
Versicherungsnummer der / des verstorbenen Versicherten

Erklärung für die Antragstellerin / den Antragsteller

## Erklärung und Information zum Rentenantrag zur Feststellung der Erwerbsminderung

**1    Versicherung der Antragstellerin / des Antragstellers**
**Ich versichere,** dass ich die gesundheitliche Beeinträchtigung meiner Erwerbsfähigkeit weder absichtlich herbeigeführt noch mir bei einer Handlung zugezogen habe, die nach strafgerichtlichem Urteil ein Verbrechen oder vorsätzliches Vergehen ist.

**2    Information der Antragstellerin / des Antragstellers**
Wir möchten Sie darüber informieren, dass wir **medizinische Daten,** die uns bereits vorliegen oder die wir mit Ihrer Einwilligung erhalten, an andere Sozialleistungsträger (zum Beispiel Krankenkassen, Agenturen für Arbeit, Versorgungsämter oder Berufsgenossenschaften) für deren gesetzliche Aufgabenerfüllung oder für die Erfüllung eigener gesetzlicher Aufgaben **weitergeben dürfen.** Zur eigenen Aufgabenerfüllung dürfen wir diese medizinischen Daten auch an sonstige Dritte (zum Beispiel zu beauftragende Gutachter) übermitteln, sofern dies erforderlich ist. Die gesetzliche Grundlage hierfür ist § 76 Absatz 2 Nummer 1 in Verbindung mit § 69 Zehntes Buch Sozialgesetzbuch (SGB X).

**Sie können einer solchen Weitergabe aber jederzeit ohne Angabe von Gründen widersprechen.** Das kann allerdings dazu führen, dass Ihnen eine Leistung ganz oder teilweise versagt oder entzogen wird, wenn Sie zuvor schriftlich auf diese Möglichkeit hingewiesen worden sind (§ 66 Erstes Buch Sozialgesetzbuch - SGB I).

**Ich nehme zur Kenntnis,** dass
- meine Krankenkasse dem Rentenversicherungsträger sämtliche Arbeitsunfähigkeitszeiten und die dazugehörigen Diagnosen (einschließlich der Angaben zu Krankenhausaufenthalten beziehungsweise Rehabilitationsaufenthalten) der letzten 3 Jahre übermittelt (AUD-Beleg).
- ich gegenüber meiner Krankenkasse der Übermittlung von Diagnosedaten jedoch widersprechen kann.

Dies gilt nicht für Mitglieder der privaten Krankenkassen.

_____
Ort, Datum

_____
Unterschrift der Antragstellerin / des Antragstellers

**Hinweis:** Für die Entbindung von der ärztlichen Schweigepflicht ist die Unterschrift der / des Rentenberechtigten erforderlich. Bitte weiter bei Ziffer 3.

| Versicherungsnummer | | | | | | | | | | Kennzeichen (soweit bekannt) | | | | |
|---|---|---|---|---|---|---|---|---|---|---|---|---|---|---|

Bei Antrag auf Hinterbliebenenrente:
Versicherungsnummer der / des verstorbenen Versicherten

| | | | | | | | | | | |
|---|---|---|---|---|---|---|---|---|---|---|

## 3  Entbindung von der ärztlichen Schweigepflicht

### 3.1  Einwilligungserklärung der / des Rentenberechtigten

**Ich willige ein,** dass der Rentenversicherungsträger von den Ärzten und Einrichtungen, die ich im Antrag angegeben habe oder die aus den überlassenen Unterlagen ersichtlich sind, alle ärztlichen und psychologischen Untersuchungsunterlagen erhalten darf, die er für die Entscheidung über meinen Antrag benötigt. Das schließt die Unterlagen ein, die diese Ärzte und Einrichtungen von anderen Ärzten und Einrichtungen erhalten haben.

Ärztliche Untersuchungen, die während des Verfahrens - beispielsweise in einem Krankenhaus oder einer anderen Behandlungsstätte - stattgefunden haben, werde ich dem Rentenversicherungsträger umgehend mitteilen. Wenn ich bei dieser Mitteilung nichts Gegenteiliges erkläre, **willige ich ein,** dass der Rentenversicherungsträger auch die Unterlagen über diese ärztlichen Untersuchungen erhalten darf.

**Ich willige ein,** dass bereits vorhandene Entlassungsberichte über Leistungen zur medizinischen Rehabilitation des Rentenversicherungsträgers einem eventuell zu beauftragenden Gutachter übersandt werden dürfen.

**Ich willige außerdem ein,** dass in den Fällen der Rückgriffsverfahren nach §§ 110 / 111 Siebtes Buch Sozialgesetzbuch (SGB VII) - oder §§ 116 / 119 SGB X - die angefallenen Gutachten, Krankheitsbefunde (Krankengeschichten) und Röntgenaufnahmen an den Rentenversicherungsträger und an Dritte herausgegeben und von ihnen eingesehen und verwertet werden.

**Ich bestätige,** dass ich eine Ausfertigung der von mir unterschriebenen Erklärung erhalten habe.

**Hinweis:** Für die Entbindung von der ärztlichen Schweigepflicht ist die Unterschrift der / des Rentenberechtigten erforderlich. Bei fehlender Einsichtsfähigkeit / Einwilligungsfähigkeit der betreuten Person bitte weiter bei Ziffer 3.2.

_____                                   _____
Ort, Datum                                                        Unterschrift der / des Rentenberechtigten

### 3.2  Einwilligungserklärung der Betreuerin / des Betreuers bei fehlender Einsichtsfähigkeit / Einwilligungsfähigkeit der / des Rentenberechtigten

Bei nachgewiesener fehlender Einsichtsfähigkeit / Einwilligungsfähigkeit der betreuten Person ist für die Entbindung von der ärztlichen Schweigepflicht die Unterschrift der Betreuerin / des Betreuers erforderlich.

**Ich bestätige,** dass ich eine Ausfertigung der von mir unterschriebenen Erklärung erhalten habe.

_____                                   _____
Ort, Datum                                                        Unterschrift der Betreuerin / des Betreuers

Eine aktuelle ärztliche Bescheinigung als Nachweis der fehlenden Einsichtsfähigkeit / Einwilligungsfähigkeit der / des Rentenberechtigten

☐ ist beigefügt.

☐ wird nachgereicht.

| Versicherungsnummer | | | | | | | | | | Kennzeichen (soweit bekannt) | | |
|---|---|---|---|---|---|---|---|---|---|---|---|---|

Bei Antrag auf Hinterbliebenenrente:
Versicherungsnummer der / des verstorbenen Versicherten

## Wortlaut der Gesetzestexte

### § 66 SGB I
**Folgen fehlender Mitwirkung**

(1) Kommt derjenige, der eine Sozialleistung beantragt oder erhält, seinen Mitwirkungspflichten nach §§ 60 bis 62, 65 nicht nach und wird hierdurch die Aufklärung des Sachverhalts erheblich erschwert, kann der Leistungsträger ohne weitere Ermittlungen die Leistung bis zur Nachholung der Mitwirkung ganz oder teilweise versagen oder entziehen, soweit die Voraussetzungen der Leistung nicht nachgewiesen sind. Dies gilt entsprechend, wenn der Antragsteller oder Leistungsberechtigte in anderer Weise absichtlich die Aufklärung des Sachverhalts erheblich erschwert.

(2) Kommt derjenige, der eine Sozialleistung wegen Pflegebedürftigkeit, wegen Arbeitsunfähigkeit, wegen Gefährdung oder Minderung der Erwerbsfähigkeit, anerkannten Schädigungsfolgen oder wegen Arbeitslosigkeit beantragt oder erhält, seinen Mitwirkungspflichten nach §§ 62 bis 65 nicht nach und ist unter Würdigung aller Umstände mit Wahrscheinlichkeit anzunehmen, dass deshalb die Fähigkeit zur selbständigen Lebensführung, die Arbeitsfähigkeit, Erwerbsfähigkeit oder Vermittlungsfähigkeit beeinträchtigt oder nicht verbessert wird, kann der Leistungsträger die Leistung bis zur Nachholung der Mitwirkung ganz oder teilweise versagen oder entziehen.

(3) Sozialleistungen dürfen wegen fehlender Mitwirkung nur versagt oder entzogen werden, nachdem der Leistungsberechtigte auf diese Folge schriftlich hingewiesen worden ist und seiner Mitwirkungspflicht nicht innerhalb einer ihm gesetzten angemessenen Frist nachgekommen ist.

### § 69 SGB X (Auszug)
**Übermittlung für die Erfüllung sozialer Aufgaben**

(1) Eine Übermittlung von Sozialdaten ist zulässig, soweit sie erforderlich ist
1. für die Erfüllung der Zwecke, für die sie erhoben worden sind oder für die Erfüllung einer gesetzlichen Aufgabe der übermittelnden Stelle nach diesem Gesetzbuch oder einer solchen Aufgabe des Dritten, an den die Daten übermittelt werden, wenn er eine in § 35 des Ersten Buches genannte Stelle ist,
2. für die Durchführung eines mit der Erfüllung einer Aufgabe nach Nummer 1 zusammenhängenden gerichtlichen Verfahrens einschließlich eines Strafverfahrens...

### § 76 SGB X (Auszug)
**Einschränkung der Übermittlungsbefugnis bei besonders schutzwürdigen Sozialdaten**

(1) Die Übermittlung von Sozialdaten, die einer in § 35 des Ersten Buches genannten Stelle von einem Arzt oder einer anderen in § 203 Absätze 1 und 3 des Strafgesetzbuches genannten Person zugänglich gemacht worden sind, ist nur unter den Voraussetzungen zulässig, unter denen diese Person selbst übermittlungsbefugt wäre.

(2) Absatz 1 gilt nicht
1. im Rahmen des § 69 Absatz 1 Nummern 1 und 2 für Sozialdaten, die im Zusammenhang mit einer Begutachtung wegen der Erbringung von Sozialleistungen oder wegen der Ausstellung einer Bescheinigung übermittelt worden sind, es sei denn, dass der Betroffene der Übermittlung widerspricht; der Betroffene ist von der verantwortlichen Stelle zu Beginn des Verwaltungsverfahrens in allgemeiner Form schriftlich auf das Widerspruchsrecht hinzuweisen,
2. im Rahmen des § 69 Absätze 4 und 5 und des § 71 Absatz 1 Satz 3,...

Versicherungsnummer

Kennzeichen
(soweit bekannt)

**Deutsche
Rentenversicherung**

Bei Antrag auf Hinterbliebenenrente:
Versicherungsnummer der / des verstorbenen Versicherten

## Ergänzungsblatt zum Vordruck R0210

# R0211

### 1  Angaben zur Person

| Name | | Vorname (Rufname) |
|---|---|---|
| Namenszusatz (Beispiel: Freifrau, Graf) | Vorsatzwort zum Namen (Beispiel: von, van, de) | Titel (Beispiel: Prof. Dr. med.) |
| Geburtsname | | Geburtsdatum |

### zu Ziffer 5  Beschäftigungsübersicht

| Zeitraum vom - bis | **genaue Bezeichnung** der Beschäftigung oder Tätigkeit | Bezeichnung des Tarifvertrages Gehaltsgruppe / Lohngruppe | aufgegeben wegen (zum Beispiel Krankheit, Kündigung) |
|---|---|---|---|
| | | | |
| | | | |
| | | | |
| | | | |
| | | | |
| | | | |
| | | | |
| | | | |
| | | | |

Seite 1 von 3
**R0211-00 DRV**
Version 19009 - AGRTAQ 2/2017 - Stand 06.07.2017

| Versicherungsnummer | | | | | | | | | | Kennzeichen (soweit bekannt) | | | | |
|---|---|---|---|---|---|---|---|---|---|---|---|---|---|---|

Bei Antrag auf Hinterbliebenenrente:
Versicherungsnummer der / des verstorbenen Versicherten

### zu Ziffer 9   Ärztliche Behandlung

**9.1   ambulante Behandlung**

Arzt (Name, Vorname)

genaue Anschrift

Telefonnummer

Behandlung wegen

vom - bis

**Arzt (Name, Vorname)**

genaue Anschrift

Telefonnummer

Behandlung wegen

vom - bis

**Arzt (Name, Vorname)**

genaue Anschrift

Telefonnummer

Behandlung wegen

vom - bis

Versicherungsnummer

Kennzeichen
(soweit bekannt)

Bei Antrag auf Hinterbliebenenrente:
Versicherungsnummer der / des verstorbenen Versicherten

### 9.2 stationäre Krankenhausbehandlung

Name des Krankenhauses

genaue Anschrift

Abteilung, Station

Behandlung wegen

vom - bis

Name des Krankenhauses

genaue Anschrift

Abteilung, Station

Behandlung wegen

vom - bis

Name des Krankenhauses

genaue Anschrift

Abteilung, Station

Behandlung wegen

vom - bis

## 2   Fragebogen zur Prüfung der Vertrauensschutzregelung

| Versicherungsnummer | Kennzeichen (soweit bekannt) | Deutsche Rentenversicherung |
|---|---|---|

### Fragebogen zur Prüfung der Vertrauensschutzregelungen          R0240

**Hinweis:** Um sachgerecht über Ihren Antrag entscheiden zu können, benötigen wir aufgrund des Sechsten Buches Sozialgesetzbuch (SGB VI) von Ihnen einige wichtige Informationen und Unterlagen. Wir möchten Sie deshalb bitten, die gestellten Fragen vollständig zu beantworten und uns die erbetenen Unterlagen möglichst umgehend zu überlassen. Ihre Mithilfe, die in den §§ 60 bis 65 Erstes Buch Sozialgesetzbuch (SGB I) ausdrücklich vorgesehen ist, erleichtert uns eine rasche Erledigung Ihrer Angelegenheiten. Bitte bedenken Sie, dass wir Ihnen, wenn Sie uns nicht unterstützen, die Leistung ganz oder teilweise versagen oder entziehen dürfen (§ 66 SGB I).

Wenn Sie weitere Anträge benötigen, stehen Ihnen alle entsprechenden Antragsvordrucke auch im Internet unter www.deutsche-rentenversicherung.de zur Verfügung.

| | Handschriftliche Ergänzungen bitte in Blockschrift (GROSSBUCHSTABEN) in schwarz oder blau |
|---|---|

**1   Angaben zur Person**

Name

Vorname (Rufname)

Namenszusatz (Beispiel: Freifrau, Graf)

Vorsatzworte zum Namen (Beispiel: von, van, de)

Titel (Beispiel: Prof. Dr. med.)

Geburtsname

Namenszusatz zum Geburtsnamen (Beispiel: Freifrau, Graf)

Vorsatzworte zum Geburtsnamen (Beispiel: von, van, de)

Geburtsdatum

Bei der Altersrente für schwerbehinderte Menschen, der Altersrente für langjährig Versicherte und bei der Regelaltersrente werden die Altersgrenzen angehoben. Für vor dem 1.1.1955 geborene Versicherte bestehen jedoch Vertrauensschutzregelungen. Danach werden die Altersgrenzen nicht angehoben, wenn die Voraussetzungen der jeweiligen Vertrauensschutzregelung erfüllt sind. Nähere Informationen hierzu finden Sie auf Seite 3.

Um prüfen zu können, ob für Sie Vertrauensschutz besteht, bitten wir Sie, die Ihren Geburtsjahrgang betreffenden Fragen zu beantworten, auch wenn Sie nicht beabsichtigen, eine der dort genannten Renten zu beantragen. Wurde bereits geprüft, ob für Sie Vertrauensschutz besteht, brauchen Sie den Vordruck nicht auszufüllen.

Versicherungsnummer

Kennzeichen
(soweit bekannt)

## 2 Altersrente, Rente wegen verminderter Erwerbsfähigkeit, Erziehungsrente

Bitte nur ausfüllen, wenn Sie vor dem 1.1.1955 geboren sind.

**Beweismittel bitte beifügen**

**2.1** Haben Sie vor dem 1.1.2007 eine Vereinbarung über Altersteilzeitarbeit als Arbeitnehmerin / Arbeitnehmer getroffen, die am 1.1.2007 noch bestanden hat?

☐ nein  ☐ ja

## 3 Altersrente für schwerbehinderte Menschen

Bitte nur ausfüllen, wenn Sie in der Zeit vom 1.1.1952 bis 31.12.1954 geboren sind
und die Frage 2.1 mit "ja" beantwortet haben.

**Beweismittel bitte beifügen**

**3.1** Waren Sie am 1.1.2007 schwerbehindert (Grad der Behinderung von mindestens 50)?

☐ nein  ☐ ja

---

Ort, Datum

Unterschrift der Antragstellerin / des Antragstellers

---

| Versicherungsnummer | Kennzeichen (soweit bekannt) |
|---|---|
| └─┴─┴─┴─┴─┴─┴─┴─┴─┴─┘ | └─┴─┴─┴─┘ |

## Anhebung der Altersgrenzen

### - Regelaltersrente

Die bisherige Altersgrenze von 65 Jahren bei der **Regelaltersrente** wird stufenweise auf das 67. Lebensjahr (Regelaltersgrenze) angehoben.

Wenn Sie vor dem 1.1.1955 geboren sind **und** vor dem 1.1.2007 mit Ihrem Arbeitgeber verbindlich Altersteilzeitarbeit vereinbart haben, verbleibt es bei der Altersgrenze von 65 Jahren für die Regelaltersrente (Vertrauensschutzregelung).

Eine vorzeitige Inanspruchnahme der Regelaltersrente ist nicht möglich.

### - Altersrente für langjährig Versicherte

Die bisherige Altersgrenze von 65 Jahren für die abschlagsfreie **Altersrente für langjährig Versicherte** wird stufenweise auf das 67. Lebensjahr angehoben.

Wenn Sie vor dem 1.1.1955 geboren sind **und** vor dem 1.1.2007 mit Ihrem Arbeitgeber verbindlich Altersteilzeitarbeit vereinbart haben, verbleibt es bei der Altersgrenze von 65 Jahren (Vertrauensschutzregelung).

Die vorzeitige Inanspruchnahme dieser Altersrente ist - unabhängig vom Geburtsjahrgang - nach Vollendung des 63. Lebensjahres möglich.

Wenn Sie vor dem 1.1.1955 geboren sind **und** vor dem 1.1.2007 mit Ihrem Arbeitgeber verbindlich Altersteilzeitarbeit vereinbart haben, können Sie diese Rente noch früher erhalten (Vertrauensschutzregelung).

### - Altersrente für schwerbehinderte Menschen

Die bisherige Altersgrenze von 63 Jahren für die abschlagsfreie **Altersrente für schwerbehinderte Menschen** wird stufenweise auf das 65. Lebensjahr angehoben. Gleichzeitig wird die Altersgrenze von 60 Jahren für die vorzeitige Inanspruchnahme stufenweise auf das 62. Lebensjahr angehoben.

Wenn Sie vor dem 1.1.1955 geboren sind, am 1.1.2007 schwerbehindert waren **und** vor dem 1.1.2007 mit Ihrem Arbeitgeber verbindlich Altersteilzeitarbeit vereinbart haben, verbleibt es bei den Altersgrenzen von 63 und 60 Jahren (Vertrauensschutzregelung).

### Auswirkungen der angehobenen Regelaltersgrenze

Die Anhebung der Regelaltersgrenze hat unter anderem Auswirkungen auf die Bezugsdauer von **Renten wegen verminderter Erwerbsfähigkeit** und **Erziehungsrenten** sowie auf die **Hinzuverdienstregelung** bei Altersrenten. So werden Renten wegen verminderter Erwerbsfähigkeit und Erziehungsrenten längstens bis zum Erreichen der Regelaltersgrenze gezahlt. Zu den Altersrenten kann grundsätzlich erst nach Erreichen der Regelaltersgrenze unbegrenzt hinzuverdient werden. Je nachdem, ob Vertrauensschutz vorliegt, wird die Regelaltersgrenze mit dem 65. Lebensjahr oder später erreicht.

Die Rentenversicherungsträger einschließlich ihrer Auskunfts- und Beratungsstellen, Versichertenältesten und Versichertenberaterinnen / Versichertenberater sowie auch das Versicherungsamt Ihrer Stadtverwaltung oder Gemeindeverwaltung informieren Sie über die Anspruchsvoraussetzungen der einzelnen Altersrenten, die Anhebung der Altersgrenzen und die jeweiligen Vertrauensschutzregelungen.

# 3  Selbstauskunftsbogen (freiwillige Angabe)

---

| Versicherungsnummer | Kennzeichen (soweit bekannt) | Deutsche Rentenversicherung |
|---|---|---|

Bei Antrag auf Hinterbliebenenrente:
Versicherungsnummer der / des verstorbenen Versicherten

## Selbsteinschätzungsbogen                    **R0215**

Sehr geehrte Versicherte, sehr geehrter Versicherter,
als Ärzteteam Ihres Rentenversicherungsträgers haben wir im Rahmen der Bearbeitung Ihres Antrags die Aufgabe, uns ein möglichst umfassendes Bild von Ihren Gesundheitsstörungen zu machen. Es ist uns daher wichtig, dass Sie bereits zu Beginn des Verfahrens eine Gelegenheit finden, Ihre persönliche Einschätzung einzubringen. Wir würden uns darüber freuen, wenn Sie uns mit Ihren Antworten auf einige Fragen einen Eindruck geben, wie sich Ihre Gesundheitsstörungen oder Beschwerden in Ihrem Alltag und in Ihrem Berufsleben auswirken.

**Alle Angaben in diesem Vordruck sind freiwillig. Wenn Sie die Fragen nicht beantworten wollen, entstehen Ihnen daraus keine Nachteile.**

**1    Angaben zur Person**

| Name | Vorname (Rufname) |
|---|---|

| Namenszusatz (Beispiel: Freifrau, Graf) | Vorsatzwort zum Namen (Beispiel: von, van, de) | Titel (Beispiel: Prof. Dr. med.) |
|---|---|---|

| Geburtsname | Geburtsdatum |
|---|---|

**2    Gesundheitliche Angaben**
(Sofern der Raum für die Beantwortung einer Frage nicht ausreicht, verwenden Sie bitte ein zusätzliches Blatt. Geben Sie dort auch die oben genannte Versicherungsnummer, Ihren Namen und Vornamen an.)

**2.1    Welche gesundheitlichen Probleme belasten Sie gegenwärtig besonders?**
(Schildern Sie Ihre Beschwerden ausführlich. Wie wirken sich Ihre Beschwerden in Ihrem täglichen Leben aus?)

**2.2    Ist Ihre derzeitige oder zuletzt ausgeübte berufliche Tätigkeit durch Ihre gesundheitlichen Beschwerden beeinträchtigt?**

☐ nein      ☐ ja, schildern Sie, was Ihnen die Arbeit schwer macht

**2.3    Was lässt sich nach Ihrer Einschätzung an Ihren Arbeitsbedingungen ändern?**

**2.4    Glauben Sie, dass sich Ihr Gesundheitszustand bessern wird, so dass Sie weiter oder wieder beruflich tätig sein können?** (Bitte kreuzen Sie nur ein Kästchen an.)

☐ ja      ☐ eher ja      ☐ weiß nicht      ☐ eher nein      ☐ nein

Seite 1 von 2
**R0215-00 DRV**
Version 08008 - AGRTAQ 2/2016 - Stand: 14.06.2016

| Versicherungsnummer | Kennzeichen (soweit bekannt) |
|---|---|

Bei Antrag auf Hinterbliebenenrente:
Versicherungsnummer der / des verstorbenen Versicherten

**2.5  Sofern für Sie eine Rehabilitation in Frage kommt: Welche Wünsche und Erwartungen haben Sie an eine Rehabilitation?**

Eine Rehabilitation kommt in Betracht:

☐ nein   ☐ ja

**2.6  Wünschen Sie Unterstützung bei:**

☐ Bluthochdruck     ☐ Zuckerkrankheit     ☐ Gewichtsproblem

☐ Stress            ☐ Alkoholproblem      ☐ Nikotinproblem

☐ Sonstiges: _____

**2.7  Gibt es weitere Erkrankungen beziehungsweise Behinderungen, die für Sie von Bedeutung sind?**
(Bitte erläutern!)

**2.8  Über Ihre gesundheitlichen Beschwerden hinaus: Sind Sie durch irgendetwas besonders belastet?**
(zum Beispiel Pflege und Krankheit von Angehörigen, Belastungen in Partnerschaft oder Familie)

**Uns interessiert, welche Erfahrungen Sie in den letzten 2 Jahren mit Behandlungen gemacht haben.**
**2.9  Welche Behandlungen haben Ihnen gut geholfen?**
(zum Beispiel Krankengymnastik, Spritzen, Medikamente, Operationen, Gespräche, Psychotherapie, alternative Heilmethoden)

**2.10  Gab es in den letzten 2 Jahren Tage, an denen Sie sich arbeitsunfähig gefühlt haben und Sie trotzdem arbeiten gegangen sind?**

☐ nein   ☐ ja, bitte erläutern:

**Zum Schluss noch eine allgemeine Frage:**
**2.11  Wie schätzen Sie im Großen und Ganzen Ihren derzeitigen Gesundheitszustand ein?**
(Bitte kreuzen Sie nur ein Kästchen an.)

☐ sehr gut   ☐ eher gut   ☐ durchschnittlich   ☐ eher schlecht   ☐ sehr schlecht

**Wir danken Ihnen sehr herzlich für Ihre Mitarbeit.**
**Das Ärzteteam Ihrer Deutschen Rentenversicherung**

_____          _____
Ort, Datum                       Unterschrift

# 4  Meldung zur Krankenversicherung der Rentner

---

**Deutsche Rentenversicherung**

**Meldung zur Krankenversicherung der Rentner (KVdR) nach § 201 Absatz 1 SGB V**

# R0810

- Bitte Merkblatt über die KVdR beachten -

**Hinweis:** Die Beantwortung der Fragen ist erforderlich, damit die Voraussetzungen für die KVdR geprüft werden können. Die Fragen ergeben sich aus den maßgeblichen gesetzlichen Vorschriften. Zur Beantwortung der Fragen sind Sie nach § 206 Fünftes Buch Sozialgesetzbuch (SGB V), § 32 Zweites Gesetz über die Krankenversicherung der Landwirte (KVLG 1989) verpflichtet.

**1  Angaben zur Person des Rentenantragstellers**
(bei Anträgen auf Waisenrente bitte für jede Waise jeweils einen Vordruck ausfüllen)

| Name | Vorname |
|---|---|

Geburtsname | Geburtsdatum

Staatsangehörigkeit

| Familienstand | gegebenenfalls Datum der Eheschließung / der Eintragung der Lebenspartnerschaft |
|---|---|

| Versicherungsnummer | Krankenversichertennummer der gesetzlichen Krankenversicherung |
|---|---|

| Straße, Hausnummer | telefonisch tagsüber zu erreichen (Angabe freiwillig) |
|---|---|

| Postleitzahl | Wohnort | Telefax (Angabe freiwillig) |
|---|---|---|

E-Mail (Angabe freiwillig)

**2  Allgemeine Angaben zur Prüfung des Krankenversicherungsverhältnisses**

**2.1**  Stehen Sie zurzeit in einem Beschäftigungsverhältnis?
als
☐ nein  ☐ ja

**2.2**  Üben Sie zurzeit eine selbständige Tätigkeit aus (zum Beispiel als landwirtschaftlicher Unternehmer)?
als
☐ nein  ☐ ja

**2.3**  Besteht für Sie Versicherungsfreiheit in der Krankenversicherung (zum Beispiel als Beamter, Ruhestandsbeamter)?
als
☐ nein  ☐ ja

**2.4**  Sind Sie von der Krankenversicherungspflicht befreit worden?
wegen
☐ nein  ☐ ja

**2.5**  Sind Sie zurzeit familienversichert?
Name, Vorname, Geburtsdatum des Stammversicherten (zum Beispiel Ehegatte, Elternteil), Verwandtschaftsverhältnis
☐ nein  ☐ ja

Seite 1 von 7
**R0810-00 DRV**
Version 33010 - Stand: 12.04.2017

**2.6**   Beziehen Sie bereits eine Rente aus der gesetzlichen Rentenversicherung oder haben Sie eine solche beantragt?

seit

☐ nein   ☐ ja   _____

Rentenversicherungsträger

_____

Versicherungsnummer

**2.7**   Beziehen Sie eine gesetzliche Rente aus dem Ausland oder haben Sie eine solche beantragt?

seit

☐ nein   ☐ ja   _____

Rentenversicherungsträger, Staat

_____

Versicherungsnummer / Aktenzeichen

**2.8**   Beziehen Sie bereits eine Rente aus der Alterssicherung der Landwirte oder haben Sie eine solche beantragt?

seit

☐ nein   ☐ ja   _____

Rentenzeichen / Aktenzeichen

**2.9**   Erhalten oder erwarten Sie Versorgungsbezüge (zum Beispiel Betriebsrente, Zusatzrente, Pension, Kapitalleistung aus einer Direktversicherung) - gegebenenfalls auch aus dem Ausland -?

Name der Zahlstelle

☐ nein   ☐ ja   _____

Anschrift

_____

Aktenzeichen

**3**   **Angaben bei Antrag auf Waisenrente (bei anderen Rentenarten bitte weiter bei Ziffer 4)**

**3.1**   Waren Sie unmittelbar vor Rentenantragstellung privat krankenversichert?

Versicherungsnummer

☐ nein, bitte die Versicherungsnummer des Verstorbenen angeben   |__|__|__|__|__|__|__|__|__|__|__|__|

und weiter bei Ziffer 6 beziehungsweise 7

☐ ja,   bitte weiter bei Ziffer 4

**4**   **Angaben zur Prüfung der Vorversicherungszeit**

**4.1**   Sind Sie bereits als Rentner in der KVdR krankenversichert?

☐ nein, bitte weiter bei Ziffer 4.2

Name und Anschrift der Krankenkasse

☐ ja   _____

bitte weiter bei Ziffer 5 beziehungsweise 6

**4.2**  Wann wurde erstmalig eine Erwerbstätigkeit aufgenommen - gegebenenfalls auch im Ausland -?

Tag    Monat    Jahr

am

**4.3**  Wie waren Sie bisher krankenversichert? (gegebenenfalls Ergänzungsblatt **Vordruck R0811** verwenden)
- Angaben sind frühestens ab 1.1.1989 erforderlich. Bestand jedoch Ihre letzte Versicherung vor dem 1.1.1989, geben Sie diese bitte auch an. -

Zeitraum vom - bis

Name und Anschrift der Krankenkasse / des privaten Krankenversicherungsunternehmens - gegebenenfalls auch Sozialversicherung der ehemaligen DDR -

Art der Versicherung ☐ Mitglied ☐ Familienversicherung ☐ Privat ☐ keine

Zeitraum vom - bis

Name und Anschrift der Krankenkasse / des privaten Krankenversicherungsunternehmens - gegebenenfalls auch Sozialversicherung der ehemaligen DDR -

Art der Versicherung ☐ Mitglied ☐ Familienversicherung ☐ Privat ☐ keine

Zeitraum vom - bis

Name und Anschrift der Krankenkasse / des privaten Krankenversicherungsunternehmens - gegebenenfalls auch Sozialversicherung der ehemaligen DDR -

Art der Versicherung ☐ Mitglied ☐ Familienversicherung ☐ Privat ☐ keine

Zeitraum vom - bis

Name und Anschrift der Krankenkasse / des privaten Krankenversicherungsunternehmens - gegebenenfalls auch Sozialversicherung der ehemaligen DDR -

Art der Versicherung ☐ Mitglied ☐ Familienversicherung ☐ Privat ☐ keine

**4.4**  Haben oder hatten Sie Kinder? (weitere Kinder bitte im Ergänzungsblatt **Vordruck R0811** angeben)

☐ nein, bitte weiter bei Ziffer 4.5

☐ ja    **Kind 1**
Name, Vorname

Geburtsdatum                    Kindschaftsverhältnis
                               ☐ leibliches Kind /     ☐ Stiefkind     ☐ Pflegekind
**Kind 2**                        Adoptivkind
Name, Vorname

Geburtsdatum                    Kindschaftsverhältnis
                               ☐ leibliches Kind /     ☐ Stiefkind     ☐ Pflegekind
                                  Adoptivkind

**4.5**   Sind Sie anerkannter Spätaussiedler oder wurde ein entsprechender Antrag gestellt?

☐ nein, bitte weiter bei Ziffer 4.6

      anerkannt seit

| | Tag | Monat | Jahr |
|---|---|---|---|

☐ ja                   Antrag vom

**4.5.1** Wann sind Sie aus dem Ausland zugezogen?

      Tag   Monat   Jahr

am

**4.6**   Sind beziehungsweise waren Sie als selbständiger Künstler oder Publizist tätig?

         seit, vom - bis

☐ nein   ☐ ja

**5**   **Angaben zur Person und zum Krankenversicherungsverhältnis des verstorbenen Versicherten**
(nur bei einem Antrag auf Witwenrente, Witwerrente oder Waisenrente erforderlich, ansonsten weiter bei Ziffer 6)

**5.1** Name                               Vorname

Geburtsname                       Geburtsdatum         Sterbedatum

Versicherungsnummer des Verstorbenen

**Bei Anträgen auf Halbwaisenrente** hier bitte Name, Vorname, Geburtsdatum, Krankenkasse der Witwe, des Witwers eintragen:

**5.2**   Bezog der Verstorbene eine Rente aus der gesetzlichen Rentenversicherung oder aus der Alterssicherung der Landwirte oder hatte er eine solche beantragt (gegebenenfalls auch Mehrfacheintragung)?

☐ nein, bitte weiter bei Ziffer 5.3

      seit

☐ ja

      Versicherungsträger

      Versicherungsnummer / Rentenzeichen / Aktenzeichen

**5.2.1** War der Verstorbene bereits als Rentner in der KVdR krankenversichert?

☐ nein, bitte weiter bei Ziffer 5.3

      Name und Anschrift der Krankenkasse

☐ ja

      bitte weiter bei Ziffer 6

**5.3**   Wann wurde vom Verstorbenen erstmalig eine Erwerbstätigkeit aufgenommen - gegebenenfalls auch im Ausland -?

      Tag   Monat   Jahr

am

**5.4**  Wie war der Verstorbene krankenversichert? (gegebenenfalls Ergänzungsblatt **Vordruck R0811** verwenden) - Angaben frühestens vom 1.1.1989 an -

**Zeitraum vom - bis**

Name und Anschrift der Krankenkasse / des privaten Krankenversicherungsunternehmens - gegebenenfalls auch Sozialversicherung der ehemaligen DDR -

Art der Versicherung ☐ Mitglied ☐ Familienversicherung ☐ Privat ☐ keine

**Zeitraum vom - bis**

Name und Anschrift der Krankenkasse / des privaten Krankenversicherungsunternehmens - gegebenenfalls auch Sozialversicherung der ehemaligen DDR -

Art der Versicherung ☐ Mitglied ☐ Familienversicherung ☐ Privat ☐ keine

**Zeitraum vom - bis**

Name und Anschrift der Krankenkasse / des privaten Krankenversicherungsunternehmens - gegebenenfalls auch Sozialversicherung der ehemaligen DDR -

Art der Versicherung ☐ Mitglied ☐ Familienversicherung ☐ Privat ☐ keine

**Zeitraum vom - bis**

Name und Anschrift der Krankenkasse / des privaten Krankenversicherungsunternehmens - gegebenenfalls auch Sozialversicherung der ehemaligen DDR -

Art der Versicherung ☐ Mitglied ☐ Familienversicherung ☐ Privat ☐ keine

**5.5**  Hatte der Verstorbene Kinder? (weitere Kinder bitte im Ergänzungsblatt **Vordruck R0811** angeben)

☐ nein, bitte weiter bei Ziffer 5.6

☐ ja  **Kind 1**

Name, Vorname

Geburtsdatum      Kindschaftsverhältnis

☐ leibliches Kind / Adoptivkind   ☐ Stiefkind   ☐ Pflegekind

**Kind 2**

Name, Vorname

Geburtsdatum      Kindschaftsverhältnis

☐ leibliches Kind / Adoptivkind   ☐ Stiefkind   ☐ Pflegekind

**5.6**  War der Verstorbene anerkannter Spätaussiedler oder wurde ein entsprechender Antrag gestellt?

☐ nein, bitte weiter bei Ziffer 6

anerkannt seit                                    Tag   Monat   Jahr

☐ ja                                   Antrag vom

**5.6.1** Wann ist der Verstorbene aus dem Ausland zugezogen?

| | Tag | Monat | Jahr |
|---|---|---|---|

am

**6** Antrag auf Beitragszuschuss bei freiwilliger oder privater Krankenversicherung

Mir ist bekannt, dass der Zuschuss zur freiwilligen oder privaten Krankenversicherung beim Rentenversicherungsträger zu beantragen ist.

Diesen Zuschuss ☐ beantrage ich / habe ich beantragt.

**7** Erklärung der Antragstellerin / des Antragstellers

**Ich versichere,** dass ich sämtliche Angaben in diesem Vordruck und gegebenenfalls auf dem Ergänzungsblatt nach bestem Wissen gemacht habe.

**Das Merkblatt über die KVdR habe ich erhalten.** ☐ Anlage **Ergänzungsblatt R0811**

_____
Ort, Datum

_____
Unterschrift der Antragstellerin / des Antragstellers / des Bevollmächtigten

⌐Name, Anschrift der Krankenkasse

**8     Bestätigung der den Antrag aufnehmenden Stelle**
(zum Beispiel Versicherungsamt, Gemeindeverwaltung, Versichertenberater / Versichertenberaterinnen)

| Datum der Rentenantragstellung, Rentenart | Antrag weitergeleitet an:<br>(Name des Rentenversicherungsträgers) |
|---|---|

**Bei Antrag auf Witwenrente / Witwerrente:** Vorschusszahlung bei der Deutschen Post AG, Niederlassung Renten Service, oder der knappschaftlichen Rentenversicherung beantragt?

am

☐ nein     ☐ ja

Die Personenstandsdaten für die folgenden unter Ziffer 4.4 oder im Ergänzungsblatt **Vordruck R0811** angegebenen Kinder werden aufgrund vorliegender Nachweise bestätigt (bitte Zutreffendes ankreuzen).

☐ Kind 1     ☐ Kind 2     ☐ Kind 3     ☐ Kind 4     ☐ Kind 5     ☐ Kind 6

Die Personenstandsdaten für die folgenden unter Ziffer 5.5 oder im Ergänzungsblatt **Vordruck R0811** angegebenen Kinder werden aufgrund vorliegender Nachweise bestätigt (bitte Zutreffendes ankreuzen).

☐ Kind 1     ☐ Kind 2     ☐ Kind 3     ☐ Kind 4     ☐ Kind 5     ☐ Kind 6

Das Merkblatt über die KVdR ist ausgehändigt worden.

Ort, Datum                                                                   Unterschrift, Stempel der den Antrag aufnehmenden Stelle

**9     Bearbeitungsvermerk der Krankenkasse**

KVdR-Voraussetzungen erfüllt?

Daten erfasst am:

☐ nein     ☐ ja                                                              Handzeichen, Datum

**Erläuterungen zur Meldung zur Krankenversicherung der Rentner (KVdR) nach § 201 Absatz 1 SGB V**

Sehr geehrte Antragstellerin, sehr geehrter Antragsteller,
die Krankenversicherung der Rentner (KVdR) bietet Ihnen unter bestimmten Voraussetzungen vom Tag der Rentenantragstellung an einen Krankenversicherungsschutz durch die gesetzlichen Krankenkassen. Die KVdR wird nicht durchgeführt, solange Sie nach anderen Vorschriften versicherungspflichtig sind oder ein anderer Ausschlussgrund vorliegt. Näheres hierzu können Sie im Merkblatt zur Krankenversicherung der Rentner (KVdR) und Pflegeversicherung (**Vordruck R0815**) nachlesen.

Damit die gesetzliche Krankenkasse prüfen kann, ob für Sie eine Pflichtmitgliedschaft in der KVdR in Betracht kommt, haben Sie zugleich mit dem Rentenantrag eine "Meldung zur Krankenversicherung der Rentner (KVdR) nach § 201 Absatz 1 SGB V" (**Vordruck R0810**) einzureichen. Die Meldung zur Krankenversicherung der Rentner, die auch die Meldung zur sozialen Pflegeversicherung einschließt, ist von Ihnen auch abzugeben, wenn Sie die Voraussetzungen für eine Pflichtmitgliedschaft in der KVdR offensichtlich nicht erfüllen, weil Sie zum Beispiel seit vielen Jahren bei einem privaten Krankenversicherungsunternehmen versichert sind. Allein die zuständige Krankenkasse prüft nach Vorliegen der Meldung die Voraussetzungen für die KVdR und entscheidet über die Mitgliedschaft in der KVdR und Pflegeversicherung. Die Krankenkasse wiederum teilt dem Rentenversicherungsträger für die Beitragszahlung aus der Rente die krankenversicherungsrechtlichen Auswirkungen mit, die sich durch die Rentenantragstellung ergeben.

Den **Vordruck R0810** brauchen Sie nur dann nicht auszufüllen, wenn die den Rentenantrag aufnehmende Stelle die KVdR-Meldung direkt bei der Rentenantragstellung über ein computerunterstütztes Verfahren maschinell aufnimmt.

Die folgenden Erläuterungen sollen Ihnen das Ausfüllen der KVdR-Meldung erleichtern. Zur besseren Übersicht ist jede Erläuterung mit der gleichen Ziffer versehen wie die jeweilige Frage in der KVdR-Meldung. Die Fragen in der KVdR-Meldung und die Erläuterungen richten sich selbstverständlich an Frauen und Männer gleichermaßen. Im Text haben wir uns aber zugunsten der Lesbarkeit und aus sprachlichen Gründen nur für die männliche Form entschieden.

**1   Angaben zur Person des Rentenantragstellers**
Die Angaben zu Ihrer Person einschließlich Ihrer Versicherungsnummer und Krankenversichertennummer benötigt die Krankenkasse, um die Meldung richtig zuordnen zu können.

**2   Allgemeine Angaben zur Prüfung des Krankenversicherungsverhältnisses**
Bei den Fragen unter Ziffer 2 handelt es sich um Fragen von versicherungsrechtlicher Bedeutung, durch die die Krankenkasse beurteilen kann, ob die KVdR eventuell wegen bestimmter Tatbestände ausgeschlossen ist.

Sollten Sie bei Rentenantragstellung familienversichert sein, besteht für Sie während des Rentenantragsverfahrens eventuell Beitragsfreiheit. Deshalb geben Sie bitte unter Ziffer 2.5 zusätzlich die Personenstandsdaten und das Geburtsdatum des Stammversicherten sowie Ihr Verwandtschaftsverhältnis zum Stammversicherten an.

Die Beantwortung der Fragen der Ziffern 2.6 bis 2.9 ist ebenfalls für Ihre korrekte Beitragseinstufung erforderlich.

Bitte beachten Sie, dass auch Renten von ausländischen gesetzlichen Rentenversicherungsträgern und Versorgungsbezüge aus dem Ausland der Beitragspflicht unterliegen. Daher sind Sie verpflichtet, auch solche Bezüge unter Ziffer 2.7 und 2.9 einzutragen.

**3   Angaben bei Antrag auf Waisenrente**
Waisen, die unmittelbar vor der Rentenantragstellung gesetzlich krankenversichert waren, sind ab 1.1.2017 ohne Berücksichtigung einer Vorversicherungszeit nach § 5 Absatz 1 Nummer 11b Buchstabe a SGB V versicherungspflichtig in der gesetzlichen Krankenversicherung.

Bei bislang privat krankenversicherten Waisen sind für den Eintritt der Versicherungspflicht zusätzliche Voraussetzungen erforderlich. Damit die Krankenkasse diese prüfen kann, benötigt sie die Angaben unter Ziffer 4 und 5.

**4      Angaben zur Prüfung der Vorversicherungszeit**
Die Angaben unter Ziffer 4 sind erforderlich, damit die Krankenkasse prüfen kann, ob die Voraussetzungen für eine Pflichtmitgliedschaft in der KVdR erfüllt sind. Sie werden jedoch auch benötigt, um die zuständige Krankenkasse festzustellen. Sollten Sie bereits eine Rente beziehen und deshalb in der KVdR pflichtversichert sein, brauchen Sie unter Ziffer 4.1 nur den Namen und die Anschrift der Krankenkasse einzutragen, bei der Sie versichert sind. Weitere Angaben unter den Ziffern 4.2 bis 4.6 sind dann nicht erforderlich.

Zur Begründung einer Mitgliedschaft in der KVdR ist es erforderlich, dass Sie seit der erstmaligen Aufnahme einer Erwerbstätigkeit bis zur Rentenantragstellung mindestens 9/10 der zweiten Hälfte dieses Zeitraums ein Pflichtmitglied, freiwilliges Mitglied oder in der gesetzlichen Krankenversicherung familienversichert waren (sogenannte Vorversicherungszeit). Daher ist unter Ziffer 4.2 das Datum der erstmaligen Aufnahme einer Erwerbstätigkeit anzugeben. Als Aufnahme einer Erwerbstätigkeit gilt jede auf Erwerb gerichtete oder zur Berufsausbildung ausgeübte Beschäftigung oder selbständige Tätigkeit, und zwar auch im Ausland. Sofern keine Erwerbstätigkeit aufgenommen wurde, ist der Tag der Eheschließung oder der Eintragung einer Lebenspartnerschaft im Sinne des Lebenspartnerschaftsgesetzes einzutragen. Wenn eine Ehe oder eine eingetragene Lebenspartnerschaft im Sinne des Lebenspartnerschaftsgesetzes nicht bestand, ist der Tag der Vollendung des 18. Lebensjahres oder bei minderjährigen Waisen der Tag der Geburt anzugeben.

Darüber hinaus tragen Sie bitte unter Ziffer 4.3 lückenlos ein, wie Sie bisher krankenversichert waren. Die Angaben sind frühestens ab 1.1.1989 erforderlich, weil für die Prüfung der KVdR-Vorversicherungszeit nur die zweite Hälfte Ihres Erwerbslebens maßgebend ist. Unterscheiden Sie beim Krankenversicherungsverhältnis bitte zwischen Zeiten als Mitglied in der gesetzlichen Krankenversicherung (im Rahmen einer Pflichtversicherung oder freiwilligen Versicherung), einer Familienversicherung, einer privaten Krankenversicherung und Zeiten, in denen kein Krankenversicherungsschutz vorlag. Die Zeiträume einer Mitgliedschaft in der gesetzlichen Krankenversicherung oder Familienversicherung müssen anhand von Bescheinigungen belegt werden können. Diese Nachweise brauchen Sie der KVdR-Meldung jedoch nicht beizufügen.

Sofern Sie im Zeitpunkt der Rentenantragstellung ohne anderweitige Absicherung im Krankheitsfall sind, ist es für die Krankenkasse erforderlich zu erfahren, wann und in welcher Form Ihr letzter Krankenversicherungsschutz bestand. In diesem Fall sind hierzu gegebenenfalls auch Angaben zu Versicherungszeiten vor dem 1.1.1989 beizufügen.

Darüber hinaus tragen Sie bitte unter Ziffer 4.4 ein, ob Sie Kinder haben oder hatten. Ab 1.8.2017 können für jedes leibliche Kind, Adoptivkind, Stiefkind und Pflegekind pauschal drei Jahre auf die Vorversicherungszeit angerechnet werden. Bei Vorlage entsprechender Nachweise (zum Beispiel Geburtsurkunde oder Abstammungsurkunde) können die Personenstandsdaten der Kinder unter Ziffer 8 durch die den Antrag aufnehmende Stelle bestätigt werden. Die Krankenkasse wird dann prüfen, inwieweit eine Anrechnung möglich beziehungsweise erforderlich ist und ob gegebenenfalls noch weitere Nachweise einzureichen sind.

Unter Ziffer 4.5 geben Sie bitte an, ob Sie Spätaussiedler sind. Da in diesem Fall unter bestimmten Voraussetzungen eine Vorversicherungszeit nicht gefordert wird, ist zusätzlich die Frage unter Ziffer 4.5.1 zu beantworten.

Für Künstler und Publizisten gilt eine erleichterte Vorversicherungszeit. Daher tragen Sie unter Ziffer 4.6 bitte ein, in welchem Zeitraum Sie Künstler oder Publizist waren oder noch sind.

**5      Angaben zur Person und zum Krankenversicherungsverhältnis des verstorbenen Versicherten**
Die Angaben zur Person und zum Krankenversicherungsverhältnis des verstorbenen Versicherten sind nur bei einem Antrag auf Witwenrente, Witwerrente oder Waisenrente erforderlich. Sollte der Verstorbene bereits eine Rente der deutschen gesetzlichen Rentenversicherung bezogen haben (Ziffer 5.2) und in der KVdR versichert gewesen sein (Ziffer 5.2.1), tragen Sie bitte zusätzlich den Namen und die Anschrift der Krankenkasse ein, bei der der Verstorbene versichert war. Weitere Angaben unter den Ziffern 5.3 bis 5.5 sind dann nicht erforderlich. Um die zuständige Krankenkasse zu ermitteln, sind in diesem Fall aber Angaben zu Ihrem Krankenversicherungsverhältnis unter Ziffer 4.3 erforderlich.

Ansonsten dienen die Angaben unter Ziffer 5.3 bis 5.5 der Prüfung der Vorversicherungszeit in der Person des Verstorbenen. Bei einem Antrag auf Witwenrente, Witwerrente oder Waisenrente können Sie nämlich auch dann Mitglied in der KVdR werden, wenn Sie selbst die Vorversicherungszeit zur KVdR nicht erfüllt haben, diese jedoch durch den Verstorbenen erfüllt wird. Aussagen über das Krankenversicherungsverhältnis des Verstorbenen sind frühestens ab 1.1.1989 zu treffen.

Wenn der Verstorbene Kinder hatte, tragen Sie diese bitte unter Ziffer 5.5 ein, denn auch auf die in der Person des Verstorbenen zu prüfende Vorversicherungszeit können ab 1.8.2017 für jedes Kind pauschal drei Jahre angerechnet werden (vergleiche Erläuterungen zu Ziffer 4).

Bitte beachten Sie, dass Sie bei Anträgen auf Waisenrente für jede Waise eine KVdR-Meldung ausfüllen. Sind die Waisen bei derselben Krankenkasse versichert, ist es jedoch ausreichend, wenn Sie die Angaben unter Ziffer 5.4 nur einmal machen. Bitte vermerken Sie dies durch einen entsprechenden Hinweis auf den anderen KVdR-Meldungen.

Unter Ziffer 5.6 geben Sie bitte an, ob der Verstorbene anerkannter Spätaussiedler war. Da für diesen Personenkreis unter bestimmten Voraussetzungen eine Vorversicherungszeit nicht gefordert wird, gilt die Vorversicherungszeit auch bei den Hinterbliebenen als erfüllt.

**6     Antrag auf Beitragszuschuss bei freiwilliger oder privater Krankenversicherung**
Wenn Sie freiwillig in der gesetzlichen Krankenversicherung oder bei einem privaten Krankenversicherungsunternehmen versichert sind, können Sie unter bestimmten Voraussetzungen einen Zuschuss zur Krankenversicherung erhalten. Der Anspruch auf den Zuschuss zur Krankenversicherung besteht frühestens vom Rentenbeginn an. Bitte beachten Sie, dass es für den Beginn des Zuschusses zur Krankenversicherung entscheidend ist, dass er rechtzeitig beantragt wird. Deshalb sieht die KVdR-Meldung die Möglichkeit vor, sogleich den Zuschuss zur Krankenversicherung zu beantragen. Hierdurch können Sie Nachteile einer verspäteten Antragstellung in den allermeisten Fällen ausschließen. Dies ist insbesondere von Bedeutung, wenn zum Zeitpunkt der Rentenantragstellung noch nicht feststeht, ob Sie die KVdR-Vorversicherungszeit erfüllen.

**7     Erklärung der Antragstellerin / des Antragstellers**
Durch Ihre Unterschrift bestätigen Sie Ihre Eintragungen sowie den Erhalt des Merkblattes zur Krankenversicherung der Rentner (KVdR) und Pflegeversicherung (**Vordruck R0815**).

**8     Bestätigung der den Antrag aufnehmenden Stelle**
Die den Antrag aufnehmende Stelle bestätigt unter Ziffer 8 den Tag Ihrer Rentenantragstellung.

Bei Beantragung einer Hinterbliebenenrente ist zusätzlich anzugeben, ob Sie einen Vorschuss für das sogenannte "Sterbevierteljahr" beantragt haben, da der Antrag auf Vorschuss bereits als Rentenantrag gilt und insoweit den Mitgliedschaftsbeginn beeinflusst.

Anschließend leitet die den Antrag aufnehmende Stelle die "Meldung zur Krankenversicherung der Rentner (KVdR) nach § 201 Absatz 1 SGB V" an Ihre zuständige Krankenkasse weiter. Das ist in der Regel die Krankenkasse, bei der Sie zur Zeit der Rentenantragstellung versichert sind. Sollten Sie zu diesem Zeitpunkt nicht in der gesetzlichen Krankenversicherung versichert sein, ist die Meldung an die Krankenkasse weiterzuleiten, bei der Sie zuletzt versichert waren. Nur für den Fall, dass Sie bisher noch nicht in der gesetzlichen Krankenversicherung versichert waren, wird die Meldung an die von Ihnen gewählte gesetzliche Krankenkasse weitergeleitet. Die folgenden Krankenkassen können Sie wählen: AOK des Wohnortes, Ersatzkasse, Betriebskrankenkasse, Innungskrankenkasse oder Knappschaft. In das umrandete Adressfeld sind also der Name und soweit bekannt die Anschrift der Krankenkasse einzutragen, bei der Sie zurzeit versichert sind, zuletzt versichert waren oder - wenn noch keine Versicherung bestand - versichert sein wollen.

Mit freundlichen Grüßen
Ihre Deutsche Rentenversicherung

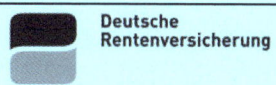

**Deutsche
Rentenversicherung**

**Ergänzungsblatt zur Meldung zur Krankenversicherung der
Rentner (KVdR) nach § 201 Absatz 1 SGB V**

# R0811

**1    Angaben zur Person des Rentenantragstellers**

| Name | Vorname (Rufname) |
|---|---|

| Namenszusatz (Beispiel: Freifrau, Graf) | Vorsatzwort zum Namen (Beispiel: von, van, de) | Titel (Beispiel: Prof. Dr. med.) |
|---|---|---|

| Geburtsname | Versicherungsnummer |
|---|---|

**zu Ziffer 4    Angaben zur Prüfung der Vorversicherungszeit**

**4.3**   Wie waren Sie bisher krankenversichert?
- Angaben sind frühestens ab 1.1.1989 erforderlich. Bestand jedoch Ihre letzte Versicherung vor dem 1.1.1989, geben Sie diese bitte auch an. -

**Zeitraum vom - bis**

Name und Anschrift der Krankenkasse / des privaten Krankenversicherungsunternehmens - gegebenenfalls auch Sozialversicherung der ehemaligen DDR -

| Art der Versicherung | ☐ Mitglied | ☐ Familienversicherung | ☐ Privat | ☐ keine |
|---|---|---|---|---|

**Zeitraum vom - bis**

Name und Anschrift der Krankenkasse / des privaten Krankenversicherungsunternehmens - gegebenenfalls auch Sozialversicherung der ehemaligen DDR -

| Art der Versicherung | ☐ Mitglied | ☐ Familienversicherung | ☐ Privat | ☐ keine |
|---|---|---|---|---|

**Zeitraum vom - bis**

Name und Anschrift der Krankenkasse / des privaten Krankenversicherungsunternehmens - gegebenenfalls auch Sozialversicherung der ehemaligen DDR -

| Art der Versicherung | ☐ Mitglied | ☐ Familienversicherung | ☐ Privat | ☐ keine |
|---|---|---|---|---|

**Zeitraum vom - bis**

Name und Anschrift der Krankenkasse / des privaten Krankenversicherungsunternehmens - gegebenenfalls auch Sozialversicherung der ehemaligen DDR -

| Art der Versicherung | ☐ Mitglied | ☐ Familienversicherung | ☐ Privat | ☐ keine |
|---|---|---|---|---|

**Zeitraum vom - bis**

Name und Anschrift der Krankenkasse / des privaten Krankenversicherungsunternehmens - gegebenenfalls auch Sozialversicherung der ehemaligen DDR -

| Art der Versicherung | ☐ Mitglied | ☐ Familienversicherung | ☐ Privat | ☐ keine |
|---|---|---|---|---|

Seite 1 von 4

**R0811-00 DRV**
Version 17006 - Stand: 12.04.2017

noch Ziffer **4.3**

**Zeitraum vom - bis**

Name und Anschrift der Krankenkasse / des privaten Krankenversicherungsunternehmens - gegebenenfalls auch Sozialversicherung der
ehemaligen DDR -

Art der Versicherung ☐ Mitglied ☐ Familienversicherung ☐ Privat ☐ keine

**Zeitraum vom - bis**

Name und Anschrift der Krankenkasse / des privaten Krankenversicherungsunternehmens - gegebenenfalls auch Sozialversicherung der
ehemaligen DDR -

Art der Versicherung ☐ Mitglied ☐ Familienversicherung ☐ Privat ☐ keine

**Zeitraum vom - bis**

Name und Anschrift der Krankenkasse / des privaten Krankenversicherungsunternehmens - gegebenenfalls auch Sozialversicherung der
ehemaligen DDR -

Art der Versicherung ☐ Mitglied ☐ Familienversicherung ☐ Privat ☐ keine

**4.4**   Weitere Kinder zu Ziffer 4.4 des Vordrucks R0810:

**Kind 3**
Name, Vorname

Geburtsdatum                     Kindschaftsverhältnis
| | | | | | | |                  ☐ leibliches Kind /          ☐ Stiefkind          ☐ Pflegekind
                                   Adoptivkind

**Kind 4**
Name, Vorname

Geburtsdatum                     Kindschaftsverhältnis
| | | | | | | |                  ☐ leibliches Kind /          ☐ Stiefkind          ☐ Pflegekind
                                   Adoptivkind

**Kind 5**
Name, Vorname

Geburtsdatum                     Kindschaftsverhältnis
| | | | | | | |                  ☐ leibliches Kind /          ☐ Stiefkind          ☐ Pflegekind
                                   Adoptivkind

**Kind 6**
Name, Vorname

Geburtsdatum                     Kindschaftsverhältnis
| | | | | | | |                  ☐ leibliches Kind /          ☐ Stiefkind          ☐ Pflegekind
                                   Adoptivkind

Seite 2 von 4
**R0811-00 DRV**
Version 17006 - Stand: 12.04.2017

**zu Ziffer 5  Angaben zur Person und zum Krankenversicherungsverhältnis des verstorbenen Versicherten**

| Name | Vorname (Rufname) |
|---|---|
| | |

| Geburtsname | Versicherungsnummer des Verstorbenen |
|---|---|
| | |

**5.4  Wie war der Verstorbene krankenversichert?**
- Angaben frühestens vom 1.1.1989 an -
**Zeitraum vom - bis**

Name und Anschrift der Krankenkasse / des privaten Krankenversicherungsunternehmens - gegebenenfalls auch Sozialversicherung der ehemaligen DDR -

Art der Versicherung ☐ Mitglied ☐ Familienversicherung ☐ Privat ☐ keine

**Zeitraum vom - bis**

Name und Anschrift der Krankenkasse / des privaten Krankenversicherungsunternehmens - gegebenenfalls auch Sozialversicherung der ehemaligen DDR -

Art der Versicherung ☐ Mitglied ☐ Familienversicherung ☐ Privat ☐ keine

**Zeitraum vom - bis**

Name und Anschrift der Krankenkasse / des privaten Krankenversicherungsunternehmens - gegebenenfalls auch Sozialversicherung der ehemaligen DDR -

Art der Versicherung ☐ Mitglied ☐ Familienversicherung ☐ Privat ☐ keine

**Zeitraum vom - bis**

Name und Anschrift der Krankenkasse / des privaten Krankenversicherungsunternehmens - gegebenenfalls auch Sozialversicherung der ehemaligen DDR -

Art der Versicherung ☐ Mitglied ☐ Familienversicherung ☐ Privat ☐ keine

**Zeitraum vom - bis**

Name und Anschrift der Krankenkasse / des privaten Krankenversicherungsunternehmens - gegebenenfalls auch Sozialversicherung der ehemaligen DDR -

Art der Versicherung ☐ Mitglied ☐ Familienversicherung ☐ Privat ☐ keine

**Zeitraum vom - bis**

Name und Anschrift der Krankenkasse / des privaten Krankenversicherungsunternehmens - gegebenenfalls auch Sozialversicherung der ehemaligen DDR -

Art der Versicherung ☐ Mitglied ☐ Familienversicherung ☐ Privat ☐ keine noch Ziffer **5.4**

Zeitraum vom - bis

Name und Anschrift der Krankenkasse / des privaten Krankenversicherungsunternehmens - gegebenenfalls auch Sozialversicherung der ehemaligen DDR -

Art der Versicherung ☐ Mitglied ☐ Familienversicherung ☐ Privat ☐ keine

Zeitraum vom - bis

Name und Anschrift der Krankenkasse / des privaten Krankenversicherungsunternehmens - gegebenenfalls auch Sozialversicherung der ehemaligen DDR -

Art der Versicherung ☐ Mitglied ☐ Familienversicherung ☐ Privat ☐ keine

Zeitraum vom - bis

Name und Anschrift der Krankenkasse / des privaten Krankenversicherungsunternehmens - gegebenenfalls auch Sozialversicherung der ehemaligen DDR -

Art der Versicherung ☐ Mitglied ☐ Familienversicherung ☐ Privat ☐ keine

**5.5**   Weitere Kinder zu Ziffer 5.5 des Vordrucks R0810:

**Kind 3**
Name, Vorname

Geburtsdatum

Kindschaftsverhältnis
☐ leibliches Kind / Adoptivkind   ☐ Stiefkind   ☐ Pflegekind

**Kind 4**
Name, Vorname

Geburtsdatum

Kindschaftsverhältnis
☐ leibliches Kind / Adoptivkind   ☐ Stiefkind   ☐ Pflegekind

**Kind 5**
Name, Vorname

Geburtsdatum

Kindschaftsverhältnis
☐ leibliches Kind / Adoptivkind   ☐ Stiefkind   ☐ Pflegekind

**Kind 6**
Name, Vorname

Geburtsdatum

Kindschaftsverhältnis
☐ leibliches Kind / Adoptivkind   ☐ Stiefkind   ☐ Pflegekind

5 **Antrag auf Zuschuss zum Kranken- versicherungsbeitrag für privat versicherte Rentner und Bescheinigung der privaten Krankenversicherung**

Versicherungsnummer

Kennzeichen
(soweit bekannt)

**Deutsche Rentenversicherung**

Bei Antrag auf Hinterbliebenenrente:
Versicherungsnummer der / des verstorbenen Versicherten

Eingangsstempel

Datum der Antragstellung

**Antrag auf Zuschuss zur Krankenversicherung (§ 106 SGB VI)**    **R0820**

**Bei Hinterbliebenen ist für die Witwe / den Witwer und für jede Waise jeweils ein Vordruck zu verwenden**

**Hinweis:** Um sachgerecht über Ihren Antrag entscheiden zu können, benötigen wir aufgrund des Sechsten Buches Sozialgesetzbuch (SGB VI) von Ihnen einige wichtige Informationen und Unterlagen. Wir möchten Sie deshalb bitten, die gestellten Fragen vollständig zu beantworten und uns die erbetenen Unterlagen möglichst umgehend zu überlassen. Ihre Mithilfe, die in den §§ 60 bis 65 Erstes Buch Sozialgesetzbuch (SGB I) ausdrücklich vorgesehen ist, erleichtert uns eine rasche Erledigung Ihrer Angelegenheiten. Bitte bedenken Sie, dass wir Ihnen, wenn Sie uns nicht unterstützen, die Leistung ganz oder teilweise versagen oder entziehen dürfen (§ 66 SGB I).

Wenn Sie weitere Anträge benötigen, stehen Ihnen alle entsprechenden Antragsvordrucke auch im Internet unter www.deutsche-rentenversicherung.de zur Verfügung.

**A    Angaben der Antragstellerin / des Antragstellers**
**1    Angaben zur Antrag stellenden Person**

| Name | Vorname (Rufname) | |
|---|---|---|
| Namenszusatz (Beispiel: Freifrau, Graf) | Vorsatzwort zum Namen (Beispiel: von, van, de) | Titel (Beispiel: Prof. Dr. med.) |
| Geburtsname | | Geburtsdatum |
| Straße, Hausnummer | | telefonisch tagsüber zu erreichen (Angabe freiwillig) |
| Adresszusatz | | Telefax (Angabe freiwillig) |
| Postleitzahl | Wohnort | |

Versicherungsnummer

Kennzeichen (soweit bekannt)

Bei Antrag auf Hinterbliebenenrente:
Versicherungsnummer der / des verstorbenen Versicherten

## 2 Weiterer Rentenbezug

**2.1** Beziehen Sie (beziehungsweise die Waise) eine weitere Rente aus der gesetzlichen Rentenversicherung oder ist eine weitere Rente beantragt?

☐ nein, bitte weiter bei Ziffer 3

seit (Tag, Monat, Jahr)

☐ ja

Antrag vom (Tag, Monat, Jahr)

Rentenversicherungsträger

Versicherungsnummer

**2.2** Wird zu der weiteren Rente bereits ein Zuschuss zur Krankenversicherung gezahlt oder ist dieser beantragt?

☐ nein ☐ ja

## 3 Vorliegen von Versicherungspflicht

**3.1** Besteht oder bestand in der Zeit, für die Sie einen Zuschuss beantragen, Versicherungspflicht in einer deutschen oder ausländischen gesetzlichen Krankenversicherung?

Name und Anschrift der Krankenkasse oder des Gesundheitsdienstes

☐ nein ☐ ja

Grund der Versicherungspflicht (zum Beispiel Beschäftigungsverhältnis, Versicherungspflicht als Arbeitsloser, Einwohnerkrankenversicherung)

## 4 Falls Beitragsaufwendungen bei einer privaten Krankenversicherung für Familienangehörige berücksichtigt werden sollen:

Familienangehöriger (Name, Vorname)

Geburtsdatum

Verwandtschaftsverhältnis

Gesamteinkommen des Familienangehörigen monatlich

EUR

**4.1** Ist der Familienangehörige Rentner?

seit (Tag, Monat, Jahr)

☐ nein ☐ ja

Rentenversicherungsträger

Versicherungsnummer

| Versicherungsnummer | Kennzeichen (soweit bekannt) |
|---|---|

Bei Antrag auf Hinterbliebenenrente:
Versicherungsnummer der / des verstorbenen Versicherten

## 5 Dokumentenzugang
### 5.1 Per De-Mail
Ich habe bei einem De-Mail-Anbieter ein **De-Mail-Postfach** eröffnet.

☐ Ich bitte ausschließlich um Übermittlung der Dokumente in elektronischer Form an mein De-Mail-Postfach. Damit entfällt eine Übersendung der Dokumente in Papierform. Meine De-Mail-Adresse lautet:

_____

### 5.2 Für sehbehinderte Menschen
Menschen mit einer Behinderung (zum Beispiel blinde oder sehbehinderte Menschen) haben Anspruch darauf, Dokumente in einer für sie wahrnehmbaren Form zu erhalten.
Aufgrund meiner Behinderung bitte ich darum, mir Dokumente zusätzlich in **einer** für mich wahrnehmbaren Form zuzusenden, und zwar

☐ als Großdruck

☐ in Braille (Kurzschrift)

☐ in Braille (Vollschrift)

☐ als CD (Schriftdatei / Textdatei im ".doc"-Format)

☐ als Hörmedium (CD-DAISY Format)

## 6 Erklärung der Antragstellerin / des Antragstellers
**Ich versichere,** dass ich sämtliche Angaben in diesem Vordruck nach bestem Wissen gemacht habe. Mir ist bekannt, dass wissentlich falsche Angaben zu einer strafrechtlichen Verfolgung führen können.

**Ich verpflichte mich,** dem Rentenversicherungsträger die nachfolgenden Sachverhalte **unverzüglich** anzuzeigen:
a) die Beendigung oder das Ruhen der Versicherung, zu der der Zuschuss gezahlt wird (zum Beispiel bei Anspruch auf Krankenversorgung nach dem Gesetz über die Versorgung der Opfer des Krieges
- Bundesversorgungsgesetz - BVG, dem Bundesgesetz zur Entschädigung für Opfer der nationalsozialistischen Verfolgung - Bundesentschädigungsgesetz - BEG oder bei Auslandsaufenthalt),
b) jede Veränderung der Beitragshöhe oder Prämienhöhe zur privaten Krankenversicherung,
c) den Beginn einer Versicherungspflicht in der deutschen gesetzlichen Krankenversicherung (zum Beispiel durch die Aufnahme einer Beschäftigung, durch den Antrag auf eine weitere Rente, durch den Bezug von Übergangsgeld wegen Leistungen zur Teilhabe am Arbeitsleben, von Arbeitslosengeld oder Arbeitslosengeld II),
d) den Beginn einer Versicherungspflicht in der ausländischen gesetzlichen Krankenversicherung (zum Beispiel bei Wohnsitzverlegung ins Ausland),
e) die "Einschreibung" als Leistungsberechtigter bei einer deutschen gesetzlichen Krankenkasse aufgrund der Rente eines anderen Staates, in dem die europäischen Verordnungen zur Koordinierung der Systeme der sozialen Sicherheit gelten (das sind die Mitgliedstaaten der Europäischen Union - EU - sowie Island, Liechtenstein, Norwegen und die Schweiz) und
f) jede Änderung in den Verhältnissen des Familienangehörigen, dessen Beitragsaufwendungen bei der Zuschusszahlung berücksichtigt werden (eigene Rentenberechtigung, Eintritt von Versicherungspflicht in der deutschen oder ausländischen gesetzlichen Krankenversicherung, Änderungen der Beitragsaufwendungen oder des Gesamteinkommens).

_____    _____
Ort, Datum                 Unterschrift der Antragstellerin / des Antragstellers beziehungsweise bei Waisen des gesetzlichen Vertreters

Versicherungsnummer
Kennzeichen
(soweit bekannt)

Bei Antrag auf Hinterbliebenenrente:
Versicherungsnummer der / des verstorbenen Versicherten

## B   Bescheinigung des privaten Krankenversicherungsunternehmens zur Krankenversicherung

Wir bestätigen, dass ein Versicherungsvertrag gegen die durch Krankheit entstehenden Vermögensschäden (zum Beispiel ambulante Arztbehandlung, stationäre Krankenhausbehandlung, Arzneien, Heilmittel, zahnärztliche Behandlung) besteht für

| Versicherter (Name, Vorname) | Geburtsdatum |
|---|---|

| Versicherungsschein-Nummer | Beginn der Versicherung | gegebenenfalls Ende |
|---|---|---|

### Höhe des Beitrages ohne Anspruch auf Krankentagegeld und ohne Beiträge zur Pflegeversicherung

| vom - bis | monatlich | |
|---|---|---|
| | | EUR |
| vom - bis | monatlich | |
| | | EUR |
| vom - bis | monatlich | |
| | | EUR |
| vom - bis | monatlich | |
| | | EUR |

beitragsfreies und leistungsfreies Ruhen der Versicherung (gegebenenfalls anwartschaftserhaltende Beträge)
vom - bis

Beitragsschuldner ist

☐ obengenannter Versicherter   ☐

### Höhe des Beitrages ohne Anspruch auf Krankentagegeld und ohne Beiträge zur Pflegeversicherung für Familienangehörige

| Name, Vorname | Geburtsdatum |
|---|---|
| ☐ für den Ehegatten | |

| vom - bis | monatlich | |
|---|---|---|
| | | EUR |
| vom - bis | monatlich | |
| | | EUR |

| Name, Vorname | |
|---|---|
| ☐ für das Kind | |

| vom - bis | monatlich | |
|---|---|---|
| | | EUR |
| vom - bis | monatlich | |
| | | EUR |

| Name, Vorname | |
|---|---|
| ☐ für das Kind | |

| vom - bis | monatlich | |
|---|---|---|
| | | EUR |
| vom - bis | monatlich | |
| | | EUR |

| Versicherungsnummer | Kennzeichen (soweit bekannt) |
|---|---|

Bei Antrag auf Hinterbliebenenrente:
Versicherungsnummer der / des verstorbenen Versicherten

Es wird bestätigt, dass

☐ unser Krankenversicherungsunternehmen der deutschen Aufsicht oder der Aufsicht eines anderen Staates unterliegt, in dem die europäischen Verordnungen zur Koordinierung der Systeme der sozialen Sicherheit anzuwenden sind (das sind die Mitgliedstaaten der EU sowie Island, Liechtenstein, Norwegen und die Schweiz).

☐ auf unsere Leistung ein Rechtsanspruch besteht, der nicht von der Bedürftigkeit des Versicherungsnehmers abhängt.

☐ ein eigenständiger Versicherungsschutz besteht, der nicht von der Disposition eines Dritten abhängig ist. Für zusammengefasste Familienversicherungen in einem Vertrag ist diese Voraussetzung erfüllt, wenn jederzeit eine Umwandlung in eigene Verträge möglich wäre.

| Ort, Datum | Telefon (Durchwahl) |
|---|---|

| Stempel des Versicherungsunternehmens | Unterschrift des Versicherungsunternehmens |
|---|---|

**C    Bescheinigung für Mitgliedschaft bei der Krankenversorgung der Bundesbahnbeamten oder der Postbeamtenkrankenkasse**

Wir bescheinigen, dass eine Mitgliedschaft besteht für

| Versicherter (Name, Vorname) | | Geburtsdatum |
|---|---|---|
| Versicherungsschein-Nummer | Beginn der Versicherung | gegebenenfalls Ende |

Höhe des Mitgliedsbeitrages

| vom - bis | monatlich |
|---|---|
| | EUR |
| vom - bis | monatlich |
| | EUR |
| vom - bis | monatlich |
| | EUR |
| vom - bis | monatlich |
| | EUR |

beitragsfreies und leistungsfreies Ruhen der Mitgliedschaft (zum Beispiel wegen Krankenversorgung nach dem BVG)
vom - bis

| Versicherungsnummer | Kennzeichen (soweit bekannt) |
|---|---|

Bei Antrag auf Hinterbliebenenrente:
Versicherungsnummer der / des verstorbenen Versicherten

Bei Mitversicherung von Familienangehörigen:
Für Mitglieder ohne mitversicherte Angehörige würde der Mitgliedsbeitrag betragen:

| vom - bis | monatlich |
|---|---|
| | EUR |
| vom - bis | monatlich |
| | EUR |
| vom - bis | monatlich |
| | EUR |
| vom - bis | monatlich |
| | EUR |

| Ort, Datum | Telefon (Durchwahl) |
|---|---|

| Stempel des Versicherungsunternehmens | Unterschrift des Versicherungsunternehmens |
|---|---|

## Erläuterungen zum Antrag auf Zuschuss zur Krankenversicherung (§ 106 SGB VI)

Sehr geehrte Antragstellerin, sehr geehrter Antragsteller,
die folgenden Erläuterungen sollen Ihnen das Ausfüllen des Zuschussantrages erleichtern. Zur besseren Übersicht ist jede Erläuterung mit der gleichen Ziffer versehen wie die jeweilige Frage im Zuschussantrag.
Beachten Sie bitte, dass es für den Beginn des Zuschusses zur Krankenversicherung wichtig ist, dass er rechtzeitig beantragt wird. Daher enthält bereits der Rentenantrag die Möglichkeit, den Zuschuss zur Krankenversicherung zu beantragen. Diese Möglichkeit besteht auch innerhalb der Meldung zur Krankenversicherung der Rentner (KVdR), dort jedoch formlos.
Steht fest, dass Sie nach dem Rentenantrag weiterhin freiwilliges Mitglied in der gesetzlichen Krankenversicherung sind, ist lediglich der Abschnitt A auszufüllen. Die Abgabe einer entsprechenden Mitgliedsbescheinigung (Abschnitt B und C) ist nicht notwendig, da uns die erforderlichen Angaben von Ihrer Krankenkasse direkt übermittelt werden. Dies enthebt Sie jedoch nicht von der Verpflichtung, uns Änderungen Ihrer Versicherung mitzuteilen (siehe Verpflichtungserklärung am Ende des Abschnitts A).
Sind Sie privat krankenversichert, bitten wir zunächst den Abschnitt A auszufüllen und den Antragsvordruck anschließend Ihrem privaten Krankenversicherungsunternehmen beziehungsweise der Krankenversorgung der Bundesbahnbeamten oder der Postbeamtenkrankenkasse zur Bestätigung (Abschnitt B und C) vorzulegen. Ergibt sich der Versicherungsschutz aus Verträgen bei mehreren Versicherungsunternehmen, sind gegebenenfalls mehrere Bescheinigungen ausfüllen zu lassen.
Haben Sie Anspruch auf Beihilfe, sollten Sie beachten, dass sich Auswirkungen auf den Beihilfeanspruch ergeben können, wenn der Zuschuss zur Krankenversicherung bestimmte Grenzbeträge überschreitet. Daher fragen Sie bitte Ihre zuständige Beihilfestelle, ob dies für Sie zutrifft. In diesem Fall können Sie auf den Zuschuss zur Krankenversicherung oder auf Teile des Zuschusses mit Wirkung für die Zukunft verzichten. Dies können Sie uns auch gleich bei der Antragstellung mitteilen.

**1    Angaben zur Antrag stellenden Person**
Diese Angaben sind erforderlich, damit eine einwandfreie Zuordnung beziehungsweise Bescheiderteilung möglich ist.

**2    Frage nach weiterem Rentenbezug**
Beziehen Sie mehrere Renten der gesetzlichen Rentenversicherung, wie zum Beispiel Rente wegen Alters und Hinterbliebenenrente, wird der Zuschuss zur Krankenversicherung aus der Summe dieser Renten berechnet und regelmäßig zu einer dieser Renten gezahlt. Damit der Zuschuss in richtiger Höhe berechnet werden kann, bitten wir anzugeben, ob Sie bereits eine weitere Rente der gesetzlichen Rentenversicherung beziehen oder beantragt haben und gegebenenfalls von welchem Versicherungsträger die Rente gezahlt wird. Dabei ist auch anzugeben, ob Sie bereits einen Zuschuss zur Krankenversicherung beziehen oder beantragt haben.

**3    Frage nach der Versicherungspflicht**
Der Zuschuss zur Krankenversicherung wird nicht gezahlt, solange Sie in einer deutschen oder einer ausländischen gesetzlichen Krankenversicherung pflichtversichert sind.
Daher bitten wir um Angabe, ob Versicherungspflicht bei einer deutschen gesetzlichen Krankenkasse besteht. Zu den deutschen gesetzlichen Krankenkassen zählen die Allgemeinen Ortskrankenkassen (AOK), die Betriebskrankenkassen, die Innungskrankenkassen, die Ersatzkassen, die Knappschaft und die landwirtschaftlichen Krankenkassen. Sollten Sie eine Rente eines anderen Staates beziehen, in dem die europäischen Verordnungen zur Koordinierung der Systeme der sozialen Sicherheit anzuwenden sind (das sind die Mitgliedstaaten der EU sowie Island, Liechtenstein, Norwegen und die Schweiz) und sich in der deutschen gesetzlichen Krankenversicherung als Leistungsberechtigter eingeschrieben haben, bitten wir dies auch anzugeben, weil der Zuschuss zur Krankenversicherung dann ebenfalls ausgeschlossen ist.
Darüber hinaus sind auch Angaben erforderlich, wenn eine ausländische Krankenversicherungspflicht besteht, da der Zuschuss auch in diesem Fall nicht zu zahlen ist. Die Versicherungspflicht kann bei einer ausländischen gesetzlichen Krankenkasse oder auch bei einem ausländischen öffentlichen (staatlichen) Gesundheitsdienst in Betracht kommen.

**4    Frage nach der Berücksichtigung von Beitragsaufwendungen für Familienangehörige**

Sind Sie privat krankenversichert, ist der Zuschuss auf die Hälfte Ihrer tatsächlichen Aufwendungen zur Krankenversicherung zu begrenzen. Daher können unter bestimmten Voraussetzungen auch Beitragsaufwendungen für Ihre Familienangehörigen (Ehegatten oder Kinder) bei der Berechnung des Zuschusses berücksichtigt werden.

Ihr Familienangehöriger darf
- mit seinem Gesamteinkommen 1/7 der monatlichen Bezugsgröße nicht übersteigen (2017 = 425 EUR; bei geringfügiger Beschäftigung 450 EUR),
- selbst nicht in einer deutschen oder ausländischen gesetzlichen Krankenversicherung pflichtversichert sein und
- selbst nicht als Rentenbezieher einen Anspruch auf den Zuschuss zur Krankenversicherung haben.

Damit wir prüfen können, ob Beitragsaufwendungen Ihrer Familienangehörigen berücksichtigungsfähig sind, teilen Sie uns bitte mit, wie hoch das monatliche Gesamteinkommen Ihres Familienangehörigen ist und gegebenenfalls seit wann und von welchem Rentenversicherungsträger und unter welcher Versicherungsnummer Ihr Familienangehöriger selbst bereits eine Rente bezieht.

**5    Dokumentenzugang**

**5.1    Per De-Mail**

Mit De-Mail werden elektronische Nachrichten verschlüsselt, geschützt und nachweisbar verschickt. Im Gegensatz zu einer einfachen E-Mail können bei De-Mail sowohl die Identität der Kommunikationspartner als auch der Versand und der Eingang von De-Mails jederzeit zweifelsfrei nachgewiesen werden. Die Inhalte einer De-Mail können auf ihrem Weg durch das Internet nicht mitgelesen oder verändert werden.

Bitte geben Sie Ihre De-Mail-Adresse (Beispiel: erika.mustermann@anbieter.de-mail.de) an. Diese erhalten Sie bei Eröffnung eines De-Mail-Kontos bei einem akkreditierten De-Mail-Anbieter.

Weitere Informationen zur De-Mail bietet zum Beispiel das Bundesamt für Sicherheit in der Informationstechnik (BSI) im Internet unter **www.bsi.bund.de unter >> Publikationen >> Broschüren** an.

**5.2    Für sehbehinderte Menschen**

Wir werden Ihnen zukünftig gewünschte barrierefreie Dokumente zusammen mit Dokumenten in Schwarzschrift auf Papier senden. Ein Nachweis über die Behinderung ist nicht erforderlich.

Das Hörmedium wird mit einer synthetischen Stimme bereitgestellt. Das Format "DAISY" kann nur auf einem
- mp3-fähigen Abspielgerät gegebenenfalls mit DAISY-Software oder
- speziellen DAISY-Abspielgerät

gehört werden.

Herkömmliche CD-Abspielgeräte sind für dieses Format nicht geeignet.

Wir werden Ihnen die barrierefreien Dokumente in höchstmöglicher Qualität zur Verfügung stellen. Sollte sich ein Dokument als fehlerhaft erweisen, teilen Sie uns dies bitte mit.

**6    Erklärung der Antragstellerin / des Antragstellers**

Der Zuschuss zur Krankenversicherung wird unter den Voraussetzungen des § 106 SGB VI zu Ihren Aufwendungen für Ihre freiwillige oder private Krankenversicherung gezahlt. Er beträgt rechnerisch 7,3 % Ihrer monatlichen Rente und ist gegebenenfalls auf die Hälfte Ihrer tatsächlichen Aufwendungen zur privaten Krankenversicherung zu begrenzen.

Ändert sich Ihr Krankenversicherungsverhältnis (zum Beispiel durch den Eintritt von Versicherungspflicht oder die Änderung Ihrer Aufwendungen) kann dies zum Wegfall des Zuschusses oder zur Änderung der Zuschusshöhe führen mit der Folge, dass überzahlte Zuschussbeträge von Ihnen zurückgefordert werden. Daher haben Sie die unter Ziffer 6 aufgeführten Mitwirkungspflichten, deren Kenntnisnahme Sie mit Ihrer Unterschrift bestätigen.

Mit freundlichen Grüßen
Ihre Deutsche Rentenversicherung

# 6    **Ärztliches Gutachten**

---

| Versicherungsnummer: | Blatt 1 |
|---|---|
| 12 ; | |

**Deutsche Rentenversicherung Hessen**
Sozialmedizinischer Dienst (SMD)

Deutsche
Rentenversicherung

Deutsche Rentenversicherung Hessen

**ÄRZTLICHES GUTACHTEN**
**FÜR DIE GESETZLICHE RENTENVERSICHERUNG (RENTE)**
**Recht ab 01.01.2001**

Angaben zum Begutachtungsanlass (Zutreffendes bitte ankreuzen):

☒ Antrag auf Rente wegen verminderter Erwerbsfähigkeit
   bzw. Hinterbliebenenrente wegen verminderter Erwerbsfähigkeit
☐ Antrag auf Weitergewährung einer Versicherten/Hinterbliebenenrente
☐ Nachuntersuchung
☐ Widerspruchsverfahren

Name, Vorname, Geburtsname, Geburtsdatum:

.1955

Anschrift:

(

Die Angaben zur Person wurden überprüft

durch:  ☒ Personalausweis/Reisepass   ☐ Sonstiges   Ausweis

Besteht Arbeitsunfähigkeit?

☐ ja    Seit wann?          Aufgrund welcher Erkrankungen?
☒ nein

Behandelnde Ärzte/Fachrichtung:

Hausärztin:

Gutachterin/Gutachter:

| Dr. med. ' | 2008 | 9.45 Uhr |
|---|---|---|
| (Stempel) | Tag der Untersuchung | Uhrzeit: |

Das Gutachten ist entsprechend "Gliederung und Anforderungsprofil des ärztlichen Gutachtens für die gesetzliche Rentenversicherung" abzufassen, d.h.

1. Anamnese
2. Untersuchungsbefunde
3. Diagnosen
4. Epikrise
5. Sozialmedizinische Leistungsbeurteilung (Rente)
6. ggf. Ergänzungsblatt Reha

## 1. Anamnese

**1.1 Krankheitsvorgeschichte:**

a) Familienvorgeschichte
*Siehe Reha-Entlassungsbericht vom 15.08.2007.*

b) eigene Vorgeschichte (auch aus Krankenhausbehandlung, Reha-Maßnahmen (Reha-Träger)
*Siehe Reha-Entlassungsbericht vom 15.08.2007. Dortige Diagnosen:*
- *Nichtallergisches Asthma bronchiale, vorbefundlich COPD bei eingestelltem Nikotinabusus.*
- *Chronische Sinusitis, Polyposis nasi, Septumdeviation.*
- *Chronisches LWS-Syndrom.*
- *Adipositas (BMI 37 kg/m²), obstruktives Schlafapnoe-Syndrom (nCPAP-Maske).*
- *Rezidivierende depressive Störung, derzeit beschwerdefrei unter medikamentöser Behandlung.*

*Die Versicherte wurde au. entlassen, jedoch als vollschichtig leistungsfähig für leichte Tätigkeiten eingeschätzt.*

Laut HNO-Klinik-Bericht vom 1      7 Rezidiv-Polyposis, Zustand nach Nasennebenhöhlen-OP 1987 und 2004, Schlafapnoe-Syndrom bei massiver Adipositas per magna, Schilddrüsenfunktionsstörung. Laut nervenärztlichem Befund vom 26.11.2007 bis 02.10.2008 dort in ambul. Behandlung wegen depressiver Symptomatik, Spannungskopfschmerz, HWS-Syndrom. Unter Medikation Besserung eingetreten. Laut orthopädischem Befund vom 30.05.2008 degeneratives WS-Syndrom ohne Wurzelreiz bei geringgradigen degenerativen Veränderungen im HWS- und LWS-Bereich sowie Fußgelenksbeschwerden bei Mittelfußarthrose rechts und Fersensporn, initiale Meniskopathie links und ACG-Arthrose bei Schulter-Arm-Syndrom. Laut kardiologischem Befund vom 30.06.2008 obstruktives Schlafapnoe-Syndrom, Asthma, labiler Hypertonus, Adipositas per magna und chronisches HWS-Syndrom. In der Diagnostik waren EKG unauffällig, Ergometrie bis 87 Watt unauffällig. Wegen primärer Adipositas, die für die Belastungsminderung angesehen wird, wurde dringend zur Gewichtsreduktion und damit Minimierung der Risikofaktoren für Herz/Kreislauf geraten. Laut arbeitsamtsärztlichem Gutachten vom ı 2008 wurde vollschichtiges Leistungsvermögen für leichte bis mittelschwere Tätigkeiten mit Funktionseinschränkungen festgestellt.

Laut pulmonologischem Befund vom 09.06.2008 chronisch-obstruktive Lungen-erkrankung mit obstruktivem Schlafapnoe-Syndrom, Schnarchen, Belastungs-Dyspnoe. In der Lungenfunktion und Bodyplethysmografie leichte periphere obstruktive Ventilationsstörung. Sauerstoffsättigung: 95 %, leicht reduziert. Nächt-liche Ventilationstherapie mit einer nCPAP-Maske wurde verordnet und wird auch durchgeführt sowie medikamentöse Behandlung.

Laut hautärztlichem Befund vom 03.04.2007 Psoriasis inversa und rezidivierendes seborrhoisches Gesichtsekzem. Es wird durch Lokaltherapeutika, auch lokale Steroidbehandlung und Lichttherapie kontinuierlich behandelt. Eine allergische Disposition wurde durch mehrere Tests ausgeschlossen. Auch das Asthma bron-chiale ist nicht allergischen Ursprungs.

c) **Jetzige Krankheitserscheinungen und Beschwerden**

Seit 1 Jahr habe sie 25 kg zugenommen unter Kortisonbehandlung. Sie beklagt vor allem häufige Kopfschmerzen, Schwindelerscheinungen, Druck im Kopf wegen Nasennebenhöhlenentzündung. Auch sei das Gehör so vermindert, dass sie jetzt beidseits Hörgeräte trage.

Beschwerden in der HWS mit Ausstrahlung in den rechten Arm. Auch Beschwer-den in der LWS mit Ausstrahlung in das rechte Bein, teilweise Ischialgien. Die ganze rechte Seite sei bei ihr nicht in Ordnung, auch Parästhesien im Bereich der rechten Hand und des rechten Fußes werden genannt. Sie könne nicht längere Zeit in einer Körperhaltung verharren, nicht längere Zeit sitzen, sie müsse sich festhalten beim Aufstehen.

Sie habe Probleme beim Laufen; deshalb zwei Unterarmgehstützen bekommen seit September.

Auch habe sie ein TENS-Gerät verordnet bekommen für die LWS-Beschwerden, bekomme Spritzen und auch Akupunktur. Aktives Bewegungstraining, Kranken-gymnastik oder Muskelaufbautraining werden nicht durchgeführt. Wetterbedingt habe sie eine Beschwerdeverschlimmerung festgestellt. Eigentlich täten ihr alle Knochen und der ganze Körper weh.

Sie gibt auch eine Belastungs-Dyspnoe an bei allerdings erheblichem Über-gewicht. Seit sie die nasale nCPAP-Maske benutze, schlafe sie etwas besser. Sie schlafe in Flachlage, gehe ca. 22.30 Uhr zu Bett und stehe gegen 5.30 Uhr wieder auf. Seit der Maskenbeatmung sei der Schlaf weniger gestört.

Die Psoriasis trete je nach Aufregung verstärkt auf, insbesondere sehr unange-nehm im Bereich der Pofalte, der Leisten und auch vaginal. Sie gehe regelmäßig zum Hausarzt, bekomme teilweise auch Bestrahlung außer den anderen Medika-menten und Lokaltherapeutika.

Zum Nervenarzt gehe sie frühestens nach 2 Wochen, gelegentlich aber auch erst nach 8 Wochen oder mehr, je nach Beschwerden. Seit 2006 gehe sie überhaupt wieder in ärztliche Behandlung; damals sei sie durch die Schlafstörungen kaputt gewesen , früher noch durch Mobbing am Arbeitsplatz, ferner Grübelneigung, Freudlosigkeit, das Gefühl „total fertig" zu sein. Den Arbeitsplatz habe sie aufge-geben seit Januar 2008. Sie gehe allerdings oft an der Arbeitsstelle vorbei, dann überkomme sie ein belastetes Gefühl, sie fange an zu grübeln, warum ihr das pas-siert sei, dass sie dort gemobbt worden sei und nicht weiter habe arbeiten können.

*Vegetative Funktionen*: Stuhlgang und Mictio o.B.. Keine Ruhe-Dyspnoe, keine Allergie. Gewichtszunahme: 25 kg in 12 Monaten. Normale Trinkmenge.

**d)  Alkohol / Nikotin / Drogen**
Kein Alkohol.
*Nikotin*: 40 Zigaretten pro die bis 2002, seitdem Nikotinkarenz.

**1.2  Derzeitige Behandlung:**
    **a)  Medikamente (mit Dosierung)**
- Cipralex 10
- Mareen 50
- Thyronajod 75
- Ibuprofen 800
- Omeprazol 20
- Cipramil 20
- Volon A Tinktur
- Elidel Creme
- Metronidazol Salbe

    **b)  Psychotherapie**

    **c)  Physikalische Behandlung**

    **d)  Sonstige Behandlung**
    Drei Mal Heilverfahren in 7 Jahren.

**1.3  Soziale Anamnese:**
    **a)  beruflicher Werdegang**
    Seit 1974 in Deutschland, sehr gute Sprachkompetenz – Näheres siehe Reha-Entlassungsbericht. Zuletzt als Küchenhilfe in          n vollschichtig angestellt. Aufgrund gehäufter AU-Zeiten Aufgabe des Arbeitsplatzes seit Januar 2008. Arbeitslos gemeldet seit 09.01.2008, sie bekomme Arbeitslosengeld.

**b)** **jetzige Erwerbstätigkeit (Anforderungsprofil)**
Keine. Arbeitslos seit 09.01.2008.

**c)** **früherer und derzeitiger Rentenbezug (seit wann), Rentenablehnung? (Sozialgerichtsverfahren); BG-Rente, MdE? schwerbehindert, GdB**
- GdB 70.
- 1. Rentenantrag 2007, im Widerspruch abgelehnt.
- Jetzt 2. Rentenantrag.

**d)** **Familienstand, Zahl der Kinder und deren Alter, Beruf des Ehegatten, ist dieser erwerbstätig?**
Verheiratet, zwei erwachsene Kinder. Drei-Personen-Haushalt mit dem 23-jährigen Sohn. Der Ehemann ist nicht mehr berufstätig.

**1.4** **Ärztliche Begutachtungen** (Arbeitsamt, MDK, Berufsgenossenschaft, sonstige, ggf. wann und wo?)

☒ des Arbeitsamtes ☐ des MDK ☐ des Versorgungsamtes ☐ Berufsgenossenschaft?

Arbeitsamt: .2008.

**1.5** **Läuft gegenwärtig ein Antrag auf Teilhabe?**

☒ nein ☐ Ja, Antrag auf

**1.6** **Einverständniserklärung:** Versicherte hat zugestimmt

zur Übersendung des Gutachtens an den MDK ja ☒ nein ☐

zur Übersendung der erhobenen Befunde an beh. Ärztin/Arzt ja ☒ nein ☐

Es wurde informiert über am .

**2. Untersuchungsbefund**

| Versicherungsnummer: | Name | Ärztliches Gutachten Blatt 6 |

**2.1 Allgemeinzustand** (Zutreffendes bitte ankreuzen)

a) Größe ohne Schuhe  172 cm

b) Gewicht:  128 kg    ☐ ganz-    ☒ halb-    ☐ unbekleidet
       ☒ Zunahme    ☐ gleichbleibend    ☐ Abnahme

c) ☒ Rechtshänder    ☐ Linkshänder

| | | | | |
|---|---|---|---|---|
| d) Allgemeineindruck: | ☐ gut | ☒ mäßig verbraucht | ☐ kränklich | ☐ gebrechlich |
| e) Körperform: | ☐ unauffällig | ☒ athletisch | ☒ rundwüchsig | ☐ schlank |
| f) Muskulatur: | ☐ normal | ☒ kräftig | ☐ schwach | ☐ atrophisch |
| g) Ernährungszustand: | ☐ gut | ☒ übermäßig | ☐ reduziert | ☐ schlecht |
| h) Alterseindruck: | ☐ altersgemäß | ☒ vorgealtert | ☐ stark vorgealtert | |
| i) Gesichtsfarbe: | ☒ gesund | ☐ blau-rötlich | ☐ gelblich | ☐ blass |
| j) Lippen: | ☒ gut durchblutet | ☐ zyanotisch | ☐ blass | ☐ rissig |
| k) Handflächen: | ☒ weich | ☐ frisch-schwielig | ☐ rau | ☐ feucht |
| l) Bewegungen: | ☐ unauffällig | ☒ steif | ☐ verlangsamt | ☐ kraftlos |
| m) Haltung: | ☒ aufrecht | ☐ steif | ☐ gebeugt | ☐ schlaff |
| n) Gang: | ☐ unauffällig | ☐ schwerfällig | ☐ behindert (rechts) | ☐ behindert (links) |

zu 2.1b) Gewichtszunahme: 25 kg
zu 2.1n) Gang: schwerfällig, mit Unterarmgehstütze rechts

**2.2 Kopf einschließlich Sinnesorgane** (u. a. Augen: Sehschärfe, Farbsehen; Hörvermögen)
Hörgeräte beidseits.
*Ansonsten siehe Reha-Bericht – keine Veränderung zum Vorbefund.*

**2.3 Hals**
Dito.

**2.4 Thorax und Atmungsorgane** (u. a. Atembreite):
Dito.

**2.5 Herz und Kreislauforgane** (dabei auch RR, Pulsfrequenz in Ruhe und bei Belastung),
**arterieller und venöser Gefäßstatus:**
RR 140/80 mmHg. Frequenz 80/Min., normorhythmisch. Sonst keine Besonderheiten.

**2.6 Bauch einschließlich Harn- und Geschlechtsorgane:**
Dito.

Deutsche Rentenversicherung Hessen – Abteilung Versicherungsleistungen - Ärztliche Untersuchungsstelle Frankfurt
Unterer Atzemer 7, 60316 Frankfurt am Main

**2.7 Wirbelsäule und Gliedmaßen:**
Schwerfälliges Gangbild. Unterarmgehstütze rechts, Notwendigkeit nicht erkennbar. *Wirbelsäule*: Beckengeradstand, Schultergeradstand. Lotrechter Aufbau. In der Seitansicht physiologische Krümmungsverhältnisse. Kein Klopf- oder Stauchschmerz. Okzipitale und gluteale NAP nicht druckempfindlich. Kein Federungsschmerz über den Dornfortsätzen der LWS. Schmerzfreie Lateralflexion, Inklination, Reklination und Rotation, dabei keine Teilvergeradung. FBA 30 cm, Schober 10/14 cm. HWS frei beweglich. Muskulatur deutlich hypertonisiert im gesamten Schulter-, Nacken- und Rückenstreckbereich. *Obere Extremität:* aktiv und passiv frei beweglich. Keine spezifisch schmerzhaften Sehnenansatzpunkte. Äußere Konturen unauffällig. Keine Reizzustände im Bereich der Gelenke. Komplex- und Funktionsgriffe beidseits o.b. Grobe Kraft seitengleich erhalten. *Untere Extremität:* Gelenke aktiv und passiv frei beweglich. Keine Besonderheiten.

**2.8 Hautbefund:**
Sonnengebräunt, rosig, trocken, warm. Nur minimale, reizlose Psoriasis-Herde am rechten Unterschenkel, ca. münzgroß, sowie abheilende, nicht akut entzündliche Herde im Bereich der Leiste beidseits. Normaler Turgor, normale Behaarung, keine trophischen Störungen. Im Bereich der Beine Haut reizlos, keine Ödeme, keine Stauungssymptomatik.

**2.9 Nervensystem:**
Siehe Vorbefund – dito.

**2.10 Psyche:**
Zeitlich und örtlich orientiert. Keine formalen Denkstörungen, Schwingungsfähig, Leidenszentriert, wirkt etwas niedergeschlagen und erschöpft durch die multiplen gesundheitlichen Beeinträchtigungen, allerdings eher passive Krankheitsbewältigungsstrategie. Keine Störung von Aufmerksamkeit, Merkfähigkeit, Konzentration und Gedächtnis. Keine Antriebsminderung. Schwingungstähigkeit leicht reduziert, subdepressiv.

**2.11 Sonstige Befunde** (soweit nicht in der Anlage): Laborbefunde, Röntgenbefunde, EKG, EEG, Funktionsprüfungen, Echo, Doppler-Sonographie, Sonographie

| Versicherungsnummer: | Name | Ärztliches Gutachten Blatt 8 |
| --- | --- | --- |
| 12 | — | |

## 3. Diagnosen

1. Allgemeine Leistungsminderung mit chronischem Spannungskopfschmerz, chronischer Nasennebenhöhlenentzündung, beeinträchtigte Hörfähigkeit beidseits und Zervikozephalsyndrom.
2. WS-Schmerzsyndrom mit Belastungsminderung der HWS und LWS.
3. Adipositas per magna mit Risikofaktorprofil, labiler Hypertonie, Schlafapnoe-Syndrom, WS- und Gelenkbeschwerden.
4. Nichtallergisches Asthma bronchiale bei früherem Nikotinabusus, geringe Ventilationseinschränkung bei massiver Adipositas.

| | | | |
| --- | --- | --- | --- |
| G442 | | | |
| M54 | | | |
| E68 | | | |
| J44 | | | |

5. Rezidivierendes depressives Syndrom mit Somatisierung (F330).

6. Psoriasis, derzeit geringgradig ausgeprägt.

## 4. Epikrise

(dabei sollen die Auswirkungen der einzelnen Krankheiten und des Gesamtbefundes auf die Leistungsfähigkeit im Erwerbsleben eingehend und allgemein verständlich dargestellt werden. Bei einer Nachuntersuchung sollen wesentliche Änderungen gegenüber dem früheren Befund herausgestellt werden).

Zur Untersuchung kommt eine 52-jährige Versicherte in etwas erschöpft und gedrückt wirkendem AZ und extrem übergewichtigem EZ. Es besteht ein multifaktorielles Krankheitsbild, welches sich in einer psychophysischen Erschöpfbarkeit mit chronischem Spannungskopfschmerz äußert bei Hörminderung beidseits, chronischer Nasennebenhöhlenentzündung, Zervikozephalgien infolge HWS-Syndrom, subdepressiver Überlagerung mit Somatisierungsneigung. Zusätzlich bestehen eine Adipositas per magna mit Risikofaktoren, Schlafapnoe-Syndrom, welches durch CPAP-Maskenbeatmung behandelt und auch gebessert werden konnte, eine leichte obstruktive Ventilationseinschränkung bei früherem Nikotinabusus und nicht allergisch bedingtem Asthma bronchiale. Zusätzlich finden sich Beschwerden im HWS- und LWS-Bereich, derzeit ohne akute Wurzelreizsymptomatik und ohne neurologisches Defizit. Eine bekannte Psoriasis ist derzeit klinisch relativ unauffällig und nur geringgradig ausgeprägt.

Versicherungsnummer:

12

Name

Ärztliches Gutachten Blatt 9

Die Versicherte war zuletzt als Hausangestellte in einem Kindergarten vollschichtig beschäftigt. Das Arbeitsverhältnis besteht nicht mehr aufgrund gehäuf-
ter AU-Zeiten. Sie ist arbeitslos gemeldet seit 09.01.2008 und bezieht Arbeitslosengeld. Die ambulanten Behandlungsmaßnahmen finden überwiegend medi-
kamentös statt. Andere Behandlungsstrategien, aktives Bewegungstraining und
Minimierung von Risikofaktoren sind dringend notwendig und sind ambulant
möglich. Dadurch wäre eine deutliche Besserung des Beschwerdebildes zu
erzielen. Derzeit ist die Versicherte für ihre zuletzt ausgeübte Tätigkeit nicht
mehr einsetzbar, auf dem allgemeinen Arbeitsmarkt hingegen wären ihr leichte
bis mittelschwere Tätigkeiten noch vollschichtig zumutbar mit folgenden
Funktionseinschränkungen: ohne besondere Anforderungen an die geistig/
psychische Belastbarkeit, anhaltende Zwangshaltungen, häufiges Bücken oder
Über-Kopf-Arbeiten, Einwirkung von Hitze, Kälte, Nässe, Temperaturschwan-
kungen und inhalative Belastungen.

| Versicherungsnummer: | Name: | Ärztliches Gutachten Schlussblatt Teil 1 |
|---|---|---|

## 5. Sozialmedizinische Leistungsbeurteilung (Rente)

**A. Letzte berufliche Tätigkeit**

Bezeichnung der Tätigkeit:

### Hausangestellte im Kindergarten.

Beurteilung des zeitlichen Umfanges, in dem die letzte berufliche Tätigkeit ausgeübt werden kann:

☐ 6 Stunden und mehr ☐ 3 bis unter 6 Stunden ☒ unter 3 Stunden

Die getroffenen Feststellungen gelten seit **AU-Beginn** (Tag, Monat, Jahr)

☐ Eine Besserung ist wahrscheinlich bis

Monat   Jahr

☐ Eine Besserung ist wahrscheinlich [1]

☒ Eine Besserung ist unwahrscheinlich

(Begründung zu den Angaben in der Epikrise)
[1] In diesem Falle wird grundsätzlich eine Zeitrente von drei Jahren gewährt

**B. Positives und negatives Leistungsbild** (allgemeiner Arbeitsmarkt) Zutreffendes ankreuzen (X). Mehrfachnennungen möglich

**5.1 Positives Leistungsbild**          Folgende Arbeiten können verrichtet werden:

Körperliche Arbeitsschwere     ☐ schwere Arbeiten   ☐ mittelschwere Arbeiten   ☒ leichte bis mittelschwere Arbeiten   ☐ leichte Arbeiten

| Arbeitshaltung | im Stehen | im Gehen | im Sitzen |
|---|---|---|---|
| | ☐ ständig ☒ überwiegend ☐ zeitweise | ☐ ständig ☒ überwiegend ☐ zeitweise | ☐ ständig ☒ überwiegend ☐ zeitweise |

Arbeitsorganisation

☒ Tagesschicht          ☒ Früh-/Spätschicht          ☐ Nachtschicht

☐ Keine wesentlichen Einschränkungen

**5.2 Negatives Leistungsbild**
Einschränkungen beziehen sich auf (Art/Ausmaß müssen differenziert unter Ziff. 3 beschrieben werden):

☒ **Geistig/psychische Belastbarkeit**
(Zu beachten sind insbesondere Konzentrations-/Reaktionsvermögen, Umstellungs-, Anpassungsvermögen, Verantwortung für Personen und Maschinen, Publikumsverkehr, Überwachung, Steuerung komplexer Arbeitsvorgänge).

☐ **Sinnesorgane**
(Zu beachten sind insbesondere Seh-, Hör-, Sprach-, Sprech-, Tast- und Riechvermögen).

☒ **Bewegungs-/Haltungsapparat**
(Zu beachten sind insbesondere Gebrauchsfähigkeit der Hände, häufiges Bücken, Ersteigen von Treppen, Leitern und Gerüsten, Heben, Tragen und Bewegen von Lasten, Gang- und Standsicherheit, Zwangshaltungen).

☐ **Gefährdungs- und Belastungsfaktoren**
(Zu beachten sind insbesondere Nässe, Zugluft, extrem schwankende Temperaturen, inhalative Belastungen, Allergene, Lärm, Erschütterungen, Vibrationen, Tätigkeiten mit erhöhter Unfallgefahr, häufig wechselnde Arbeitszeiten).

**5.3 Beschreibung des Leistungsbildes** (insbesondere der unter Ziffer 2 genannten Einschränkungen)

### Siehe Epikrise.

**5.4 Beurteilung des zeitlichen Umfanges, in dem eine Tätigkeit entsprechend dem positiven und negativen Leistungsbild ausgeübt werden kann:**

☒ 6 Stunden und mehr   ☐ 3 bis unter 6 Stunden   ☐ unter 3 Stunden

Versicherungsnummer:

Name:

**Ärztliches Gutachten Schlussblatt** Teil 2

5.5 Diagnosen

| | Diagnosenschlüssel ICD-10 | -zusatz | -sicherheit |
|---|---|---|---|
| 1. Allgemeine Leistungsminderung mit chronischem Spannungskopfschmerz, chronischer Nasennebenhöhlenentzündung, beeinträchtigte Hörfähigkeit beidseits und Zervikozephalsyndrom. | G442 | | |
| 2. WS-Schmerzsyndrom mit Belastungsminderung der HWS und LWS. | M54 | | |
| 3. Adipositas per magna mit Risikofaktorprofil, labiler Hypertonie, Schlafapnoe-Syndrom, WS- und Gelenkbeschwerden. | E68 | | |

Die getroffenen Feststellungen gelten seit **Untersuchungsdatum.**

(Tag, Monat, Jahr)

5.6 ☒ Eine Besserung ist wahrscheinlich bis **s.Epikrise** Jahr

Monat

☐ Eine Besserung ist wahrscheinlich [1]

☐ Eine Besserung ist unwahrscheinlich

(Begründung zu den Angaben in der Epikrise)
[1] in diesem Falle wird grundsätzlich eine Zeitrente von drei Jahren gewährt

5.7 **Gesundheitsschäden/Leistungsminderung**
(vermutlich) verursacht durch

☐ Arbeitsunfall    ☐ Wehrdienstbeschädigung
☐ Berufskrankheit  ☐ Fremdverschulden (z.B. Unfall, gem. Opferentschädigungsgesetz)

5.8 Werden **Rehabilitationsleistungen** zur Besserung einer erheblich gefährdeten oder geminderten Leistungsfähigkeit vorgeschlagen?

Leistungen zur medizinischen Rehabilitation ☒ Nein    ☐ Ja
Leistungen zur Teilhabe am Arbeitsleben ☒ Nein    ☐ Ja
(Begründung in der Epikrise)
Wenn ja, in der Epikrise begründen und Ergänzungsblatt „Reha" ausfüllen.

5.9 Kann bei Vorliegen einer psychischen Krankheit oder einer geistigen oder seelischen Behinderung die Versicherte/der Versicherte ihre/seine Angelegenheiten selbst besorgen?

☐ Nein    ☐ Ja

Versicherungsnummer:

Name:

**Ärztliches Gutachten Schlussblatt** Teil 2

5.10 Wurden wesentliche, bisher unbekannte Erkrankungen oder Krankheitskomplikationen festgestellt?

☐ Nein ☐ Ja

| Am | | wurde | | davon unterrichtet. |
| Am | (Datum) | | (Versicherter/Versicherte) | |
| Am | | wurde | | davon unterrichtet. |
| Am | (Datum) | | (behandelnde Ärztin/behandelnder Arzt) | |

5.11 Für die Fahrt zur Untersuchung war(en) erforderlich:

|  | | |
|---|---|---|
| a) öffentliche Verkehrsmittel | ☐ Nein | ☒ Ja |
| b) Pkw | ☒ Nein | ☐ Ja |
| c) eine Begleitperson | ☒ Nein | ☐ Ja |

_____

(Datum des Gutachtenabschlusses)

Frankfurt, den

_____

Unterschrift der Ärztin/des Arztes/Namensstempel

Deutsche Rentenversicherung Hessen – Abteilung Versicherungsleistungen - Ärztliche Untersuchungsstelle Frankfurt
Unterer Atzemer 7, 60316 Frankfurt am Main

# 7 Untersuchungsbögen »Bewegungsmessung«

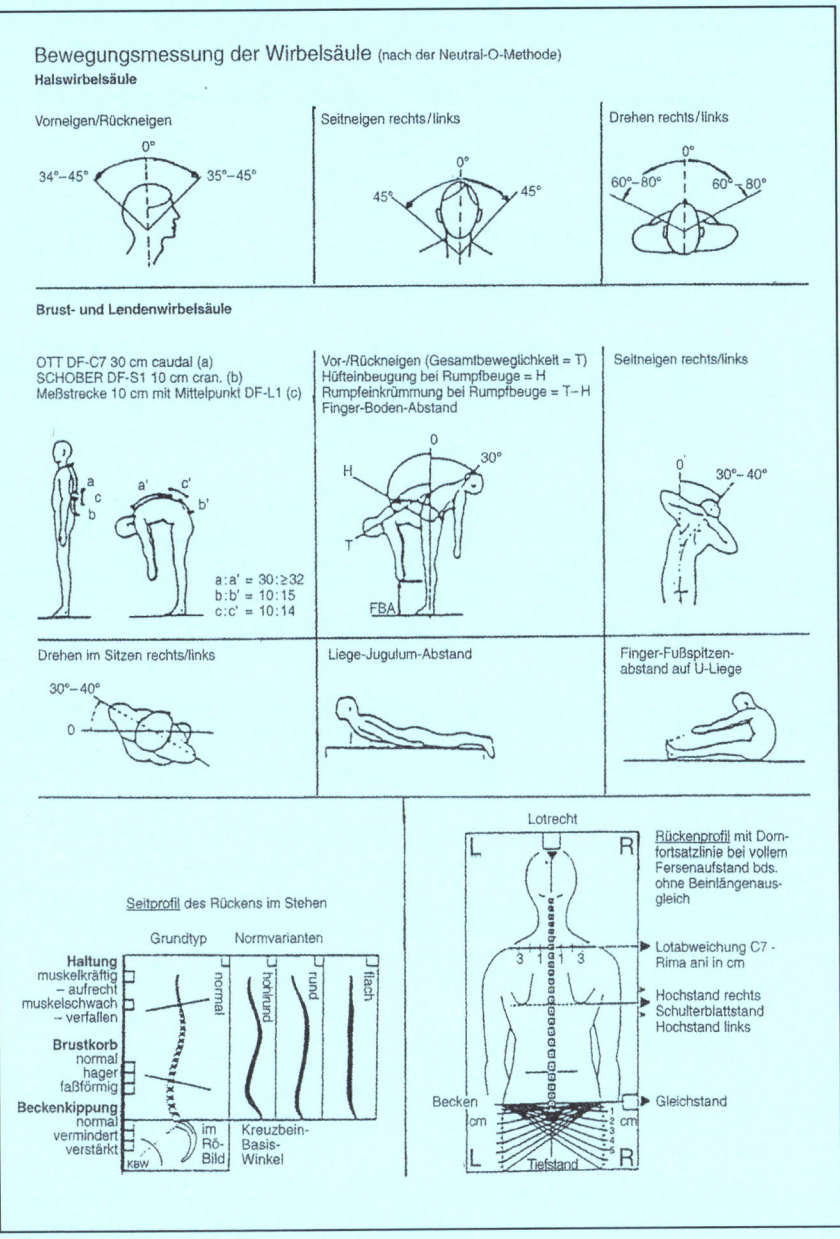

Bewegungsmessung der Wirbelsäule (nach der Neutral-O-Methode)

**Halswirbelsäule**

Vorneigen/Rückneigen · Seitneigen rechts/links · Drehen rechts/links

**Brust- und Lendenwirbelsäule**

OTT DF-C7 30 cm caudal (a)
SCHOBER DF-S1 10 cm cran. (b)
Meßstrecke 10 cm mit Mittelpunkt DF-L1 (c)

Vor-/Rückneigen (Gesamtbeweglichkeit = T)
Hüfteinbeugung bei Rumpfbeuge = H
Rumpfeinkrümmung bei Rumpfbeuge = T – H
Finger-Boden-Abstand

Seitneigen rechts/links

a:a' = 30:≥32
b:b' = 10:15
c:c' = 10:14

Drehen im Sitzen rechts/links · Liege-Jugulum-Abstand · Finger-Fußspitzenabstand auf U-Liege

Seitprofil des Rückens im Stehen

Grundtyp · Normvarianten

Haltung
muskelkräftig
– aufrecht
muskelschwach
– verfallen

Brustkorb
normal
hager
faßförmig

Beckenkippung
normal
vermindert
verstärkt

im Rö-Bild · Kreuzbein-Basis-Winkel

Lotrecht

Rückenprofil mit Dornfortsatzlinie bei vollem Fersenaufstand bds. ohne Beinlängenausgleich

Lotabweichung C7 - Rima ani in cm
Hochstand rechts
Schulterblattstand
Hochstand links
Gleichstand

## Bewegungsmessung der Daumengelenke (nach der Neutral-O-Methode)

Abduktion/Adduktion in der
Palmarebene

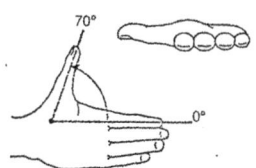

Palmare Abduktion/Adduktion
senkrecht zur Palmarebene

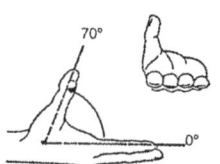

Beugung a) im Grundgelenk
          b) im Endgelenk

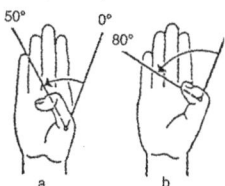

a                    b

Oppositionsstellung a) in Ausgangsstellung
                    b) während der Bewegung
                    c) in Oppositionsstellung

gemessen wird die Distanz
zwischen der Daumenkuppe
und der Kleinfingerbasis

## Bewegungsmessung der Gelenke der Finger II–V (nach der Neutral-O-Methode)

Überstreckung im Grundgelenk

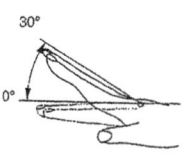

Beugung im Grundgelenk

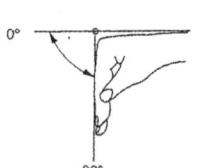

Beugung im Mittelgelenk

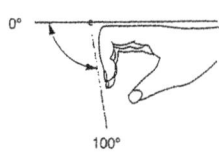

Beugung im Endgelenk

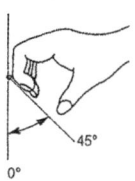

# Bewegungsmessung der oberen Gliedmaßen (nach der Neutral-O-Methode)

*unter Angabe der Normalwerte*

**a) Schultergelenke (Schultergürtel)**
Arm seitwärts/körperwärts

180°
90°
20° – 40°
0°

| 180 | 0 | 20 – 40 |

Arm rückwärts/vorwärts
150° – 170°
90°
40°
0°

| 40 | 0 | 150 – 170 |

Arm ausw./einwärts drehen (Oberarm anliegend)
0°
40° – 60°
95°

| 40 – 60 | 0 | 95 |

Arm ausw./einwärts drehen (Oberarm 90° seitwärts abgeh.)
70°
0°
70°

| 70 | 0 | 70 |

**Armlänge in cm:**
Schulterhöhe – Speichenende

**Stumpflänge in cm:**
Schulterhöhe – Stumpfende
Äuß. Oberarmknorren – Stumpfende

**b) Ellenbogengelenke Streckung/Beugung**
90°
150°
0°
10°

| 0 | 0 | 150 |

**c) Unterarmdrehung auswärts/einwärts**
0°
80° – 90°
80° – 90°

| 80 – 90 | 0 | 80 – 90 |

**d) Handgelenke**
handrückenwärts/hohlhandwärts
35° – 60°
0°
50° – 60°

| 35 – 60 | 0 | 50 – 60 |

speichenwärts/ellenwärts
0°
25° – 30°
30° – 40°

| 25 – 30 | 0 | 30 – 40 |

**Umfangmaße in cm:**
(hängender Arm)
15 cm ob. äußerem Oberarmknorren
Ellenbogengelenk
10 cm unt. äußerem Oberarmknorren
Handgelenk
Mittelhand (ohne Daumen)

## Bewegungsmessung der unteren Gliedmaßen (nach der Neutral-0-Methode)

*unter Angabe der Normalwerte*

a) Hüftgelenke
Streckung/Beugung

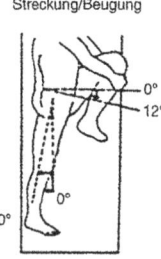
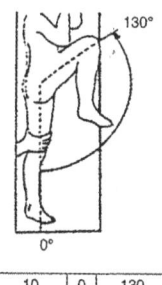

0°
12°

130°

10°
0°
0°

| 10 | 0 | 130 |

b) Kniegelenke
Streckung/Beugung

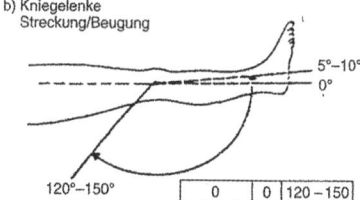

5°–10°
0°

120°–150°

| 0 | 0 | 120 – 150 |

Abspreizen/Anführen
90°

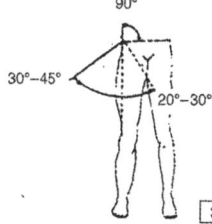

30°–45°
20°–30°

| 30 – 45 | 0 | 20 – 30 |

c) Obere Sprunggelenke
Heben/Senken des Fußes

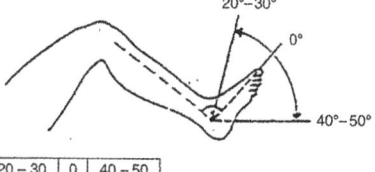

20°–30°
0°
40°–50°

| 20 – 30 | 0 | 40 – 50 |

Drehung auswärts/einwärts
(Hüftgelenk 90° gebeugt)

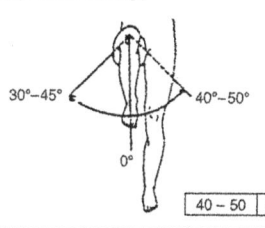

30°–45°
40°–50°
0°

| 40 – 50 | 0 | 30 – 45 |

d) Untere Sprunggelenke
Gesamtbeweglichkeit
Fußaußenr. heben/senken
(in Bruchteilen der normalen
Beweglichkeit)

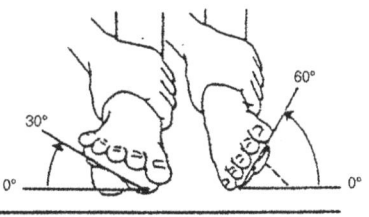

60°
30°
0°
0°

Drehung auswärts/einwärts
(Hüftgelenk gestreckt)

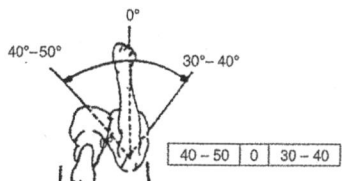

0°
40°–50°
30°– 40°

| 40 – 50 | 0 | 30 – 40 |

**Umfangmaße in cm:**
20 cm ob. inn. Kniegelenkspalt
10 cm ob. inn. Kniegelenkspalt
Kniescheibenmitte
15 cm unterh. inn. Kniegelenkspalt
Unterschenkel, kleinster Umfang
Knöchel
Rist über Kahnbein
Vorfußballen

**Beinlänge in cm:**
Vord. ob. D-beinstachel – Außenknöchelsp.

**Stumpflänge in cm:**
Sitzbein – Stumpfende
Inn. Kniegelenkspalt – Stumpfende

# 8  Rentenbescheid

**Deutsche
Rentenversicherung**

Abteilung Versicherung und Rente

Telefon
Telefax

Servicezeiten:
Mo-Do  8:00-16:00 Uhr
Fr  8:00-14:00 Uhr

Datum
.2017

**Rentenbescheid**

Sehr geehrte Frau           ,

aufgrund Ihres Widerspruchs vom              erhalten Sie von uns
**Rente wegen voller Erwerbsminderung.**

Die Rente beginnt am 01.10.2017. Sie ist befristet und endet mit dem
30.04.2018.

Sie wird für die Zeit ab dem 01.10.2017 laufend monatlich gezahlt.
Die Rente für den jeweiligen Monat wird am Monatsende ausgezahlt.

**Höhe der laufenden Zahlung**

| | | |
|---|---:|---|
| Monatliche Rente ab dem 01.10.2017 | 606,08 | EUR |
| Beitragsanteil des Rentners zur Krankenversicherung | - 44,24 | EUR |
| Zusatzbeitrag zur Krankenkasse | - 9,09 | EUR |
| Beitrag des Rentners zur Pflegeversicherung | - 15,46 | EUR |
| monatlicher Zahlbetrag | 537,29 | EUR |

**Zahlungsweg**
Die monatliche Zahlung wird auf das angegebene Konto überwiesen.

Seite 02

Deutsche Rentenversicherung

Deutsche
Rentenversicherung

| Versicherungsnummer | Abt. | | Seite | Datum |
|---|---|---|---|---|
| 52   H |  | (000-01) | 02 | .08.2017 |

**Ihre Rente wegen voller Erwerbsminderung**

Sie haben Anspruch auf Rente wegen voller Erwerbsminderung auf Zeit. Der
Rentenanspruch ist zeitlich begrenzt, weil es nach den medizinischen
Untersuchungsbefunden nicht unwahrscheinlich ist, dass die volle
Erwerbsminderung behoben werden kann.

Die Anspruchsvoraussetzungen sind ab dem 29.03.2017 erfüllt.

**Beginn Ihrer Rente**

Wir leisten die Rente ab dem 7. Kalendermonat nach Eintritt der
Minderung der Erwerbsfähigkeit, weil die Rente befristet ist.

**Ende Ihrer Rente**

Die Rente endet mit dem 30.04.2018, ohne dass wir einen weiteren
Bescheid erteilen.

Die Rente kann auf Antrag weitergezahlt werden, wenn eine Minderung der
Erwerbsfähigkeit weiterhin vorliegt. Wir empfehlen Ihnen in diesem Fall,
rechtzeitig - ungefähr 3 Monate vor dem Ende der Rente - einen Antrag
auf Weiterzahlung der Rente zu stellen. Vorsorglich weisen wir darauf
hin, dass die Rentenzahlung auch dann zum 30.04.2018 eingestellt wird,
wenn wir bis dahin über den Antrag auf Weiterzahlung noch nicht
entscheiden konnten.

**Berechnung Ihrer Rente**

Einzelheiten zur Höhe der Rente unter Berücksichtigung des
Versorgungsausgleichs und der Vorschriften über das Zusammentreffen
mehrerer Ansprüche enthält die Anlage "Berechnung der Rente".

In dieser Rente ist ein Rentenabschlag (verminderter Zugangsfaktor)
enthalten. Einzelheiten enthält die Anlage "Berechnung der persönlichen
Entgeltpunkte".

Da Sie in der gesetzlichen Krankenversicherung pflichtversichert sind,
haben Sie einen Krankenversicherungsbeitrag aus der Rente zu zahlen.
Dieser bemisst sich zum einen nach dem allgemeinen Beitragssatz, der für
alle gesetzlichen Krankenkassen gilt, und zum anderen nach dem
individuellen Zusatzbeitragssatz, den Ihre Krankenkasse festgelegt hat.
Der nach dem allgemeinen Beitragssatz bemessene
Krankenversicherungsbeitrag ist von Ihnen und uns je zur Hälfte zu
tragen. Der Zusatzbeitrag ist von Ihnen allein aufzubringen.

Die Beiträge führen wir an die gesetzliche Krankenversicherung ab.

Da Sie in der sozialen Pflegeversicherung pflichtversichert sind, haben
Sie einen Pflegeversicherungsbeitrag aus der Rente zu zahlen, der von
Ihnen allein aufzubringen ist. Diesen Beitrag führen wir an die soziale
Pflegeversicherung ab.

Seite 03

Deutsche Rentenversicherung

Deutsche
Rentenversicherung

Versicherungsnummer  Abt.                Seite          Datum
52         H          (000-01)           03           .08.2017

**Mehrere Rentenansprüche**

Bestehen für denselben Zeitraum Ansprüche auf mehrere Renten aus eigener
Versicherung, leisten wir nur die höchste Rente. Bei gleich hohen Renten
gilt eine gesetzliche Rangfolge.
Die
Rente wegen teilweiser Erwerbsminderung
ist daher nicht zu zahlen.

**Zahlung Ihrer Rente**

Die Rente wird durch den Renten Service der Deutschen Post AG
angewiesen.

Wir bitten Sie, Änderungen der Anschrift oder des Kontos, das
Ausbleiben von Zahlungen und ähnliche Sachverhalte der

Deutschen Post AG
Niederlassung Renten Service
13497 Berlin

mitzuteilen.

Die Rente wird unter folgendem Zeichen gezahlt:

PANR        Postrentennummer
            52        H

**Mitteilungspflichten und Mitwirkungspflichten**

**Darf ich neben der Rente arbeiten?**
Bitte teilen Sie uns unverzüglich mit, wenn Sie eine Beschäftigung oder
selbstständige Tätigkeit aufnehmen oder ausüben. Ihre Rente kann dann
wegfallen. Dies gilt selbst dann, wenn Sie nichts verdienen oder sogar
Verluste erwirtschaften.

**Muss ich mitteilen, wenn ich neben der Rente hinzuverdiene?**
Ja, Sie müssen uns den Hinzuverdienst mitteilen, den wir noch nicht
kennen. Hinzuverdienst kann Ihre Rente mindern.

**Welches Einkommen zählt als Hinzuverdienst?**
Als Hinzuverdienst zählen folgende Arten von Einkommen:

- Brutto-Arbeitsentgelt,
- Arbeitseinkommen
  das ist der steuerrechtliche Gewinn, wie er sich aus dem
  Einkommensteuerbescheid ergibt. Dazu zählen Einkünfte aus Land- und
  Forstwirtschaft, aus Gewerbebetrieb oder aus selbstständiger Arbeit,
  auch wenn eine Tätigkeit tatsächlich nicht ausgeübt wird;
- vergleichbares Einkommen
  das sind zum Beispiel Entschädigungen für Abgeordnete oder Bezüge aus
  einem öffentlich-rechtlichen Amtsverhältnis;
- Verletztengeld oder Übergangsgeld aus der gesetzlichen
  Unfallversicherung.

Seite 04

Deutsche Rentenversicherung

**Deutsche Rentenversicherung**

| Versicherungsnummer | Abt. | | Seite | Datum |
|---|---|---|---|---|
| 52        H - | | (000-01) | 04 | .08.2017 |

Im Ausland erzieltes Einkommen zählt ebenfalls dazu. Mehrere Einkommen werden zusammengerechnet.

Verletztengeld oder Übergangsgeld aus der gesetzlichen Unfallversicherung zählen auch dann als Hinzuverdienst, wenn sie wegen der Anrechnung von Einkommen oder anderen Sozialleistungen nicht gezahlt werden. Dies ist zum Beispiel der Fall, soweit ein Verletztengeld aus der gesetzlichen Unfallversicherung teilweise nicht gezahlt wird, weil Arbeitsentgelt oder Arbeitseinkommen erzielt wurde.

Nicht als Hinzuverdienst zählen:
- das Pflegegeld, das Personen für die Pflege von Pflegebedürftigen erhalten,
- das Arbeitsentgelt, das behinderte Menschen von einer Werkstatt für behinderte Menschen erhalten.

**Muss ich andere Leistungen neben der Rente mitteilen?**
Sie sind verpflichtet, uns den Bezug und jede Veränderung folgender Leistungen mitzuteilen:

- Rente an Versicherte aus der gesetzlichen Unfallversicherung,
- Abfindung einer Rente an Versicherte aus der gesetzlichen Unfallversicherung,
- Leistungen nach § 10 Absatz 1 Entwicklungshelfer-Gesetz,
- Vorruhestandsgeld,
- andere Rente aus der gesetzlichen Rentenversicherung,
- vergleichbare Leistungen, wenn sie von einem Träger im Ausland erbracht werden.

Wird eine Rente aus der gesetzlichen Unfallversicherung beantragt oder ein Rentenverfahren eingeleitet, teilen Sie uns dies bitte ebenfalls mit.

**Verlegung des gewöhnlichen Aufenthalts ins Ausland – muss ich das mitteilen?**
Sie müssen uns unverzüglich mitteilen, wenn der gewöhnliche Aufenthalt ins Ausland verlegt wird.

Für die Dauer eines gewöhnlichen Aufenthalts im Ausland kann sich die Rentenhöhe vermindern oder der Rentenanspruch entfallen. Außerdem können sich bei der Krankenversicherung der Rentner oder dem Zuschuss zum Krankenversicherungsbeitrag und bei der Pflegeversicherung Nachteile ergeben.

Wir empfehlen Ihnen, uns möglichst frühzeitig zu informieren. Wir können dann schon vorher prüfen und Ihnen mitteilen, in welcher Höhe die Rente ins Ausland zu zahlen ist.

Seite 05

Deutsche Rentenversicherung

Deutsche
Rentenversicherung

| Versicherungsnummer | Abt. | | Seite | Datum |
|---|---|---|---|---|
| 52        H | | (000-01) | 05 | .08.2017 |

**Welche Folgen hat es, wenn ich meine Mitteilungspflichten nicht rechtzeitig erfülle?**
Wir werden den Bescheid ganz oder teilweise aufheben, sobald uns Tatsachen bekannt werden, die den Rentenanspruch oder die Rentenhöhe beeinflussen. Dies ist auch rückwirkend möglich.

Zuviel gezahlte Beträge müssen Sie zurückzahlen. Sie können größere Überzahlungen vermeiden, wenn Sie Ihre Mitteilungspflichten rechtzeitig erfüllen.

**Kosten des Widerspruchsverfahrens**

Die durch das Widerspruchsverfahren entstandenen notwendigen Aufwendungen werden auf Antrag erstattet.

Die Zuziehung eines Bevollmächtigten war erforderlich.

**Weitere Hinweise**

**Kann Hinzuverdienst dazu führen, dass die Rente nur noch teilweise oder gar nicht geleistet wird?**
Ja. Die Rente wird nur in voller Höhe geleistet, wenn Ihr Hinzuverdienst die kalenderjährliche Hinzuverdienstgrenze von 6.300,00 EUR nicht überschreitet. Darüber hinaus erzielter Hinzuverdienst führt dazu, dass die Rente nur noch teilweise oder gar nicht geleistet wird.

**Kann es passieren, dass ich wegen Hinzuverdienst die Rente zurückzahlen muss?**
Ja. Wir berechnen die Rente zunächst mit dem Hinzuverdienst, den Sie voraussichtlich haben werden. Später berechnen wir die Rente rückwirkend neu mit dem tatsächlichen Hinzuverdienst des zurückliegenden Kalenderjahres. Zuviel gezahlte Beträge müssen Sie zurückzahlen.

**Wann wird neuer oder geänderter Hinzuverdienst bei der Berechnung der Rente berücksichtigt?**
Zum 1. Juli jedes Jahres werden wir Ihren Hinzuverdienst für das zurückliegende Kalenderjahr überprüfen und die Rente rückwirkend neu berechnen mit dem tatsächlichen Hinzuverdienst. Daraus kann sich eine Nachzahlung für Sie ergeben. Zu viel gezahlte Beträge müssen Sie jedoch zurückzahlen.

Ab dem 1. Juli jedes Jahres wird auch der Hinzuverdienst, den Sie voraussichtlich haben werden, neu bestimmt. Sie können beantragen, dass wir einen neuen voraussichtlichen Hinzuverdienst schon vorher für die Zukunft berücksichtigen. Das ist möglich, wenn sich der Hinzuverdienst, den Sie voraussichtlich im Kalenderjahr haben werden, um mindestens 10 % geändert hat. Damit können Sie größere Nachzahlungen oder Überzahlungen vermeiden. Wir werden Ihre Rente zum 1. Januar auch ohne Ihren Antrag neu berechnen, wenn uns bekannt ist, dass der voraussichtliche Hinzuverdienst im neuen Kalenderjahr um wenigstens 10 % höher oder niedriger ist als der zuletzt berücksichtigte.

Deutsche Rentenversicherung

| Versicherungsnummer | Abt. | | Seite | Datum |
|---|---|---|---|---|
| 52 | H | (000-01) | 06 | .08.2017 |

**Wird meine Erwerbsminderung in Zukunft überprüft?**
Der Anspruch auf diese Rente besteht, solange die maßgebliche
Erwerbsminderung vorliegt. Wir sind daher verpflichtet, von Zeit zu Zeit
oder bei einer Arbeitsaufnahme zu prüfen, ob die Voraussetzungen für die
Rente noch vorliegen. Liegen diese nicht mehr vor, ist die Rente zu
entziehen. Dies gilt auch für Renten ohne zeitliche Befristung. Die
Nachprüfung erfolgt bei allen Versicherten unabhängig von dem bei der
Rentenbewilligung festgestellten Gesundheitszustand.

**Die Beitragssätze in der Krankenversicherung oder der Pflegeversicherung
ändern sich. Was muss ich dazu wissen?**
Ändert sich

- der allgemeine Beitragssatz in der gesetzlichen Krankenversicherung
  oder
- der Zusatzbeitragssatz Ihrer Krankenkasse oder
- der Beitragssatz zur sozialen Pflegeversicherung,

so wirkt sich dies auf die Höhe der aus Ihrer Rente zu zahlenden
Beiträge zur Krankenversicherung oder Pflegeversicherung aus. Es ist
beabsichtigt, Sie über die geänderte Höhe Ihres Anteils am Beitrag zur
Krankenversicherung (KV), die neue Höhe des Zusatzbeitrags oder die
geänderte Höhe Ihres Beitrags zur Pflegeversicherung (PV) auf dem
Kontoauszug Ihrer Bank zu informieren.

**Ab wann wirkt sich die Änderung eines Beitragssatzes auf die
Beitragszahlung aus meiner Rente aus?**
Ändert Ihre Krankenkasse den Zusatzbeitragssatz, wirkt sich dies erst
nach 2 Monaten auf die Höhe des aus Ihrer Rente zu zahlenden
Zusatzbeitrags aus.

Eine Änderung des allgemeinen Beitragssatzes in der gesetzlichen
Krankenversicherung oder des Beitragssatzes zur sozialen
Pflegeversicherung wirkt sich dagegen ohne zeitliche Verzögerung auf die
Höhe der aus Ihrer Rente zu zahlenden Beiträge zur Krankenversicherung
oder Pflegeversicherung aus.

Seite 07

Deutsche Rentenversicherung

Deutsche
Rentenversicherung

| Versicherungsnummer | Abt. | | Seite | Datum |
|---|---|---|---|---|
| 52      H | 5730 | (000-01) | 07 | --.08.2017 |

**Muss ich meine Rente versteuern?**
Ein Teil Ihrer Rente gehört zu Ihrem steuerpflichtigen Einkommen, der
verbleibende Betrag ist der steuerfreie Teil der Rente.

Ob Sie für den steuerpflichtigen Teil Ihrer Rente tatsächlich Steuern
zahlen müssen, können wir nicht beurteilen. Das kann nur Ihr Finanzamt
prüfen. Dort wird Ihre Einkommensteuer festgesetzt, nachdem Sie eine
Einkommensteuererklärung abgegeben haben. Mit Fragen zur Steuerpflicht
wenden Sie sich daher bitte an Ihr Finanzamt.

Bitte benachrichtigen Sie uns, wenn Sie für die Einkommensteuererklärung
eine Bescheinigung über die Höhe Ihrer Rente benötigen. Diese stellen
wir Ihnen auf Wunsch gern aus.

Die von uns gezahlten Renten melden wir jährlich der Zentralen
Zulagenstelle für Altersvermögen. Von dort werden die Daten an die
Finanzverwaltungen der einzelnen Bundesländer übermittelt. Zu diesen
Meldungen sind wir gesetzlich verpflichtet. Trotz unserer Meldung müssen
Sie prüfen, ob Sie eine Einkommensteuererklärung abzugeben haben.

**Haben Sie noch Fragen zu diesem Bescheid?**

Die Mitarbeiterinnen und Mitarbeiter der Auskunfts- und Beratungsstellen
der Deutschen Rentenversicherung, der örtlichen Versicherungsämter und
die Versichertenältesten stehen Ihnen für weitere Auskünfte oder
Erläuterungen gern und kostenlos zur Verfügung. Anschriften und weitere
Informationen finden Sie im Internet unter
www.deutsche-rentenversicherung.de

**Inhaltsverzeichnis der Anlagen**

**Welche Anlagen enthält dieser Bescheid?**
Bestandteil dieses Bescheids sind die Anlagen

- **Berechnung der Rente**
  Wir zeigen Ihnen, wie wir die Rente und die laufende Zahlung
  berechnet haben.

- **Entscheidungen zu rentenrechtlichen Daten**
  In dieser Anlage informieren wir Sie über Entscheidungen, die sich auf
  das Versicherungskonto auswirken.

- **Versicherungsverlauf**
  Der Versicherungsverlauf enthält die Daten, die im Versicherungskonto
  gespeichert sind.

- **Entgeltpunkte für Beitragszeiten**
  Wir zeigen Ihnen, wie wir aus den Beitragszeiten Entgeltpunkte
  ermittelt haben.

- **Entgeltpunkte für beitragsfreie und beitragsgeminderte Zeiten**
  In dieser Anlage erfahren Sie, wie wir Entgeltpunkte für beitragsfreie
  Zeiten und für beitragsgeminderte Zeiten ermittelt haben.

Seite 08

Deutsche Rentenversicherung

Deutsche
Rentenversicherung

| Versicherungsnummer | Abt. | | Seite | Datum |
|---|---|---|---|---|
| 52        '  H | ‾‾‾‾ | (000-01) | 08 | .08.2017 |

- **Versorgungsausgleich**
  Wir zeigen Ihnen, wie sich der Versorgungsausgleich auf die
  Entgeltpunkte auswirkt.

- **Berechnung der persönlichen Entgeltpunkte**
  Die persönlichen Entgeltpunkte beeinflussen entscheidend die Höhe der
  Rente.

- **Rente und Hinzuverdienst**
  In dieser Anlage zeigen wir Ihnen, welche Grenzen Sie für einen
  Hinzuverdienst beachten sollten.

- **Zuschlag an Entgeltpunkten**
  Für bestimmte Zeiten gibt es einen Zuschlag an Entgeltpunkten.

**Was ist diesem Bescheid außerdem beigefügt?**

- **Ausweis für Rentnerinnen und Rentner**
  Mit diesem Ausweis erhalten Sie von manchen Stellen Vergünstigungen,
  zum Beispiel verbilligte Eintrittskarten.

**Ihr Recht**

Gegen diesen Bescheid können Sie innerhalb eines Monats
nach seiner Bekanntgabe schriftlich Widerspruch erheben.

Den Widerspruch richten Sie bitte an die

Deutsche Rentenversicherung

Sie können diese Stelle auch aufsuchen und Ihren Widerspruch
schriftlich aufnehmen lassen.

Dieser Bescheid ergeht aufgrund des Widerspruchs vom .          Dem
Widerspruch ist damit in vollem Umfang abgeholfen worden.

Mit freundlichen Grüßen

Deutsche Rentenversicherung

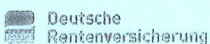
Deutsche
Rentenversicherung

Anlage Ausweis für Rentnerinnen und Rentner

Mit diesem Ausweis erhalten Sie von manchen Stellen Vergünstigungen,
zum Beispiel verbilligte Eintrittskarten.
Verwenden Sie den Ausweis bitte immer zusammen mit einem amtlichen
Lichtbildausweis.

**Ausweis für Rentnerinnen und Rentner**
(nur gültig in Verbindung mit dem Personalausweis)
**Pensioners' Card**  (only valid in combination with an identity card)
**Carte de retraité**(ne valable qu 'en combinaison avec une carte d'identité)

R2          H

für:

geb. am

gültig ab  01.10.2017

ausgestellt von:

Deutsche
Rentenversicherung

Deutsche Rentenversicherung

**Deutsche
Rentenversicherung**

| Versicherungsnummer | Abt. | | Anlage | Seite | Datum |
|---|---|---|---|---|---|
| 52    H | | (000-01) | | 01 | .08.2017 |

Berechnung der Rente

In dieser Anlage zeigen wir Ihnen, wie wir die Rente berechnen.

### Berechnung der Rente

Grundlage der Berechnung sind die im Versicherungskonto gespeicherten Daten. Diese sind aufgeführt in der Anlage "Versicherungsverlauf". Die dort aufgeführten Daten werden bei der Ermittlung der Entgeltpunkte berücksichtigt.

Wie wir Entgeltpunkte ermitteln, erläutern wir in der Anlage "Berechnung der persönlichen Entgeltpunkte".

Aus den ermittelten Entgeltpunkten berechnen wir persönliche Entgeltpunkte. Hierbei berücksichtigen wir den Zugangsfaktor.

Einzelheiten dazu enthält die Anlage "Berechnung der persönlichen Entgeltpunkte".

Der Monatsbetrag der Rente ergibt sich, wenn
- die persönlichen Entgeltpunkte,
- der Rentenartfaktor und
- der aktuelle Rentenwert
miteinander vervielfältigt werden.

Die Rente wird aus folgenden Werten berechnet:

Die persönlichen Entgeltpunkte betragen                    19,5320

Der Rentenartfaktor für die Rente wegen
voller Erwerbsminderung ist                                     1,0

Der aktuelle Rentenwert beträgt monatlich            31,03 EUR

Daraus ergibt sich eine Rente von                                606,08 EUR

**Für die Zeit ab 01.10.2017**

- beträgt die monatliche Rente                                   606,08 EUR

Beitrag zur gesetzlichen Krankenversicherung
bei der Krankenkasse DAK-Gesundheit
14,60 % von    606,08 EUR                      88,49 EUR
Beitragsanteil des Rentenversicherungsträgers
die Hälfte von      88,49 EUR                  44,25 EUR
Beitragsanteil des Rentners
88,49 EUR - 44,25 EUR                                        -  44,24 EUR

Zusatzbeitrag zu dieser Krankenkasse
1,50 % von    606,08 EUR                                     -   9,09 EUR

Pflegeversicherungsbeitrag
2,55 % (mit Nachweis der Elterneigenschaft)
von    606,08 EUR                                            -  15,46 EUR

Seite 02

Deutsche Rentenversicherung

Deutsche
Rentenversicherung

| Versicherungsnummer  Abt. | | Anlage | Seite | Datum |
|---|---|---|---|---|
| 52          H          (000-01) | | | 02 | .08.2017 |

Berechnung der Rente

**Monatlicher Zahlbetrag**                                              **537,29 EUR**

Deutsche Rentenversicherung

Deutsche
Rentenversicherung

Versicherungsnummer  Abt.                Anlage   Seite      Datum
52          H            (000-01)                  01      .08.2017

Entscheidungen zu rentenrechtlichen Daten

In dieser Anlage informieren wir Sie über Entscheidungen, die sich auf
das Versicherungskonto auswirken.

Einzelheiten zum Versicherungskonto enthält die nachfolgende Anlage
"Versicherungsverlauf".

**Berücksichtigung von Zeiten**

Die Zeit

vom 01.09.2009 bis zum 31.08.2010

kann nicht als Anrechnungszeit anerkannt werden, weil die Ausbildung
 eine Lehrzeit, Schulausbildung, Fachschulausbildung,
Fachhochschulausbildung oder Hochschulausbildung ist.

Deutsche Rentenversicherung

Deutsche
Rentenversicherung

| Versicherungsnummer | Abt. | | Anlage | Seite | Datum |
|---|---|---|---|---|---|
| 52       H | 5730 | (000-01) | | 01 | .08.2017 |

Versicherungsverlauf

### Versicherungsverlauf für

In der nachfolgenden Aufstellung sind die im Versicherungskonto gespeicherten Daten aufgeführt, die zur Feststellung und Erbringung von Leistungen erheblich sind.

Allgemeine Rentenversicherung
- Rentenversicherung der Angestellten -

| | | | | |
|---|---|---|---|---|
| SVN | 01.09.78-31.12.78 | 1.484,00 DM | 4 Mon. | Pflichtbeitragszeit berufliche Ausbildung |
| SVN | 01.01.79-01.12.79 | 4.793,00 DM | 12 Mon. | Pflichtbeitragszeit berufliche Ausbildung |
| DÜVO | 02.12.79-31.12.79 | 500,00 DM | | Pflichtbeitragszeit berufliche Ausbildung |
| DÜVO | 01.01.80-31.12.80 | 7.589,00 DM | 12 Mon. | Pflichtbeitragszeit berufliche Ausbildung |
| DÜVO | 01.01.81-31.12.81 | 9.587,00 DM | 12 Mon. | Pflichtbeitragszeit berufliche Ausbildung |
| DÜVO | 01.01.82-01.02.82 | 800,00 DM | 2 Mon. | Pflichtbeitragszeit berufliche Ausbildung |
| AFG | 10.02.82-27.02.82 | 613,00 DM | | Pflichtbeitragszeit |
| SVN | 08.03.82-15.04.82 | 1.764,00 DM | 2 Mon. | Pflichtbeitragszeit |
| AFG | 24.05.82-07.06.82 | 498,00 DM | 2 Mon. | Pflichtbeitragszeit |
| SVN | 01.01.83-31.01.83 | 1.450,00 DM | 1 Mon. | Pflichtbeitragszeit |
| | 01.02.83-28.03.83 | | | Überbrückungszeit keine Anrechnung |
| AFG | 05.05.83-30.07.83 | | 3 Mon. | Arbeitslosigkeit |
| AFG | 01.08.83-01.08.83 | | 1 Mon. | Arbeitslosigkeit |
| AFG | 16.08.83-10.09.83 | | | Arbeitslosigkeit |
| SVN | 12.09.83-30.09.83 | 1.116,00 DM | 1 Mon. | Pflichtbeitragszeit |
| SVN | 01.10.83-31.12.83 | 4.961,00 DM | 3 Mon. | Pflichtbeitragszeit |
| SVN | 01.01.84-06.02.84 | 1.710,00 DM | 2 Mon. | Pflichtbeitragszeit |
| AFG | 13.02.84-13.06.84 | | 3 Mon. | Arbeitslosigkeit |
| | 14.06.84-30.06.84 | | 1 Mon. | Schwangerschaft/ Mutterschutz |
| | 01.07.84-31.07.84 | | 1 Mon. | Schwangerschaft/ Mutterschutz |
| | 01.08.84-31.12.84 | | 5 Mon. | Pflichtbeitragszeit für Kindererziehung |
| | 01.08.84-31.12.84 | | | Schwangerschaft/ Mutterschutz |
| | 01.01.85-31.01.85 | | 1 Mon. | Pflichtbeitragszeit für Kindererziehung |
| AFG | 28.01.85-25.09.85 | | | Arbeitslosigkeit |
| | 01.02.85-31.07.85 | | 6 Mon. | Pflichtbeitragszeit für Kindererziehung |
| | 01.08.85-31.08.85 | | 1 Mon. | Pflichtbeitragszeit für Kindererziehung |
| | 01.09.85-30.09.85 | | 1 Mon. | Pflichtbeitragszeit für Kindererziehung |
| | 01.10.85-31.12.85 | | 3 Mon. | Pflichtbeitragszeit für Kindererziehung |

Seite 02

Deutsche Rentenversicherung

**Deutsche Rentenversicherung**

| Versicherungsnummer | Abt. | | | Anlage | Seite | Datum |
|---|---|---|---|---|---|---|
| 52 | H | 5730 | (000-01) | | 02 | .08.2017 |

Versicherungsverlauf

| | | | | | |
|---|---|---|---|---|---|
| | 01.01.86-28.02.86 | | | 2 Mon. | Pflichtbeitragszeit für Kindererziehung |
| | 01.03.86-31.03.86 | | | 1 Mon. | Pflichtbeitragszeit für Kindererziehung |
| | 13.03.86-31.03.86 | | | | Schwangerschaft/ Mutterschutz |
| | 01.04.86-31.05.86 | | | 2 Mon. | Pflichtbeitragszeit für Kindererziehung |
| | 01.04.86-31.05.86 | | | | Schwangerschaft/ Mutterschutz |
| | 01.06.86-30.06.86 | | | 1 Mon. | Pflichtbeitragszeit für Kindererziehung |
| | 01.06.86-19.06.86 | | | | Schwangerschaft/ Mutterschutz |
| | 01.07.86-31.07.86 | | | 1 Mon. | Pflichtbeitragszeit für Kindererziehung |
| | 01.08.86-31.12.86 | | | 5 Mon. | Pflichtbeitragszeit für Kindererziehung |
| | 01.01.87-30.04.87 | | | 4 Mon. | Pflichtbeitragszeit für Kindererziehung |
| | 01.05.87-30.09.87 | | | 5 Mon. | Pflichtbeitragszeit für Kindererziehung |
| | 01.10.87-31.12.87 | | | 3 Mon. | Pflichtbeitragszeit für Kindererziehung |
| DÜVO | 01.10.87-31.12.87 | 4.500,00 DM | | | Pflichtbeitragszeit |
| | 01.01.88-30.04.88 | | | 4 Mon. | Pflichtbeitragszeit für Kindererziehung |
| DÜVO | 01.01.88-30.04.88 | 6.066,67 DM | | | Pflichtbeitragszeit |
| | 01.05.88-31.07.88 | | | 3 Mon. | Pflichtbeitragszeit für Kindererziehung |
| DÜVO | 01.05.88-31.07.88 | 4.550,00 DM | | | Pflichtbeitragszeit |
| DÜVO | 01.08.88-31.12.88 | 7.583,33 DM | | 5 Mon. | Pflichtbeitragszeit |
| SVN | 01.01.89-30.04.89 | 6.000,00 DM | | 4 Mon. | Pflichtbeitragszeit |

Allgemeine Rentenversicherung
- Rentenversicherung der Arbeiter -

| SVN | 06.11.89-14.11.89 | 377,00 DM | 1 Mon. | Pflichtbeitragszeit |
|---|---|---|---|---|

Allgemeine Rentenversicherung
- Rentenversicherung der Angestellten -

| DÜVO | 01.09.90-30.11.90 | 4.614,55 DM | 3 Mon. | Pflichtbeitragszeit |
|---|---|---|---|---|
| DÜVO | 01.12.90-20.12.90 | 1.025,45 DM | 1 Mon. | Pflichtbeitragszeit |
| AFG | 20.03.91-31.03.91 | | 1 Mon. | Arbeitslosigkeit |
| AFG | 01.04.91-30.06.91 | | 3 Mon. | Arbeitslosigkeit |
| AFG | 01.07.91-25.07.91 | | 1 Mon. | Arbeitslosigkeit |
| AFG | 26.07.91-31.12.91 | | 5 Mon. | Arbeitslosigkeit |
| AFG | 01.01.92-31.01.92 | 850,91 DM | 1 Mon. | Pflichtbeitragszeit berufliche Ausbildung |
| AFG | 01.02.92-14.02.92 | 397,09 DM | 1 Mon. | Pflichtbeitragszeit berufliche Ausbildung |
| AFG | 15.02.92-29.02.92 | 333,90 DM | | Pflichtbeitragszeit |
| AFG | 01.03.92-31.07.92 | 3.339,02 DM | 5 Mon. | Pflichtbeitragszeit |
| AFG | 01.08.92-08.08.92 | 178,08 DM | 1 Mon. | Pflichtbeitragszeit |
| AFG | 10.08.92-31.08.92 | 531,87 DM | | Pflichtbeitragszeit berufliche Ausbildung |

Seite 03

```
Deutsche Rentenversicherung                    ▆▆  Deutsche
                                               ▆▆  Rentenversicherung

Versicherungsnummer  Abt.              Anlage   Seite      Datum
52            H            (000-01)             03         .08.2017

Versicherungsverlauf


AFG     01.09.92-31.12.92    2.901,13 DM   4 Mon. Pflichtbeitragszeit
                                                  berufliche Ausbildung
AFG     01.01.93-31.01.93      755,51 DM   1 Mon. Pflichtbeitragszeit
                                                  berufliche Ausbildung
AFG     01.02.93-19.02.93      478,49 DM   1 Mon. Pflichtbeitragszeit
                                                  berufliche Ausbildung
Sozl.   20.02.93-28.02.93      224,83 DM          Pflichtbeitragszeit
Sozl.   01.03.93-31.03.93      749,45 DM   1 Mon. Pflichtbeitragszeit
Sozl.   01.04.93-15.04.93      374,72 DM   1 Mon. Pflichtbeitragszeit
        16.04.93-30.04.93                         Schwangerschaft/
                                                  Mutterschutz
        01.05.93-31.05.93                         Schwangerschaft/
                                                  Mutterschutz
        01.05.93-27.05.93                  1 Mon. Beitragszeit wegen
                                                  gleichzeitiger Berück-
                                                  sichtigungszeiten
        28.05.93-31.05.93                         Beitragszeit wegen
                                                  gleichzeitiger Berück-
                                                  sichtigungszeiten
        01.06.93-30.06.93                  1 Mon. Pflichtbeitragszeit
                                                  für Kindererziehung
        01.06.93-30.06.93                         Schwangerschaft/
                                                  Mutterschutz
        01.07.93-31.07.93                  1 Mon. Pflichtbeitragszeit
                                                  für Kindererziehung
        01.07.93-23.07.93                         Schwangerschaft/
                                                  Mutterschutz
        01.08.93-31.12.93                  5 Mon. Pflichtbeitragszeit
                                                  für Kindererziehung
        01.01.94-30.04.94                  4 Mon. Pflichtbeitragszeit
                                                  für Kindererziehung
        01.05.94-31.05.94                  1 Mon. Pflichtbeitragszeit
                                                  für Kindererziehung
        24.05.94-31.05.94                         Schwangerschaft/
                                                  Mutterschutz
        01.06.94-31.07.94                  2 Mon. Pflichtbeitragszeit
                                                  für Kindererziehung
        01.06.94-31.07.94                         Schwangerschaft/
                                                  Mutterschutz
        01.08.94-31.08.94                  1 Mon. Pflichtbeitragszeit
                                                  für Kindererziehung
        01.08.94-30.08.94                         Schwangerschaft/
                                                  Mutterschutz
        01.09.94-31.12.94                  4 Mon. Pflichtbeitragszeit
                                                  für Kindererziehung
        01.01.95-31.12.95                 12 Mon. Pflichtbeitragszeit
                                                  für Kindererziehung
        01.01.96-30.04.96                  4 Mon. Pflichtbeitragszeit
                                                  für Kindererziehung
        01.05.96 31.05.96                  1 Mon. Pflichtbeitragszeit
                                                  für Kindererziehung



                                                  Seite 04
```

P Anhang

```
Deutsche Rentenversicherung                    ■■■ Deutsche
                                               ▓▓▓ Rentenversicherung

Versicherungsnummer   Abt.           Anlage   Seite      Datum
52       H       (000-01)                     04         .08.2017

Versicherungsverlauf


Allgemeine Rentenversicherung
- Rentenversicherung der Arbeiter -
DEÜV   17.01.00-03.03.00      918,00 DM        geringfügige nicht
                                               versicherungspflichtige
                                               Beschäftigung
DEÜV   01.06.00-31.08.00    1.188,00 DM        geringfügige nicht
                                               versicherungspflichtige
                                               Beschäftigung
DEÜV   10.10.00-31.12.00      935,00 DM        geringfügige nicht
                                               versicherungspflichtige
                                               Beschäftigung
DEÜV   01.01.01-30.06.01    1.205,00 DM        geringfügige nicht
                                               versicherungspflichtige
                                               Beschäftigung

Allgemeine Rentenversicherung
- Rentenversicherung der Angestellten -
DEÜV   01.08.01-31.12.01    7.555,00 DM    5 Mon. Pflichtbeitragszeit
DEÜV   01.01.02-28.02.02    1.497,46 EUR   2 Mon. Pflichtbeitragszeit
DEÜV   01.03.02-11.03.02      274,54 EUR   1 Mon. Pflichtbeitragszeit

Allgemeine Rentenversicherung
- Rentenversicherung der Arbeiter -
DEÜV   24.09.02-30.09.02      138,83 EUR   1 Mon. Pflichtbeitragszeit
DEÜV   01.10.02-05.10.02       99,17 EUR   1 Mon. Pflichtbeitragszeit

Allgemeine Rentenversicherung
- Rentenversicherung der Angestellten -
DEÜV   12.05.03-31.05.03      644,00 EUR   1 Mon. Pflichtbeitragszeit
DEÜV   01.06.03-31.08.03    2.898,00 EUR   3 Mon. Pflichtbeitragszeit

Allgemeine Rentenversicherung
- Rentenversicherung der Arbeiter -
DEÜV   01.09.03-30.09.03      626,00 EUR   1 Mon. Pflichtbeitragszeit
DEÜV   01.10.03-26.10.03      584,32 EUR   1 Mon. Pflichtbeitragszeit

Allgemeine Rentenversicherung
- Rentenversicherung der Angestellten -
Sozl.  27.10.03-31.10.03      127,00 EUR          Pflichtbeitragszeit

Allgemeine Rentenversicherung
- Rentenversicherung der Arbeiter -
DEÜV   01.11.03-12.11.03      269,68 EUR   1 Mon. Pflichtbeitragszeit
AFG    19.11.03-31.12.03      911,00 EUR   1 Mon. Pflichtbeitragszeit
AFG    01.01.04-16.05.04    2.901,00 EUR   5 Mon. Pflichtbeitragszeit
AFG    17.05.04-30.09.04    1.547,40 EUR   4 Mon. Pflichtbeitragszeit
AFG    01.10.04-31.12.04    1.031,60 EUR   3 Mon. Pflichtbeitragszeit

Allgemeine Rentenversicherung
- Rentenversicherung der Angestellten -
DEÜV   01.10.04-31.12.04      528,00 EUR        geringfügige nicht
                                               versicherungspflichtige
                                               Beschäftigung

                                                    Seite 05
```

```
Deutsche Rentenversicherung                        ▓▓ Deutsche
                                                   ▓▓ Rentenversicherung

Versicherungsnummer  Abt.              Anlage  Seite      Datum
52          H        (000-01)                  05         .08.2017

Versicherungsverlauf


Allgemeine Rentenversicherung
AFG     01.01.05-31.08.05     3.200,00 EUR    8 Mon. Pflichtbeitragszeit
                                                     Arbeitslosengeld II
                                                     ohne Arbeitslosigkeit
AFG     01.09.05-16.10.05       613,33 EUR           Pflichtbeitragszeit
                                                     Arbeitslosengeld II
                                                     ohne Arbeitslosigkeit
DEÜV    01.09.05-16.10.05       437,00 EUR    2 Mon. Pflichtbeitragszeit
AFG     17.10.05-31.12.05       986,67 EUR           Pflichtbeitragszeit
                                                     Arbeitslosengeld II
                                                     ohne Arbeitslosigkeit
DEÜV    17.10.05-31.12.05     1.600,00 EUR    2 Mon. Pflichtbeitragszeit
AFG     01.01.06-31.07.06     2.800,00 EUR           Pflichtbeitragszeit
                                                     Arbeitslosengeld II
                                                     ohne Arbeitslosigkeit
DEÜV    01.01.06-31.07.06     4.480,00 EUR    7 Mon. Pflichtbeitragszeit
HAUS    01.08.06-30.11.06     1.600,00 EUR           geringfügige nicht
                                                     versicherungspflichtige
                                                     Beschäftigung
AFG     01.08.06-30.11.06     1.600,00 EUR    4 Mon. Pflichtbeitragszeit
                                                     Arbeitslosengeld II
                                                     ohne Arbeitslosigkeit
AFG     01.12.06-31.12.06       400,00 EUR    1 Mon. Pflichtbeitragszeit
                                                     Arbeitslosengeld II
                                                     ohne Arbeitslosigkeit
DEÜV    01.02.07-31.12.07     7.040,00 EUR   11 Mon. Pflichtbeitragszeit
DEÜV    01.01.08-31.08.08     5.120,00 EUR    8 Mon. Pflichtbeitragszeit
AFG     01.09.08-31.12.08       820,00 EUR    4 Mon. Arbeitslosengeld II
                                                     ohne Arbeitslosigkeit
AFG     01.02.09-11.03.09       280,17 EUR    2 Mon. Pflichtbeitragszeit
                                                     Arbeitslosengeld II
                                                     ohne Arbeitslosigkeit
AFG     12.03.09-03.11.09     3.911,00 EUR    8 Mon. Pflichtbeitragszeit
ÀFG     04.11.09-31.12.09       389,50 EUR    1 Mon. Pflichtbeitragszeit
                                                     Arbeitslosengeld II
                                                     ohne Arbeitslosigkeit
AFG     01.01.10-31.12.10     2.460,00 EUR   12 Mon. Pflichtbeitragszeit
                                                     Arbeitslosengeld II
                                                     ohne Arbeitslosigkeit
AFG     01.01.11-08.02.11                     1 Mon. Bezug von
                                                     Arbeitslosengeld II
DEÜV    09.02.11-31.03.11     1.478,00 EUR    2 Mon. Pflichtbeitragszeit
AFG     01.04.11-31.12.11                     9 Mon. Bezug von
                                                     Arbeitslosengeld II
AFG     01.01.12-30.04.12                     4 Mon. Bezug von
                                                     Arbeitslosengeld II
AFG     01.05.12-06.05.12                            Bezug von
                                                     Arbeitslosengeld II
DEÜV    07.05.12-20.06.12       578,00 EUR    2 Mon. Pflichtbeitragszeit
AFG     21.06.12-31.08.12                     2 Mon. Bezug von
                                                     Arbeitslosengeld II
DEÜV    01.09.12-31.10.12     1.199,50 EUR    2 Mon. Pflichtbeitragszeit

                                                           Seite 06
```

Deutsche Rentenversicherung

Deutsche
Rentenversicherung

Versicherungsnummer  Abt.
52            H            (000-01)

Anlage   Seite   Datum
         06      .08.2017

Versicherungsverlauf

| | | | | |
|---|---|---|---|---|
| DEÜV | 01.11.12-31.12.12 | 316,00 EUR | | geringfügige nicht versicherungspflichtige Beschäftigung |
| DEÜV | 01.11.12-31.12.12 | 1.199,50 EUR | 2 Mon. | Pflichtbeitragszeit |
| DEÜV | 01.01.13-31.01.13 | 134,20 EUR | | geringfügige nicht versicherungspflichtige Beschäftigung |
| DEÜV | 01.01.13-31.01.13 | 583,00 EUR | 1 Mon. | Pflichtbeitragszeit |
| DEÜV | 01.02.13-28.02.13 | 134,20 EUR | | geringfügige nicht versicherungspflichtige Beschäftigung |
| AFG | 01.02.13-28.02.13 | | 1 Mon. | Bezug von Arbeitslosengeld II |
| DEÜV | 01.03.13-31.05.13 | 402,60 EUR | | geringfügige nicht versicherungspflichtige Beschäftigung |
| AFG | 01.03.13-31.12.13 | | 10 Mon. | Bezug von Arbeitslosengeld II |
| AFG | 01.01.14-24.08.14 | | 7 Mon. | Bezug von Arbeitslosengeld II |
| HAUS | 01.03.14-24.08.14 | 2.552,00 EUR | | geringfügige nicht versicherungspflichtige Beschäftigung |
| HAUS | 25.08.14-05.09.14 | 161,33 EUR | | geringfügige nicht versicherungspflichtige Beschäftigung |
| DEÜV | 25.08.14-05.09.14 | 378,00 EUR | 2 Mon. | Pflichtbeitragszeit |
| HAUS | 06.09.14-31.12.14 | 1.686,67 EUR | | geringfügige nicht versicherungspflichtige Beschäftigung |
| AFG | 06.09.14-31.12.14 | | 3 Mon. | Bezug von Arbeitslosengeld II |
| AFG | 01.01.15-28.02.15 | | 2 Mon. | Bezug von Arbeitslosengeld II |
| AFG | 01.03.15-31.12.15 | | 10 Mon. | Bezug von Arbeitslosengeld II |
| AFG | 01.01.16-30.04.16 | | 4 Mon. | Bezug von Arbeitslosengeld II |
| DEÜV | 01.05.16-30.06.16 | 648,00 EUR | 2 Mon. | Pflichtbeitragszeit |
| AFG | 01.07.16-31.12.16 | | 6 Mon. | Bezug von Arbeitslosengeld II |
| AFG | 01.01.17-31.03.17 | | 2 Mon. | Bezug von Arbeitslosengeld II |
| | 29.03.17-11.11.24 | | 93 Mon. | Zurechnungszeit |

Im Versicherungskonto sind außerdem noch die folgenden rentenrechtlich
bedeutsamen Zeiten gespeichert:

Berücksichtigungszeiten wegen Kindererziehung

26.07.84 - 27.05.03

Deutsche Rentenversicherung

Versicherungsnummer  Abt.        Anlage  Seite    Datum
52        ⁻ H ⁻                            07      .08.2017

Versicherungsverlauf

## Erläuterungen und Hinweise

DÜVO  = Nach der Datenübermittlungsverordnung gemeldete Zeiten;
        hierüber hat der Arbeitgeber einen Nachweis erteilt.

DEÜV  = Nach der Datenerfassungs- und -übermittlungsverordnung
        gemeldete Zeiten;
        hierüber hat der Arbeitgeber einen Nachweis erteilt.

SVN   = Mit Belegen des Sozialversicherungsnachweis-Heftes oder der
        Datenerfassungsverordnung gemeldete Zeiten.

Sozl. = Zeiten des Bezuges von Kranken- oder Übergangsgeld und
        vergleichbare Geldleistungen eines Sozialleistungsträgers.

AFG   = Von der Bundesagentur für Arbeit gemeldete Zeiten

HAUS  = im Haushaltsscheckverfahren gemeldeter Verdienst

Die Berücksichtigungszeiten werden für die Wartezeit von 35 und 45
Jahren mitgezählt, soweit während dieser Zeiten nicht bereits andere
vorrangige rentenrechtliche Zeiten vorhanden sind.

Während der mit "geringfügige nicht versicherungspflichtige
Beschäftigung" gekennzeichneten Zeiten wurde Arbeitsentgelt erzielt, für
das ausschließlich der Arbeitgeber seinen Beitragsanteil getragen hat.

Soweit Monate mit mehreren beitragsfreien Zeiten belegt sind, wird nur
eine Zeit zugrunde gelegt.

Bei den nur mit "Überbrückungszeit" gekennzeichneten Zeiten handelt
es sich um keine rentenrechtliche Zeit. Diese Zeiten haben allein für
nachfolgende Zeiten Bedeutung, die zur Feststellung und Erbringung von
Leistungen erheblich sind.

Die mit "Zurechnungszeit" gekennzeichnete Zeit wird zu den vorhandenen
rentenrechtlichen Zeiten hinzugerechnet. Für die Zurechnungszeit wurden
keine Beiträge gezahlt. Dies wird mit der Zurechnungszeit ausgeglichen.

Deutsche Rentenversicherung

| Versicherungsnummer | Abt. | | Anlage | Seite | Datum |
|---|---|---|---|---|---|
| 52 | H | (000-01) | | 01 | .08.2017 |

Entgeltpunkte für Beitragszeiten


### Entgeltpunkte für Beitragszeiten

Für das während des Versicherungslebens durch Beiträge versicherte Einkommen sind Entgeltpunkte zu errechnen; ein versichertes Einkommen in Höhe des Durchschnittsverdienstes aller Versicherten eines Kalenderjahres ergibt einen Punkt. Pflichtbeitragszeiten für Zeiten einer beruflichen Ausbildung sind beitragsgeminderte Zeiten.

Pflichtbeitragszeiten für Kindererziehung erhalten feste Werte, die dem Durchschnittsverdienst aller Versicherten entsprechen. Für Pflichtbeitragszeiten für Kindererziehung neben sonstigen Beitragszeiten werden Entgeltpunkte insgesamt nur bis zur jeweiligen Beitragsbemessungsgrenze berücksichtigt.

Pflichtbeitragszeiten ab 01.01.1992, die neben Berücksichtigungszeiten wegen Kindererziehung oder neben Kinderpflegezeiten liegen, erhalten bis zu einem Höchstwert zusätzliche Entgeltpunkte.

Für Beitragszeiten wegen gleichzeitiger Berücksichtigungszeiten wegen Kindererziehung oder Kinderpflegezeiten werden Entgeltpunkte bis zu einem Höchstwert gutgeschrieben.

Allgemeine Rentenversicherung

Pflichtbeitragszeiten, berufliche Ausbildung,
beitragsgeminderte Zeit

| | | | | |
|---|---|---|---|---|
| 01.09.78 - 31.12.78 | 1.484,00 DM | : | 26.242 DM | = 0,0566 Punkte |
| 01.01.79 - 30.11.79 | 4.778,52 DM | : | 27.685 DM | = 0,1726 Punkte |
| 01.12.79 - 01.12.79 | 14,48 DM | : | 27.685 DM | = 0,0005 Punkte |
| 02.12.79 - 31.12.79 | 500,00 DM | : | 27.685 DM | = 0,0181 Punkte |
| 01.01.80 - 31.12.80 | 7.589,00 DM | : | 29.485 DM | = 0,2574 Punkte |
| 01.01.81 - 31.08.81 | 6.391,33 DM | : | 30.900 DM | = 0,2068 Punkte |
| 01.09.81 - 31.12.81 | 3.195,67 DM | : | 30.900 DM | = 0,1034 Punkte |
| 01.01.82 - 31.01.82 | 774,19 DM | : | 32.198 DM | = 0,0240 Punkte |
| 01.02.82 - 01.02.82 | 25,81 DM | : | 32.198 DM | = 0,0008 Punkte |
| 10.02.82 - 27.02.82 | 613,00 DM | : | 32.198 DM | = 0,0190 Punkte |

Pflichtbeitragszeiten

| | | | | |
|---|---|---|---|---|
| 08.03.82 - 15.04.82 | 1.764,00 DM | : | 32.198 DM | = 0,0548 Punkte |

Pflichtbeitragszeiten, beitragsgeminderte Zeit

| | | | | |
|---|---|---|---|---|
| 24.05.82 - 31.05.82 | 265,60 DM | : | 32.198 DM | = 0,0082 Punkte |
| 01.06.82 - 07.06.82 | 232,40 DM | : | 32.198 DM | = 0,0072 Punkte |

Pflichtbeitragszeiten

| | | | | |
|---|---|---|---|---|
| 01.01.83 - 31.01.83 | 1.450,00 DM | : | 33.293 DM | = 0,0436 Punkte |

Pflichtbeitragszeiten, beitragsgeminderte Zeit

| | | | | |
|---|---|---|---|---|
| 12.09.83 - 30.09.83 | 1.116,00 DM | : | 33.293 DM | = 0,0335 Punkte |

Seite 02

```
Deutsche Rentenversicherung                        ░░░ Deutsche
                                                    ░░░ Rentenversicherung

Versicherungsnummer   Abt.              Anlage   Seite      Datum
52          H            (000-01)                  02       .08.2017

Entgeltpunkte für Beitragszeiten


Pflichtbeitragszeiten
01.10.83 - 31.12.83        4.961,00 DM  :  33.293 DM    =  0,1490 Punkte
01.01.84 - 31.01.84        1.425,00 DM  :  34.292 DM    =  0,0416 Punkte

Pflichtbeitragszeiten, beitragsgeminderte Zeit
01.02.84 - 06.02.84          285,00 DM  :  34.292 DM    =  0,0083 Punkte

Pflichtbeitragszeiten für Kindererziehung,
beitragsgeminderte Zeit
neben Berücksichtigungszeit
01.08.84 - 31.12.84   Wert 0,0833 x  5 Monate          =  0,4165 Punkte
01.01.85 - 31.01.85   Wert 0,0833                      =  0,0833 Punkte
01.02.85 - 31.07.85   Wert 0,0833 x  6 Monate          =  0,4998 Punkte
01.08.85 - 31.08.85   Wert 0,0833                      =  0,0833 Punkte
01.09.85 - 30.09.85   Wert 0,0833                      =  0,0833 Punkte

Pflichtbeitragszeiten für Kindererziehung
neben Berücksichtigungszeit
01.10.85 - 31.12.85   Wert 0,0833 x  3 Monate          =  0,2499 Punkte
01.01.86 - 28.02.86   Wert 0,0833 x  2 Monate          =  0,1666 Punkte

Pflichtbeitragszeiten für Kindererziehung,
beitragsgeminderte Zeit
neben Berücksichtigungszeit
01.03.86 - 31.03.86   Wert 0,0833                      =  0,0833 Punkte
01.04.86 - 31.05.86   Wert 0,0833 x  2 Monate          =  0,1666 Punkte
01.06.86 - 30.06.86   Wert 0,0833                      =  0,0833 Punkte

Pflichtbeitragszeiten für Kindererziehung
neben Berücksichtigungszeit
01.07.86 - 31.07.86   Wert 0,0833                      =  0,0833 Punkte
01.08.86 - 31.12.86   Wert 0,0833 x  5 Monate          =  0,4165 Punkte
01.01.87 - 30.04.87   Wert 0,0833 x  4 Monate          =  0,3332 Punkte
01.05.87 - 30.09.87   Wert 0,0833 x  5 Monate          =  0,4165 Punkte
01.10.87 - 31.12.87                                    =  0,3692 Punkte
Wert 0,0833 x  3 Monate                    =  0,2499
nachgewiesen  4.500,00 DM  :  37.726 DM  =  0,1193
01.01.88 - 30.04.88                                    -  0,4092 Punkte
Wert 0,0833 x  4 Monate                    =  0,3332
nachgewiesen  6.066,67 DM  :  38.896 DM  =  0,1560
01.05.88 - 31.07.88                                    =  0,3669 Punkte
Wert 0,0833 x  3 Monate                    =  0,2499
nachgewiesen  4.550,00 DM  :  38.896 DM  =  0,1170

Pflichtbeitragszeiten
neben Berücksichtigungszeit
01.08.88 - 31.12.88        7.583,33 DM  :  38.896 DM    =  0,1950 Punkte
01.01.89 - 30.04.89        6.000,00 DM  :  40.063 DM    =  0,1498 Punkte
06.11.89 - 14.11.89          377,00 DM  :  40.063 DM    =  0,0094 Punkte
01.09.90 - 30.11.90        4.614,55 DM  :  41.946 DM    =  0,1100 Punkte
01.12.90 - 20.12.90        1.025,45 DM  :  41.946 DM    =  0,0244 Punkte


                                                        Seite 03
```

```
Deutsche Rentenversicherung                    ▓ Deutsche
                                               ▓ Rentenversicherung

Versicherungsnummer   Abt.            Anlage   Seite      Datum
52            H          (000-01)              03         .08.2017

Entgeltpunkte für Beitragszeiten


Pflichtbeitragszeiten, berufliche Ausbildung,
beitragsgeminderte Zeit
neben gleichzeitigen Berücksichtigungszeiten
01.01.92 - 31.01.92                                     = 0,0460 Punkte
nachgewiesen    850,91 DM : 46.820 DM = 0,0182
Erhöhung um die Hälfte                = 0,0091
Gutschrift 0,0278 - 0,0091            = 0,0187
01.02.92 - 29.02.92                                     = 0,0434 Punkte
nachgewiesen    397,09 DM : 46.820 DM = 0,0085
                333,90 DM : 46.820 DM = 0,0071
Erhöhung um die Hälfte                = 0,0078
Gutschrift 0,0278 - 0,0078            = 0,0200

Pflichtbeitragszeiten, beitragsgeminderte Zeit
neben gleichzeitigen Berücksichtigungszeiten
01.03.92 - 31.07.92                                     = 0,2103 Punkte
nachgewiesen  3.339,02 DM : 46.820 DM = 0,0713
Erhöhung um die Hälfte                = 0,0357
Gutschrift 0,0278 x  5 = 0,1390 - 0,0357 = 0,1033

Pflichtbeitragszeiten, berufliche Ausbildung,
beitragsgeminderte Zeit
neben gleichzeitigen Berücksichtigungszeiten
01.08.92 - 31.08.92                                     = 0,0430 Punkte
nachgewiesen    178,08 DM : 46.820 DM = 0,0038
                531,87 DM : 46.820 DM = 0,0114
Erhöhung um die Hälfte                = 0,0076
Gutschrift 0,0278 - 0,0076            = 0,0202
01.09.92 - 31.12.92                                     = 0,1732 Punkte
nachgewiesen  2.901,13 DM : 46.820 DM = 0,0620
Erhöhung um die Hälfte                = 0,0310
Gutschrift 0,0278 x  4 = 0,1112 - 0,0310 = 0,0802
01.01.93 - 31.01.93                                     = 0,0435 Punkte
nachgewiesen    755,51 DM : 48.178 DM = 0,0157
Erhöhung um die Hälfte                = 0,0079
Gutschrift 0,0278 - 0,0079            = 0,0199
01.02.93 - 28.02.93                                     = 0,0424 Punkte
nachgewiesen    478,49 DM : 48.178 DM = 0,0099
                224,83 DM : 48.178 DM = 0,0047
Erhöhung um die Hälfte                = 0,0073
Gutschrift 0,0278 - 0,0073            = 0,0205

Pflichtbeitragszeiten, beitragsgeminderte Zeit
neben gleichzeitigen Berücksichtigungszeiten
01.03.93 - 31.03.93                                     = 0,0434 Punkte
nachgewiesen    749,45 DM : 48.178 DM = 0,0156
Erhöhung um die Hälfte                = 0,0078
Gutschrift 0,0278 - 0,0078            = 0,0200
01.04.93 - 15.04.93                                     = 0,0356 Punkte
nachgewiesen    374,72 DM : 48.178 DM = 0,0078
Erhöhung um die Hälfte                = 0,0039
Gutschrift 0,0278 - 0,0039            = 0,0239


                                               Seite 04
```

```
Deutsche Rentenversicherung                          ▓▓ Deutsche
                                                     ▓▓ Rentenversicherung

Versicherungsnummer  Abt.            Anlage   Seite      Datum
52          H              (000-01)    04         .08.2017

Entgeltpunkte für Beitragszeiten


Beitragszeiten wegen gleichzeitiger Berücksichtigungszeiten,
beitragsgeminderte Zeit
01.05.93 - 31.05.93   Wert 0,0278                    =  0,0278 Punkte

Pflichtbeitragszeiten für Kindererziehung,
beitragsgeminderte Zeit
neben gleichzeitigen Berücksichtigungszeiten
01.06.93 - 30.06.93   Wert 0,0833                    =  0,0833 Punkte
01.07.93 - 31.07.93   Wert 0,0833                    =  0,0833 Punkte

Pflichtbeitragszeiten für Kindererziehung
neben gleichzeitigen Berücksichtigungszeiten
01.08.93 - 31.12.93   Wert 0,0833 x  5 Monate        =  0,4165 Punkte
01.01.94 - 30.04.94   Wert 0,0833 x  4 Monate        =  0,3332 Punkte

Pflichtbeitragszeiten für Kindererziehung,
beitragsgeminderte Zeit
neben gleichzeitigen Berücksichtigungszeiten
01.05.94 - 31.05.94   Wert 0,0833                    =  0,0833 Punkte
01.06.94 - 31.07.94   Wert 0,0833 x  2 Monate        =  0,1666 Punkte
01.08.94 - 31.08.94   Wert 0,0833                    =  0,0833 Punkte

Pflichtbeitragszeiten für Kindererziehung
neben gleichzeitigen Berücksichtigungszeiten
01.09.94 - 31.12.94   Wert 0,0833 x  4 Monate        =  0,3332 Punkte
01.01.95 - 31.12.95   Wert 0,0833 x 12 Monate        =  0,9996 Punkte
01.01.96 - 30.04.96   Wert 0,0833 x  4 Monate        =  0,3332 Punkte

Pflichtbeitragszeiten für Kindererziehung
neben Berücksichtigungszeit
01.05.96 - 31.05.96   Wert 0,0833                    =  0,0833 Punkte

Pflichtbeitragszeiten
neben Berücksichtigungszeit
01.08.01 - 31.12.01                                  =  0,2052 Punkte
nachgewiesen  7.555,00 DM :  55.218 DM  =  0,1368
Erhöhung um die Hälfte                  =  0,0684
01.01.02 - 28.02.02                                  =  0,0785 Punkte
nachgewiesen  1.497,46 EUR :  28.626 EUR = 0,0523
Erhöhung um die Hälfte                  =  0,0262
01.03.02 - 11.03.02                                  =  0,0144 Punkte
nachgewiesen   274,54 EUR :  28.626 EUR = 0,0096
Erhöhung um die Hälfte                  =  0,0048
24.09.02 - 30.09.02                                  =  0,0072 Punkte
nachgewiesen   138,83 EUR :  28.626 EUR = 0,0048
Erhöhung um die Hälfte                  =  0,0024
01.10.02 - 05.10.02                                  =  0,0053 Punkte
nachgewiesen    99,17 EUR :  28.626 EUR = 0,0035
Erhöhung um die Hälfte                  =  0,0018
12.05.03 - 31.05.03                                  =  0,0335 Punkte
nachgewiesen   644,00 EUR :  28.938 EUR = 0,0223
Erhöhung um die Hälfte                  =  0,0112


                                               Seite 05
```

```
Deutsche Rentenversicherung                    Deutsche
                                               Rentenversicherung

Versicherungsnummer  Abt.              Anlage   Seite      Datum
52              H         (000-01)              05         .08.2017

Entgeltpunkte für Beitragszeiten


Pflichtbeitragszeiten
01.06.03 - 31.08.03      2.898,00 EUR :  28.938 EUR   =  0,1001 Punkte
01.09.03 - 30.09.03        626,00 EUR :  28.938 EUR   =  0,0216 Punkte
01.10.03 - 26.10.03        584,32 EUR :  28.938 EUR   =  0,0202 Punkte
27.10.03 - 31.10.03        127,00 EUR :  28.938 EUR   =  0,0044 Punkte
01.11.03 - 12.11.03        269,68 EUR :  28.938 EUR   =  0,0093 Punkte
19.11.03 - 31.12.03        911,00 EUR :  28.938 EUR   =  0,0315 Punkte
01.01.04 - 16.05.04      2.901,00 EUR :  29.060 EUR   =  0,0998 Punkte
17.05.04 - 30.09.04      1.547,40 EUR :  29.060 EUR   =  0,0532 Punkte
01.10.04 - 31.12.04      1.031,60 EUR :  29.060 EUR   =  0,0355 Punkte
01.01.05 - 31.08.05      3.200,00 EUR :  29.202 EUR   =  0,1096 Punkte
01.09.05 - 16.10.05        613,33 EUR :  29.202 EUR   =  0,0210 Punkte
01.09.05 - 16.10.05        437,00 EUR :  29.202 EUR   =  0,0150 Punkte
17.10.05 - 31.12.05        986,67 EUR :  29.202 EUR   =  0,0338 Punkte
07.10.05 - 31.12.05      1.600,00 EUR :  29.202 EUR   =  0,0548 Punkte
01.01.06 - 31.07.06      2.800,00 EUR :  29.494 EUR   =  0,0949 Punkte
01.01.06 - 31.07.06      4.480,00 EUR :  29.494 EUR   =  0,1519 Punkte
01.08.06 - 30.11.06      1.600,00 EUR :  29.494 EUR   =  0,0542 Punkte
01.12.06 - 31.12.06        400,00 EUR :  29.494 EUR   =  0,0136 Punkte
01.02.07 - 31.12.07      7.040,00 EUR :  29.951 EUR   =  0,2351 Punkte
01.01.08 - 31.08.08      5.120,00 EUR :  30.625 EUR   =  0,1672 Punkte
01.09.08 - 31.12.08        820,00 EUR :  30.625 EUR   =  0,0268 Punkte
01.02.09 - 11.03.09        280,17 EUR :  30.506 EUR   =  0,0092 Punkte
12.03.09 - 03.11.09      3.911,00 EUR :  30.506 EUR   =  0,1282 Punkte
04.11.09 - 31.12.09        389,50 EUR :  30.506 EUR   =  0,0128 Punkte
01.01.10 - 31.12.10      2.460,00 EUR :  31.144 EUR   =  0,0790 Punkte

Pflichtbeitragszeiten, beitragsgeminderte Zeit
09.02.11 - 28.02.11        591,20 EUR :  32.100 EUR   =  0,0184 Punkte

Pflichtbeitragszeiten
01.03.11 - 31.03.11        886,80 EUR :  32.100 EUR   =  0,0276 Punkte

Pflichtbeitragszeiten, beitragsgeminderte Zeit
07.05.12 - 31.05.12        321,11 EUR :  33.002 EUR   =  0,0097 Punkte
01.06.12 - 20.06.12        256,89 EUR :  33.002 EUR   =  0,0078 Punkte

Pflichtbeitragszeiten
01.09.12 - 31.10.12      1.199,50 EUR :  33.002 EUR   =  0,0363 Punkte
01.11.12 - 31.12.12      1.199,50 EUR :  33.002 EUR   =  0,0363 Punkte
01.01.13 - 31.01.13        583,00 EUR :  33.659 EUR   =  0,0173 Punkte

Pflichtbeitragszeiten, beitragsgeminderte Zeit
25.08.14 - 31.08.14        220,50 EUR :  34.514 EUR   =  0,0064 Punkte
01.09.14 - 05.09.14        157,50 EUR :  34.514 EUR   =  0,0046 Punkte

Pflichtbeitragszeiten
01.05.16 - 30.06.16        648,00 EUR :  36.267 EUR   =  0,0179 Punkte

Entgeltpunkte insgesamt                         11,9012



                                               Seite 06
```

Deutsche Rentenversicherung

Deutsche
Rentenversicherung

| Versicherungsnummer | Abt. | | Anlage | Seite | Datum |
|---|---|---|---|---|---|
| 52 | H | (000-01) | | 06 | .08.2017 |

Entgeltpunkte für Beitragszeiten

Davon entfallen auf

- alle vollwertigen
  Pflichtbeitragszeiten              8,2301 Entgeltpunkte für 189 Monate

- vollwertige Pflichtbeitrags-
  zeiten bis 31.12.1991              3,6689 Entgeltpunkte für  51 Monate

Seite 07

Deutsche Rentenversicherung

**Deutsche
Rentenversicherung**

| Versicherungsnummer | Abt. | | Anlage | Seite | Datum |
|---|---|---|---|---|---|
| 52 | M | (000-01) | | 07 | .08.2017 |

Entgeltpunkte für Beitragszeiten

### Mindestentgeltpunkte bei geringem Arbeitsentgelt

Die Entgeltpunkte für Pflichtbeitragszeiten bis 31.12.1991, die nicht
als beitragsgeminderte Zeiten gekennzeichnet sind und nicht während des
Bezuges einer Rente aus eigener Versicherung liegen (vollwertige
Pflichtbeitragszeiten), sind auf das 1,5fache des tatsächlichen Durch-
schnittswertes, höchstens jedoch auf 0,0625 monatlich anzuheben, wenn
sich aus allen vollwertigen Pflichtbeitragszeiten ein Durchschnitt von
weniger als 0,0625 Entgeltpunkten ergibt.

8,2301 Entgeltpunkte : 189 Monate = 0,0435 Punkte

Der Monatsdurchschnitt aus allen vollwertigen Pflichtbeitragszeiten erreicht nicht den Wert 0,0625.
Für Zeiten bis zum 31.12.1991 ist zu prüfen, ob zusätzliche Entgeltpunkte anzurechnen sind.

3,6689 Entgeltpunkte :  51 Monate = 0,0719 Punkte

Der Monatsdurchschnitt aus vollwertigen Pflichtbeitragszeiten bis
31.12.1991 erreicht den Wert 0,0625.
Zusätzliche Entgeltpunkte sind nicht zu ermitteln.

**Summe der Entgeltpunkte für 281 Monate Beitragszeit**          **11,9012**

Die Summe aller Entgeltpunkte enthält Entgeltpunkte für
Zeiten der Kindererziehung:

insgesamt                                          6,9972 Entgeltpunkte

Deutsche Rentenversicherung

Deutsche
Rentenversicherung

| Versicherungsnummer | Abt. | | Anlage | Seite | Datum |
|---|---|---|---|---|---|
| 52 | H | (000-01) | | 01 | .08.2017 |

Entgeltpunkte für beitragsfreie und beitragsgeminderte Zeiten

## Entgeltpunkte für beitragsfreie und beitragsgeminderte Zeiten

Beitragsfreie Zeiten erhalten den Durchschnittswert an Entgeltpunkten, der sich aus der Gesamtleistung an Beiträgen im belegungsfähigen Zeitraum ergibt. Dabei erhalten sie den höheren Durchschnittswert aus der Grundbewertung aus allen Beiträgen oder der Vergleichsbewertung aus ausschließlich vollwertigen Beiträgen. Vollwertige Beiträge sind Beitragszeiten, die nicht als beitragsgemindert gekennzeichnet sind.

Beitragsfreie Zeiten sind im Versicherungsverlauf daran zu erkennen, dass dem Kalendermonat kein Beitrag zugeordnet ist (z. B. krank/Gesundheitsmaßnahme, Fachschulausbildung, militärischer Dienst).

Beitragsgeminderte Zeiten erhalten mindestens die Entgeltpunkte, die sie als beitragsfreie Zeiten erhalten würden.

### Grundbewertung

Die Summe der Entgeltpunkte für alle Beitragszeiten ist um Entgeltpunkte für Zeiten einer beruflichen Ausbildung zu erhöhen. Die ersten 36 Kalendermonate mit Pflichtbeiträgen für eine versicherte Beschäftigung oder selbständige Tätigkeit bis zur Vollendung des 25. Lebensjahres gelten stets als Zeiten einer beruflichen Ausbildung.

Jeder Kalendermonat mit Beitragszeiten einer beruflichen Ausbildung erhält 0,0833 Entgeltpunkte, es sei denn, dass er als Beitragszeit diesen Wert bereits erreicht hat.

Den Kalendermonaten mit beruflicher Ausbildung, die gleichzeitig Berücksichtigungszeiten wegen Kindererziehung sind, werden ausschließlich Entgeltpunkte für Berücksichtigungszeiten zugeordnet.

Zeiten beruflicher Ausbildung

| | | | | |
|---|---|---|---|---|
| September | 1978 - Dezember | 1978 | 4 Monate | |
| Januar | 1979 - November | 1979 | 11 Monate | |
| Dezember | 1979 | | 1 Monat | |
| Januar | 1900 - Dezember | 1980 | 12 Monate | |
| Januar | 1981 - August | 1981 | 8 Monate | |
| September | 1981 - Dezember | 1981 | 4 Monate | |
| Januar | 1982 | | 1 Monat | |
| Februar | 1982 | | 1 Monat | |

maßgebender Wert
0,0833 Entgeltpunkte x            42 Monate =  3,4986 Punkte
berücksichtigte Entgeltpunkte                 -  0,8592 Punkte
Entgeltpunkte zusätzlich                         =  2,6394 Punkte

Zusätzliche Entgeltpunkte für Zeiten
beruflicher Ausbildung                          =  2,6394 Punkte

Seite 02

Deutsche Rentenversicherung

Deutsche Rentenversicherung

| Versicherungsnummer | Abt. | | Anlage | Seite | Datum |
|---|---|---|---|---|---|
| 52 | H | (000-01) | | 02 | .08.2017 |

Entgeltpunkte für beitragsfreie und beitragsgeminderte Zeiten

Der Summe der Entgeltpunkte für alle Beitragszeiten sind Entgeltpunkte für Berücksichtigungszeiten hinzuzurechnen. Jeder Kalendermonat mit Berücksichtigungszeiten wegen Kindererziehung erhält dabei die Entgeltpunkte, die dieser Kalendermonat als Kindererziehungszeit erhalten würde.

Auf die Erhöhung werden dabei zusätzliche oder gutgeschriebene Entgeltpunkte für Beitragszeiten angerechnet.

Ermittlung der Entgeltpunkte für Berücksichtigungszeiten wegen Kindererziehung:

Monate mit Berücksichtigungszeiten

| | | | | | | | | |
|---|---|---|---|---|---|---|---|---|
| Mai | 1989 | - Oktober | 1989 | 6 Monate | x 0,0833 | = | 0,4998 | Punkte |
| Dezember | 1989 | | | 1 Monat | | = | 0,0833 | Punkte |
| Januar | 1990 | - August | 1990 | 8 Monate | x 0,0833 | = | 0,6664 | Punkte |
| Januar | 1991 | - Februar | 1991 | 2 Monate | x 0,0833 | = | 0,1666 | Punkte |
| Juni | 1996 | - Dezember | 1996 | 7 Monate | x 0,0833 | = | 0,5831 | Punkte |
| Januar | 1997 | - Dezember | 1997 | 12 Monate | x 0,0833 | = | 0,9996 | Punkte |
| Januar | 1998 | - Dezember | 1998 | 12 Monate | x 0,0833 | = | 0,9996 | Punkte |
| Januar | 1999 | - Dezember | 1999 | 12 Monate | x 0,0833 | = | 0,9996 | Punkte |
| Januar | 2000 | - Dezember | 2000 | 12 Monate | x 0,0833 | = | 0,9996 | Punkte |
| Januar | 2001 | - Juli | 2001 | 7 Monate | x 0,0833 | = | 0,5831 | Punkte |
| April | 2002 | - August | 2002 | 5 Monate | x 0,0833 | = | 0,4165 | Punkte |
| November | 2002 | - Dezember | 2002 | 2 Monate | x 0,0833 | = | 0,1666 | Punkte |
| Januar | 2003 | - April | 2003 | 4 Monate | x 0,0833 | = | 0,3332 | Punkte |

Monate mit Berücksichtigungszeiten und mit beitragsfreien Zeiten

| | | | | | | | | |
|---|---|---|---|---|---|---|---|---|
| Juli | 1984 | | | 1 Monat | | = | 0,0833 | Punkte |
| März | 1991 | | | 1 Monat | | = | 0,0833 | Punkte |
| April | 1991 | - Juni | 1991 | 3 Monate | x 0,0833 | = | 0,2499 | Punkte |
| Juli | 1991 | | | 1 Monat | | = | 0,0833 | Punkte |
| August | 1991 | - Dezember | 1991 | 5 Monate | x 0,0833 | = | 0,4165 | Punkte |

Entgeltpunkte für Berücksichtigungszeiten ergeben sich für folgende Zeiträume nicht, weil diese Kalendermonate als Beitragszeiten bereits den Wert für Kindererziehungszeiten erhalten haben.

| | | | |
|---|---|---|---|
| August | 1984 | - Dezember | 1984 |
| Januar | 1985 | | |
| Februar | 1985 | - Juli | 1985 |
| August | 1985 | | |
| September | 1985 | | |
| Oktober | 1985 | - Dezember | 1985 |
| Januar | 1986 | - Februar | 1986 |
| März | 1986 | | |
| April | 1986 | - Mai | 1986 |
| Juni | 1986 | | |
| Juli | 1986 | | |
| August | 1986 | - Dezember | 1986 |

Seite 03

Deutsche Rentenversicherung

Deutsche
Rentenversicherung

| Versicherungsnummer Abt. | | Anlage | Seite | Datum |
|---|---|---|---|---|
| 52 H (000-01) | | | 03 | 08.2017 |

Entgeltpunkte für beitragsfreie und beitragsgeminderte Zeiten

```
Januar     1987 - April      1987
Mai        1987 - September  1987
Oktober    1987 - Dezember   1987
Januar     1988 - April      1988
Mai        1988 - Juli       1988
Juni       1993
Juli       1993
August     1993 - Dezember   1993
Januar     1994 - April      1994
Mai        1994
Juni       1994 - Juli       1994
August     1994
September  1994 - Dezember   1994
Januar     1995 - Dezember   1995
Januar     1996 - April      1996
Mai        1996
```

Monate mit Berücksichtigungszeiten und mit
vollwertigen Beitragszeiten

```
August     1988 - Dezember   1988   5 Monate x 0,0833   =   0,4165 Punkte
Januar     1989 - April      1989   4 Monate x 0,0833   =   0,3332 Punkte
November   1989                     1 Monat             =   0,0833 Punkte
September  1990 - November    1990  3 Monate x 0,0833   =   0,2499 Punkte
Dezember   1990                     1 Monat             =   0,0833 Punkte
August     2001 - Dezember    2001
   5 Monate x 0,0833 begrenzt           =   0,3481        =   0,3481 Punkte
Januar     2002 - Februar    2002
   2 Monate x 0,0833 begrenzt           =   0,1404        =   0,1404 Punkte
März       2002
   1 Monat   x 0,0833 begrenzt          =   0,0785        =   0,0785 Punkte
September  2002
   1 Monat   x 0,0833 begrenzt          =   0,0809        =   0,0809 Punkte
Oktober    2002
   1 Monat   x 0,0833 begrenzt          =   0,0815        =   0,0815 Punkte
Mai        2003
   1 Monat   x 0,0833 begrenzt          =   0,0721        =   0,0721 Punkte
```

Monate mit Berücksichtigungszeiten und mit
beitragsgeminderten Zeiten

```
Januar     1992                                           =   0,0555 Punkte
   1 Monat   x 0,0833 begrenzt          =   0,0555
Februar    1992                                           =   0,0555 Punkte
   1 Monat   x 0,0833 begrenzt          =   0,0555
März       1992 - Juli       1992                         =   0,2775 Punkte
   5 Monate x 0,0833 begrenzt           =   0,2775
August     1992                                           =   0,0555 Punkte
   1 Monat   x 0,0833 begrenzt          =   0,0555
September  1992 - Dezember   1992                         =   0,2220 Punkte
   4 Monate x 0,0833 begrenzt           =   0,2220
Januar     1993                                           =   0,0555 Punkte
   1 Monat   x 0,0833 begrenzt          =   0,0555
```

Seite 04

```
Deutsche Rentenversicherung                    ▨ Deutsche
                                               ▨ Rentenversicherung

Versicherungsnummer  Abt.          Anlage   Seite      Datum
52        : H          (000-01)             04         .08.2017

Entgeltpunkte für beitragsfreie und beitragsgeminderte Zeiten


Februar   1993                                = 0,0555 Punkte
  1 Monat  x 0,0833 begrenzt       = 0,0555
März      1993                                = 0,0555 Punkte
  1 Monat  x 0,0833 begrenzt       = 0,0555
April     1993                                = 0,0555 Punkte
  1 Monat  x 0,0833 begrenzt       = 0,0555
Mai       ·1993                               = 0,0555 Punkte
  1 Monat  x 0,0833 begrenzt       = 0,0555

Entgeltpunkte für Berücksichtigungszeiten         11,3245 Punkte

Davon entfallen auf

- Berücksichtigungszeiten neben
  beitragsgeminderten Zeiten     0,9435 Punkte für  17 Mon.

- Berücksichtigungszeiten neben
  beitragsfreien Zeiten          0,9163 Punkte für  11 Mon.

Zusätzliche Entgeltpunkte für Zeiten
beruflicher Ausbildung                              2,6394 Punkte

Summe der Entgeltpunkte für alle Beitragszeiten    11,9012 Punkte

Entgeltpunkte für die Grundbewertung            = 25,8651 Punkte


        Ermittlung der belegungsfähigen Kalendermonate

Der belegungsfähige Gesamtzeitraum umfasst die Zeit vom
12.11.1979 (Vollendung des 17. Lebensjahres) bis zum
29.03.2017 (Eintritt der Erwerbsminderung), das sind    449 Mon.
und verlängert sich um Kalendermonate mit Beitragszei-
ten, beitragsfreien Zeiten und Berücksichtigungszeiten
vor Vollendung des 17. Lebensjahres von insgesamt       14 Mon.
                                                     --------
Gesamtzeitraum                                          463 Mon.

hiervon sind als nicht belegungsfähige Kalendermonate
abzusetzen:

beitragsfreie Zeiten, die nicht gleichzeitig
Berücksichtigungszeiten sind,            70 Mon.

nicht belegungsfähige Kalendermonate                    70 Mon.

verbleiben als belegungsfähige Kalendermonate           393 Mon.

Durchschnittswert für die Grundbewertung

25,8651 Punkte : 393 Monate                     = 0,0658 Punkte




                                               Seite 05
```

Deutsche Rentenversicherung

Deutsche Rentenversicherung

Versicherungsnummer Abt.                          Anlage    Seite    Datum
52            H           (000-01)                  05             .08.2017

Entgeltpunkte für beitragsfreie und beitragsgeminderte Zeiten


## Vergleichsbewertung

Für die Vergleichsbewertung sind die Entgeltpunkte aus ausschließlich
vollwertigen Beiträgen und Berücksichtigungszeiten zu ermitteln.

Die Kalendermonate mit Pflichtbeitragszeiten und mit Zeiten einer beruflichen Ausbildung gelten hierbei als vollwertige Beitragszeiten, soweit
sie nicht mit weiteren beitragsfreien Zeiten oder mit Berücksichtigungszeiten wegen Kindererziehung zusammentreffen.

| | | |
|---|---|---|
| Summen aus der Grundbewertung abzüglich Entgeltpunkte und Monate für | 25,8651 Punkte für | 393 Monate |
| beitragsgeminderte Zeiten | 2,8317 Punkte für | 51 Monate |
| Berücksichtigungszeiten, die auch beitragsfreie Zeiten sind | 0,9163 Punkte für | 11 Monate |
| abzüglich zusätzlicher Entgeltpunkte für Zeiten einer beruflichen Ausbildung, die beitragsgemindert sind | 0,0635 Punkte | |
| Berücksichtigungszeiten, die auch beitragsgeminderte Zeiten sind | 0,9435 Punkte | |
| verbleiben | 21,1101 Punkte für | 331 Monate |

Durchschnittswert für die erste Vergleichsbewertung

   21,1101 Punkte : 331 Monate                       = 0,0638 Punkte

Bei Renten wegen verminderter Erwerbsfähigkeit werden zusätzlich die
Entgeltpunkte für die letzten vier Jahre bis zum Eintritt der Minderung
der Erwerbsfähigkeit nicht berücksichtigt, wenn sich dadurch ein höherer
Durchschnittswert für die Vergleichsbewertung ergibt.

Der Durchschnittswert für die zweite Vergleichsbewertung ist ohne die
Entgeltpunkte und die dazugehörigen Kalendermonate für die Zeit vom
01.03.2013 bis zum 31.03.2017 zu ermitteln.

| | | |
|---|---|---|
| Summen aus der ersten Vergleichsbewertung | 21,1101 Punkte für | 331 Monate |
| abzüglich Entgeltpunkte und Monate für | | |
| Beitragszeiten | 0,0179 Punkte für | 2 Monate |
| verbleiben | 21,0922 Punkte für | 329 Monate |

Durchschnittswert für die zweite Vergleichsbewertung

   21,0922 Punkte : 329 Monate                       = 0,0641 Punkte

Der Durchschnittswert von 0,0641 aus der zweiten Vergleichsbewertung ist
höher und als Durchschnittswert aus der Vergleichsbewertung zu
berücksichtigen.

Seite 06

Deutsche Rentenversicherung

Deutsche
Rentenversicherung

| Versicherungsnummer | Abt. | | Anlage | Seite | Datum |
|---|---|---|---|---|---|
| 52 | H | (000-01) | | 06 | 17.08.2017 |

Entgeltpunkte für beitragsfreie und beitragsgeminderte Zeiten

### Wert für die Gesamtleistungsbewertung

Aus der Grundbewertung ergibt sich ein Durchschnittswert von 0,0658 Entgeltpunkten.

Aus der Vergleichsbewertung ergibt sich ein Durchschnittswert von 0,0641 Entgeltpunkten.

Der Durchschnittswert aus der Grundbewertung ist höher. Bei der weiteren Berechnung ist von diesem Wert auszugehen (Gesamtleistungswert).

Deutsche Rentenversicherung

Deutsche Rentenversicherung

| Versicherungsnummer Abt. | | Anlage | Seite | Datum |
|---|---|---|---|---|
| 52 H (000-01) | | | 07 | 08.2017 |

Entgeltpunkte für beitragsfreie und beitragsgeminderte Zeiten

### Bewertung beitragsfreier Zeiten

Die beitragsfreien Zeiten erhalten entweder den vollen oder einen begrenzten Gesamtleistungswert.

Allgemeine Rentenversicherung

Der Gesamtleistungswert ist für folgende
Zeiten in voller Höhe zu berücksichtigen:

Zurechnungszeit                    93 Monate

29.03.2017 - 11.11.2024

maßgebender Wert
0,0658 Entgeltpunkte  x          93 Monate                    =   6,1194 Punkte

Anrechnungszeiten wegen
Schwangerschaft                     2 Monate

14.06.1984 - 30.06.1984
01.07.1984 - 31.07.1984

maßgebender Wert
0,0658 Entgeltpunkte  x           2 Monate                    =   0,1316 Punkte

Der Gesamtleistungswert ist bei Rentenbeginn
2017 für folgende Zeiten in Höhe von  80 %
zu berücksichtigen:

Anrechnungszeiten wegen
Arbeitslosigkeit                   17 Monate

05.05.1983 - 30.07.1983
01.08.1983 - 01.08.1983
01.03.1984 - 13.06.1984
20.03.1991 - 31.03.1991
01.04.1991 - 30.06.1991
01.07.1991 - 25.07.1991
01.08.1991 - 31.12.1991

maßgebender Wert
0,0658 x  80 : 100 =  0,0526
0,0526 Entgeltpunkte  x          17 Monate                    =   0,8942 Punkte

Ein Gesamtleistungswert ist bei Rentenbeginn im
Monat Oktober 2017 für folgende Zeiten nicht zu
berücksichtigen, weil sie nicht zu bewerten sind.

Anrechnungszeiten wegen
Bezug von Arbeitslosengeld II

01.01.2011 - 31.01.2011

Seite 08

Deutsche Rentenversicherung

Deutsche
Rentenversicherung

Versicherungsnummer  Abt.                    Anlage   Seite      Datum
52        H           (000-01)                        08        .08.2017

Entgeltpunkte für beitragsfreie und beitragsgeminderte Zeiten

```
01.04.2011 - 31.12.2011
01.01.2012 - 30.04.2012
01.07.2012 - 31.08.2012
01.02.2013 - 28.02.2013
01.03.2013 - 31.12.2013
01.01.2014 - 31.07.2014
01.10.2014 - 31.12.2014
01.01.2015 - 28.02.2015
01.03.2015 - 31.12.2015
01.01.2016 - 30.04.2016
01.07.2016 - 31.12.2016
01.01.2017 - 31.03.2017
```

**Summe der Entgeltpunkte für beitragsfreie Zeiten          7,1452**
**für 112 Monate**

Seite 09

Deutsche Rentenversicherung

Deutsche
Rentenversicherung

| Versicherungsnummer | Abt. | | Anlage | Seite | Datum |
|---|---|---|---|---|---|
| 52 : N | | (000-01) | | 09 | .08.2017 |

Entgeltpunkte für beitragsfreie und beitragsgeminderte Zeiten

## Bewertung beitragsgeminderter Zeiten

Die Summe der Entgeltpunkte für beitragsgeminderte Zeiten ist so zu erhöhen, dass sie mindestens den Wert erreicht, der sich bei der Bewertung jeweils als beitragsfreie Anrechnungszeiten wegen Krankheit und Arbeitslosigkeit, als Anrechnungszeiten wegen Fachschulausbildung sowie der Teilnahme an einer berufsvorbereitenden Bildungsmaßnahme und als Zeiten einer beruflichen Ausbildung oder als sonstige beitragsfreie Zeiten ergeben würde.

Beitragsgemindert sind die im Versicherungsverlauf aufgeführten Kalendermonate, die sowohl mit Beitragszeiten als auch mit Anrechnungszeiten, einer Zurechnungszeit oder Ersatzzeiten belegt oder Die als berufliche Ausbildung gekennzeichnet sind.

Es ist zu prüfen, ob zusätzliche Entgeltpunkte für beitragsgeminderte Zeiten anzurechnen sind.

Die Zeiten der beruflichen Ausbildung, die über drei Jahre hinausgehen, erhalten keine Entgeltpunkte.

Zeiten der beruflichen Ausbildung, Fachschulausbildung oder berufsvor- bereitenden Bildungsmaßnahmen werden insgesamt für höchstens drei Jahre bewertet. Dabei werden vorrangig die beitragsfreien Zeiten der Fachschulausbildung oder der berufsvorbereitenden Bildungsmaßnahmen berücksichtigt.

Allgemeine Rentenversicherung

Der Gesamtleistungswert ist für folgende Zeiten in voller Höhe zu berücksichtigen:

Monate mit Beitragszeiten
und mit Anrechnungszeiten
wegen Schwangerschaft                17 Monate

| | | |
|---|---|---|
| August | - Dezember | 1984 |
| März | 1986 | |
| April | - Mai | 1986 |
| Juni | 1986 | |
| April | 1993 | |
| Mai | 1993 | |
| Juni | 1993 | |
| Juli | 1993 | |
| Mai | 1994 | |
| Juni | - Juli | 1994 |
| August | 1994 | |

maßgebender Wert
0,0658 Entgeltpunkte x          17 Monate          = 1,1186 Punkte

abzüglich der bereits für diese
Zeiten berücksichtigten Entgeltpunkte                = 1,3129 Punkte
                                                      Seite 10

P Anhang

```
Deutsche Rentenversicherung                          ▓▓ Deutsche
                                                     ▓▓ Rentenversicherung

Versicherungsnummer  Abt.              Anlage   Seite        Datum
52           H           (000-01)                10         .08.2017

Entgeltpunkte für beitragsfreie und beitragsgeminderte Zeiten


Zusätzliche Entgeltpunkte für diese beitragsgeminder-
ten Zeiten ergeben sich nicht.

Der Gesamtleistungswert ist bei Rentenbeginn
2017 für folgende Zeiten in Höhe von  80 %
zu berücksichtigen:

Monat mit Beitragszeit und
mit Anrechnungszeit wegen
Krankheit/Gesundheitsmaßnahme     1 Monat

März      1993

Monate mit Beitragszeiten
und mit Anrechnungszeiten
wegen Arbeitslosigkeit            28 Monate

Februar    1982
Mai        1982
Juni       1982
September  1983
Februar    1984
Januar     1985
Februar  - Juli     1985
August     1985
September  1985
Januar     1992
Februar    1992
März     - Juli     1992
August     1992
September - Dezember 1992
Januar     1993
Februar    1993


maßgebender Wert
0,0658 x  80 : 100 = 0,0526
0,0526 Entgeltpunkte x      29 Monate            =  1,5254 Punkte

abzüglich der bereits für diese
Zeiten berücksichtigten Entgeltpunkte            =  1,4719 Punkte

Zusätzliche Entgeltpunkte für diese
beitragsgeminderten Zeiten                          0,0535 Punkte

Der Gesamtleistungswert ist bei Rentenbeginn im
Monat Oktober 2017 für folgende Zeiten in Höhe
von 75 % zu berücksichtigen.

Monate mit Beitragszeiten
für nachgewiesene beruf-
liche Ausbildung                  36 Monate

September - Dezember   1978
Januar    - November   1979
                                                 Seite 11
```

Deutsche Rentenversicherung

🔲 Deutsche
🔲 Rentenversicherung

Versicherungsnummer   Abt.                    Anlage   Seite        Datum
52            M              (000-01)                   11          .08.2017

Entgeltpunkte für beitragsfreie und beitragsgeminderte Zeiten

Dezember  1979
Januar    - Dezember  1980
Januar    - August    1981

maßgebender Wert
0,0658 x 75 : 100 =    0,0494
0,0494 Entgeltpunkte   x          36 Monate              =   1,7784 Punkte

abzüglich der bereits für diese
Zeiten berücksichtigten Entgeltpunkte                     =   0,7120 Punkte

**Zusätzliche Entgeltpunkte für diese
beitragsgeminderten Zeiten**                                  1,0664 Punkte

Ein Gesamtleistungswert ist bei Rentenbeginn im
Monat Oktober 2017 für folgende Zeiten nicht zu
berücksichtigen, weil sie nicht zu bewerten sind.

Monate mit Beitragszeiten
und mit Anrechnungszeiten wegen
Bezug von Arbeitslosengeld II

Februar   2011
Mai       2012
Juni      2012
August    2014
September 2014

Monate mit Beitragszeiten
für berufliche Ausbildung

September - Dezember  1981
Januar    1982

**Summe der zusätzlichen Entgeltpunkte für
alle beitragsgeminderten Zeiten**                            1,1199

Deutsche Rentenversicherung

Deutsche
Rentenversicherung

Versicherungsnummer   Abt.                    Anlage   Seite        Datum
52             H           (000-01)                       01          '.08.2017

Versorgungsausgleich

### Versorgungsausgleich

Der zu Gunsten des Versicherungskontos durchgeführte Versorgungsausgleich ergibt einen Zuschlag an Entgeltpunkten.

Diese Entgeltpunkte werden ermittelt, indem der Monatsbetrag der übertragenen oder begründeten Rentenanwartschaften durch den aktuellen Rentenwert mit seinem Wert bei Ende der Ehezeit geteilt wird.

Für die Ehezeit vom 01.11.1983 bis 31.12.1993 sind zu Gunsten des Versicherungskontos Rentenanwartschaften in der gesetzlichen Rentenver-
,icherung übertragen worden.

Die übertragene Rentenanwartschaft ist
festgestellt auf                        monatlich     71,19 DM

Der aktuelle Rentenwert bei Ende der
Ehezeit beträgt                                        44,49 DM

Die Entgeltpunkte errechnen sich aus
    71,19 DM  : 44,49 DM                          =  1,6001 Punkte

Deutsche Rentenversicherung

**Deutsche Rentenversicherung**

| Versicherungsnummer | Abt. | | Anlage | Seite | Datum |
|---|---|---|---|---|---|
| 52 | H | (000-01) | | 01 | .08.2017 |

Berechnung der persönlichen Entgeltpunkte

Die persönlichen Entgeltpunkte beeinflussen entscheidend die Höhe der Rente. Für die persönlichen Entgeltpunkte ermitteln wir zunächst Entgeltpunkte aus den Daten in der Anlage "Versicherungsverlauf" und einen Zugangsfaktor.

Außerdem berücksichtigen wir den Versorgungsausgleich.

Wenn Entgeltpunkte und Zugangsfaktor miteinander vervielfacht werden, ergeben sich persönliche Entgeltpunkte:
**Entgeltpunkte x Zugangsfaktor = Persönliche Entgeltpunkte**

Die Berechnung der persönlichen Entgeltpunkte stellen wir im weiteren Verlauf dar. Zuvor erhalten Sie noch allgemeine Erläuterungen zur Ermittlung von Entgeltpunkten.

**Ermittlung von Entgeltpunkten**

- **Entgeltpunkte für Beitragszeiten**
  Entgeltpunkte für Beitragszeiten werden wie folgt ermittelt:
  Das versicherte Entgelt wird verglichen mit dem Durchschnittsentgelt aller Versicherten im selben Kalenderjahr.
  Wenn das versicherte Entgelt so hoch war wie das Durchschnittsentgelt aller Versicherten, ergeben sich 1,0000 Entgeltpunkte. Werden zum Beispiel für 15 Jahre mit Beitragszeiten jeweils 1,0000 Entgeltpunkte ermittelt, ergeben sich für den gesamten Zeitraum insgesamt 15,0000 Entgeltpunkte.
  War das versicherte Entgelt zum Beispiel halb so hoch wie das Durchschnittsentgelt aller Versicherten, ergeben sich pro Jahr 0,5000 Entgeltpunkte und aus 15 Jahren 7,5000 Entgeltpunkte.
  Wenn es so hoch war wie das 1,3-fache des Durchschnittsentgelts aller Versicherten, ergeben sich für ein Kalenderjahr 1,3000 Entgeltpunkte und aus 15 Jahren 19,5000 Entgeltpunkte.

  Die Anlage "Versicherungsverlauf" enthält Zeiten, die bezeichnet werden als "Pflichtbeitragszeit für Kindererziehung". Für diese Zeiten werden weitere Entgeltpunkte ermittelt.

  Die Anlage "Versicherungsverlauf" enthält Zeiten, die bezeichnet werden als:

  - "Beitragszeit wegen gleichzeitiger Berücksichtigungszeiten"

  Für diese Zeiten werden weitere Entgeltpunkte gutgeschrieben.

- **Entgeltpunkte für beitragsfreie Zeiten**
  Für bestimmte beitragsfreie Zeiten gibt es Entgeltpunkte, obwohl hierfür keine Beiträge zur Rentenversicherung gezahlt wurden. Die Entgeltpunkte werden hierbei unter Berücksichtigung des Versicherungslebens ermittelt. Beitragsfreie Zeiten sind in der Anlage "Versicherungsverlauf" bezeichnet mit:

  - "Schwangerschaft/Mutterschutz"
  - "Arbeitslosigkeit", "Bezug von Unterhaltsgeld-AFG" oder
    "Bezug von Vorruhestandsgeld"

Seite 02

Deutsche Rentenversicherung

🔲 Deutsche
🔲 Rentenversicherung

Versicherungsnummer  Abt.                    Anlage   Seite    Datum
52          H            (000-01)                      02      .08.2017

Berechnung der persönlichen Entgeltpunkte

- "Zurechnungszeit"

- **Zusätzliche Entgeltpunkte für beitragsgeminderte Zeiten**
  Für bestimmte Beitragszeiten ermitteln wir zusätzliche Entgeltpunkte.
  Solche Zeiten heißen "beitragsgeminderte Zeiten". Dabei kann es sich
  zum Beispiel um Zeiten einer beruflichen Ausbildung handeln oder um
  Beitragszeiten, die mit beitragsfreien Zeiten zusammentreffen. Diese
  zusätzlichen Entgeltpunkte gibt es, weil das versicherte Einkommen in
  beitragsgeminderten Zeiten bei den meisten Versicherten nur gering
  ist.
  Beitragsgeminderte Zeiten sind in der Anlage "Versicherungsverlauf"
  bezeichnet mit:

  - "krank/Gesundheitsmaßnahme"

- **Zuschläge an Entgeltpunkten**

  Einen Zuschlag an Entgeltpunkten gibt es für Zeiten, die in der
  Anlage "Versicherungsverlauf" bezeichnet sind als "geringfügige nicht
  versicherungspflichtige Beschäftigung". Für diese Zeiten hat
  ausschließlich der Arbeitgeber Beiträge gezahlt.

                    **Summe der Entgeltpunkte**

An Entgeltpunkten sind zu berücksichtigen:

Entgeltpunkte für Beitragszeiten                           11,9012 Punkte
davon entfallen   6,9972 Entgelt-
punkte auf Kindererziehungszeiten

Entgeltpunkte für beitragsfreie Zeiten        +    7,1452 Punkte

zusätzliche Entgeltpunkte
für beitragsgeminderte Zeiten                 +    1,1199 Punkte

insgesamt                                     =   20,1663 Punkte

Zuschlag aus einem durchgeführten Versorgungsausgleich

für die Ehezeit vom 01.11.1983 bis 31.12.1993     +    1,6001 Punkte

Zuschlag für Arbeitsentgelt
aus geringfügiger nicht
versicherungspflichtiger Beschäftigung        +    0,1305 Punkte

Summe aller Entgeltpunkte                     =   21,8969 Punkte

Die Rente wegen voller Erwerbsminderung ist in voller Höhe zu leisten.
Die Entgeltpunkte sind daher in dieser Höhe zu berücksichtigen.

                        **Zugangsfaktor**

Der Zugangsfaktor beträgt                          1,0.

                                                   Seite 03

Deutsche Rentenversicherung

Deutsche
Rentenversicherung

| Versicherungsnummer Abt. | | Anlage | Seite | Datum |
|---|---|---|---|---|
| 52 H (000-01) | | | 03 | .08.2017 |

Berechnung der persönlichen Entgeltpunkte

Er vermindert sich ab 01.10.2017.

Die Verminderung ergibt sich aus der
Anzahl der Kalendermonate für die Zeit
vom 01.11.2023 bis 31.10.2026
vervielfältigt mit dem Faktor 0,003.

Die Verminderung beträgt für   36 Kalendermonate        0,108.

Somit ergibt sich für   21,8969 Punkte
ein Zugangsfaktor von                                   0,892.

Die persönlichen Entgeltpunkte betragen
        21,8969 x 0,892                               19,5320

Davon entfallen auf Kindererziehungszeiten             6,2415

Deutsche Rentenversicherung

Deutsche
Rentenversicherung

Versicherungsnummer   Abt.                         Anlage   Seite   Datum
52            H               (000-01)                      01     .08.2017

Zuschlag an Entgeltpunkten


### Zuschlag an Entgeltpunkten


Für Arbeitsentgelt aus geringfügiger nicht versicherungspflichtiger
Beschäftigung, für das nur der Arbeitgeber seinen Beitragsanteil
getragen hat, wird ein Zuschlag an Entgeltpunkten ermittelt.

Hierfür wird das erzielte Arbeitsentgelt durch den
Durchschnittsverdienst aller Versicherten für dasselbe Kalenderjahr
geteilt und mit dem Verhältnis vervielfältigt, das dem vom Arbeitgeber
gezahlten Beitragssatzanteil und dem zum Zeitpunkt der Beschäftigung
geltenden Beitragssatz entspricht.

Allgemeine Rentenversicherung

```
17.01.2000-03.03.2000     918,00 DM : 54.256 DM = 0,0169
                          0,0169 x  12 :  19,3          = 0,0105 Punkte
01.06.2000-31.08.2000   1.188,00 DM : 54.256 DM = 0,0219
                          0,0219 x  12 :  19,3          = 0,0136 Punkte
10.10.2000-31.12.2000     935,00 DM : 54.256 DM = 0,0172
                          0,0172 x  12 :  19,3          = 0,0107 Punkte
01.01.2001-30.06.2001   1.205,00 DM : 55.216 DM = 0,0218
                          0,0218 x  12 :  19,1          = 0,0137 Punkte
01.10.2004-31.12.2004     528,00 EUR : 29.060 EUR = 0,0182
                          0,0182 x  12 :  19,5          = 0,0112 Punkte
01.08.2006-30.11.2006   1.600,00 EUR : 29.494 EUR = 0,0542
                          0,0542 x   5 :  19,5          = 0,0139 Punkte
01.11.2012-31.12.2012     316,00 EUR : 33.002 EUR = 0,0096
                          0,0096 x  15 :  19,6          = 0,0073 Punkte
01.01.2013-31.01.2013     134,20 EUR : 33.659 EUR = 0,0040
                          0,0040 x  15 :  18,9          = 0,0032 Punkte
01.02.2013-28.02.2013     134,20 EUR : 33.659 EUR = 0,0040
                          0,0040 x  15 :  18,9          = 0,0032 Punkte
01.03.2013-31.05.2013     402,60 EUR : 33.659 EUR = 0,0120
                          0,0120 x  15 :  18,9          = 0,0095 Punkte
01.03.2014-31.07.2014   2.200,00 EUR : 34.514 EUR = 0,0637
                          0,0637 x   5 :  18,9          = 0,0169 Punkte
01.08.2014-24.08.2014     352,00 EUR : 34.514 EUR = 0,0102
                          0,0102 x   5 :  18,9          = 0,0027 Punkte
25.08.2014-05.09.2014     161,33 EUR : 34.514 EUR = 0,0047
                          0,0047 x   5 :  18,9          = 0,0012 Punkte
06.09.2014-30.09.2014     366,67 EUR : 34.514 EUR = 0,0106
                          0,0106 x   5 :  18,9          = 0,0028 Punkte
01.10.2014-31.12.2014   1.320,00 EUR : 34.514 EUR = 0,0382
                          0,0382 x   5 :  18,9          = 0,0101 Punkte
```

Zuschlag für Arbeitsentgelt aus geringfügiger
nicht versicherungspflichtiger Beschäftigung          0,1305 Punkte


Seite 02

Deutsche Rentenversicherung

Deutsche
Rentenversicherung

Versicherungsnummer  Abt.                  Anlage   Seite      Datum
52         H        (000-01)                        02         .08.2017

Zuschlag an Entgeltpunkten

## Monate für die Wartezeiten

Die Anzahl der Monate, die für die Ermittlung der Wartezeiten aufgrund
der geringfügigen nicht versicherungspflichtigen Beschäftigung
anzurechnen sind, ist von den Entgeltpunkten abhängig, die für den
Zuschlag maßgebend sind. Hierbei bleiben Entgeltpunkte für geringfügige
nicht versicherungspflichtige Beschäftigungen unberücksichtigt, die in
Kalendermonaten ausgeübt wurden, die bereits auf die Wartezeit
anzurechnen sind.

Zur Ermittlung der für die Wartezeit zu berücksichtigenden Monate sind
die errechneten Entgeltpunkte durch den Wert 0,0313 zu teilen.

Für die Wartezeit von 5, 15 und 20 Jahren sind 0,0882 Entgeltpunkte zu
berücksichtigen.

Daraus ergeben sich 3 zusätzliche Monate.

Für die Wartezeit von 35 Jahren ergeben sich keine zusätzlichen Monate.

Für die Wartezeit von 45 Jahren sind 0,0648 Entgeltpunkte zu
berücksichtigen.

Daraus ergeben sich 3 zusätzliche Monate.

Deutsche Rentenversicherung

Deutsche
Rentenversicherung

| Versicherungsnummer | Abt. | | Anlage | Seite | Datum |
|---|---|---|---|---|---|
| 52 | M | (000-01) | | 01 | _ .08.2017 |

Rente und Hinzuverdienst

Als Hinzuverdienst bezeichnet werden Arbeitsentgelt, Arbeitseinkommen, vergleichbares Einkommen und bestimmte Sozialleistungen neben Ihrer Rente. Ihr Hinzuverdienst wirkt sich auf die Höhe Ihrer Rente aus, wenn er bestimmte Grenzen übersteigt. Er wird dann zum Teil auf Ihre Rente angerechnet.

Für die Anrechnung von Hinzuverdienst gelten zwei Grenzen,
1. die Hinzuverdienstgrenze:
   Hinzuverdienst bis zu dieser Grenze wird nicht von Ihrer Rente abgezogen.
   Hinzuverdienst über dieser Grenze vermindert Ihre Rente. Der Hinzuverdienst über dieser Grenze wird durch 12 geteilt. 40 % davon werden von Ihrer Monatsrente abgezogen.
2. der Hinzuverdienstdeckel:
   Wenn Ihre verminderte Monatsrente und ein Zwölftel des Hinzuverdienstes zusammen höher sind als der Hinzuverdienstdeckel, wird der darüber liegende Betrag vollständig von Ihrer Monatsrente abgezogen.

Im Folgenden zeigen wir Ihnen, welche Grenzen Sie für einen Hinzuverdienst beachten sollten.

Am Ende dieser Anlage erhalten Sie Antworten auf Fragen zum Hinzuverdienst.

Deutsche Rentenversicherung

Deutsche
Rentenversicherung

| Versicherungsnummer | Abt. | | Anlage | Seite | Datum |
|---|---|---|---|---|---|
| 52 · · H · | (000-01) | | | 02 | ··.2017 |

Rente und Hinzuverdienst

## Ihre Grenzen für den Hinzuverdienst ab dem 01.10.2017

### - Ihre Hinzuverdienstgrenze

Die Hinzuverdienstgrenze für Ihre Rente wegen voller Erwerbsminderung beträgt kalenderjährlich 6.300,00 EUR.

### - Ihr Hinzuverdienstdeckel

Für die Berechnung Ihres Hinzuverdienstdeckels werden Ihre Einkommensverhältnisse in den letzten 15 Kalenderjahren vor dem Eintritt Ihrer Erwerbsminderung betrachtet. Von diesen 15 Jahren ist das Kalenderjahr mit den meisten Entgeltpunkten maßgebend. Ihre damaligen Einkommensverhältnisse werden in die heutige Zeit übertragen. Dafür vervielfachen wir die Entgeltpunkte aus diesem Jahr mit der heutigen monatlichen Bezugsgröße. Die monatliche Bezugsgröße gibt an, wie hoch das Durchschnittsentgelt aller Versicherten der gesetzlichen Rentenversicherung ist. Sie wird jährlich neu bestimmt.

Das Kalenderjahr mit den meisten Entgeltpunkten innerhalb der letzten 15 Kalenderjahre ist das Jahr 2006. Für dieses Kalenderjahr haben wir 0,3146 Entgeltpunkte ermittelt.

Die monatliche Bezugsgröße beträgt          2.975,00 EUR

Es ergeben sich als Hinzuverdienstdeckel
aus den Entgeltpunkten
0,3146 x 2.975,00 EUR =                       935,94 EUR

Der Hinzuverdienstdeckel muss jedoch mindestens so hoch sein wie die Summe aus dem Monatsbetrag der Rente in voller Höhe und einem Zwölftel der kalenderjährlichen Hinzuverdienstgrenze.

Der Monatsbetrag der
Rente in voller Höhe ist          606,08 EUR

Ein Zwölftel der kalenderjährlichen
Hinzuverdienstgrenze ist
 6.300,00 EUR : 12 =              525,00 EUR

Der Mindestbetrag für den Hinzuverdienstdeckel ist
 606,08 EUR +    525,00 EUR =        1.131,08 EUR

Der Mindestbetrag des Hinzuverdienstdeckels ist höher als der Hinzuverdienstdeckel aus den Entgeltpunkten.

Ihr Hinzuverdienstdeckel beträgt daher          1.131,08 EUR

Seite 03

Deutsche Rentenversicherung
Hessen

Deutsche
Rentenversicherung

| Versicherungsnummer | Abt. | Anlage | Seite | Datum |
|---|---|---|---|---|
| 52    H | | | 03 | .2017 |

Rente und Hinzuverdienst

- **Auf einen Blick**

  Für die Anrechnung von Hinzuverdienst gelten zwei Grenzen,

  1. Ihre Hinzuverdienstgrenze von  6.300,00 EUR im Kalenderjahr:

     Hinzuverdienst bis zu diesem Betrag wird nicht von Ihrer Rente
     abgezogen.

     Hinzuverdienst über  6.300,00 EUR vermindert Ihre Rente. Der
     Betrag über dieser Grenze wird durch 12 geteilt. 40 % davon werden
     von Ihrer Monatsrente abgezogen.

  2. Ihr Hinzuverdienstdeckel von  1.131,08 EUR im Monat:

     Wenn Ihre verminderte Monatsrente und ein Zwölftel des
     Hinzuverdienstes zusammen höher sind als  1.131,08 EUR, wird der
     darüber liegende Betrag vollständig von Ihrer Monatsrente
     abgezogen.

Deutsche Rentenversicherung

Deutsche
Rentenversicherung

| Versicherungsnummer | Abt. | | Anlage | Seite | Datum |
|---|---|---|---|---|---|
| 52 | H | (000-01) | | 04 | ‾‾.08.2017 |

Rente und Hinzuverdienst

## Fragen und Antworten zum Hinzuverdienst

Wir beantworten die folgenden Fragen:
- Welches Einkommen zählt als Hinzuverdienst?
- Was muss ich tun bei Hinzuverdienst, den meine Rentenversicherung noch nicht kennt?
- Was kann ich tun, wenn sich mein Hinzuverdienst ändert?
- Wie erfahre ich, ob sich meine Grenzen für Hinzuverdienst verändert haben?
- Wird mein Hinzuverdienst regelmäßig überprüft?
- Was passiert, wenn voraussichtlicher und tatsächlicher Hinzuverdienst voneinander abweichen?

### - Welches Einkommen zählt als Hinzuverdienst?

Als Hinzuverdienst zählen folgende Arten von Einkommen:

- Brutto-Arbeitsentgelt
- Arbeitseinkommen
  das ist der steuerrechtliche Gewinn, wie er sich aus dem Einkommensteuerbescheid ergibt. Dazu zählen Einkünfte aus Land- und Forstwirtschaft, Gewerbebetrieb oder selbständiger Arbeit, auch wenn eine Tätigkeit tatsächlich nicht ausgeübt wird;
- vergleichbares Einkommen
  das sind zum Beispiel Entschädigungen für Abgeordnete oder Bezüge aus einem öffentlich-rechtlichen Amtsverhältnis;
- bestimmte Sozialleistungen.

Im Ausland erzieltes Einkommen zählt dazu. Mehrere Einkommen werden zusammengerechnet.

### - Was muss ich tun bei Hinzuverdienst, den meine Rentenversicherung noch nicht kennt?

Bitte wenden Sie sich hierzu an eine Auskunfts- und Beratungsstelle der Deutschen Rentenversicherung oder direkt an uns.

### - Was kann ich tun, wenn sich mein Hinzuverdienst ändert?

Sie können selbst eine Überprüfung Ihrer Rente beantragen, wenn sich Ihr kalenderjährlicher Hinzuverdienst um mindestens 10 % ändert oder Ihr Hinzuverdienst wegfällt.
Bitte wenden Sie sich hierzu an eine Auskunfts- und Beratungsstelle der Deutschen Rentenversicherung oder direkt an uns.

### - Wie erfahre ich, ob sich meine Grenzen für Hinzuverdienst verändert haben?

Bitte wenden Sie sich hierzu an eine Auskunfts- und Beratungsstelle der Deutschen Rentenversicherung oder direkt an uns.

Ihr Hinzuverdienstdeckel wird zum 01.07. jedes Jahres neu berechnet. Die Hinzuverdienstgrenze von 6.300,00 EUR im Kalenderjahr ist gesetzlich festgelegt.

Seite 05

Deutsche Rentenversicherung

Deutsche
Rentenversicherung

| Versicherungsnummer | Abt. | | Anlage | Seite | Datum |
|---|---|---|---|---|---|
| 52 | H | (000-01) | | 05 | .2017 |

Rente und Hinzuverdienst

- Wird mein Hinzuverdienst regelmäßig überprüft?

  Ja, zum 01.07. jedes Jahres werden wir Ihren Hinzuverdienst für das
  zurückliegende Kalenderjahr überprüfen.

- Was passiert, wenn voraussichtlicher und tatsächlicher Hinzuverdienst
  voneinander abweichen?

  Dann werden wir Ihre Rente rückwirkend neu berechnen.
  Daraus kann sich eine Nachzahlung für Sie ergeben, zu viel gezahlte
  Beträge müssen Sie jedoch zurückzahlen.

# 9 Erklärung zum Hinzuverdienst bei Altersrente

| Versicherungsnummer | Kennzeichen (soweit bekannt) | Deutsche Rentenversicherung |
|---|---|---|

**Deutsche Rentenversicherung**

**Erklärung zum Hinzuverdienst bei Altersrente / Knappschaftsausgleichsleistung**

# R0230

Wenn Sie weitere Anträge benötigen, stehen Ihnen alle entsprechenden Antragsvordrucke auch im Internet unter www.deutsche-rentenversicherung.de zur Verfügung.

## 1 Angaben zur Person

| Name | Vorname (Rufname) |
|---|---|

| Namenszusatz (Beispiel: Freifrau, Graf) | Vorsatzwort zum Namen (Beispiel: von, van, de) | Titel (Beispiel: Prof. Dr. med.) |
|---|---|---|

| Geburtsname | Geburtsdatum |
|---|---|

**Hinweis:** Bitte machen Sie Angaben zu einem Hinzuverdienst (Ziffern 2 bis 4) längstens bis zum Ende des Monats, in dem die Regelaltersgrenze erreicht wird.

## 2 Arbeitsentgelt

**2.1** Erhalten Sie nach Rentenbeginn Arbeitsentgelt?

☐ nein, bitte weiter bei Ziffer 3

Tag Monat Jahr

☐ ja, ab _____   ☐ laufend   ☐ voraussichtlich bis zum  Tag Monat Jahr _____

**2.2** Ich erhalte vom Rentenbeginn bis zum Ende des Kalenderjahres, in dem die Rente beginnt, voraussichtlich ein Brutto-Arbeitsentgelt (einschließlich Einmalzahlungen wie zum Beispiel Urlaubsgeld, Weihnachtsgeld, Jahresabschlussprämie, Zahlungen für Mehrarbeit)

in Höhe von insgesamt _____ , ____ EUR.

Versicherungsnummer | Kennzeichen (soweit bekannt)

**2.3**   Können Sie heute schon angeben, wie hoch Ihr Arbeitsentgelt im Kalenderjahr nach Rentenbeginn voraussichtlich sein wird?

☐ nein

In diesem Fall wird Ihr Rentenversicherungsträger anhand der unter den Ziffern 2.1 und 2.2 gemachten Angaben eine Prognose Ihres voraussichtlichen kalenderjährlichen Brutto-Arbeitsentgelts erstellen, um Ihre Rente ab dem 1.1. des Kalenderjahres nach Rentenbeginn neu berechnen zu können.
Bitte weiter bei Ziffer 3.

☐ ja

**2.4**   Ich erhalte im Kalenderjahr nach Rentenbeginn voraussichtlich ein Brutto-Arbeitsentgelt (einschließlich Einmalzahlungen)

in Höhe von insgesamt                                              ⌊_____⌋ , ⌊___⌋ EUR.

**3   Steuerrechtlicher Gewinn**

**3.1**   Erzielen Sie nach Rentenbeginn Einkünfte aus Land- und Forstwirtschaft, aus Gewerbebetrieb oder aus selbständiger Arbeit, gegebenenfalls auch im Ausland? Hierzu gehören auch Einkünfte aus Vermietung und Verpachtung, aus Kapitalvermögen sowie aus Energieanlagen mit erneuerbarer Energie (zum Beispiel Photovoltaik, solare Energie, Windenergie und so weiter), wenn diese steuerrechtlich zu den Einkünften aus Land- und Forstwirtschaft, aus Gewerbebetrieb oder aus selbständiger Arbeit zählen.

☐ nein, bitte weiter bei Ziffer 4

☐ ja

**3.2**   Ich erziele vom Rentenbeginn bis zum Ende des Kalenderjahres, in dem die Rente beginnt, voraussichtlich einen steuerrechtlichen Gewinn

in Höhe von insgesamt                                              ⌊_____⌋ , ⌊___⌋ EUR.

**3.3**   Bei Einkünften aus Land- und Forstwirtschaft: Ermitteln Sie Ihren Gewinn nach § 13a Einkommensteuergesetz (EStG)?

Sozialversicherung für Landwirtschaft, Forsten und Gartenbau

☐ nein   ☐ ja   _____
Anschrift

_____

Aktenzeichen

**3.4**   Machen Sie Kinderbetreuungskosten als abziehbare Sonderausgaben nach § 10 Absatz 1 Nummer 5 EStG gegenüber dem Finanzamt geltend?

☐ nein   ☐ ja, in Höhe von                         ⌊_____⌋ , ⌊___⌋ EUR.

| Versicherungsnummer | Kennzeichen (soweit bekannt) |
|---|---|

## 4  Vergleichbares Einkommen

**4.1**  Erhalten Sie nach Rentenbeginn ein vergleichbares Einkommen (zum Beispiel Entschädigungen für Abgeordnete oder Bezüge aus einem öffentlich-rechtlichen Amtsverhältnis)?

☐  nein, bitte weiter bei Ziffer 5

☐  ja

**4.2**  Ich erhalte vom Rentenbeginn bis zum Ende des Kalenderjahres, in dem die Rente beginnt, voraussichtlich ein vergleichbares Einkommen

in Höhe von insgesamt ☐☐☐☐☐☐ , ☐☐ EUR.

## 5  Einverständniserklärung bei Überzahlungen (nicht bei Knappschaftsausgleichsleistung)

Wenn Sie Hinzuverdienst erzielen, berücksichtigen wir für die Berechnung Ihrer Rente zunächst den voraussichtlichen kalenderjährlichen Hinzuverdienst. Diesen vergleichen wir regelmäßig im folgenden Jahr mit dem tatsächlichen Hinzuverdienst. Stellen wir dabei eine Überzahlung der Rente fest, müssen Sie den zuviel gezahlten Betrag zurückzahlen.

Wenn Sie damit einverstanden sind, behalten wir einen zuviel gezahlten Betrag von bis zu 200 EUR von der laufenden Rente ein. Höchstens wird dabei die halbe Rente einbehalten.

Ihr Einverständnis können Sie jederzeit mit Wirkung für die Zukunft schriftlich widerrufen.

Sofern Sie Ihr Einverständnis nicht erklären oder später widerrufen, müssen Sie die Rückzahlung des zuviel gezahlten Rentenbetrags selbst veranlassen.

Ich bin damit einverstanden, dass ein zurückzuzahlender Betrag von bis zu 200 EUR von meiner laufenden Rente bis zu deren Hälfte einbehalten wird.

☐  ja    ☐  nein

Ort, Datum

Unterschrift der Antragstellerin / des Antragstellers

## 10  Überprüfung des EM-Rentenanspruchs

---

Versicherungsnummer:

**Deutsche Rentenversicherung**

Bund

Deutsche Rentenversicherung Bund
10704 Berlin

Ruhrstraße 2, 10709 Berlin
Postanschrift: 10704 Berlin
Telefon 030 865-0
Telefax 030 865-27240
Servicetelefon 0800 100048070
www.deutsche-rentenversicherung-bund.de
drv@drv-bund.de

Datum 06.04.2010

**Nachprüfung der weiteren Rentenberechtigung**

Sehr geehrte

Sie erhalten eine Rente wegen verminderter Erwerbsfähigkeit. Ein Anspruch auf diese Rente besteht, solange eine maßgebliche Minderung der Erwerbsfähigkeit vorliegt. Der Rentenversicherungsträger ist verpflichtet, von Zeit zu Zeit oder bei Ausübung einer Erwerbstätigkeit nachzuprüfen, ob die Voraussetzungen für den Bezug der Rente noch gegeben sind.

Liegen die maßgeblichen Voraussetzungen nicht mehr vor, ist die Rente zu entziehen (§ 48 des Zehnten Buches des Sozialgesetzbuches - SGB X - in Verbindung mit § 100 Abs. 3 des Sechsten Buches des Sozialgesetzbuches - SGB VI -). Dies gilt auch für Renten ohne ausdrückliche zeitliche Befristung. Um feststellen zu können, ob sich die Verhältnisse seit der Rentenbewilligung geändert haben, überprüfen die Rentenversicherungsträger regelmäßig alle zwei Jahre die Renten wegen verminderter Erwerbsfähigkeit. Von der Überprüfung sind alle Versicherten betroffen, die eine Rente wegen verminderter Erwerbsfähigkeit beziehen, ohne Berücksichtigung des zum Zeitpunkt der Rentenbewilligung festgestellten Gesundheitszustandes.

Für den weiteren Bezug der Rente müssen außerdem die Hinzuverdienstgrenzen eingehalten werden. Als Hinzuverdienst zählen Arbeitsentgelt, Arbeitseinkommen (Einkünfte aus Gewerbebetrieb, Einkünfte aus selbständiger Arbeit und Einkünfte aus Land- und Forstwirtschaft), vergleichbares Einkommen (zum Beispiel Entschädigungen für Abgeordnete - Diäten) und bestimmrnte Sozialleistungen.

Wenn Sie Arbeitsentgelt oder vergleichbares Einkommen erzielen, benötigen wir zusätzlich noch Angaben Ihres Arbeitgebers beziehungsweise die zuständige Stelle auf dem beigefügten Vordruck.

Ihre Mithilfe, die in den §§ 60 bis 65 des Ersten Buches des Sozialgesetzbuches - SGB I - ausdrücklich vorgesehen ist, erleichtert uns eine rasche Erledigung Ihrer Angelegenheiten. Bitte bedenken Sie, dass wir Ihnen, wenn Sie uns nicht unterstützen, die Leistung ganz oder teilweise versagen oder entziehen dürfen (§ 66 SGB I).

Auf der letzten Seite des Fragebogens sind die hier genannten gesetzlichen Vorschriften auszugsweise abgedruckt.

Wir möchten Sie darüber informieren, dass wir Daten, die wir im Zusammenhang mit einem ärztlichen Gutachten wegen der von Ihnen bezogenen Rente erhalten haben, an einen anderen Sozialleistungsträger (z. B. Krankenkasse, Agentur für Arbeit, Versorgungsamt oder Berufsgenossenschaft) oder für eigene Aufgaben an einen sonstigen Dritten (beispielsweise einen anderen Gutachter) weitergeben dürfen, falls dies erforderlich ist. Das ergibt sich aus § 76 in Verbindung mit § 69 SGB X. Sie können einer solchen Weitergabe aber jederzeit und ohne Angabe von Gründen widersprechen. Das kann allerdings dazu führen, dass Ihnen eine Leistung ganz oder teilweise versagt oder entzogen wird, wenn Sie zuvor schriftlich auf diese Möglichkeit hingewiesen worden sind (§ 66 SGB I). Sollten Sie wünschen, von einem bestimmten Arzt nicht untersucht zu werden, haben Sie die Möglichkeit, uns dessen Namen und Anschrift zu benennen. Wir werden dies dann bereits bei der Auswahl des Arztes, den wir ggf. mit der Erstellung des Gutachtens beauftragen, berücksichtigen.

Dieses Schreiben wurde mit einer elektronischen Datenverarbeitungsanlage erstellt. Es enthält daher keine Unterschrift.

Mit freundlichen Grüßen
Ihre Deutsche Rentenversicherung Bund

Anlagen
Vordruck R5406

R5403 OVL - Bl. 1
Forms R54031 - V009 - 12/09 - 20

Deutsche Rentenversicherung Bund

Ruhrstraße 2, 10709 Berlin
Postanschrift: 10704 Berlin

Versicherungsnummer

Telefon 030 865-0 · Fax 030 865-27240
Servicetelefon: 0800 100048070
drv@drv-bund.de
www.deutsche-rentenversicherung-bund.de

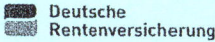
Deutsche
Rentenversicherung

## Nachprüfung der weiteren Rentenberechtigung

**Hinweis zur Rücksendung**

Um in jedem Fall eine zügige Weiterleitung Ihrer Antwort an die richtige Stelle in unserem Hause zu erreichen, tragen Sie bitte auch **Name, Vorname, Geburtsname** und **Geburtsdatum** in die dafür vorgesehene Zeile ein.
**Verwenden Sie bitte unbedingt dieses Rückantwortschreiben.**

Name, Vorname, Geburtsname

Geburtsdatum

Straße, Hausnummer, Postleitzahl, Wohnort

| **1** | Erhalten Sie eine weitere Rente aus der gesetzlichen Rentenversicherung oder aus der Unfallversicherung? |

seit wann bzw. beantragt am          Versicherungsnummer / Renten- bzw. Aktenzeichen

☐ nein   ☐ ja

Versicherungsträger

| Fragen | Antworten |
|---|---|
| **2** Üben Sie gegenwärtig oder übten Sie während des Rentenbezuges in den letzten beiden Jahren irgendeine Beschäftigung gegen Bezahlung aus? (Auch eine gelegentliche Beschäftigung bitten wir anzugeben.) | |
| a) Welche Arbeiten verrichten oder verrichteten Sie? | |
| b) Seit wann oder in welchen Zeiträumen? | |
| c) Wie viel Tage wöchentlich? | |
| d) Wie viel Stunden täglich? | |
| e) Wie lange und wie oft etwa müssen oder mussten Sie durchschnittlich Ihre Beschäftigung aus Gesundheitsgründen unterbrechen? | |
| f) Hat der Arbeitgeber besondere Rücksicht auf Ihren Gesundheitszustand genommen? Gegebenenfalls welche? | |

R5403 OVL - Bl. 2
Forms R54033 - V009 - 12/09 - 20

bitte wenden

| Fragen | Antworten |
|---|---|
| g) Weshalb haben Sie gegebenenfalls die Beschäftigung aufgegeben? | |
| h) In welcher Gehaltsgruppe welchen Gehaltstarifvertrages waren oder sind Sie eingestuft? Bei freier Vereinbarung des Gehalts: Wie haben sich Grundvergütung und eventuelle Zuschläge aufgeschlüsselt? | Gehaltstarifvertrag: Gehaltsgruppe: <br><br> Grundvergütung: _____ EUR <br><br> Zuschläge: _____ EUR |
| i) Sieht der für Sie geltende Tarif ein höheres Arbeitsentgelt vor? Gegebenenfalls welches? | |
| j) Aus welchem Grunde ist Ihnen ein geringeres Arbeitsentgelt gewährt worden? | |
| **3** Üben Sie gegenwärtig oder übten Sie während des Rentenbezuges in den letzten beiden Jahren eine selbständige Tätigkeit aus? | |
| a) Seit wann und in welchen Zeiträumen? | |
| b) Welcher Art ist der Betrieb oder das Geschäft? | |
| c) Welche Arbeiten üben oder übten Sie dort aus? | |
| d) Wie viel Stunden täglich? | |
| e) Wie viel Tage wöchentlich? | |
| f) Erzielen Sie Einkünfte aus der selbständigen Tätigkeit? | in Höhe von _____ EUR jährlich (s. beiliegender Einkommensteuerbescheid, Schätzung des Steuerberaters bzw. Vertragsunterlagen) |
| **4** Hat sich Ihr Gesundheitszustand in den letzten zwei Jahren geändert? Inwiefern? | |
| **5** Standen Sie im letzten Jahr in ärztlicher Behandlung? | |
| a) Bei welchem Arzt bzw. Ärzten? (Bitte genaue Anschrift) | |
| b) Wegen welcher Leiden? | |
| c) In welchem Zeitraum? | |

| Fragen | Antworten |
|---|---|
| **6** Waren Sie in den letzten zwei Jahren in einem Krankenhaus? | |
| a) In welchem Krankenhaus? (Bitte genaue Anschrift) | |
| b) Wegen welcher Leiden? | |
| c) In welchem Zeitraum? | |
| **7** Ist über Ihren Gesundheitszustand von einer anderen Behörde in den letzten zwei Jahren ein schriftliches ärztliches Gutachten eingeholt worden? | |
| a) Wann? | |
| b) Von welcher Behörde? | |
| c) Aktenzeichen? | |
| **8** Beziehen Sie kurzfristiges Erwerbsersatzeinkommen (z. B. Krankengeld, Verletztengeld, Versorgungskrankengeld, Mutterschaftsgeld, Übergangsgeld, Arbeitslosengeld, Kurzarbeitergeld, Insolvenzgeld, Entgeltsicherung für ältere Arbeitnehmer, Existenzgründungszuschuss / Gründungszuschuss der Agentur für Arbeit, Überbrückungsgeld der Seemannskasse, Übergangsleistung bei Maßnahmen gegen Berufskrankheiten, vergleichbare Leistungen von einer Stelle im Ausland) oder haben Sie eine der genannten Leistungen beantragt? Bitte auch dann beantworten, wenn die Leistung ruht oder Einkommen angerechnet wird. Wenn Sie von der Agentur für Arbeit einen Gründungszuschuss oder Existenzgründungszuschuss erhalten, übersenden Sie bitte als Nachweis den Bewilligungsbescheid. | Bezugszeitraum vom - bis bzw. Antragsdatum, Art der Leistung, zahlende Stelle (Name, Anschrift, Aktenzeichen) |

**Ich bin damit einverstanden,** dass mein Rentenversicherungsträger von den Ärzten und Einrichtungen, die ich unter Ziffer 5 bis 7 angegeben habe oder die aus den überlassenen Unterlagen ersichtlich sind, alle ärztlichen und psychologischen Untersuchungsunterlagen anfordert, die er für die Entscheidung zur weiteren Rentenberechtigung benötigt. Das schließt die Unterlagen ein, die diese Ärzte und Einrichtungen von anderen Ärzten und Einrichtungen erhalten haben. Ärztliche Untersuchungen, die während des Verfahrens - beispielsweise in einem Krankenhaus oder einer anderen Behandlungsstätte - stattgefunden haben, werde ich meinem Rentenversicherungsträger umgehend mitteilen. Wenn ich bei dieser Mitteilung nichts Gegenteiliges erkläre, bin ich damit einverstanden, dass auch die Unterlagen über diese ärztlichen Untersuchungen angefordert werden können.

**Ich versichere,** dass ich sämtliche Angaben in diesem Vordruck nach bestem Wissen gemacht habe. Mir ist bekannt, dass wissentlich falsche Angaben zu einer strafrechtlichen Verfolgung führen können.

_____          _____
Ort, Datum                                Unterschrift

R5403 OVL - Bl. 3
Forms R54035 - V009 - 12/09 - 20

**bitte wenden**

Wortlaut der Gesetzestexte

### § 48 Abs. 1 SGB X
**Aufhebung eines Verwaltungsaktes mit Dauerwirkung bei Änderung der Verhältnisse**

(1) Soweit in den tatsächlichen oder rechtlichen Verhältnissen, die beim Erlass eines Verwaltungsaktes mit Dauerwirkung vorgelegen haben, eine wesentliche Änderung eintritt, ist der Verwaltungsakt mit Wirkung für die Zukunft aufzuheben. Der Verwaltungsakt soll mit Wirkung vom Zeitpunkt der Änderung der Verhältnisse aufgehoben werden, soweit
1. die Änderung zugunsten des Betroffenen erfolgt,
2. der Betroffene einer durch Rechtsvorschrift vorgeschriebenen Pflicht zur Mitteilung wesentlicher für ihn nachteiliger Änderungen der Verhältnisse vorsätzlich oder grob fahrlässig nicht nachgekommen ist,
3. nach Antragstellung oder Erlass des Verwaltungsaktes Einkommen oder Vermögen erzielt worden ist, das zum Wegfall oder zur Minderung des Anspruchs geführt haben würde, oder
4. der Betroffene wusste oder nicht wusste, weil er die erforderliche Sorgfalt in besonders schwerem Maße verletzt hat, dass der sich aus dem Verwaltungsakt ergebende Anspruch kraft Gesetzes zum Ruhen gekommen oder ganz oder teilweise weggefallen ist.

Als Zeitpunkt der Änderung der Verhältnisse gilt in Fällen, in denen Einkommen oder Vermögen auf einen zurückliegenden Zeitraum auf Grund der besonderen Teile dieses Gesetzbuches anzurechnen ist, der Beginn des Anrechnungszeitraumes.

### § 100 Abs. 3 SGB VI
**Änderung und Ende**

(3) Fallen aus tatsächlichen oder rechtlichen Gründen die Anspruchsvoraussetzungen für eine Rente weg, endet die Rentenzahlung mit dem Beginn des Kalendermonats, zu dessen Beginn der Wegfall wirksam ist. Entfällt ein Anspruch auf Rente, weil sich die Erwerbsfähigkeit der Berechtigten nach einer Leistung zur medizinischen Rehabilitation oder zur Teilhabe am Arbeitsleben gebessert hat, endet die Rentenzahlung erst mit Beginn des vierten Kalendermonats nach der Besserung der Erwerbsfähigkeit. Die Rentenzahlung nach Satz 2 endet mit Beginn eines dem vierten Kalendermonat vorangehenden Monats, wenn zu dessen Beginn eine Beschäftigung oder selbständige Tätigkeit ausgeübt wird, die mehr als geringfügig ist.

### § 60 SGB I
**Angabe von Tatsachen**

(1) Wer Sozialleistungen beantragt oder erhält, hat
1. alle Tatsachen anzugeben, die für die Leistung erheblich sind, und auf Verlangen des zuständigen Leistungsträgers der Erteilung der erforderlichen Auskünfte durch Dritte zuzustimmen,
2. Änderungen in den Verhältnissen, die für die Leistung erheblich sind oder über die im Zusammenhang mit der Leistung Erklärungen abgegeben worden sind, unverzüglich mitzuteilen,
3. Beweismittel zu bezeichnen und auf Verlangen des zuständigen Leistungsträgers Beweisurkunden vorzulegen oder ihrer Vorlage zuzustimmen.

Satz 1 gilt entsprechend für denjenigen, der Leistungen zu erstatten hat.
(2) Soweit für die in Absatz 1 Satz 1 Nr. 1 und 2 genannten Angaben Vordrucke vorgesehen sind, sollen diese benutzt werden.

### § 62 SGB I
**Untersuchungen**

Wer Sozialleistungen beantragt oder erhält, soll sich auf Verlangen des zuständigen Leistungsträgers ärztlichen und psychologischen Untersuchungsmaßnahmen unterziehen, soweit diese für die Entscheidung über die Leistung erforderlich sind.

### § 65 SGB I
**Grenzen der Mitwirkung**

(1) Die Mitwirkungspflichten nach §§ 60 bis 64 bestehen nicht, soweit
1. ihre Erfüllung nicht in einem angemessenen Verhältnis zu der in Anspruch genommenen Sozialleistung oder ihrer Erstattung steht oder
2. ihre Erfüllung dem Betroffenen aus einem wichtigen Grund nicht zugemutet werden kann oder
3. der Leistungsträger sich durch einen geringeren Aufwand als der Antragsteller oder Leistungsberechtigte die erforderlichen Kenntnisse selbst beschaffen kann.
(2) Behandlungen und Untersuchungen,
1. bei denen im Einzelfall ein Schaden für Leben oder Gesundheit nicht mit hoher Wahrscheinlichkeit ausgeschlossen werden kann,
2. die mit erheblichen Schmerzen verbunden sind oder
3. die einen erheblichen Eingriff in die körperliche Unversehrtheit bedeuten, können abgelehnt werden.
(3) Angaben, die dem Antragsteller, dem Leistungsberechtigten oder ihnen nahestehende Personen (§ 383 Abs. 1 Nr. 1 bis 3 Zivilprozessordnung) die Gefahr zuziehen würde, wegen einer Straftat oder einer Ordnungswidrigkeit verfolgt zu werden, können verweigert werden.

### § 66 SGB I
**Folgen fehlender Mitwirkung**

(1) Kommt derjenige, der eine Sozialleistung beantragt oder erhält, seinen Mitwirkungspflichten nach §§ 60 bis 62, 65 nicht nach und wird hierdurch die Aufklärung des Sachverhalts erheblich erschwert, kann der Leistungsträger ohne weitere Ermittlungen die Leistung bis zur Nachholung der Mitwirkung ganz oder teilweise versagen oder entziehen, soweit die Voraussetzungen der Leistung nicht nachgewiesen sind. Dies gilt entsprechend, wenn der Antragsteller oder Leistungsberechtigte in anderer Weise absichtlich die Aufklärung des Sachverhalts erheblich erschwert.
(2) Kommt derjenige, der eine Sozialleistung wegen Pflegebedürftigkeit, wegen Arbeitsunfähigkeit, wegen Gefährdung oder Minderung der Erwerbsfähigkeit, anerkannten Schädigungsfolgen oder wegen Arbeitslosigkeit beantragt oder erhält, seinen Mitwirkungspflichten nach §§ 62 bis 65 nicht nach und ist unter Würdigung aller Umstände mit Wahrscheinlichkeit anzunehmen, dass deshalb die Fähigkeit zur selbständigen Lebensführung, die Arbeits-, Erwerbs- oder Vermittlungsfähigkeit beeinträchtigt oder nicht verbessert wird, kann der Leistungsträger die Leistung bis zur Nachholung der Mitwirkung ganz oder teilweise versagen oder entziehen.
(3) Sozialleistungen dürfen wegen fehlender Mitwirkung nur versagt oder entzogen werden, nachdem der Leistungsberechtigte auf diese Folge schriftlich hingewiesen worden ist und seiner Mitwirkungspflicht nicht innerhalb einer ihm gesetzten angemessenen Frist nachgekommen ist.

Deutsche Rentenversicherung Bund

Ruhrstraße 2, 10709 Berlin
Postanschrift: 10704 Berlin

Telefon 030 865-0 · Fax 030 865-27240
Servicetelefon: 0800 100048070
drv@drv-bund.de
www.deutsche-rentenversicherung-bund.de

**Deutsche
Rentenversicherung**

Versicherungsnummer

Kennzeichen
(soweit bekannt)

{

---

## Bitte unbedingt für die Rücksendung verwenden

**Nachprüfung der weiteren Rentenberechtigung**

**Versicherter**

Name:
Geburtsname:
Geburtsdatum:

Anliegend erhalten Sie die ausgefüllten Vordrucke zurück.

**Anlage(n)**

Erklärung zur Nachprüfung der weiteren Rentenberechtigung (R5403 OVL - BL. 2)

ggf. Bescheinigung des Arbeitgebers (R5406 OVL)

_____                    _____
Ort, Datum                                                         Unterschrift

**Urschriftlich**

**Deutsche Rentenversicherung Bund
10704 Berlin**

R5324 OVL
Forms R53241 - V002 - 09/06 - 2

| | | |
|---|---|---|
| Deutsche Rentenversicherung Bund<br><br>Ruhrstraße 2, 10709 Berlin<br>Postanschrift: 10704 Berlin<br>Versicherungsnummer | Telefon 030 865-0 · Fax 030 865-27240<br>Serviceteiefon: 0800 100048070<br>drv@drv-bund.de<br>www.deutsche-rentenversicherung-bund.de | 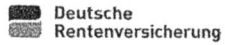 **Deutsche<br>Rentenversicherung** |

Name, Vorname:
Geburtsdatum:
ggf. Geburtsname:

## Nachprüfung der weiteren Rentenberechtigung

Wir bitten Sie, dieses Schreiben Ihrem Arbeitgeber zuzuleiten und ausfüllen zu lassen und urschriftlich an uns wieder zurückzusenden.

Sofern Sie von der Agentur für Arbeit einen Zuschuss zum Arbeitsentgelt - **Entgeltsicherung für ältere Arbeitnehmer** - (§ 421j des Dritten Buches des Sozialgesetzbuches) erhalten, bitten wir um Übersendung entsprechender Nachweise (z. B. Bewilligungsbescheid).

**Hinweis für den Arbeitgeber**
Wir bestätigen, dass die Kenntnis der Daten zur rechtmäßigen Erfüllung unserer Aufgaben erforderlich ist. Gleichzeitig weisen wir darauf hin, dass der Arbeitgeber gegenüber dem Leistungsträger zur Auskunft über die Art und Dauer der Beschäftigung, den Beschäftigungsort und das Arbeitsentgelt sowie über alle Tatsachen der Zahlung von Beiträgen verpflichtet ist (§ 98 des Zehnten Buches des Sozialgesetzbuches).

Dieses Schreiben wurde mit einer elektronischen Datenverarbeitungsanlage erstellt. Es enthält daher keine Unterschrift.

Mit freundlichen Grüßen
Ihre Deutsche Rentenversicherung Bund

## Bestätigung des Arbeitgebers

**1**   Die nachfolgende Person ist bei uns beschäftigt

| Name, Vorname | Geburtsdatum |
|---|---|
| Straße, Hausnummer, Postleitzahl, Wohnort | |

| Beginn der Beschäftigung (Datum) | als |
|---|---|

Die Beschäftigung ist

| nicht befristet | befristet auf die Zeit    vom - bis |
|---|---|
| Arbeitszeit in Tagen pro Woche | Arbeitszeit in Stunden pro Tag |

**2**   Die Beschäftigung wird zukünftig ausgeübt

| gegen ein mtl. Bruttoarbeitsentgelt[1] in Höhe von | EUR |
|---|---|

[1] bei Altersteilzeitarbeit einschließlich des steuerfreien Aufstockungsbetrages;
bei Arbeitsentgelt zwischen 400,01 EUR und 800,00 EUR (Gleitzone) tatsächliches Arbeitsentgelt

**3**   Abweichungen vom unter Ziffer 2 bescheinigten monatlichen Bruttoarbeitsentgelt sind für folgende Monate zu erwarten

| Zeitraum (Monat, Jahr) | einmalig zu zahlendes Arbeitsentgelt<br>(z. B. Urlaubsgeld, Weihnachtsgeld, Jahresabschlussprämie) |
|---|---|
| | EUR |
| | EUR |

bitte wenden

**4** Bitte geben Sie für die Zeit ab  01 / 2009    die Höhe des jeweils erzielten monatlichen Arbeitsentgeltes[1] an.
Für Teilzeiträume innerhalb eines Kalendermonats ist das auf diesen Teilzeitraum entfallende Arbeitsentgelt zu bescheinigen.

| Zeitraum | Bruttobetrag | Beschäftigungsort |
|---|---|---|
| 01.01.2009 | | |
| 01.02.2009 | | |
| 01.03.2009 | | |
| 01.04.2009 | | |
| 01.05.2009 | | |
| 01.06.2009 | | |
| 01.07.2009 | | |
| 01.08.2009 | | |
| 01.09.2009 | | |
| 01.10.2009 | | |
| 01.11.2009 | | |
| 01.12.2009 | | |
| 01.01.2010 | | |
| 01.02.2010 | | |
| 01.03.2010 | | |
| 01.04.2010 | | |

[1] bei Altersteilzeitarbeit Bruttobetrag einschließlich des steuerfreien Aufstockungsbetrages;
bei Arbeitsentgelt zwischen 400,01 EUR und 800,00 EUR (Gleitzone) tatsächliches Arbeitsentgelt (Bruttobetrag)

Ort, Datum                                                                                          Telefon (Durchwahl)

Unterschrift des Arbeitgebers                                                                       Firmenstempel

**Urschriftlich**

**Deutsche Rentenversicherung Bund
10704 Berlin**

R5406 OVL - Bl. 1 Rs.
Forms R54062 - V007 - 09/08 - 13

## 11 Antrag auf Weiterzahlung einer Rente wegen Erwerbsminderung

| Versicherungsnummer | Kennzeichen (soweit bekannt) | Deutsche Rentenversicherung |
|---|---|---|

Eingangsstempel

| | Datum der Antragstellung |
|---|---|

### Antrag auf Weiterzahlung einer Rente wegen Erwerbsminderung / Berufsunfähigkeit / Erwerbsunfähigkeit / Rente für Bergleute über den Wegfallmonat hinaus

# R0120

**Dieser Antragsvordruck ist nur zu verwenden, wenn bereits eine Rente wegen Erwerbsminderung / Berufsunfähigkeit / Erwerbsunfähigkeit / Rente für Bergleute wegen verminderter Berufsfähigkeit im Bergbau auf Zeit geleistet wird**

**Hinweis:** Um sachgerecht über Ihren Antrag entscheiden zu können, benötigen wir aufgrund des Sechsten Buches Sozialgesetzbuch (SGB VI) von Ihnen einige wichtige Informationen und Unterlagen. Wir möchten Sie deshalb bitten, die gestellten Fragen vollständig zu beantworten und uns die erbetenen Unterlagen möglichst umgehend zu überlassen. Ihre Mithilfe, die in den §§ 60 bis 65 Erstes Buch Sozialgesetzbuch (SGB I) ausdrücklich vorgesehen ist, erleichtert uns eine rasche Erledigung Ihrer Angelegenheiten. Bitte bedenken Sie, dass wir Ihnen, wenn Sie uns nicht unterstützen, die Leistung ganz oder teilweise versagen oder entziehen dürfen (§ 66 SGB I).

Wenn Sie weitere Anträge benötigen, stehen Ihnen alle entsprechenden Antragsvordrucke auch im Internet unter www.deutsche-rentenversicherung.de zur Verfügung.

### 1 Angaben zur Person

| Name | Vorname (Rufname) |
|---|---|
| Namenszusatz (Beispiel: Freifrau, Graf) | Vorsatzwort zum Namen (Beispiel: von, van, de) | Titel (Beispiel: Prof. Dr. med.) |
| Straße, Hausnummer | telefonisch tagsüber zu erreichen (Angabe freiwillig) |
| Adresszusatz | Telefax (Angabe freiwillig) |
| Postleitzahl | Wohnort |

### 2 Antragstellung durch andere Personen
Der Antrag wird in Vertretung gestellt von

**Vollmacht oder Beschluss des Gerichts bitte beifügen**

| Name, Vorname / Dienststelle (gegebenenfalls Aktenzeichen) |
|---|

in der Eigenschaft als

☐ gesetzlicher Vertreter ☐ Vormund ☐ Betreuer ☐ Bevollmächtigter

| Straße, Hausnummer | telefonisch tagsüber zu erreichen (Angabe freiwillig) |
|---|---|
| Adresszusatz | Telefax (Angabe freiwillig) |
| Postleitzahl | Wohnort |

Versicherungsnummer

Kennzeichen
(soweit bekannt)

**3   Zusätzliche Angaben zum Rentenanspruch seit Beginn der Zeitrente**

**3.1   Üben Sie eine Beschäftigung aus?**

vom - bis / seit

☐ nein   ☐ ja

genaue Anschrift des Arbeitgebers

**3.2   Sind Sie bei der Agentur für Arbeit oder einem Jobcenter als arbeitsuchend gemeldet?**

seit

☐ nein   ☐ ja

bei

Kundennummer / Aktenzeichen

**3.3   Sind oder waren Sie selbständig erwerbstätig?**

vom - bis / seit

☐ nein   ☐ ja

Art und Umfang der selbständigen Tätigkeit

**3.4   Haben Sie einen Hausarzt?**

Name, Vorname

☐ nein   ☐ ja

genaue Anschrift

Telefonnummer

Behandlung wegen

**3.5   Waren Sie in der letzten Zeit bei weiteren Ärzten in ambulanter Behandlung?**

**Name, Vorname**

☐ nein   ☐ ja

genaue Anschrift

Telefonnummer

Behandlung wegen

vom - bis

Versicherungsnummer

Kennzeichen
(soweit bekannt)

noch Ziffer **3.5**

**Name, Vorname**

genaue Anschrift

Telefonnummer

Behandlung wegen

vom - bis

**Name, Vorname**

genaue Anschrift

Telefonnummer

Behandlung wegen

vom - bis

**Name, Vorname**

genaue Anschrift

Telefonnummer

Behandlung wegen

vom - bis

**Name, Vorname**

genaue Anschrift

Telefonnummer

Behandlung wegen

vom - bis

Versicherungsnummer

Kennzeichen
(soweit bekannt)

**3.6** Waren Sie in der letzten Zeit in **stationärer** Krankenhausbehandlung oder ist eine solche Behandlung vorgesehen?

Name des Krankenhauses

☐ nein ☐ ja

genaue Anschrift

Abteilung, Station

Behandlung wegen

vom - bis

Name des Krankenhauses

genaue Anschrift

Abteilung, Station

Behandlung wegen

vom - bis

Name des Krankenhauses

genaue Anschrift

Abteilung, Station

Behandlung wegen

vom - bis

Name des Krankenhauses

genaue Anschrift

Abteilung, Station

Behandlung wegen

vom - bis

| Versicherungsnummer | Kennzeichen (soweit bekannt) |
|---|---|
| ⌴ ⌴ ⌴ ⌴ ⌴ ⌴ ⌴ ⌴ ⌴ ⌴ ⌴ ⌴ | ⌴ ⌴ ⌴ ⌴ |

**3.7** Haben sich die Krankheitsmerkmale geändert?

Änderung bitte angeben

☐ nein   ☐ ja

**3.8** Sind Leistungen zur medizinischen Rehabilitation (Kur) oder zur Teilhabe am Arbeitsleben (Umschulung) erbracht worden?

Ort

☐ nein   ☐ ja

Kostenträger, Aktenzeichen

vom - bis

**3.9** Haben Sie zurzeit Leistungen zur medizinischen Rehabilitation (Kur) oder zur Teilhabe am Arbeitsleben (Umschulung) beantragt?

bei welcher Stelle

☐ nein   ☐ ja

Aktenzeichen

am

**3.10** Wurde eine ärztliche Untersuchung veranlasst?

von welcher Stelle

☐ nein   ☐ ja

Aktenzeichen

am

**3.11** Wurde eine Begutachtung für die Pflegeversicherung veranlasst?

von welcher Stelle

☐ nein   ☐ ja

Aktenzeichen

am

**3.12** Haben Sie während des Rentenbezuges die Feststellung der Schwerbehinderteneigenschaft oder die Feststellung eines höheren Grades der Behinderung beantragt?

am

☐ nein   ☐ ja

bei welcher Stelle

Aktenzeichen

**Schwerbehindertenausweis, Anerkennungsbescheid oder Ablehnungsbescheid**

☐ ist beigefügt   ☐ liegt noch nicht vor   ☐ wird nachgereicht

| Versicherungsnummer | Kennzeichen (soweit bekannt) |
|---|---|

**3.13**  Damit wir uns ein möglichst umfassendes Bild von Ihren Gesundheitsstörungen machen können, haben Sie die Möglichkeit, Ihre persönliche Einschätzung in dem **Vordruck R0215** einzubringen.

**3.14**  Beziehen Sie kurzfristiges Erwerbsersatzeinkommen (zum Beispiel Krankengeld, Verletztengeld, Versorgungskrankengeld, Mutterschaftsgeld, Übergangsgeld, Arbeitslosengeld, Kurzarbeitergeld, Insolvenzgeld, Gründungszuschuss der Agentur für Arbeit, Übergangsleistung bei Maßnahmen gegen Berufskrankheiten, vergleichbare Leistungen von einer Stelle im Ausland) oder haben Sie eine der genannten Leistungen beantragt? Bitte auch dann beantworten, wenn die Leistung ruht oder Einkommen angerechnet wird.

⬜ nein    ⬜ ja

Bezugszeitraum vom - bis / beantragt am

Art der Leistung

zahlende Stelle (Name, Anschrift)

Aktenzeichen

**3.15**  Erhalten Sie Entschädigungen (Diäten) für Abgeordnete oder Bezüge aus einem öffentlich-rechtlichen Amtsverhältnis (zum Beispiel als Minister)?

⬜ nein    ⬜ ja

**3.16**  Erzielen Sie steuerrechtlichen Gewinn (Einkünfte aus Land- und Forstwirtschaft, aus Gewerbebetrieb oder aus selbständiger Arbeit, zum Beispiel auch Photovoltaik, solare Energie, Windenergie)?

⬜ nein    ⬜ ja

**3.17**  Erhalten Sie Vorruhestandsgeld?

seit

⬜ nein    ⬜ ja

zahlende Stelle

## 4  Andere Leistungen

Beziehen oder bezogen Sie eine der nachstehenden Leistungen oder haben Sie eine dieser Leistungen beantragt?

**4.1**  **Krankengeld** von einer Krankenkasse

Bezugszeitraum vom - bis / beantragt am

⬜ nein    ⬜ ja

zahlende Stelle

Aktenzeichen

Versicherungsnummer

Kennzeichen
(soweit bekannt)

**4.2 Arbeitslosengeld, Arbeitslosengeld II, Sozialgeld, Einstiegsgeld, Gründungszuschuss, Aufstockungsbeträge bei Altersteilzeitarbeit** von der Agentur für Arbeit oder einem Jobcenter
Die Angaben zum Arbeitslosengeld II, zum Sozialgeld und zum Einstiegsgeld sind **auch** dann erforderlich, wenn **unterhaltsberechtigte Angehörige** Leistungen nach dem Zweiten Buch Sozialgesetzbuch (SGB II) erhalten oder erhalten haben.

Bezugszeitraum vom - bis / beantragt am

☐ nein ☐ ja

zahlende Stelle

Aktenzeichen

Art der Leistung

**4.3 Unterhaltshilfe** nach dem Gesetz über den Lastenausgleich - Lastenausgleichsgesetz (LAG)

Bezugszeitraum vom - bis / beantragt am

☐ nein ☐ ja

zahlende Stelle

Aktenzeichen

**4.4 Versorgungsrente** vom Versorgungsamt, Landschaftsverband oder einer entsprechenden ausländischen Stelle

Bezugszeitraum vom - bis / beantragt am

☐ nein ☐ ja

zahlende Stelle

Aktenzeichen

**4.5 Sozialhilfe, Grundsicherung** vom Sozialhilfeträger
Die Angaben sind **auch** dann erforderlich, wenn **unterhaltsberechtigte Angehörige** Leistungen nach dem Zwölften Buch Sozialgesetzbuch (SGB XII) erhalten oder erhalten haben.

Bezugszeitraum vom - bis / beantragt am

☐ nein ☐ ja

zahlende Stelle

Aktenzeichen

Art der Leistung

| Versicherungsnummer | | Kennzeichen (soweit bekannt) |

**4.6  Kinderzuschlag** zum Kindergeld von der Familienkasse

Bezugszeitraum vom - bis / beantragt am

☐ nein   ☐ ja

zahlende Stelle

Aktenzeichen

**4.7  Elterngeld** von den Elterngeldstellen

Bezugszeitraum vom - bis / beantragt am

☐ nein   ☐ ja

zahlende Stelle

Aktenzeichen

**4.8  Sonstige Leistungen** (zum Beispiel Kriegsopferfürsorge, nach dem Gesetz über die Sicherung des Unterhalts der zum Wehrdienst einberufenen Wehrpflichtigen und ihrer Angehörigen - Unterhaltssicherungsgesetz - USG, von einer Arbeitsgemeinschaft für Krebsbekämpfung oder zur Rehabilitation Suchtkranker, Versorgungsleistungen nach § 9 des Gesetzes zur Überführung der Ansprüche und Anwartschaften aus Zusatz- und Sonderversorgungssystemen des Beitrittsgebiets - Anspruchs- und Anwartschaftsüberführungsgesetz - AAÜG)

Bezugszeitraum vom - bis / beantragt am

☐ nein   ☐ ja

zahlende Stelle

Aktenzeichen

Art der Leistung

**5  Krankenversicherung der Rentner (KVdR)**

**5.1**  Besteht eine Versicherung bei einer gesetzlichen Krankenkasse oder bei einem privaten Krankenversicherungsunternehmen?

seit

☐ nein   ☐ ja

Name der Krankenkasse / der Krankenversicherung

Anschrift

| Versicherungsnummer | Kennzeichen (soweit bekannt) |
|---|---|
| | |

## 6 Dokumentenzugang
### 6.1 Per De-Mail
Ich habe bei einem De-Mail-Anbieter ein **De-Mail-Postfach** eröffnet.

☐ Ich bitte ausschließlich um Übermittlung der Dokumente in elektronischer Form an mein De-Mail-Postfach. Damit entfällt eine Übersendung der Dokumente in Papierform. Meine De-Mail-Adresse lautet:

_____

### 6.2 Für sehbehinderte Menschen
Menschen mit einer Behinderung (zum Beispiel blinde oder sehbehinderte Menschen) haben Anspruch darauf, Dokumente in einer für sie wahrnehmbaren Form zu erhalten.

Aufgrund meiner Behinderung bitte ich darum, mir Dokumente zusätzlich in **einer** für mich wahrnehmbaren Form zuzusenden, und zwar

☐ als Großdruck

☐ in Braille (Kurzschrift)

☐ in Braille (Vollschrift)

☐ als CD (Schriftdatei / Textdatei im ".doc"-Format)

☐ als Hörmedium (CD-DAISY Format)

## 7 Erklärung der Antragstellerin / des Antragstellers
**Ich versichere,** dass ich sämtliche Angaben in diesem Vordruck und den dazugehörenden Anlagen nach bestem Wissen gemacht habe. Mir ist bekannt, dass wissentlich falsche Angaben zu einer strafrechtlichen Verfolgung führen können.

**Ich verpflichte mich,** den Rentenversicherungsträger unverzüglich zu benachrichtigen, wenn nach Stellung dieses Rentenantrags bis zum Rentenbeginn
- eine Beschäftigung oder selbständige Tätigkeit aufgenommen beziehungsweise nach Arbeitsunfähigkeit wieder ausgeübt wird oder
- sich eine Änderung der Höhe des Arbeitsentgelts oder des Arbeitseinkommens / steuerrechtlichen Gewinns ergibt oder
- ein kurzfristiges Erwerbsersatzeinkommen beantragt oder gezahlt wird oder
- eine Leistung nach Ziffer 4 dieses Vordrucks beantragt oder gezahlt wird oder
- von Amts wegen ein Verfahren bei der gesetzlichen Unfallversicherung eingeleitet wird oder
- sich meine Anschrift ändert.

## 8 Versicherung der Antragstellerin / des Antragstellers
**Ich versichere,** dass ich die gesundheitliche Beeinträchtigung meiner Erwerbsfähigkeit weder absichtlich herbeigeführt noch mir bei einer Handlung zugezogen habe, die nach strafgerichtlichem Urteil ein Verbrechen oder vorsätzliches Vergehen ist.

## 9 Information der Antragstellerin / des Antragstellers
Wir möchten Sie darüber informieren, dass wir **medizinische Daten**, die uns bereits vorliegen oder die wir mit Ihrer Einwilligung erhalten, an andere Sozialleistungsträger (zum Beispiel Krankenkassen, Agenturen für Arbeit, Versorgungsämter oder Berufsgenossenschaften) für deren gesetzliche Aufgabenerfüllung oder für die Erfüllung eigener gesetzlicher Aufgaben **weitergeben dürfen**. Zur eigenen Aufgabenerfüllung dürfen wir diese medizinischen Daten auch an sonstige Dritte (zum Beispiel zu beauftragende Gutachter) übermitteln, sofern dies erforderlich ist. Die gesetzliche Grundlage hierfür ist § 76 Absatz 2 Nummer 1 in Verbindung mit § 69 Zehntes Buch Sozialgesetzbuch (SGB X).

| Versicherungsnummer | Kennzeichen (soweit bekannt) |
|---|---|

**Sie können einer solchen Weitergabe aber jederzeit ohne Angabe von Gründen widersprechen.** Das kann allerdings dazu führen, dass Ihnen eine Leistung ganz oder teilweise versagt oder entzogen wird, wenn Sie zuvor schriftlich auf diese Möglichkeit hingewiesen worden sind (§ 66 SGB I).

**Ich nehme zur Kenntnis,** dass
- meine Krankenkasse dem Rentenversicherungsträger sämtliche Arbeitsunfähigkeitszeiten und die dazugehörigen Diagnosen (einschließlich der Angaben zu Krankenhausaufenthalten beziehungsweise Rehabilitationsaufenthalten) der letzten 3 Jahre übermittelt (AUD-Beleg).
- ich gegenüber meiner Krankenkasse der Übermittlung von Diagnosedaten jedoch widersprechen kann.

Dies gilt nicht für Mitglieder der privaten Krankenkassen.

_____  
Ort, Datum

_____  
Unterschrift der Antragstellerin / des Antragstellers

**Hinweis:** Für die Entbindung von der ärztlichen Schweigepflicht ist die Unterschrift der / des Rentenberechtigten erforderlich. Bitte weiter bei Ziffer 10.

**10  Entbindung von der ärztlichen Schweigepflicht**
**10.1  Einwilligungserklärung der / des Rentenberechtigten**
**Ich willige ein,** dass der Rentenversicherungsträger von den Ärzten und Einrichtungen, die ich im Antrag angegeben habe oder die aus den überlassenen Unterlagen ersichtlich sind, alle ärztlichen und psychologischen Untersuchungsunterlagen erhalten darf, die er für die Entscheidung über meinen Antrag benötigt. Das schließt die Unterlagen ein, die diese Ärzte und Einrichtungen von anderen Ärzten und Einrichtungen erhalten haben.

Ärztliche Untersuchungen, die während des Verfahrens - beispielsweise in einem Krankenhaus oder einer anderen Behandlungsstätte - stattgefunden haben, werde ich dem Rentenversicherungsträger umgehend mitteilen. Wenn ich bei dieser Mitteilung nichts Gegenteiliges erkläre, **willige ich ein,** dass der Rentenversicherungsträger auch die Unterlagen über diese ärztlichen Untersuchungen erhalten darf.

**Ich willige ein,** dass bereits vorhandene Entlassungsberichte über Leistungen zur medizinischen Rehabilitation des Rentenversicherungsträgers einem eventuell zu beauftragenden Gutachter übersandt werden dürfen.

**Ich willige außerdem ein,** dass in den Fällen der Rückgriffsverfahren nach §§ 110 / 111 Siebtes Buch Sozialgesetzbuch (SGB VII) - oder §§ 116 / 119 SGB X - die angefallenen Gutachten, Krankheitsbefunde (Krankengeschichten) und Röntgenaufnahmen an den Rentenversicherungsträger und an Dritte herausgegeben und von ihnen eingesehen und verwertet werden.

**Hinweis:** Für die Entbindung von der ärztlichen Schweigepflicht ist die Unterschrift der / des Rentenberechtigten erforderlich. Bei fehlender Einsichtsfähigkeit / Einwilligungsfähigkeit der betreuten Person bitte weiter bei Ziffer 10.2.

_____  
Ort, Datum

_____  
Unterschrift der / des Rentenberechtigten

Versicherungsnummer | Kennzeichen (soweit bekannt)

**10.2  Einwilligungserklärung der Betreuerin / des Betreuers bei fehlender Einsichtsfähigkeit / Einwilligungsfähigkeit der / des Rentenberechtigten**
Bei nachgewiesener fehlender Einsichtsfähigkeit / Einwilligungsfähigkeit der betreuten Person ist für die Entbindung von der ärztlichen Schweigepflicht die Unterschrift der Betreuerin /des Betreuers erforderlich.

Ort, Datum                                                   Unterschrift der Betreuerin / des Betreuers

Eine aktuelle ärztliche Bescheinigung als Nachweis der fehlenden Einsichtsfähigkeit / Einwilligungsfähigkeit der / des Rentenberechtigten

☐ ist beigefügt

☐ wird nachgereicht

**11  Anlagen**

Dienststempel                                               Datum, Unterschrift der / des Aufnehmenden

# Q    LITERATUR

Arbeitslosenprojekt TuWas (Hg.): Leitfaden für Arbeitslose. Der Rechtsratgeber zum SGB III, Frankfurt a.M., 33. Aufl. 2017.

Der medizinische Sachverständige. Zeitschrift für die gesamte medizinische Gutachtertätigkeit (MedSach), Stuttgart.

Deutsche Rentenversicherung (Hg.): Erwerbsminderungsrente: Das Netz für alle Fälle, Berlin, 8. Aufl. 3/2013.

Deutsche Rentenversicherung (Hg.): Rentenversicherung in Zeitreihen, Oktober 2017, DRV-Schriften Band 22: Die Renten wegen verminderter Erwerbsunfähigkeit, Stand 31.12.2016.

Deutsche Rentenversicherung (Hg.): Das Flexirentengesetz und seine Regelungen, Heft 1, April 2017.

Ehmann, Frank: Grundsicherung im Alter und bei Erwerbsminderung, Frankfurt a.M., 3. Aufl. 2014.

Gesetzentwurf EM-Leistungsverbesserungsgesetz. Deutscher Bundestag Drucksache 18/11926 vom 12. April 2017.

Keck, Thomas, Klaus Michaelis: Die Rentenversicherung im SGB – Kommentar, München, Stand August 2017.

Kreikebohm, Ralf: SGB VI, Sozialgesetzbuch – Gesetzliche Rentenversicherung, München, 4. Aufl. 2013.

Neuhaus, Kai-Jochen: Aktuelle Probleme in der Personenversicherung unter besonderer Berücksichtigung der Berufsunfähigkeitsversicherung, recht und schaden (r + s), 2009, S. 309 ff.

Neuhaus, Kai-Jochen: Der Anspruch auf Leistung aus der privaten Berufsunfähigkeitsversicherung, Zeitschrift für die Anwaltspraxis (ZAP), 2007, Nrn. 9 und 11.

Plagemann, Hermann: Münchner AnwaltsHandbuch Sozialrecht, München, 5. Aufl. 2017.

Plagemann, Hermann, Kerstin Radtke-Schwenzer: Gesetzliche Unfallversicherung, München, 4. Aufl. 2013.

Reinhardt, Helmut: Nomos Kommentar Sozialgesetzbuch VI, Baden-Baden, 3. Aufl. 2014.

Schmitt, Jochem: SGB VII – Gesetzliche Unfallversicherung – Kommentar, München, 4. Aufl. 2009.

# R AUTORINNEN

**Christel von der Decken**
Rechtsanwältin und Fachanwältin für Sozialrecht
Niedenau 13–19, 60325 Frankfurt
Tel. (069) 9 71 20 6-42
Fax (069) 72 55 86
E-Mail: c.vonderdecken@plagemann-rae.de
www.plagemann-rae.de

**Christa Hecht**
Schillerstr. 10, 10625 Berlin
Tel. (030) 31 01 50 40
Fax (030) 31 01 30 97

# S STICHWORTVERZEICHNIS